U0497698

本书为国家社科基金项目"基于绩效评价的我国数字出版盈利模式研究"（15CXW008）结项成果

湖南省哲学社会科学基金项目　（18YBA400）资助

数字出版盈利模式研究

Research on the Profit Models of Digital Publishing

刘一鸣　著

中国社会科学出版社

图书在版编目(CIP)数据

数字出版盈利模式研究/刘一鸣著. —北京：中国社会科学出版社，2020.11

ISBN 978-7-5203-6926-8

Ⅰ.①数… Ⅱ.①刘… Ⅲ.①电子出版物—盈利—商业模式—研究—中国 Ⅳ.①G237.6

中国版本图书馆 CIP 数据核字(2020)第 138885 号

出 版 人	赵剑英	
责任编辑	郭晓鸿	王小溪
责任校对	师敏革	
责任印制	戴 宽	

出　　版	中国社会科学出版社
社　　址	北京鼓楼西大街甲 158 号
邮　　编	100720
网　　址	http://www.csspw.cn
发 行 部	010-84083685
门 市 部	010-84029450
经　　销	新华书店及其他书店

印　　刷	北京明恒达印务有限公司
装　　订	廊坊市广阳区广增装订厂
版　　次	2020 年 11 月第 1 版
印　　次	2020 年 11 月第 1 次印刷

开　　本	710×1000　1/16
印　　张	26
插　　页	2
字　　数	375 千字
定　　价	148.00 元

凡购买中国社会科学出版社图书，如有质量问题请与本社营销中心联系调换
电话：010-84083683
版权所有　侵权必究

序

　　数字出版研究是个新领域，一鸣能在一个新的领域添一部新作，意义颇为不同，真可谓"一鸣惊人"。相比传统论域，新领域理论积淀较少，可资参考的东西不多，无形中增加了研究的难度，正如一只"密涅瓦的猫头鹰"本来只在黄昏时起飞，现在却让它在晨曦初露时展翅亮相，这无疑会是一种挑战。

　　我们知道，作为现代工业文明的产物，传统出版业久已发达，学术成果很多，但数字出版却是个新事物，是以互联网为代表的数字化技术出现以后的事儿。研究数字出版，特别是从盈利模式的角度研究数字出版，这样的成果还是凤毛麟角。在我国，2013年教育部首次批准5所大学开办数字出版本科专业，这5所高校中就有一鸣所在的湘潭大学和她就读博士学位的中南大学（另外3所是北京印刷学院、天津大学和武汉大学）。看来一鸣选择数字出版作为学术主攻方向是因由有自的。

　　当然这里所谓的"新"，不仅仅是指领域之新，更有本书的学术创新和理论架构之新。作者的研究对象是数字出版盈利模式，要解决的核心问题是如何从利润要素的视角，找到数字出版盈利的路径，并在此基础上构建一套具有可操作性的数字出版盈利模式绩效评价模型，从选题上看就已经抓到了这一问题的"牛鼻子"——做企业需要盈利，数字出版企业的盈利点在哪里，盈利方式是什么，从理论上予以回答，并提供一个可选择又可操作的路径和模型，实在是至关重要的。可见一鸣有学术敏感，有问题意识。

　　在核心构架上，作者选择从利润要素的五个因子——利润点、利润源、利润组织、利润杠杆、利润屏障——入手，运用大量的实证和案例分析，针对出版企业的数字内容、客户需求、组织机构、动力机制和进入壁垒五个维度，系统梳理和构建不同的盈利模式，并在对利润要素各项指标权重评估的基础上，运用模糊综合评价方法和结构方程模型来构建数字出版盈利模式绩效评价模型，通过模型的检验和个案研究来保证盈利模式的可行性、稳定性与持久性，以期实现出版企业盈利能力的提升和我国数字出版产业健康发展的致思目标。这样的理论构架选点精当，持论周延，不仅重心稳实，且能逻辑自洽，在设论和构架上，作者是动了心思的。

在具体问题的把握上，本书能有的放矢、切中肯綮，并做到言简意赅，瞄准焦点发力。例如，全书的几个重点章节分别对数字出版企业五大盈利要素的功能做出了极具"靶的"范式的剖析。书中提出，"利润点"是出版企业构建盈利模式的本质逻辑，解决的是企业"卖什么"的问题；"利润源"是出版企业利润获取的目标市场，要解决的是产品"卖给谁"的问题；"利润组织"是数字出版盈利模式构建的资本来源，要解决的是"谁在卖"的问题；"利润杠杆"是数字出版盈利模式创新的核心动力，解决的是"怎么卖"的问题；"利润屏障"是数字出版盈利模式实现的重要保障，旨在解决企业该怎么做才能"保持竞争优势"的问题。有了这样的画龙点睛，所要回答的"数字出版盈利模式"的关键点便豁然开朗，把需要解决的症结以"接地气"的方式落到了实处。

该书破除了以往研究中不同形式媒体间的隔阂，把数字出版作为一个整体来分析，让我们对盈利模式有了更全面、更系统的认知。作者选择从利润要素的维度构建数字出版盈利模式，对于拓展这一问题的研究视野，进一步完善管理学与出版学学科体系具有积极的意义。同时，书中第一次大胆地提出数字出版盈利模式评价模型的设想，以及一套系统和完善的盈利模式绩效评价体系，这是将管理学、模糊数学的方法运用于出版研究的有益探索，在研究视角、研究内容、研究方法上均有新的突破。于是，这部原创性成果，不仅在数字出版领域有着筚路蓝缕之功，还为解决一个新领域的关键点——如何构建企业盈利模式、怎样对这种模式做出科学的绩效评价开启了化解之道。

作为一部研究特定文化产业门类的理论专著，这本书还有一个值得称道的亮点是对论题对象的实证性剖析。我们看到，书中涉及的每一个学术点几乎都有产业实践的印证，而不是空对空的冬烘式阐述。如在解答"利润点是出版企业构建盈利模式的本质逻辑"问题时，作者选择以VR＋教育出版、AR儿童出版物和有声书等的利润点为例；在论及利润源盈利模式时，选择的是"出版＋直播"、在线教育平台和数字音乐等作为解读对象；在剖析利润杠杆时，使用了学术期刊云阅读App、出版小程序等方面的调查数据；而分析利润屏障问题时，运用的则是数字图书馆、数字漫画、"出版＋短视频"和区块链技术与学术版权领域等实证资料；在论证利润组织时，又分别以大型数字出版集团、中小型数字出版社作为实践对象；最后还以盈利模式应用个案收官全书，让试图构建的理论模型与绩效权重在这里一一得到检验和佐证。这样就把理论逻辑和实践验证、观念建构与市场效果统一起来，达到了解读论题、回应现实、创新理论的有机统一。

本书是一鸣承担的国家社科基金项目的结项成果，在专家结项鉴定意见环节已经得到几乎是众口一词的好评。而申报该项目的前期基础，则是源于其博士学位论文，也是我指导的博士学位论文中少有的几个成功赢得国家社科基金项目的成果。一鸣当时在我门下在职攻读学位，不仅担负着一份高校教职，还要兼顾家庭，照顾小孩，尽管如此，她却是如期四年即完成学业，获得博士学位，足见其治学能力、自律品格和吃苦精神都是出类拔萃的。现在这本著作，较之于当时的博士学位论文又有许多改进和提升，我相信它将是一本叫得响、用得上、立得住的好书。看到当年的弟子取得如此成绩，让我又一次感受到作为一名教师的职业欣慰。

谨以此感，权且为序。

欧阳友权

2020 年 7 月 31 日

前　　言

　　数字时代的到来和网络出版的兴盛使政府和社会各界已经意识到数字出版产业具有发展的特殊性和广阔的背景，而数字出版研究中最为关键的盈利模式问题已经迫在眉睫。在数字化大潮中，寻找适合自己的盈利模式是出版企业发展数字出版的突破口，这是开展数字出版盈利模式研究的现实背景。出版研究属于传播学的分支学科，目前未能有学者将管理学和经济学融入数字出版的盈利模式问题中做一个系统而全面的研究，这是开展数字出版盈利模式研究的理论背景。

　　数字出版是传统出版在介质上的飞跃，它们之间既相互统一又存在差异。数字出版以实现出版企业整体价值最大化为目标，成熟而清晰的盈利模式是出版企业获得持久竞争优势的前提。然而，盈利模式的研究离不开出版企业的价值系统和价值链。数字出版虚拟价值链的特殊性，要求研究者在分析数字出版盈利模式的构建要素时必须解决数字出版"卖什么""卖给谁""谁来卖""怎么卖""怎样保持竞争优势"这五个关键问题。而这些问题恰好与利润要素中的利润点、利润源、利润组织、利润杠杆和利润屏障——对应。利润要素的提出，使得数字出版盈利模式的系统研究成为可能，由此形成与这五个利润要素相关的二级假设，即：第一，利润点是出版企业构建盈利模式的本质逻辑；第二，利润源是出版企业利润获取的目标市场；第三，利润组织是数字出版盈利模式构建的资本来源；第四，利润杠杆是数字出版盈利模式创新的核心动力；第五，利润屏障是数字出版盈利模式实现的重要保障。五个利润要素共同作用，构成了数字出版盈利模式的内容体系。

　　基于绩效评价的我国数字出版盈利模式研究，以价值链管理为经线，利润要素为纬线，打破了以往研究中的业务划分标准，从利润要素的不同维度入手，针对出版企业的数字内容、客户需求、组织机构、动力机制和进入壁垒五个维度重新梳理和构建不同的盈利模式，从绩效评价的视角探索数字出版盈利模式的具体路径，通过大量的实证研究探讨数字出版盈利模式构建的具体方法和对策，以期展现数字出版盈利模式内容体系的全景图画，有利于进一步探索构建数字出版盈利模式绩效评价模型。数字出版盈利模式的优劣必须通过盈利模式绩效评价模型来衡量与考评。层次分析法（AHP）和模糊综合评判方法（FCE）为出版企业盈利模式绩效评价提供了有力的理论依据。通过确立数字出版盈利模式指标体系和权重评估来构建我国数字出版盈利模式绩效评价模型，选取有代表性的出版企业进行绩效考评和模型检验，以保证数字出版盈利模式的可行性、稳定性与持久性。模型构建结合典型的个案研究，既是对数字出版盈利模式研究运用于实践的有益探索，也有利于出版企业盈利能力的提升和数字出版产业的健康发展。

刘一鸣

2020 年盛夏于湘潭大学

目　　录

图 目 录

表 目 录

第一章 数字出版与盈利模式的理论概述

　　1995 年，美国麻省理工学院媒体实验室主任尼古拉斯·尼葛洛庞蒂（Nicholas Negroponte）出版了一本描绘数字化未来的书——《数字化生存》（胡泳、范海燕译，海南出版社 1996 年版），提出了"数字化生存"的构想。人们从中看到了一种崭新的生活方式，一个数字化和网络化的未来。二十年过去了，书中的预言一一成为现实。信息技术的跨越发展，特别是网络技术、通信技术、数字媒体技术的重大突破，对我们的经济文化产生了全面的、革命性的影响，在潜移默化中改变了人们的思维方式、生活方式和生存形式。人们逐渐适应便利的数字化信息传输模式，习惯了互联网介入的工作与生活，沉醉于数字技术制造的虚拟影像中。

　　伴随着经济与科技的迅猛发展，互联网与移动网络的不断普及，网络正以其对信息传播与检索的便捷、高效改变着公众的生活习惯。已经习惯网络陪伴的人们，也逐渐尝试利用网络进行数字阅读。不断扩大的数字出版物需求，有力地促进了数字出版产业的发展，加快了传统出版产业的数字化进程。数字出版已经成为各国出版产业蓬勃发展的新动力。

一 数字出版与数字出版产业

　　数字出版诞生的时间较短，国内外专家对数字出版及其产业的研究还处于起步阶段，不像众多已经具备了系统的理论体系与成熟的研究队伍的传统学科。但是作为一门新兴的学科专业，已经得到了业界的高度重视和学界的极大关注。

　　1987 年 4 月，J. A. Urqart 在卢森堡召开的"科技社会的出版未来"

研讨会上首次提出了"电子出版"（electronic publishing）的概念，他将利用电子手段创建、管理、传播出版物的这个过程定义为"电子出版"。此后，随着信息技术的发展，数字出版的概念内涵也在不断地演变。迄今为止，数字出版一词在英文中常常被翻译为"digital publishing""network publishing""online publishing""electronic publishing"。就目前而言，应用最为广泛的是"electronic publishing"或者简称"e-publishing"。

数字出版的概念从 20 世纪 90 年代传入，至今我国已经有近 30 年的历史。从古到今，文字信息存储载体经历了从龟甲、兽骨→竹简→帛→纸→光→磁的变化。纸张和印刷术的发明与推广造就了现代出版业。很多学者认为出版业变化的根本起因在于存储介质的变化，继而引发数据创建、存储、管理、发布的途径和方法的一系列改变。因此，专家与学者倾向于从存储介质的变化来定义数字出版。《中国教育报》记者却咏梅提出："数字出版是指以互联网为流通渠道，以数字内容为流通介质，以网上支付为主要交易手段的出版和发行方式。"① 武汉大学徐丽芳教授认为："所谓数字出版，就是从编辑加工、制作生产到发行传播过程中的所有信息都以二进制代码的形式存储于光磁、电等介质中，必须借助计算机或类似设备来使用和传递信息的出版。"② 从数字出版发展现状看，如果仅从介质改变带来数据、存储、管理、发布的途径和方法的系列变革方面来定义数字出版，是不完善的。数字出版包含的范畴很广，涵盖了电子书、博客出版、网络期刊出版、移动终端出版、网络游戏出版、软件出版等多种出版形式。从技术上看，它渗透了出版的所有环节，是出版流程、出版方式上的根本性革命，最终还会影响并改变读者的阅读习惯。到目前为止，学界经常将"数字出版"与"网络出版"、"互联网出版"和"电子出版"等概念替代使用。

尽管数字出版已经受到国内外学者与专家的高度关注，也有越来越多的人致力于数字出版的研究工作，但是关于数字出版的概念却始终没有统一的定论，目前已有两百多种解释与定义。在此，作者想根据不同

① 却咏梅：《数字出版：路在何方?》，《中国教育报》2005 年 5 月 16 日第 8 版。
② 徐丽芳：《数字出版：概念与形态》，《出版发行研究》2005 年第 7 期。

学者的不同角度与观点作一些梳理。

（一）数字出版是传统出版的延伸与拓展

一部分学者认为数字出版是出版机构或者企业在获得国家的合法资格后，通过互联网载体和流通渠道出版销售数字出版产品的行为。除了形式以外，本质上与传统出版一样，是传统出版流程的延续。北京大学谢新洲教授在《数字出版技术》中这样定义数字出版："数字出版是在出版的整个过程中，从编辑、制作到发行，所有信息都以统一的二进制代码的数字化形式存储于磁、光、电等介质中，信息的处理与传递借助计算机或类似设备来进行的出版形式。"[①] 中国传媒大学周鸿铎教授等学者认为："数字出版是指具有合法出版资格的出版机构通过互联网对文字内容进行出版和销售的行为，这是一种通过网络媒介对信息进行记录、发表、存储、阅读的信息传播行为。"[②] 这种观点以传统出版为基础，要求数字出版机构与企业具有国家合法的出版资格，具有传统出版的流程，通过互联网对信息和稿件进行直接的组稿、编辑、加工和出版。

（二）互联网是数字出版的依托载体和传播渠道

2007年6月，维也纳举行了第17届国家数字出版会议，澳大利亚学者提交了一份政府基金项目——"出版在发展：数字出版的潜能"的研究课题成果，对数字出版的内涵进行了阐释，认为数字出版是以互联网为载体和传播渠道的出版形式，通过网络平台共享其数字信息内容，通过建立数据库达到使用户重复利用的目的。数字出版的整个过程与电子商务、在线支付等环节密不可分。为了最大限度地满足用户的信息需求，数字内容产品可以以各种形式诸如在线、网页、电视、光盘和纸张等进行生产和流通。数字出版的基本要素还可以包括按需印刷（POD）和按需制作光盘（VOD）。由此，数字出版的供应链除了作者、出版商，还应该包括技术提供商、数据库和网络发行商、终端用户。

（三）数字出版涵盖了新兴媒体和传统媒体的出版

中国出版科学研究所张立在《2005—2006中国数字出版产业年度报

---

① 谢新洲：《数字出版技术》，北京大学出版社2002年版，第50页。

② 周鸿铎：《媒介组合策略》，经济管理出版社2005年版，第125页。

告》中对数字出版的解读是"用数字化（二进制）的技术手段从事的出版活动"①。它包括"原创作品的数字化、编辑加工的数字化、印刷复制的数字化、发行销售的数字化和阅读消费的数字化"②。数字出版不仅强调介质，还包括出版流程。因此，数字出版涵盖了新兴媒体和传统媒体的出版。张立认为，在今天的社会中完全意义上的传统出版已经不复存在，即使是纸质出版物，其出版、编辑、加工等流程均离不开数字技术的应用。伴随着数字技术的全面发展与升级，今后将不会有传统出版和数字出版的区分，数字出版将统领整个出版行业，这必将是出版业未来的发展方向。

（四）数字出版具有多重功能与特点

中国上海世纪出版集团总裁陈昕对数字出版的内涵做了三个层面的总结与概括：1. 拥有数字信息记录、储存、再现、检索、传递和交易的特点；2. 实现网络运营和即时互动，不仅可以在线检索，还具有创造、合作和分享的特点；3. 可以大规模地满足用户定制个性化服务的需求。

综合各个专家从各个角度对数字出版概念的界定，本文对数字出版作出以下定义：数字出版是国家合法的出版机构或企业运用数字化技术手段实施出版和销售的行为，是一种利用数字媒介载体对信息进行记录、储存、再现、检索、传递、交易和阅读的传播行为。数字出版不仅包括出版内容和出版行为的数字化，而且贯穿于制作、传播到阅读的整个过程。数字出版的表现形式通常有网站发布、电子书（e-book）、电子报刊、图书检索、数据库和手机出版等等。广义的数字出版除了含有以上定义的内容以外，还涉及视频网站、在线教育、数字音乐、App 应用程序、网游产业、网络文学、网络文库、数字漫画以及由"出版＋"引发的网络新媒体新形式，即"出版＋直播""出版＋短视频""出版＋小程序"这些新兴业态。本书是从广义的角度来研究数字出版的盈利模式。

放眼全球出版业，无论是在欧美发达国家，还是在相对落后的亚非

---

① 郝振省主编：《2005—2006 中国出版业发展报告》，中国书籍出版社 2007 年版，第 77 页。
② 张立：《解读数字出版》，《出版参考》2007 年第 19 期。

拉发展中国家，数字出版产业都是各国关注的焦点。数字出版产品由于具有易获取、易存储、易传播等特点，正不断地吸引着公众的眼球和阅读兴趣。一项针对 2009 年法兰克福书展的调查显示，有超过 40% 的参展出版商涉足电子书领域。电子书在美、英、法、日等国均有明显增长，在美国和英国，企鹅出版集团、兰登书屋、哈珀·柯林斯等一批知名出版商都加大了针对电子书业务的投入。从许多国家发布的阅读报告来看，公众对数字出版物的认可度越来越高，这点可以从阅读器市场的激烈竞争中得到佐证。面对数字阅读终端的激烈竞争，除亚马逊的 Kindle 与苹果的 iPad 外，各国相关机构都加快了各自阅读器产品的研发与上市速度，其中不乏出版商与书店的身影，数字出版产业呈现出一片欣欣向荣的景象。但是随着数字出版产业的日益火爆，许多亟待解决的问题也随之暴露。例如网络版权保护、盈利模式、标准统一等问题越来越受到各国政府与相关行业的高度关注。

近年来，我国政府在出版产业信息化建设方面加大了投入，加快了出版产业的数字化改革，有力地促进了出版产业的效率提升与规模发展。短短几年的时间，我国数字出版产业就实现了跨越式发展，数字出版产值屡创新高。

对于数字化环境下的出版企业来说，要想获得长期的盈利，必须找到适合自身的盈利模式和盈利法则，如果没有稳定的盈利模式，就不能长久地适应数字时代的要求和环境变化，这将导致企业无法保持持久的核心竞争力，而被瞬息万变的市场淘汰。目前，数字出版一路走高，产值稳步增长。但是很多企业的盈利状态不佳，究其原因，还是盈利模式不够清晰合理、不够完善成熟。这也是业界专家一直未能解决的重大课题。

不管是传统的出版企业还是新兴的数字出版企业，其盈利模式的核心都围绕着价值创造，要想研究出一个具有持久竞争力的盈利模式，必须解决以下几个基本问题：出版企业需要向哪些客户提供哪些价值，提供的价值活动包括哪些方面，通过什么渠道什么方式提供，提供价值后出版企业如何获得回报，怎样才能在本行业保持持久的竞争优势，等等。

二　盈利模式及其构成

关于盈利模式的研究，到目前为止，学界有很多理论成果，但始终没有达成共识。盈利模式的发展起源，要追溯到我国关于互联网企业的法律法规和技术资源等因素变化的时期，企业产品周期变短，客户的需求升级，企业的盈利重点从内部向外部转移。投资者这时把关注点集中到投资价值上来，出版企业在消耗资本的同时，却无法给投资者带来利润和期望的回报的时候，投资者开始重估自身的投资价值以决定是否继续投资，出版企业也不得不思考收入来源和利润的问题了。网络刚刚起步的时候，之所以财源不断，就是因为所有的投资者都看到了它的美好前景，而几乎所有人都不知道这一美好前景如何实现、何时实现。这种一切未知的美好前景恰好成了投资者们竞相付出的重要原因。目前看来，这种投资动力表面上来自大众对信息产业的无限看好，实际上则是这一新兴产业带来的价值创造和巨大利润。其中的重要原因一方面来自社会的进步、技术的创新，另一方面来自科技与生产力的转化，简单地说就是科技找到了市场路径，找到了盈利的突破口，这是构建盈利模式的核心内容。

（一）盈利模式的定义

盈利模式（Business models）通常是指企业在市场竞争中特有的赖以持续发展的商务结构及业务结构，它以发现行业利润区为基础，以高利润区的持久停留为目标，通过对包括技术、产品和服务、供销渠道、顾客、声誉、资本、品牌等在内的企业资产的系统配置，发展相应的经营业务和经营理念，同时盈利模式强调具体的方法和技巧，具有鲜明的操作导向。①

简而言之，盈利模式即企业实现价值最大化的商业模式。盈利模式

---

① 阎峰：《传媒赢利模式：概念、特点与战略层次》，《新闻界》2006 年第 3 期。

可以概括为企业通过其信息、资金、相关参与者、产品及经济活动等各个环节的互动创造不同的价值并获取利润的方法和途径。任何企业都有自己的商务结构及业务结构，一家企业可能有多种盈利模式存在，但并非所有企业都能找到适合自己的盈利模式。哈佛商学院的大学教授迈克尔·波特（Michael Porter）在他提出的"价值链"理论中认为价值链是由企业内部各联系的业务单元构成，但是它们建立的基础是企业独特的定位和价值观念，并不是本身固有和自然形成的。而企业的盈利模式通常是由企业中各种生产、资源、营销、物流、能力等融合在一起配套打造的经营要素和核心技术等组成的有机体。一方面，有效地配置资源，适当地对盈利各要素进行组合发展是企业盈利的基础；另一方面，企业的价值取向也可以通过盈利机制反映出来，企业要把自身资源、思维理念和经验模式有机地融合并加以应用，才能建立有竞争力的盈利机制。

企业获得盈利的本质就是获取利润，而利润等于收入减去成本后剩下的那一部分。如果加上价值的创造、传递与实现，那么盈利模式的源头就是由"企业如何获取利润"这一命题引发而来的，是围绕价值创造主体形成的逻辑关系。它主要建立在对企业外部环境的观察和内部管理的思考的基础上，主要解决了两个方面的问题：一是什么是获得收入的目标对象；二是目标对象通过什么方式与方法获得收入，即如何获取的问题。综上所述，我们可以把盈利模式这样总结："盈利模式是指企业从思考自身的收入来源这一传统问题开始，围绕如何创造价值、传递价值和实现价值而形成的一种逻辑，这种逻辑具体体现为企业选择自身在价值网络中的地位，实际上就是选择价值传递和实现的方式，并为客户提供一种特定的需求价值，这种逻辑最终体现在企业对自身的发展战略、组织结构和盈利能力的选择上，并因此取得企业利润。"[①]

（二）盈利模式构成要素

成功企业的盈利模式告诉我们，核心要素的组合是构建企业盈利模式的关键。概言之，盈利模式的构成要素有：产品和服务、客户需求、

---

① 钱太宝：《我国网络公司的盈利模式与盈利战略研究》，硕士学位论文，吉林大学，2006年，第83页。

组织机构、动力机制、进入壁垒五大因素。

一是产品和服务。利润点是目标群体在企业购买的产品或服务，好的产品和服务也就是好的利润点，企业价值最大化与客户价值的结合会形成利润点，企业的价值也是由企业自身和目标消费群体创造出来的。产品和服务对目标群体有足够的吸引力，对企业有足够的贡献，是盈利模式构建的必要条件，否则利润将不会被创造出来。

二是客户需求。利润源是利润的来源，是企业商品或服务的目标客户群体。购买者和使用者群体组成目标客户群体，良好地定位目标群体需求是利润源获取的关键。首先，我们要深入认识和挖掘客户群体的习惯和偏好需要，把目标群体的需求界定清晰；然后将客户需求拓展到足够的规模；最后，通过一定的竞争优势去挖掘潜在客户的需求。

三是组织机构。职业经理人或者企业家将可能成为企业的重大决策者。极强的敏感度和预见性是组织机构决策者的必备条件，他们知道如何去判断和寻找与锁定目标客户群，如何确定产品与服务和营销模式，对于竞争对手的掠夺该选择怎样进入壁垒，等等。在企业盈利模式的构建与形成发展中，组织机构起着决定性的影响作用，把思维理念和自身资源进行有机的融合是构建盈利模式的前提。分析好行业环境才能精准定位目标群体，升级服务，创新产品。和目标群体结成战略联盟，选择最佳的动力机制和进入壁垒，才能组建有经营特色的业务结构和可持续发展的盈利模式。

四是动力机制。作为动力机制的利润杠杆是企业为了满足利润源而采取的。在营销的过程中，企业实施的策略、使用的方式方法构成了企业的营销方式，企业通过采取一系列的活动和手段，吸引顾客注意力去购买，然后使用产品或服务。针对不同的目标群体和产品服务去定位，采用适当的措施与手段来保证企业利润目标的顺利完成和圆满实现。

五是进入壁垒。利润屏障是一种防范措施，它能限制竞争者的准入，也能锁定企业利润。与动力机制一样，进入壁垒也是企业的部分投入。撬动"奶酪"为我所有是营销方式，保护"奶酪"不为他人所动就是进入壁垒。

三　利润要素在出版企业中的对应关系

研究出版企业的盈利模式，就是要了解出版企业如何获得利润，而价值的最大化才是盈利的关键点。不同的出版企业，会开展不同的价值创造活动，而企业持续盈利的关键在于构建优势战略环节和保持价值创造的能力，并不需要同时侧重整个企业价值链的所有环节。对于利润来说，这些重要的战略环节就是利润要素，利润要素是盈利模式构建的重要因素，也是出版企业获得持续竞争力的关键。

（一）利润要素概述

一般来说，盈利模式就是获得最大利润的方式，是根据出版企业的理念和模式，充分利用企业内、外部资源获取利润的过程。盈利模式包含五个基本要素，即利润点、利润源、利润杠杆、利润屏障、利润组织。互联网的应用给数字环境中的出版企业盈利模式构成要素赋予了新的内涵。（如表 1 - 1 所示）

表 1 - 1　　　　　　　　　　　企业盈利模式构成要素

盈利模式 构成要素	相关内容	要解决的问题
利润点 （数字内容）	可以向客户提供哪些新的 产品和服务？	有什么样的价值向客户提供？
利润源 （客户需求）	将价值提供给谁？	有哪些收入来源？
利润杠杆 （动力机制）	企业要开展哪些新的经营活动？ 什么时候进行这些活动？	哪些经营方式使得价值最大化？
利润屏障 （进入壁垒）	怎样保持竞争优势？	企业如何在行业立于不败之地？ 怎样才能做到持续盈利？
利润组织 （组织机构）	由谁提供产品和服务？	提供价值的组织应具备 哪些条件和特点？

如果能准确地回答表 1 - 1 中的问题，就能充分地了解每一种盈利模式是如何创造价值的，出版企业需要向哪些客户提供哪些价值，提供的价值活动包括哪些方面，通过什么渠道什么方式提供，提供价值后出版

企业如何获得回报，怎样才能在本行业保持持久的竞争优势，等等。通过这些问题的答案可以更加清楚地看到数字出版企业价值创造的过程和自身的盈利模式，找到自己的弱点以及突破方法，保持现有的竞争优势。

（二）利润要素指代范畴

我们可以把出版企业的盈利模式看成一个由不同部分及其互动机制组成的系统，该系统可以归结为"一个核心、五个基本点"，这个核心就是盈利模式的核心——利润，五个基本点则是由利润点、利润源、利润杠杆、利润屏障、利润组织这五个利润要素构成。

1. 利润点——数字内容

企业获得利润的产品和服务即利润点。数字内容通常包括数字产品和信息服务，而出版企业正是通过数字内容获得利润，这就是我们讲的利润点。数字内容必须针对客户需求。从客户的角度来说，客户认同和接受出版企业提供的数字产品和信息服务就会愿意支付一定的货币价值。如果支付的价值超过了出版企业之前投入的成本，就会形成利润，实现盈利。通常来说，低成本和差别化是实现客户价值的两种渠道。出版企业的数字产品和信息服务通常有增值服务、网上商城、网络广告、竞价服务等，不同的出版企业有不同的侧重点。客户贡献产生的服务和客户关系将影响出版企业的盈利，抽取佣金和代理费也是出版企业和客户分享收益获得利润的一种方式。利润点与客户贡献的个人信息密切相关，企业的价值由信息的真实性与更新速度、客户信息等决定，同时也将影响出版企业的业绩。

2. 利润源——客户

企业获得收入后才能产生利润，利润源顾名思义就是企业收入的来源。出版企业盈利模式的根本目标是实现价值最大化，在传统出版行业，企业通常从客户那里获取利润。但是在数字出版行业，网络虚拟技术已经没有了时空的限制，互联网又具有其他媒体没有的交互性，因此利润源在出版企业的长期稳定发展中显得更为重要。在我国，数字出版起步较晚，没有形成自己的盈利模式，大都照搬别人的经验加以模仿。所以，不同环境下的企业应该有不同的盈利模式，出版企业要想长期获得稳定的利润源，就要着眼于长期的发展战略，找到适合自己的盈利模式。

数字出版是一个复杂的市场，在这里，有着不同消费需求和消费习惯的客户，他们受文化、地域、心理等因素的影响，对数字产品和信息服务的需求不相同。所以，出版企业要针对不同客户的不同需求进行合理的分类，以找到部分最能带给企业价值的特定客户为自己的重点服务对象。在客户细分的标准上，传统出版一般根据地区来区分，而数字出版可以利用不受时空限制的互联网，所以分类的范畴更大更广。可以有价值客户、一般客户、亏损客户、潜在客户等，这样能更好地确定企业利润的价值来源。有的客户能使企业的利润增长，而有的客户则造成企业亏损，所以应该针对不同层次的客户提供不同个性需求的产品和服务。在出版企业的盈利模式里有一种"二八定律"的理论，即认为企业80%的收入来自20%的客户，而另外80%的客户仅仅能带来20%的收入。不同于传统出版的是，数字出版几乎没有门槛，可以通过互联网自由出入。正因如此，客户往往对网站提供的免费信息并不珍惜，所以出版企业必须清晰地划分自己的客户类型、明确利润源、锁定目标市场、集中优势资源服务于优质客户以提高他们的忠诚度。同时，利润的多少与客户的规模息息相关，在建立相当规模的客户群体，挖掘新客户资源与老客户新价值方面，出版企业还需要深入分析，提高产品和服务的原创性和独特性，以期最大程度地吸引客户。

3. 利润杠杆——动力机制

企业为了吸引客户、获取利润通常会采取一系列相关活动，这就是利润杠杆。差异化的数字产品和信息服务是让客户满意的源泉，也是利润杠杆设计的前提。细分化和专业化的趋势预示着出版企业开始由大而全走向垂直型道路，企业的发展与客户的需求密不可分，为了吸引人气，有的网站采取了一系列活动或提供免费服务，比如广告宣传、内容体系优化、网站公关、界面友好程度改善、功能模块增强、网上交互平台、信息咨询、搜索服务等等。在活动中向不同层次的客户提供不同的价值是企业的目的，也要考虑什么活动在什么时段进行比较合适（见表1-2）。

表 1－2	相关活动
选择举办什么活动时，企业需要考虑的问题	选择的客户范围愿不愿意接受活动中提供的价值
	与企业的独特能力是否相一致
	该活动能不能提升企业的竞争力
	从长远来看，该活动能否盈利
决定什么时候举行这些活动时，企业需要考虑的问题	目前企业处于哪个阶段以及今后向什么方向发展
	竞争者目前有些什么活动
	现在开展这些活动是否恰当
	这些活动的实施是否会影响到企业现有的业务活动

4. 利润屏障——进入壁垒

企业为了防止市场中其他竞争者的入侵和利润掠夺会采取一定的措施，营造一种市场准入的门槛，这就是利润屏障。利润屏障是出版企业为了保持持久竞争优势而建立的一道进入壁垒，这道进入壁垒能突出反映企业盈利的能力和持久性。

在数字出版行业中，企业在某一行业内拥有的先发优势虽然是后来竞争者难以超越的，但是随着企业规模的扩大，不仅会吸引更多的客户，也会不断地出现与企业竞争的对手。比如，在即时通信领域，有很多的通信工具可供选择，如阿里旺旺、Skype、QQ、微信等，每一种通信工具都有其特有的界面、设计和功能。但是不管后来的通信工具如何强大，用户熟悉的使用习惯导致人们在二次选择的时候会倾向于之前的通信工具，这样能更加方便地联络到联系对象而进行信息的沟通和交流。由此，QQ 与微信成为现在网民的第一选择。为企业带来利润的不是资源本身，那些被企业使用和整合后转化为客户价值的资源才能更好地为企业创造财富，企业的竞争力也是在整合与使用资源的能力中体现出来的。企业能力大小的充分体现就是核心竞争力，作为企业的持久优势能使其在生产、经营和服务等杠杆活动中展现自身的技能，这种持久的盈利能力应该是同一领域内的其他企业无法在短期内达到和超越的，或者是行业内的竞争对手难以模仿和复制的。只有拥有核心竞争力，企业才能为客户提供一流的产品和服务，保持持久的竞争优势。

企业所具备的获得超额收益的条件就是竞争优势，而优势是否能保持就是一个持久性的问题。"阻塞、快跑、联合"这三种策略可以帮助企业保持和延续竞争优势。为了防止竞争者加以模仿而在盈利模式周围设置进入壁垒的策略就是阻塞策略。企业首先要确定的前提和重点是明确顺利适用该策略的条件是什么，是大量的客户群体还是难以模仿的版权等等。如果企业能不断创新自身的盈利模式并且始终领跑行业的持续发展，那么可以选择快跑策略，所以企业要思考自己的盈利模式是否能持续创新，是否能承受住行业的压力。一旦企业找到可以不断发展壮大自己的其他资源，就可以通过联合策略来发展，这个时候，合作竞争者的条件和资格才是企业的考量指标。所以说，出版企业可以提供锁定客户价值的特色业务，也可以设计提高客户忠诚度、信任度和自身知名度的数字产品和信息服务。与合作伙伴建立牢固的关系网络，拥有持久的战略控制力，通过技术的不断革新研发新的数字内容，可以让企业拥有保持领先优势的盈利模式。

5. 利润组织——组织机构

利润组织是企业业务活动和商务管理的组织形式和实体，特定的组织形式能够固化企业有价值的业务结构和商务结构，利润的形成与组织内部的各种管理和形式密不可分。利润组织是企业盈利模式构建的资本来源和重要基础，就是我们通常所说的组织机构。

第二章　基于利润点的数字出版盈利模式

　　利润点是企业为满足客户的需求和欲望，向特定的客户提供产品和服务以完成的预计目标，是企业利润目标得以实现的支撑点，而利润的源头就是客户未被满足的需求和欲望。它是企业存在的根本理由，说明企业在"卖什么"，正从事着何种业务，提供哪些价值，亦是企业实现价值最大化的本质逻辑和起点。利润点的设计是盈利模式构建的首要任务。

第一节　利润点是出版企业构建盈利模式的本质逻辑[①]

一　利润点的定义与设计

　　利润点是企业产出的逻辑起点。利润点包括企业目前经营的业务范围，提供了哪些产品和服务，有哪些市场区域，以及未来的预期目标。对用户的正确预期是企业经营范围确立的前提，所以企业在进行利润点设计的时候不要先考虑产品的生产，而应以明确客户的需求为基础，然后再为它寻找市场。设计利润点之前要明确企业的定位以及自身的追求，这样才能吸引至关重要的客户。

　　利润点的设计内容往上可以延伸到企业的创造性成长，往下需要排除一切风险因素。企业在选择产品和服务以及调整目标市场定位时，可以通过外在环境的扫描、利用 SWOT 分析法和外部因素评价矩阵最大限度地降低侵蚀企业利润的风险。

---

①　参见刘一鸣《基于利润点的数字出版盈利模式创新研究》，《科技与出版》2015 年第 8 期。

企业之间的利润点应该相互区别。1934 年，著名学者高斯教授提出了竞争条件下的唯一性原理，也就是我们常说的世界上没有相同的两片树叶。如果把这种观点套用到企业行为上，可以得出一个结论："只有与众不同才能生存。"在企业的实践中，在经营业务时，如果利润点产品出现可替换性，那么随着时间的推移，其中之一的产品必将被市场淘汰，最终退出行业领域。所以，保持和发展企业利润点的差异性是企业获取利润的逻辑起点。

二　利润点中产品或服务的层次

（一）利润点的三个层次

利润点设计的第一个层次是基础利润点，这是利润点的核心和基本，是客户真正的需求和利益的基本载体。

利润点设计的第二个层次是期望利润点，是客户在购买其基本需求时期望和默认的附属条件。客户在进行消费决策时，购买的激励因素并不包括期望利润点，但是它将成为必不可少的保障因素，有助于提升顾客满意度。

利润点设计的第三个层次是附加利润点，它是增加的服务和利益，是客户在获取需求后额外的收获，这一部分的价值将为企业获取利润提供有效的机会（参见图 2-1）。

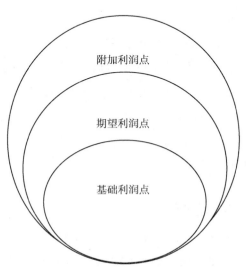

图 2-1　利润点产品或服务三层次

（二）数字产品的含义与特点

在数字出版领域，我们经常提到一句话——"数字出版以内容为王"。这句话的核心意思就是数字内容是数字出版的王道和中心，数字出版盈利模式构建的基础也是数字内容，企业卖什么，经营什么业务，谈的也是数字内容。数字内容才是企业生存和发展的利润点和基本逻辑，而数字内容的表现形式就是数字产品和服务，是我们研究数字出版盈利模式的核心要素，也是企业获取利润最大化的逻辑起点。

数字产品是一种非常特殊的数字化产品，它有如下特点。1. 不易消耗性，数字产品不会在消费以后就立刻消失，而是能够永久保存。2. 可复制性，数字产品复制的边际成本为零，非常便于进行复制、存储、传输和共享，具有极强的可复制性。3. 易更新性，数字产品的内容是可以随时改变的，出厂商可以根据客户需求对数字产品进行定制化和个性化改变，同时可以定期升级版本进行更新。4. 易储存性，数字产品的内容可以便捷地存储到物质载体或者互联网的数据库中，没有空间的限制。5. 易传播性，它可以在最短的时间与最大的范围内进行交流和互动。6. 互补性，在传统出版产品的数字化转型过程中，只有将数字产品与传统的物理载体相结合才能满足客户的消费需求。

内容作为数字出版的核心资源，由于信息化技术的使用而使其传播渠道与传播方式得到了无限的扩展。和传统出版一样，数字出版的本质也是对内容作品的传播，区别不过是所借助的技术手段不同而已。所以说，围绕数字出版物的生产与销售仍然是数字出版企业的主要生产活动，依靠内容产品获得收入依然是数字出版企业的主要收入来源。所以任何出版企业都应该精心设计自己的内容产品并发展、完善它，使之成为数字出版盈利模式构建的基石。

三 利润点的类型分析

（一）基础利润点——基于内容产品的盈利模式

正如盈利模式构建理论中强调的，成功的盈利模式构建和发展的必然结果就是企业的持续盈利，那么检验企业盈利模式是否成功的唯一标准就是能否持续盈利。著名的经济学家艾略特简单地认为：利润＝收入－成本。也就是说盈利就是收入扣除成本以后的那部分。而盈利模式研究的就是收入的来源、成本的产生以及收入与成本的关系问题。所以，一个出版企业必须关注客户的价值需求、控制数字产品与服务的成本、构建一个合理的盈利模式，只有这样才能获取利润。让我们以利润点为逻辑起点，围绕数字产品和服务来探究数字出版的盈利模式。

1. 内容产品交易模式

内容产品的经营历来就是传统出版企业的主要业务范畴，而数字内容是数字出版盈利模式构建的核心利润点，内容产品的经营成为传统出版和数字出版共同关注的问题，内容产品的收入成为数字出版的主要收入来源。成功的内容产品交易模式的核心利润点始终是数字内容，只有当数字产品和内容服务能满足客户的需求时才能顺利地进行交易，出版企业才能获取资金投入再生产，这同样是传统出版的核心利润点。除此以外，合适的营销渠道与适当的销售方式在扩大销售的环节也显得尤为重要。那么，根据数字内容产品的流通渠道可以把基于内容产品交易的盈利模式分为两种：一种是网络在线交易模式，另一种是数字出版物的线下交易模式。每种模式都有其自身的特色和适应范围（见图 2－2）。

（1）网络在线交易模式。数字内容在生产加工后形成数字出版物，借助网络的传输、浏览、查询与下载等功能，实现数字产品的交易以获取收入。网络代理商可以成为出版企业的交易代理，按照一定比例与之进行利益分成。当然，出版企业也可以通过自己的网站来完成交易。应该说，数字出版中最主要的盈利模式就是通过互联网进行销售推广的网络在线交易模式。

（2）数字出版物的线下交易模式。从互联网的流通渠道角度看，线下交易主要为 B2C 模式。利用网络进行线上数字产品的查询、浏览、下载直至购买的活动，可能还不能完全满足所有客户的需求。这时候，线下的交易模式就是一个很好的补充。因为不是所有的数字出版企业都能与平台服务商、网络运营商在利润分成上达成合作协议，还有很多初涉

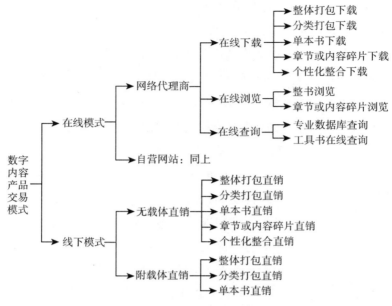

图 2 - 2　数字内容产品交易结构

数字出版的传统出版企业无法利用互联网的虚拟渠道进行销售和发行工作，只能将数字内容产品附着在光盘、优盘等储存介质上通过物理渠道进行直接销售。

2. 版权贸易模式

版权又叫著作权，属于知识产权，是排他程度相对较低的一种权利。著作权是指由自然科学、社会科学以及文学、音乐、戏剧、绘画、雕塑、摄影和电影等作品的作者所享有的人身权利和财产权利。人身权利包括发表权、署名权、修改权等，财产权包括复制权、表演权、信息网络传播权以及著作权人享受的其他权利等（见图 2 - 3）。①

版权是数字出版产业的核心资源，也是出版企业经营的关键资本。内容出版产业的核心使命就是发现、获取和经营版权。目前，我国数字出版企业的版权贸易模式主要有以下四种：专业版权代理的 B2B2C 模式；

_____

① 参见李明德、许超《著作权法》，法律出版社 2009 年第 2 版。

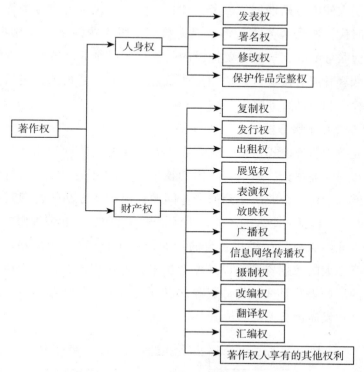

图 2 - 3　著作权结构

版权交易信息发布平台的 B2B2C 模式；出版企业自建版权交易平台的 B2C 模式；守株待兔式的 C2B 模式。

（二）期望利润点——基于增值服务的盈利模式

增值服务的盈利模式是研究现代出版企业如何基于自身优势资源按需为客户提供有偿服务的商业运营模式。它包括依托自身出版技术等优势资源为客户提供按需出版及按需印刷的盈利模式、依托自身专业领域优势技术资源为客户开展技术咨询或提供全套专业技术解决方案的专业技术服务盈利模式、依托自身优势的知识技术资源为培训需求方提供培训服务的盈利模式。它们都是依靠原有数字内容开展的价值扩展服务，都属于增值服务范畴。开展增值服务可以强化与客户的关系，扩大企业的营收，培养忠实稳定的客户群体，强化品牌效应等。它既可以是一般意义上的内容增值服务，如按需出版、按需印刷、在线教育等；也可以是更深层次的内容延伸增值服务，如技术咨询、技术解决方案等。在数字信息时代，增值服务收入将会成为数字出版企业的第二大利润来源。基于增值服务的盈利模式主要探讨的是数字出版企业围绕自身优势资源而面向顾客开展有偿服务以增加企业收益的商业运营模式，包括专业技术服务模式和培训服务模式。

1. 专业技术服务模式

专业技术服务模式是指一些专业实力较强的出版社利用自身强大的技术资源与专业理论，邀请行业内的技术人士和有关专家，对行业内施工、生产、设计类企业所遇到的专业问题提出解决方案的咨询服务（见图2－4）。也包括对个人的工作、生活、学习提供的专业咨询服务等。因为这些专业出版机构已经在各自的行业领域积累了多年的经验与实力，拥有自身强大的数据资源，以及专业技术、专业理论、行业内顶尖的作者等资源。如果能对这些优势资源加以利用与整合，将会为数字出版企业的数字化发展创造无限的价值。[①]

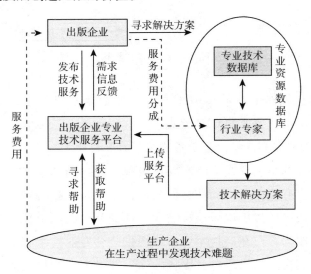

图2－4　专业领域的技术咨询、技术解决方案服务

---

①　参见余树华《论数字期刊条件下的编辑转型》，《科技与出版》2013年第4期。

2. 培训服务模式

培训服务模式是数字出版企业为了满足受众的知识诉求和技能需求开展的、建立在出版企业自身优势数据资源基础上的有偿培训的盈利模式，属于数字内容的增值服务范畴。培训服务模式的形态多种多样：有现场培训、在线教育（e-learning）、电视教学等。目前的培训市场上，像新东方、学而思这样的民营培训服务机构具有比较成熟的盈利模式，运营状况良好，收入可观，他们成熟的盈利模式为数字出版企业开展培训服务提供了可借鉴的经验。

（三）附加利润点——基于第三方投入的盈利模式

在现代社会中，政府、企业和个人都不是孤立的个体，他们之间有着多维的关系，形成了一个茂密的关系网。前面研究的基于内容产品和增值服务的盈利模式有一个共性，就是收入都来源于产品与服务交易中的消费方，即客户。但是在数字出版产业中，除了利润源的第二方外，还有和产业发展有着紧密联系的第三方，包括政府、企业、个人等。第三方对数字出版企业投入的主要形式一般有两种：广告和资助。广告收入与资助收入都属于内容产品生产消费之外的第三方的资金投入。

1. 广告收入模式

广告收入模式是数字出版企业依靠自己的数字出版信息平台与数字内容优势资源传播，吸引广告商注入资金来获取收入的盈利模式（见图 2−5）。在基于第三方投入的两种主要盈利模式中，广告收入是最主要的第三方收入来源。

如今，广告已成为数字出版产业形态中最主要的收入来源，尤其是免费出版物的投放。同时，投放广告的形式也日益增多。比如网络平台的推广式广告，促进销售业绩的导购式广告，还有数字产品的植入式广告等。为了增加广告的收入，有的出版商以刺激和吸引公众关注为目的，免费推出优秀的数字出版产品，以便增加点击率和下载量，并借此来扩大企业的影响力、提升内容资源的广告价值优势，从而吸引更多的广告商参与到数字出版发行活动中来。目前，广告收入模式营收情况较好的形式主要有网络游戏、电子杂志、搜索引擎、图书数据库和在线阅读频

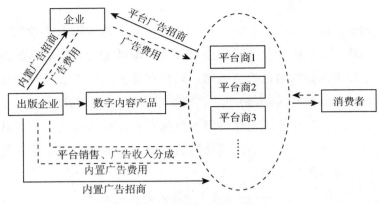

图 2 - 5　广告收入模式

道等，这些产品已实现免费投放。

2. 资助收入模式

资助收入模式所研究的是数字出版企业在其经营活动中依靠第三方资金帮助而获得收入的盈利模式。提供资金帮助的可以是政府、企业、机构或者个人。资助收入模式的关键包括选题方向和资金来源两个方面。出版项目的选题要符合国家资助的标准，或者能吸引第三方机构和个人的关注和兴趣，才有可能得到资金投入。从资金来源的角度可以将资助收入模式分为政府投入、企业投入、机构投入和个人投入（见图 2 - 6）。

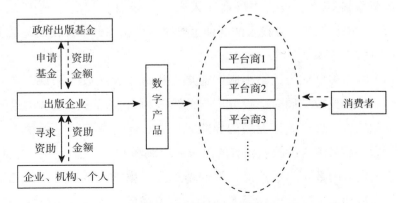

图 2 - 6　资助收入模式

企业获得利润的产品和服务即利润点。基于利润点的数字出版盈利模式就是基于产品和服务的数字出版盈利模式。无论是哪种盈利模式都必须重视客户需求。从客户的角度来说，客户认同和接受出版企业提供的数字产品和信息服务，就会愿意支付一定的货币价值。如果支付的价值超过了出版企业之前投入的成本，就会形成利润，实现盈利。企业获得收入的来源即利润源就是客户，利润点（数字内容）与利润源（客户需求）密切相关，所以基于利润源（客户需求）的数字出版盈利模式将是下一步研究的理论方向。

第二节　VR + 教育出版利润点研究

虚拟现实（Virtual Reality，VR），指利用计算机技术模拟产生一个三维空间虚拟环境，为用户提供视觉、听觉及触觉等感官上的模拟感受。用户凭借全新的输入或输出渠道，与其进行交互体验。据相关统计，国内目前生产 VR 设备的开发公司已经超过 150 家，自 2015 年以来，29 家 VR 企业融资总额超过 10 亿元，在 A 股市场上已经有 60 多家上市公司涉及虚拟现实技术。国内目前有超过百余种 VR 头盔，VR 线下体验馆数量已超过 2000 家。在资本和技术的双重推动下，VR 硬件设备在 2016 年实现井喷式增长，而 VR 内容则发展较缓，目前主要以游戏和视频为主，国内 VR 平台上有大约 2700 款视频和 800 款游戏。VR 作为继电脑、手机之后的新一代主流信息平台，内容建设仍是难以攻克的核心问题，因此"VR + 业态"研究将成为 VR 产业发展壮大的必然趋势。[①]

作为虚拟现实技术与行业应用最好的结合点之一，越来越多的国内外出版企业把"VR + 教育出版"作为 VR 内容生产的重要切入点。国家一直非常重视教育信息化的建设，在宏观政策上给予很大的支持。李克强总理在 2015 年 3 月的《政府工作报告》中首次提出"互联网 +"的行动计划，希望"产学研"在各个环节转换更加顺畅，科研人员来源与应用更加广泛多元。教育部虚拟现实应用研究中心主任周明全曾指出，虚拟现

---

① 参见王扬《VR + ：出版融合发展的新方向》，《出版参考》2017 年第 3 期。

实、云计算、人机交互、智能化等技术的不断发展,为虚拟现实教育奠定了全面发展的基础,而虚拟现实飞行教学、虚拟现实教室等运用的出现也证明 VR 与教育出版的结合将产生无限的可能。

一　VR + 教育出版利润点概述

教育出版作为出版行业的重要领域,在数字化转型过程中进行技术和内容的融合是必然选择。"虚拟现实技术会变革教育,改变人们对环境的看法,并重新定义社会参与"①,是移动互联网时代一种新的媒介形态。

根据利润点的特点对 VR + 教育出版的盈利模式进行调查分析,可以将 VR + 教育出版的利润点分为三个层次:基于内容产品的基础利润点,基于增值服务的期望利润点,基于第三方投入的附加利润点。

基于内容产品的基础利润点是指 VR + 教育出版的内容,主要包括三个方面:经过技术人员整理上传到网站的 VR + 教育资源;由 VR + 教育资源和教学设备支撑的线下教育体验活动;通过购买版权获得的 VR + 教育出版资源数据库。

基于增值服务的期望利润点是指 VR + 教育出版的专业技术服务和培训服务。教育出版在 VR 这一新兴技术的加持下,专业性和技术性明显提升,依靠新技术为用户提供培训服务,在行业内可谓独树一帜,既能满足受众的求知欲望和对新事物的好奇心,又能为 VR + 教育出版企业带来收益。

基于第三方投入的附加利润点是 VR + 教育出版行业的二次投入和产出。出版企业除了从用户自身获取利润以外,还可以通过售卖广告向广告投递商收取广告费,收取政府、社会或个人的赞助费等来获取利润,这也是 VR + 教育出版盈利模式多样化的重要战略之一。

二　VR + 教育出版利润点发展瓶颈

1. VR + 教育出版发展现状

VR + 教育出版可以打破时间、空间和资源的限制,增强教学过程的

---

① 　雷慧杰:《数字教育出版对 VR 技术的应用》,《采写编》2016 年第 3 期。

互动性；VR+教育出版可以规避实操实验中的种种风险，降低实验成本；VR+教育出版能够寓教于乐，提高学生学习的积极主动性。

作为时代的新兴事物，VR 技术在教育出版的实践和推广过程中也会遇到一些不可避免的现实难题。例如，有一些 VR 教育产品的内容质量未达标，甚至出现常识性错误。除此之外，VR 教育设备的价格还处于奢侈品范围，还未真正实现大众化、平民化。如何提高 VR 设备佩戴舒适度，如何形成统一的 VR 设计开发标准，如何对 VR 系统进行优化升级，如何让设备更加轻盈便捷，等等，都值得致力于 VR 教育出版领域的专家和学者深入地思考和研究。

2. VR+教育出版利润点构建困境

VR+教育出版的基础利润点主要有线上交易、线下体验和版权贸易。线上交易是以互联网为基础进行的，一旦没有互联网这一传播渠道，线上交易将无法完成。此外，黑客技术也对互联网支付安全有一定的威胁。在线下体验交易模式中，VR 设备的佩戴舒适度会影响用户的体验效果，其设备的价格也是大范围推广 VR 产品的一大障碍。在我国版权保护体制还未成熟的环境下，VR 产品的版权保护更是出版企业盈利道路上的一个难题。用户购买版权后，可能在出版商不知情的状况下私自低价出售或免费赠予 VR 产品，这对出版企业的盈利目标无疑是一种巨大的冲击。

VR+教育出版的期望利润点是出版企业利用自身的优势资源为客户提供的有偿服务。出版企业通过与技术提供商进行资本和技术合作来凸显其专业性和技术性优势。企业间的共同利益是双方合作的前提和基础，出版企业依靠自己的内容品牌和绝对优势吸引到顶尖的 VR 出版公司，这对企业的核心竞争力是真正的检验。此外，硬件设施或实验基地需要投入大量的资金，这些对出版企业也是一种挑战，企业不仅要有雄厚的经济基础，还要有过硬的服务质量。

VR+教育出版的附加利润点主要是广告和资助。构建这一利润点首先要求出版企业有一定的受众范围和言论影响力，进而才能有效地传播广告内容，并受到外界的关注和重视，让政府、社会或个人愿意提供资金与帮助。

三　VR + 教育出版利润点构建策略

盈利模式构建的关键在于能否让企业持续盈利。著名经济学家艾略特简单地认为：利润 = 收入 − 成本，即利润来自收入中除掉成本的剩余部分。而盈利模式研究的就是收入和成本的产生以及二者之间的关系。① 所以在VR + 教育出版行业中，相关企业要想盈利，就要时刻关注用户的使用体验和需求，降低 VR 产品生产与服务成本，形成属于自己的盈利模式。以下是从利润点的角度，围绕 VR 产品和教育服务分析 VR + 教育出版的盈利模式。

（一）基于内容产品的基础利润点

1. 内容产品交易模式

内容产品交易模式是 VR + 教育出版的核心利润点。从 VR 内容产品营销渠道的角度，可以把内容产品交易模式分成两类：一是在线教育资源交易模式，二是线下教育体验交易模式。

在线教育资源交易模式。VR 教育资源经过出版技术人员生产加工整理后，上传到互联网，出版企业的自营网站或网络销售代理商依靠网络数据的传输进行销售推广，为用户提供在线查询、浏览、下载等功能，用户可根据自身需要选择资源，然后依靠电子支付平台进行交易，企业即可获得收入。网络销售代理商可从中抽取一定比例与内容提供商进行分成。从互联网流通渠道角度看，也就形成了自营网站的 B2C 和网络代理商的 B2B2C 两种交易模式。在线教育资源交易模式是 VR + 教育出版最主要的盈利模式。比如，由凤凰传媒投资成立的凤凰壹创研发了 VR 教育云平台——"100 唯尔教育网"，并于 2015 年 12 月正式上线；安徽新华发行集团旗下的上市公司"皖新传媒"准备投资 17.5 亿元，打造一个VR 数字教育内容全媒体平台；青岛出版集团正在开展"青版 VR 教育云平台"项目，并已向大众推出了"VR 海洋教育"等课程。VR + 教育出版企业要想通过在线交易内容产品获利，必须拥有强大的技术支撑，建设安全稳定的交易平台，一心一意为客户服务。

---

① 参见刘一鸣《基于利润点的数字出版盈利模式创新研究》，《科技与出版》2015 年第 8 期。

线下教育体验交易模式。主要是企业与消费者直接进行的 B2C 交易模式。VR 作为一种新科技，线上的查询下载远远不能满足消费者的好奇心和购买欲望。此时的教育出版企业带着新产品走出办公室，开展线下活动，是与消费者拉近距离的不二选择。北京少年儿童出版社与易视互动合作推出了"恐龙世界大冒险"系列丛书，该丛书附赠 VR 眼镜，并提供了很多以恐龙为主题的 VR 场景。丛书推出后，出版社联合教育部门，在当地部分小学以及幼儿园设立试点，免费让少年儿童体验，小朋友带上 VR 眼镜畅游时可以自主控制行动，全方位观察恐龙。生动有趣的教学内容激发了学生对恐龙的兴趣，极强的互动性使它在众多科教类图书中脱颖而出，获得学校和家长的一致好评。

有研究者在介绍葡萄牙历史文化时，构建虚拟现实情境，让学生化身为舵手和巨人，真实体验航海人的风吹日晒。[1] 门泽罗（Mentzelopoulos）等在刑法教学中，用 VR 技术构建真实案例场景，学生可以以当事人的身份运用法律知识，侦查案件，寻找凶手，还可以和 NPC（Non-Player Character）互动获取信息，研究表明这种刑法学习方式行之有效。[2] 此外，VR 技术还被广泛运用于其他教育领域，如防火灾和防溺水等安全教育、社区教育、旅游教学、道路桥梁设计、城市规划、室内设计、古迹复原等众多方面。

由此观之，VR 教育产品在线下体验过程中能够得到更全面的宣传和推广。用户可以先体验后付款，消费者也一定程度上消除了对 VR 产品质量的怀疑，更放心地"下单"，更踏实地享受。线下体验交易模式也是创新产品推广见效最快的途径之一，受众的产品体验是 VR + 教育出版可持续发展的重要保障。但是 VR 设备的佩戴舒适度和价格仍需调整。

2. 版权贸易模式

版权是出版企业的核心资源，也是出版企业经营的关键资本。[3] VR

---

① Mentzelopoulos, M., Parrish, J., Kathrani, P., et al., "REVRLaw: An Immersive Way for Teaching Criminal Law Using Virtual Reality", *Immersive Learning Research Network*, Vol. 621, No. 7, June 2016, pp. 73 – 84.

② Ibid.

③ 参见刘一鸣《基于利润点的数字出版盈利模式创新研究》，《科技与出版》2015 年第 8 期。

教育出版产品的版权同样重要。励德·爱思唯尔（Reed Elsevier）数字出版成功转型后，其医学和科学文献数据库行销世界各地，众多高校和研究机构对其数据库形成依赖，而它的数据库版权销售收入占到公司总收入的 80% 以上。由此可见，版权是出版企业盈利的一个重要因素，做好版权保护，严厉打击盗版，尊重知识产权，营造良好的市场氛围，大到国家社会，小到企业个人，都责无旁贷。

（二）基于增值服务的期望利润点

增值服务的盈利模式在现代出版企业中表现为凭借自身的资源优势为用户按需提供产品和服务的一种盈利模式。其中包括：依靠自身技术优势为用户按需提供产品和服务的盈利模式；依靠自身在专业领域的技术优势，通过与用户进行技术交流、问题咨询或提供全面的专业技术解决指导方法的盈利模式；依靠自身的知识技术资源优势为用户提供培训服务的盈利模式。①

1. 专业技术服务模式

专业技术服务模式是指有较强专业技术优势的出版社和出版企业凭借自身优势，聘请出版业内的专业人士和技术专家，为企业遇到的专业问题提供解决方案和咨询服务。

这种服务模式在专业性和技术性极强的 VR + 教育出版企业中体现得淋漓尽致。国内很多高校组建了自己的虚拟现实与系统仿真实验室，比如清华大学的临场感研究实验室；北京航空航天大学的分布式飞行模拟实验室；浙江大学在建筑学方面进行虚拟规划设计的应用系统；HTC 依靠自己的 Vivepaper 阅读技术，让读者全方位观察杂志中描绘的真实景观，获得更好的浸入式体验。这种凸显 VR 出版企业专业技术的服务模式，有很强的竞争优势，在教育出版领域独树一帜。一流的教育环境更有利于推动教育事业的蓬勃发展，为科学研究打下坚实的硬件基础。

2. 培训服务模式

培训服务模式是指出版企业依靠自身数据资源优势开展有偿培训服

① 参见刘一鸣《基于利润点的数字出版盈利模式创新研究》，《科技与出版》2015 年第 8 期。

务，以满足受众的求知欲望和技能学习要求的一种盈利模式。很多 VR +
教育出版企业都有丰富的数据资源，用户购买产品后需要在一定的实验
环境下才能体验服务，因此需要资源提供商进行培训。例如：利用 VR 技
术培训水上摩托职业选手；医学院学生的手术实操模拟；火车、飞机驾
驶员培训等。VR 技术还可以创建基于 3D 虚拟现实的纳米仿真（nano-
simulations）系统，让学习者加深对纳米材料结构特征的理解。

培训服务是在出版企业的内容产品基础上开展的增值服务，为用户
更专业地展示了 VR 产品的沉浸感、交互性和想象性。引导用户正确体验
VR 教育产品，是 VR 出版企业服务大众的客观要求。

（三）基于第三方投入的附加利润点

政府、企业、个人之间是不可能独立发展的，出版企业亦是如此。
之前基于内容产品和增值服务的利润点分析主要是针对 VR + 教育出版企
业内部利益进行的，此外，还有与企业发展息息相关的政府、其他相关
产业和个人。一般有两种形式：一是广告投入，二是政策扶持与资助。

1. 广告收入模式

广告收入模式是数字出版企业依托自己的数字化信息平台和数字内
容传播优势吸引广告商投入资金以获得收入的盈利模式。广告收入早已
成为出版社收入来源的重要组成部分。

出版内容在 VR 技术的加持下，可获得 360 度全方位视角，承载音
频、视频以及 3D 动画等多样化的媒体形式。由此，VR 教育出版物就获
得了全新的广告形式，能呈现更丰富多样的广告内容，获得更高的广告
收入。在 VR 教育出版成本偏高的情况下，更高的广告收入能有效地降低
出版成本。HTC 的 Vivepaper 技术就是一个优秀案例，它将《悦游 Conde
Nast Traveler》杂志内容立体化展现，由之前只能刊登平面广告转变成视
频呈现，为 HTC 带来更高的收入。教育出版企业只有先提升自己的实力，
实现自身价值，才能对外界形成一定的传播力和号召力，才会得到广告
投入商的关注。

2. 资助收入模式

资助收入模式是出版社在经营过程中由第三方介入并提供资金上的

帮助的盈利模式。国家政策的推动实施为 VR 技术的发展提供了肥沃土壤，我国"十三五"规划明确提出，将大力发展虚拟现实技术。规划还首次提出利用新兴信息技术推动"互联网 + 教育"的发展理念，这给 VR 教育领域带来了新的发展契机。由教育部发布的《2017—2020 年示范性虚拟仿真实验教学项目建设规划》文件可知，2017 年教育部将认证 100 家示范性虚拟仿真实验教学项目。由此观之，国家将加大对 VR 教育方面的投资和支持力度。当然，出版企业还要不断提升自己的品牌形象和核心竞争力，扩大受众范围和影响力，努力得到社会的支持和重视，才能获得更多的资助。

无论是 VR 与出版的结合，还是 VR 与教育的结合，归根结底都是在提升内容的价值，促进内容的传播。虽然 VR + 教育出版还存在诸多问题，但对于传统出版业来说，VR 技术是内容资源增值的一次重要机会。从三大利润点的角度分析当下我国 VR + 教育出版的盈利模式，希望能为相关企业带来启发，期待更成熟的发展战略和运营方案，让 VR 技术与教育出版相互融合、协调发展，为数字出版的繁荣发展带来更多商机。

第三节　专业出版知识服务利润点研究[①]

随着互联网信息技术的发展，知识服务成为一个热词，知识服务付费产品也大量出现。以"知乎 live""分答""得到"为首，新媒体人早已涉足知识服务领域，行业竞争日趋激烈。对于传统专业出版社来说，实现知识服务的盈利目标尚有长路。只有深入调查目标用户的需求，基于此对海量专业知识内容进行抽取以及面向用户投递，才有获利机会。因此探求专业出版知识服务的盈利模式，可从企业盈利的利润点角度分析解决方法。根据利润点的三大层次，从基础利润点、期望利润点和附加利润点三方面进行论述并探索有效的专业出版知识服务盈利模式。

---

① 　参见刘一鸣、谢凤麟《专业出版知识服务盈利模式探究》，《科技与出版》2018 年第 6 期。

一　专业出版知识服务与利润点概述

专业出版知识服务与利润点的关系，是探究专业出版知识服务利润点的首要问题。从专业出版知识服务的概念与发展现状入手，结合利润点的概念，明确两者之间的关系。

（一）专业出版知识服务发展现状

专业出版知识服务是在互联网背景下以专业知识的搜索、分解、组织、充足的内容资源和分析能力为基础，面向用户需求，提供有效的问题解决方案的服务。2015 年 3 月，原国家新闻出版广电总局启动"专业数字内容资源知识服务模式试点工作"，同时开始筹建"知识资源服务中心"。根据中国新闻出版研究院 2019 年 8 月发布的《2018—2019 中国数字出版产业年度报告》，2018 年我国数字出版产业总收入为 8330.78 亿元，比 2017 年增长 17.8%。

专业出版社自身的数字化转型为发展知识服务奠定了技术基础。建筑工业出版社于 2012 年开始启动"中国建筑全媒体资源库与专业信息服务平台"的建设。[①] 目前国内专业出版社基本实现了在线数字资源平台搭建。

（二）专业出版知识服务利润点

根据利润点的三大层次可以将专业出版知识服务的利润点分为三个层次，即基于内容产品的基础利润点，基于增值服务的期望利润点，基于第三方投入的附加利润点。

基于内容产品的基础利润点是专业出版社数字平台提供的专业知识内容与移动知识服务产品，数字平台所提供的内容包括专业电子书、专业期刊文献和专业课程资源，移动知识产品主要为用户提供细分专业知识，也可以展示用户上传的专业性知识信息；基于增值服务的期望利润点即专业出版社在基础内容服务上进一步发展的专业知识咨询服务以及与专业出版课程资源配套的专业技术培训服务，一对一或一对多模式的咨询服务进一步强化了专业出版知识服务的定制性，有助于用户真正得

---

① 参见尚春明、张莉英《专业出版社在数字化转型道路上的思考与探索》，《中国出版》2017 年第 2 期。

到优质服务，获得完整的知识服务体验；基于第三方投入的附加利润点是广告收入和企业投入，专业出版知识服务可以通过在多端平台上隐性的广告植入获取利润，与同类型企业的商业合作也可为专业出版社赢得赞助收入。

专业出版社开展知识服务，基础利润点是在海量内容基础上的专业知识抽取与提供，满足用户基础需求；期望利润点则通过个性化服务满足用户期望需求；附加利润点主要来自第三方的广告与赞助，通过这三方面的盈利，专业出版社可以更好地创新平台技术设计，发展社会化专业社区交流，建立专业出版知识服务品牌。

二　专业出版知识服务的利润点发展瓶颈

我国专业出版知识服务的发展刚刚起步，且未形成成熟的盈利模式，现有利润点可以基本满足用户的基础需求，但在满足用户期望需求与赢得用户信任方面存在较大难点。

（一）优质内容不足，产品设计短视，基础利润点薄弱

内容生产不被重视，知识服务缺乏独创性。大部分专业出版社大力建设电子书平台，然而电子书的生产改变了专业书籍的形式，却没有改变专业书籍的内容。再者，专业出版社的数字平台资源基本上来源于线下资源的搬运与转换，很难获得用户青睐。

产品设计欠人性化，忽略用户真实需求。许多专业出版机构正在研发或已推出了移动知识服务产品。例如电子工业出版社于 2016 年推出的电子技术类知识服务应用"E 知元"，科学技术文献出版社与医院联合研发的糖尿病监控管理应用"随糖"等。但部分应用的产品设计存在问题，基础利润点的价值较难实现。

（二）知识服务浅层化，交互设计生硬，期望利润点单一

专业服务模式单一，咨询服务不成熟。专业出版社提供的知识服务模式尚停留在专业拓展型服务模式层面，专业应用型服务发展缓慢，尤其在法律、医学等实用性较强的领域，表层知识的提供对于行业从业人员与专业领域研究人员来说，知识精度太低。同时，用户定制型咨询服

务欠缺。

专业服务平台单一，缺少多媒体意识。现代媒体传播强调"两微一端"，即微博、微信以及移动客户端，大部分专业出版社的知识服务都依托在线网站开展，例如建筑工业出版社面向考试培训的"中国建筑出版在线"网站，虽然在线网站提供的培训服务更加全面多样，但无法实现与现代人碎片化利用时间的契合，更不能实现对专业出版知识服务内容的多方宣传。

平台页面设计复杂，准用户体验不佳。一方面，部分专业出版社页面设计过于注重实用性，而将产品内容、动态新闻等信息紧密地排布在一起，使观感过于复杂；另一方面，许多专业出版数字平台的反馈设计过于生硬。对于平台准用户来说，前者会减少服务购买的兴趣点，后者则会降低对于知识服务的好感度。

（三）第三方投入不足，市场化运营弱，附加利润点欠缺

专业出版广告经营意识欠缺，营销手段简单。由于出版行业在商品销售盈利的同时还承担了文化传播的公益性责任，所以出版物中广告植入较为少见，但广告行为渐强的形态转换性也体现出专业出版社广告经营多元意识的欠缺。由此专业出版知识服务缺少了多元化的利润来源。

专业出版社与企业合作能动性低，企业投入成短板。从现实上来看，出版社与企业合作主要是大众出版与文化公司之间售卖版权的合作以及传统出版社与互联网公司之间开发数字出版产品的合作，专业出版也在尝试第二种合作。然而与互联网公司合作开发数字产品的缺点在于互联网公司掌握技术却不掌握用户需求，可能会使最终研发的数字产品一闪而逝。

三　专业出版知识服务的利润点发展策略

专业出版知识服务的利润点发展，同样从基础利润点、期望利润点、附加利润点这三方面入手，不仅要求专业出版知识服务机构转变观念，也需要该类企业增强技术，联动相关专业企业共同发展知识服务。

（一）丰富优质内容，优化产品设计，巩固基础利润点

重视知识服务内容生产，凸显定制性。面向目标用户群体，大力发

展新原创内容生产。在内容资源的提供上，可根据目标用户群的不同类型和需求等级定制内容推送。抓住用户痛点，才能吸引流量。2016 年喜马拉雅首届"123 知识狂欢节"的当日销售总额达到了 5088 万元人民币，其中包含许多细分领域的付费内容，内容的专业化和精度化成为内容生产的大趋势。专业出版拥有专业和深度的先天优势，但在内容产品的制作上仍要学习知识付费产品的用户思维。例如专业出版优质与核心内容的 IP 化生产，美术、古籍、音乐、气象等，在抓牢版权的基础上，每一类专业内容都可以针对不同层级的用户作新的开发。

打造人性化服务产品，满足用户需求。加强数字产品的人性化设计。人大数媒推出的移动端学术科研知识服务应用"壹学者"，在大数据的利用下提供智能的学术检索跟踪服务，保证用户搜索结果的每一次更新都会及时通知，提高了知识服务的便利性。而"罗辑思维"的"得到"App 在产品设计上则支持自由多样的内容产品生产周期和时长，可适应不同用户的时间安排。优化数字产品功能设计，是在保证内容优质的基础上提高客户的使用好感度，进一步强化专业出版知识服务的基础利润点。

（二）开发增值服务，实现多媒融合，丰富期望利润点

利用专业资源，完善咨询服务，实现知识服务模式多样化。面向用户定制知识解决方案，设立不同类型的咨询板块，进行目标用户群体的细分，为普通用户、行业应用用户、专业研究用户划分不同的咨询入口与收费等级，在每个入口中提供定制性的专业知识介绍与最新研究资讯，同时对用户咨询的问题轨迹进行大数据分析，从而提供相关问题与答案建议，最后着重采纳用户反馈。这样一套咨询服务体系的建立有助于专业出版知识服务机构掌握用户需求，从而提升期望利润点价值。

立足媒体融合，建设多端平台，实现知识服务方式多媒化。专业出版一方面在进行平台建设，另一方面，在媒体融合的背景下发展专业出版，更应该强调专业内容的价值拓展和内容产品的可塑性。人民军医出版社作为一家大型医学出版社，现已经与其他单位合并为军事科学出版社，其合并前的媒体融合出版历程极具学习价值。将纸质资源压缩制成电子版本，同时为了使用户有更好的感官体验，在数字化产品中插入音

频和动画。其内容产品的表现形式齐聚了文字、音频、图片、视频、动画等，基本上实现了多媒体融合下的出版模式。专业出版在不同媒介之间建立联系的过程中，可以降低出版成本，也可提升用户体验和传播效果，有利于带动专业出版知识服务的附加利润点。

改进交互设计，优化用户体验，实现知识服务平台个性化。用户是企业利润的来源。对于用户来说，良好的使用体验从平台观感开始，所以专业出版知识服务数字平台的页面设计应当尽量简洁大方。同时，平台与用户的交互过程应当更加贴心，例如科学出版社官网知识服务的子页面中，各个板块合理排列，一目了然，子板块以动画效果展示明确的智库说明，功能分区十分清晰。合理规划平台，才能打造良好的用户体验。

（三）增加第三方投入，拓展市场运营，成就附加利润点

多媒体平台营销，促进专业出版知识服务广告业务发展。增加专业出版知识服务数字平台的广告合作。市场化运营是企业盈利的必经之路。2016 年以来，知识服务业态不断变化，用户对知识服务付费的意识愈加强烈。专业出版要加强市场化运营，则需要向用户认可的部分大热平台寻求合作。以清华大学出版社为例，2017 年清华大学出版社已经开发了较为成熟的在线教育平台和互联网云盘产品，并积极与多个线上内容运营商合作，开拓线上渠道，获得包含电子书、音频产品、视频产品三大类的合作商资源，拥有包括掌阅、亚马逊、咪咕、喜马拉雅在内的多家合作伙伴。加之有声书市场规模的大幅度增长，专业出版应积极适应新的知识服务业态，无论是通过广告合作还是销售渠道合作，都有利于增强用户黏度，打造专业品牌。

联合多方力量，推动专业出版知识服务多重项目合作。在广告合作之外，专业出版知识服务还可联合专业企业推出基于企业的知识服务板块项目合作，获取企业的资金投入。专业出版知识服务数字平台的用户偏好信息与用户流量是吸引专业企业的重要部分，探索以专业出版知识服务数字平台为主的双方合作能够更好地促进专业出版知识服务的发展。而许多的专业出版数字平台，合作版块基本都导向自身所属集团，与平台外企业的交流合作不够。法律出版社已经在开发自身的手机律师平台

项目，抓住与知名律师事务所合作的机会，推动知识服务的合作双赢。

同时，专业出版知识服务机构在技术成熟的基础上可以抓住研究重大项目的机会。例如，建筑工业出版社已经开展的数字平台、专业资源库、ERP 系统升级改造、专业知识服务等重大项目，均获得国家有关部委支持。争取政府资金的资助，有利于构建行业级的内容产品运营机制，也能在推进专业出版知识服务的基础上，满足大众需求、增强文化氛围，努力打造专业出版共荣的局面。

专业出版知识服务的利润点本质上是出版单位获取利润的产品与服务，也是其产出的逻辑起点，对于专业出版知识服务的利润点探究也就是对出版单位提供的产品和服务的探究。在知识服务日趋兴起的时代，作为掌握海量优质资源的专业出版社，只有把握时机，通过精准计算用户需求，给予用户细致专业的知识服务体验，才能在此基础上进一步打造品牌，为企业获取利润。

第四节　AR 儿童出版物利润点研究

移动通信的高速发展和技术变革给传统出版带来了巨大的冲击，也给传统媒体实现媒介融合、跨入"互联网＋"时代带来了难得的机遇。增强现实技术（简称 AR）和虚拟现实技术（简称 VR）是当下的两个技术热点。增强现实技术因其逼真的交互体验被广泛应用于娱乐和教育的各个领域。2016 年我国已经开始出台 AR 行业的相关政策，扶持 AR 产业的发展。

增强现实技术以其特有的交互性、沉浸感和趣味性获得了出版行业的青睐。近年来，传统出版开始涉足 AR 技术，向数字出版转型，期望获得与教育和娱乐产业的融合。目前，童书出版市场前景可观，在传统出版纷纷转型的时候，儿童出版正借着 AR 技术转向数字出版，向"AR 出版"转型。

一　AR 儿童出版物利润点概述

AR 技术与儿童出版物的结合，弥补了传统儿童出版物形式单调、表现单一的不足，充分满足了儿童的好奇心，提升了儿童的阅读兴趣，也开阔了未来的市场前景。但目前，AR 儿童出版物尚未形成完整的体系和规模，影响范围较小，盈利模式不成熟，缺乏品牌性与规模性。

（一）基于内容产品的基础利润点

AR 儿童出版物的内容产品有两种形式：一是平面内容，即文字和插画；二是利用 AR 技术呈现的立体互动内容，如音频、动画等，这类效果只有利用手机和平板电脑才能看到。两种内容互为补充，缺一不可。目前，我国的 AR 儿童出版物内容来源分为三类：第一类是出版社从国外引进 AR 儿童出版物，加工后使之成为中国版 AR 儿童读物；第二类是出版社从外国引进优秀的儿童读物，联合技术公司加入 AR 元素，使之成为 AR 版童书；第三类则是出版社联合教育机构、作者、技术公司共同出版 AR 书籍。

（二）基于用户体验的期望利润点

基于用户体验的期望利润点通过 AR 儿童出版物特有的 AR 技术，满足儿童阅读的情感需求，优化用户体验。AR 儿童出版物需要读者用手机扫描与图书配套的应用二维码，下载应用后，根据书籍使用方法观看手机上展现的 AR 内容并与之进行互动。所以 AR 儿童出版物的用户体验为儿童读者提供了平面和立体的阅读内容。一方面，儿童需要在家长的指导下阅读 AR 童书，利用手机或平板电脑等工具下载 App 才能体验 AR 效果，实现亲子共读的目的；另一方面，受电子产品本身的局限，不宜阅读和使用太长时间。

AR 儿童出版物除了满足基础的技术和交互功能外，还要注重读者的其他阅读需求，如动手能力、思考能力等，并且需要考虑家长和孩子共读时家长的体验，例如家长在下载使用 App 时操作程序的简洁化等问题。

（三）基于第三方投入的附加利润点

基于第三方投入的附加利润点是通过二次售卖获得收益。AR 儿童出版物可以和其他品牌合作，通过售卖图书影视版权和图书玩具等延伸产业链，还可以根据其技术特性，通过在书籍内容中内置 AR 购物码和插入 AR 贴片广告等方式来获取高价广告费。国外已有一些出版企业可以提供定制 AR 内容的服务，这也是 AR 儿童出版物盈利多元化的重要战略之一。

二　AR 儿童出版物利润点发展瓶颈

目前国内增强现实出版物市场开发商和投资商越来越多，AR 技术形成的开发和投资热潮还存在不少问题。而 AR 儿童出版物更是刚刚起步，产业链虽然形成，但盈利模式不成熟，难以获得长久的收益。

（一）优质内容匮乏，AR 展现内容少，基础利润点薄弱

目前市场上 AR 儿童出版物的卡片类产品较多，但大多是早教类认知卡片，认知类、涂色类卡片产品虽相对成熟但缺乏亮点。科普类产品也已经开发，市场上有许多围绕宇宙、恐龙等科普主题的 AR 出版物，但同质化现象严重。故事绘本开始受到读者们的欢迎，但优质的 AR 故事类绘本却很少。在一项 AR 童书调研中，70.34% 的用户希望 AR 童书在未来发展中能更多地与教育相结合，进一步增强其实用功能。

在展现内容方面，家长认为 AR 效果虽然精彩，却并不是每页都有，某些系列书籍中只有一页内容有 AR 效果，这让部分购买者产生"AR 只是噱头"的想法，影响了 AR 儿童出版物的市场口碑。由于其不同于普通的纸质童书，技术加持下的内容优势得不到体现，对大部分出版社而言，还不具备规模开发增强现实技术出版物的条件。

（二）技术设备不成熟，AR 阅读体验不佳，期望利润点受限

因为 AR 技术门槛和研发成本较高、市场风险大，所以该技术还没有在国内大规模研发和投入，而出版社大多采用外包形式与技术公司合作，在内容和技术的对接上容易产生误差，导致投入产出的不确定性，影响整体布局。

AR 技术作为儿童出版物的辅助式工具，可以让少儿体验鲜活的 3D 立体影像和音像效果，[1] 但其核心价值还是通过扫描纸质图书后获得的立体内容与交互体验感受。由于缺乏统一的标准和规范，不同的出版社、

---

[1]　参见赖雪梅、杜都《增强现实在少儿出版领域应用的发展与提升》，《出版广角》2017年第24期。

不同的开发公司制作了不能通用的 App 应用程序，甚至同一出版社的不同图书类别也无法通用。因此，在阅读不同出版社的 AR 童书时都要下载一个新的应用软件，严重影响了用户的阅读体验，降低了用户的信任度。同时，使用手机和平板电脑阅读的方式很容易使人产生疲劳和眩晕感，还会遇到因为设备发热、识别角度不标准而产生的其他问题。所以，读者刚开始接触这类产品时会感觉非常新奇，一旦遇到同质化产品，趣味性和新奇感就大打折扣。加之其高昂的价格，导致用户的使用黏度不高。

（三）缺乏多元的第三方投入，附加利润点单一

第三方投入的多元化程度和单个利润点的盈利能力是衡量附加利润点的重要指标。当下，数字出版的发行方并未把 AR 儿童出版物当作一个产品去经营。而 AR 技术特有的沉浸性和趣味性，可以延伸 AR 童书出版物的产业链，如开发益智游戏，研发儿童教育类产品等，最大化释放其内容价值。另一方面，AR 广告投放的基础是用户可以在阅读 AR 儿童出版物时识别到广告内容，甚至可以根据自己的需求，和广告产生良性互动。但由于现有技术的限制，实现难度较大，第三方投入商只能望而却步。在优质内容匮乏和品牌缺失的情况下，市场上大部分 AR 儿童出版物还没有实现附加利润点。

三　AR 儿童出版物利润点发展策略

基于利润点的 AR 儿童出版物盈利模式即基于产品和服务的盈利模式。利润点的设计是盈利模式构建的首要任务，只有解决好利润点的问题，才能为 AR 儿童出版物的发展开辟一条新的出路。

（一）发掘优质内容，融合 AR 效果，稳固基础利润点

1. 立足精品内容，打造高品质 AR 儿童出版物

优质内容是 AR 童书获得盈利的先决条件。《小鸡球球成长绘本系列》是从日本引进的图书，在没有开发 AR 特别版本时，销量就已经超过百万册，获得了不少图书奖项，长期占据婴幼儿图书畅销榜。现在开发的 AR 特别版本提升了亲子共读的乐趣，家长激活书本 AR 效果后，给孩子讲故事的同时，绘本中的小动物能立刻"跳到"屏幕中，呈现小鸡捉

虫、小花猫玩皮球的 3D 动画，读者还能点击屏幕，与童话书中的动物互动。由于目标读者是 3—6 岁儿童，这种内涵丰富而形式简单的绘本图书对于 AR 内容制作和技术的要求并不高，加之出版社和天猫 App 合作，家长打开天猫 App 就能扫码激活书本的 AR 效果。

市场上畅销的 AR 儿童出版物大都是优质的儿童出版物融合 AR 技术后形成的 AR 特别版。如畅销科普读物《什么是什么》儿童版，就是来自德国殿堂级的科普品牌。在媒介融合的大环境里，不管科学技术发展多快，AR 童书始终要充分积累并挖掘内容，从成长需求的深层次角度赋予儿童对世界的认知，才能打造高品质的 AR 儿童出版物。

2. 细分市场，专业化定制内容，扩大市场影响力

市场上的 AR 识字卡片，科普类、涂色绘本类儿童出版读物已经开始泛滥，AR 儿童出版物要摆脱同质化，发掘更大的市场，必须走专业化道路。同样是科普系列的 AR 童书，《科学跑出来》出版较早，内容较为简单，非常适合学龄前儿童。童喜乐 AR 魔幻互动百科系列的《探秘恐龙世界》《探秘海洋世界》等则适合 3—10 岁的孩子，这一系列的儿童图书不仅融入了 AR 技术，也融入了 VR 技术。《艾布克的立体笔记》系列图书内容详细、技术精湛、画面逼真，加之独特的视听效果，适合 8—12 岁的孩子阅读。

AR 童书在帮助儿童认知客观世界方面有先天优势，[①] 这种优势可以被广泛应用在儿童出版市场的各类选题中。《乐游陶瓷国》是上海博物馆和中信出版社联合推出的原创文物游戏绘本，知识含量丰富，主创人员深入梳理和解读了文物藏品的内涵、历史渊源、文化寓意等背后的故事，为读者设计了 AR 游戏。读者在阅读体验的同时，不仅能学习文化知识，还可以在上海博物馆中领略陶瓷工艺之美，做到真正的寓教于乐。

（二）改进技术手段，优化用户体验，提升期望利润点

1. 提供个性化服务，使用户产生沉浸感

一部优秀的增强现实出版物，不仅能塑造简单的形象和三维立体场

---

① 参见叶璐《AR 童书的市场需求分析与持续发展策略研究》，《编辑之友》2017 年第 2 期。

景，还能从内容到呈现方式实现全方位的设计融合。传统儿童出版物在创作时更多考虑书本内容和图片的设计是否符合少年儿童的阅读特点，虽然 AR 儿童出版物融合了技术，内容形式更为多样化，但依旧遵循这一规律。

　　AR 儿童出版物在进行动画与模型设计时要追求精细完美，符合视觉光感习惯，让儿童读者在屏幕阅读时，充分感受图画、视频及其他光感信息，缓解由于内外光线反差、屏幕与现实光线反差带来的眩光危害，保护视力健康，达到护眼效果。在进行交互点设计时，要贴合儿童心理，符合人体的行为习惯，确保阅读体验流畅，交互体验完美，更重要的是通过内置措施避免儿童读者长时间手持移动终端带来的潜在不良影响。现在大部分 AR 儿童出版物 App 都具备自动护眼功能，能提醒孩子在限定的时间内进行阅读体验，同时注意保护视力。

　　AR 技术的专利限制使不同的开发公司使用不同的程序源代码，因此不同系列的 AR 童书需要下载不同的 App 应用程序。与拥有 AR 识别技术的大企业合作，不失为一种新的选择。天猫和腾讯 QQ 已经和 AR 图书展开了合作，不少 AR 儿童出版物用天猫 App 扫描就可以展示 AR 效果，人教数字出版公司与腾讯 QQ 在移动互联网与教育数字出版领域达成深度合作，率先推出 AR 识别的课本，丰富了小学英语教学方式，得到了更好的教学效果。移动 AR 应用已经成为行业的热点，各大互联网企业都在研发 AR 识别功能，和这些公司合作，在降低 AR 童书开发成本的同时，也可以扩大 AR 儿童出版物的市场影响力。

　　2. 重视产品痛点，创新 AR 儿童出版物体验方式

　　由于 AR 技术的成本高昂，AR 图书的定价自然高于一般儿童出版物，这让不少家长质疑 AR 童书的性价比。艾瑞咨询发布的家庭教育消费研究表明，超过一半的家长希望 AR 童书降低价格。

　　当前已有技术商开始提供 AR 出版的各种服务，如中国少年儿童新闻出版总社正在建设的"少儿移动应用示范平台及资源建设项目"，北大方正电子与江苏梦想人科技技术服务商推出了 AR 数字资源开发工具与运营平台，出版社可以购买平台提供的音频、视频、3D 模型、全景体验等素

材和配套服务，从而高效便捷地完成 AR 图书的制作，提高 AR 图书生产效率，降低 AR 技术的投入成本。

目前借助手机等设备识别 AR 效果是增强现实技术发展的过渡阶段，AR 眼镜由于成本过高而未能得到推广，但用户体验非常好。随着科技的高速发展，智能设备将得到普及，AR 出版物的体验方式也会改变，如何让出版与新技术更好地融合，不仅仅是儿童出版行业，也是整个数字出版行业应该思考的问题。

（三）开阔思维，多元经营，实现附加利润点

1. 长远规划，拓展价值实现渠道

增强现实技术与出版业目前的第三方盈利来源除了广告收费外，还可以在媒介融合的大环境下，积极利用 AR 童书的互动性和娱乐性探索新的玩法，不被现有的技术限制第三方利润来源。小熊尼奥专注于做 AR 教育产品，在 AR 早教产品获得好评的时候，就一直在开发符合儿童兴趣的创意 AR 系列产品，围绕品牌去生产新的内容。小熊尼奥和拥有全球知名影视 IP 的企业合作，开发出系列产品，如 AR 神奇拼图变形金刚、AR 积木拼图小马宝莉、AR 梦境公主，通过"积木拼图 + AR"的方式，让变形金刚、小马宝莉、迪士尼公主等知名动画形象以立体的方式和孩子们互动，为 AR 行业探索了一条"AR + IP"的新玩法。

小熊尼奥 AR 产品成功的一方面原因是较早地进入 AR 行业，探索出较为成熟的发展模式，与政府和各种官方机构合作推广品牌，通过融资获得了充足的资金去深入挖掘 AR 儿童教育的内容。另一方面原因是进行了长远的规划，开发核心的早教产品、开发平台专属硬件、和全球知名大 IP 合作，因此小熊尼奥产品生态打通了现有儿童教育的各个细分领域，如图书、游戏、玩具和动画。他们开发的 AR 地球仪受到用户欢迎，开发的平台级智能硬件 MAGNEO 照照乐，获得了 2015—2017 年多项国内外大奖。MAGNEO 照照乐完善了小熊尼奥品牌的产业生态链，也给 AR 领域带来了硬件产品和内容开发的新思路。

2. 打造品牌，创建出版产品的闭环

原国家新闻出版广电总局数字出版司副司长冯宏声认为："出版社把

书卖给读者，只是同读者订立契约的开始，除了给读者提供具有价值的内容外，后续服务也要跟上，出版行业应该学习互联网思维，将图书当作产品经营，最后形成出版产品的闭环。"①

增强现实技术与现实世界的无缝对接确实刺激了 AR 童书的消费，但试图单纯地利用这种技术长久地绑定消费者还不够。出版商们应积极调研市场，规划长期的商业化运作方式，打通相关产业合作渠道，打造全产业模式，帮助 AR 儿童出版物走出生命周期短、盈利模式单一的困局。小熊尼奥除了发布适用于儿童全年龄段的一系列创意产品，如 AR 记忆认知卡、神笔立体画系列、口袋动物园系列、积木拼图等益智玩具、AR 地球仪和 MAGNEO 照照乐等产品外，还建立了属于自己的 IP "小熊尼奥"。以小熊尼奥为主人公拍摄的动画片《小熊尼奥之梦境小镇》，通过各大卫视和网络平台播放，目前全网已有超过 1 亿次的观看量，英文版还将通过亚马逊影视平台登陆 200 多个国家，影响广泛。

随着 AR 技术的发展，将会有越来越多的数字出版商进入 AR 儿童出版行业。伴随着数字内容的积累创造，移动终端和媒体技术的升级创新，市场资本的助推和国家政策的鼓励，相信 AR 儿童出版物将会给人们带来更多惊喜。而 AR 儿童出版物应该始终坚持内容为王的原则，在改善阅读体验的基础上，通过寓教于乐的方式提高儿童对阅读的兴趣，为儿童带来更好的认知体验。

第五节　有声书利润点研究

智能手机、平板电脑等移动终端的普及和人们碎片化的阅读习惯催生了有声书，它使人们解放了双眼，获取信息和知识更加便捷。有声书的开发不仅为传统出版业进行数字化转型提供了借鉴，也成为数字出版领域一个新的增长点。据《2019 年度中国数字阅读白皮书》的数据显示，2019 年中国有声阅读市场规模在 63 亿元左右，比 2018 年的 46.3 亿元增

---

① 夏少琼：《增强现实技术在儿童出版物中的应用与实现》，硕士学位论文，北京工业大学，2013 年，第 135 页。

长 37%，有声读物迎来了发展的高峰期。①

目前有声书市场虽然呈现增长态势，但并非所有的有声书平台都处于盈利状态。有些发展尚未成熟的有声书平台，常会被告知侵犯著作权，因而陷入版权之争。如何在激烈的市场竞争中提高自己的核心竞争力、拥有成熟稳定的盈利模式是有声书企业亟须考虑的问题。做好有声书行业基础利润点、期望利润点和附加利润点的研究分析，能够使出版商或企业更清晰地了解到怎样实现企业利润的最大化和价值最大化，为探索有效的有声书盈利模式提供思路和参考。

一　有声书利润点概述

利润是企业生存的根基和发展的动力。要想实现利润最大化，企业应首先明确自身定位和目标，确定目标市场，在明确用户需求的基础上为其提供合适的产品和服务。只有明确了利润点，才能顺利开展下一步工作。

（一）有声书的定义

有声书，又称为有声读物，其英文名称有"audio books""spoken books"等，在很长一段时间内是有效解决盲人、弱视等有阅读障碍的人士阅读困难的办法②。有声书在国外起步较早，发展较为成熟，并且态势良好，尤其是德国和美国。德国是欧洲国家中有声书产业发展最为迅猛的，也是世界上最大的有声书市场之一。400 家出版商供应 2.5 万种有声书，每年生产 700—800 种有声书，深受消费者欢迎。③ 在美国出版市场上，有声书自 2011 年开始一路井喷式增长，成为继电子书之后的一匹"黑马"④。相比而言，国内有声书起步较晚，市场发展空间大，出版机构、网络文学机构依靠自身丰富的内容资源纷纷加入有声书行业，三大

---

① 参见《2019 中国数字阅读白皮书》，http：//www.360doc.com/content/20/0501/10/46098742_909572507.shtml，2020 年 5 月 8 日。

② 参见李存《简析亚马逊有声书业务的成功经验》，《出版科学》2012 年第 3 期。

③ 参见［美］迈克尔·科兹洛夫斯基《2016 年全球有声书发展趋势报告（下）》，徐淑欣编译，http：//www.bookdao.com/article/105627/，2016 年 1 月 8 日。

④ 庄廷江：《美国有声书出版与发行模式探析》，《出版发行研究》2017 年第 2 期。

电信运营商也积极开发听书板块。有声书将成为出版行业一个新兴的增长点。

（二）有声书利润点解析

结合有声书的盈利模式和利润点分析，可以将有声书利润点分为三个层次：基于内容的基础利润点、基于增值服务的期望利润点和基于第三方投入的附加利润点。基于内容的基础利润点包括出版文学作品音频、网络文学作品音频以及脱口秀、相声评书等原创栏目音频。这些有声音频是用户的根本需求所在，音频的质量及内容数量都会影响用户体验，继而影响其购买意愿。基于增值服务的期望利润点包括订阅服务、个性化推送以及文本资源下载服务。有声书出版商基于自身优势资源按需为用户提供有偿服务，可以优化使用体验，提高用户使用忠诚度。基于第三方投入的附加利润点包括广告收入和第三方阅读平台收入。当有声书平台用户数量形成一定规模时，可以通过吸引广告商、第三方阅读平台入驻而获取收益。多元化的利润收入有利于增强企业发展的稳定性，提高抗风险能力。

二　有声书利润点发展瓶颈

（一）内容模式固化，阻碍基础利润点增长

有声书行业在最近几年发展迅猛，为内容生产提供了巨大动力。然而，只追求利润的增长导致有声书内容模式的固化，缺乏创新力。有声书内容同质化严重，缺乏特色，音频质量难以保证，加之版权混乱，这些问题严重阻碍了基础利润点的增长。

内容种类繁杂，同质化严重。目前国内已有200多个有声书平台，包括有声书网站和有声书 App。通过对比各个平台栏目的分类可以发现一个普遍存在的问题——种类繁多，相似度极高，缺乏特色。从栏目种类来说，大部分有声书平台囊括了多种类型的有声音频，包括出版图书类、网络文学类、相声评书、脱口秀、外语学习类等等。内容种类过于繁杂，使用户眼花缭乱，难以快速做出选择。并且极高的内容相似度无法有效地吸引用户，不利于提高市场竞争力和用户黏度。

音频制作水平不一，质量参差不齐。大多数有声书平台为吸引用户注意力和提高用户兴趣，支持用户自己录制音频并进行上传，如懒人听书、喜马拉雅。但是用户往往缺乏专业的录音设备，本身也缺乏播音方面的专业技能和知识，这会导致平台上的音频质量难以保证，如噪声太大、声音过于僵化、缺少情感投入而难以引起听众共鸣等问题。较差的音频效果会使听众产生厌烦，从而降低使用频率。内容质量的参差不齐最终会导致用户的大量流失，减少利润。

音频版权缺乏规范，盗版现象普遍。版权混乱一直是有声书行业的一大难题，它制约着有声书行业的健康发展。有声书在内容音频传播之前应先征得原著作权人的许可，获得版权。喜马拉雅、懒人听书等 App 支持用户录制并上传内容，这些内容往往没有征得原作者的同意，实则属于侵权。2016 年 8 月 1 日至 8 月 17 日，版权检测维权机构冠勇科技在 9 个播放平台监测了 6 万多集有声书，共监测到 63786 个侵权链接，PC 端和 App 应用程序各占一半。① 由此可见版权混乱现象之严重。

（二）增值服务开发有限，制约期望利润点发展

目前市场上的有声书大部分内容实行免费提供，仅仅依靠其付费内容产品实现盈利是远远不够的。然而，有声书的增值服务开发还很有限，缺少个性化服务，缺少与音频配套的文本资源，大大限制了期望利润点的发挥。

缺少对用户的个性化服务，用户体验有待优化。有声书的用户分布范围广泛，涉及各个年龄段、各个行业。据《2018—2019 中国有声书市场专题研究报告》显示，在有声阅读用户中，男性为主要收听人群，30 岁以下占半数以上。从职业和学历来看，用户主要是工人和自由职业者，学历主要集中在初高中人群，高学历人群逐渐扩大。② 性别、年龄、职业、学历等因素都会在一定程度上影响用户对有声书内容的选择，形成

① 参见唐云云《有声书版权成新阅读方式：内容版权、商业模式待探索》，http：//www. chinanews. com/cul/2015/09 - 17/7528846. shtml，2015 年 9 月 17 日。

② 参见《2018—2019 中国有声书市场专题研究报告》，http：//report. iimedia. cn/repo13 - 0/36268. html，2020 年 5 月 8 日。

差异化需求。因为有声书行业在个性化服务方面还处于探索阶段，尚未形成成熟的个性化服务模式，所以差异化需求尚未被满足，用户体验有待优化。

缺少附带文本资源下载渠道，用户需求有待满足。虽然有声书的核心利润点在于有声音频，但仅有音频是远远不够的，与音频相对应的文本同样被用户需要。当处于周围噪声较大的环境下，或其他需要文本辅助提高有声书收听效果的情况下，用户通常无法找到与音频配套的文本资源，这会降低用户的满意度。例如在听外语学习音频时，用户一般都需要配套的文本来帮助理解英文。但是像懒人听书、酷我听书、蜻蜓 FM 等 App 的外语学习栏目均没有配备文本，这对于英语底子差的学习者来说是较为困难的。

（三）第三方平台进驻少，妨碍附加利润点拓展

多元化的第三方投入可以多渠道增加利润，维持稳定的盈利。目前我国有声书平台注重基础利润点的夯实和维护，在第三方投入方面还有待开发和利用。

广告商入驻少，广告形式单一。如今，广告已成为企业除售卖产品和服务之外的另一重要收入来源。有声书平台上的广告商较少，并且仍以传统的广告售卖为主，如软件开屏广告、横幅广告等。广告形式比较单一，有声书平台的优势没有被充分地挖掘出来。另外，传统广告的形式容易让用户感到厌烦，无形之中也会降低平台流量。

缺少第三方企业资助。除了广告收入之外，来自第三方的资金帮助也是有声书获得收益的重要途径，第三方可以是政府、企业或个人。有声书平台制作出优质精品内容，获得企业或个人的关注，符合其需求后便能得到资金的投入。目前，有声书平台由于内容的同质化无法有效吸引第三方企业的资助，加之其不够重视与网络文学网站的衔接，与第三方阅读平台联系少，使得附加利润点拓展路径日益狭窄。

三　有声书利润点优化策略

利润点是有声书盈利模式构建的首要问题，只有设计好利润点，才

能为有声书的良性健康发展和持续稳定盈利提供有力的支撑。有声书的利润点优化策略可以从夯实基础利润点、开发期望利润点和拓展附加利润点三个方面入手。

（一）创新内容产品，夯实基础利润点

内容建设是有声书平台建设的核心和关键。在瞬息万变的有声书市场上，企业只有保持敏锐的洞察力，随着市场需求的变动及时更新内容产品，才能赢得消费者的注意力，获取发展先机。

学会做减法，打造特色优质内容。在新媒体时代，海量信息通常使用户选择信息困难，无法专注于一种内容产品。在追求"眼球经济"的当下，有声书要提高竞争力、从市场上脱颖而出，就必须打造特色和精品内容，从而吸引读者眼球。改变原有的把有声书内容做大做全的目标，砍掉"粗枝大叶"，做垂直化、精细化的有声内容，将成为有声读物发展的趋势和重点，这样才能提高用户黏度，增强用户的忠诚度。如静雅思听网站定位明确，以做垂直化内容音频为特色，主打出版图书音频，图书分类清晰，界面简洁清爽，深受用户喜爱。除此之外，利用网络名人效应提高内容的影响力也是打造特色的策略之一，开发名人明星播音的板块能够吸引大量粉丝的聚集，从而提高平台的知名度。如喜马拉雅 FM 上高晓松的《晓说》、马东带领奇葩说人马出品的《好好说话》等。

统一制作标准，把关音频质量。有声书音频并不是简单地把文字转化成声音，它还需要场景的打造、情感的抒发、噪音的控制等多项条件。往往只有制作精良的有声读物才能吸引用户，而质量较差的音频不仅无法提升流量，反而会损害平台的形象。因此，为确保有声书平台上的音频质量，平台应统一音频制作标准，将录制音频必需的设备、技能等告知用户，对有潜力的主播还可以提供专业的培训。另外，在 UGC（用户原创内容）音频上传到平台之前，增加审核的环节，专业人员负责对音频质量进行把关，符合要求的同意上传，不符合要求的反馈给用户并说明理由，这样可以在一定程度上保证有声书的质量，也能激励用户不断提高录音水平。

整合优质内容资源版权，避免侵权。随着版权保护力度的不断加大，优质版权的成本日益攀升，有声行业"老兵"酷听听书 CEO 孙雨在 2016 年曾表示，"跟 5 年前相比，有声版权的价格至少翻了 5 到 10 倍"①。优质内容资源的版权将是提升市场竞争力的强大后盾，因此有声书企业应和出版社、网络文学网站等加强合作，争取优质内容的独家授权，增强自身实力。除此之外，加强自制有声内容的培养力度，也是获取优质内容版权的重要渠道。如酷听听书开设主播招募计划和作家合作计划，大力培养 UGC 原创内容，开发有潜力的有声读物。有声书正在成为 IP 生态链中重要的一环，将优质的有声读物进行 IP 孵化，内容版权将会大大增值，为企业带来丰厚的利润。

（二）完善用户服务，开发期望利润点

在移动互联网时代，信息传播方式从点对面走向点对点的精准发送，用户体验将越来越被重视。② 因此，有声书在发展过程中只有充分注重用户需求，不断优化用户体验，接近用户的期望值，才能实现利润的持续增加。

建立用户信息数据库，提供差异化服务。企业应注重用户的个性化需求，积极为用户提供精准化的服务。有声书平台通过收集用户个人资料建立用户信息数据库，利用大数据分析和云计算等先进技术总结出用户属性，从而根据用户特征为其提供个性化的有声书服务。例如，针对家庭主妇群体，为其推荐生活家居类有声书；针对职场人士，则提供职场交往类、提高工作能力类的有声书等。另外，通过分析用户收听频率较高的内容，在首页为用户推荐其可能感兴趣的内容也有利于提高用户满意度。

完善音频对应的文本资源库，提供下载服务。虽然用户的根本需求不在于文本内容，但附带的文本资源有利于增强用户对该产品的好感。正如两件同样价格和质量的产品，其中附赠小礼物的产品销量会远高于另一件产品，因为这样的营销方式更符合消费者的购买心理。为此，有

---

① 孙妍：《有声书也在打版权战：IP 价格 5 年翻了 5 到 10 倍》，http：//tech. 163. com/16/0829/09/BVKKGQ5G00097U7R. html，2016 年 8 月 30 日。

② 参见田莹《新媒体时代有声读物的发展问题与对策分析》，硕士学位论文，河南大学，2013 年，第 57 页。

声书平台不应只丰富音频内容，还应完善音频对应的文本资源库，完善的方式可以是上传内容，也可以是提供下载链接或跳转到其他平台的链接，这有助于提高听众对平台的满意度。另外，对于精品内容的文本下载服务，可以适当收取下载费用，具体可以采取首次免费或分享免费等诸如此类的服务方式。

（三）引进第三方投入，拓展附加利润点

有声书平台在增强自身实力的基础上，大力引进多元化的第三方投入，不仅丰富了附加利润点，而且有助于提高平台的抗风险能力。

利用平台优势，丰富广告形式。吸引广告商入驻是有声书平台最直接的获取附加利润的方式。用户往往比较反感在产品使用过程中出现广告，那么要想提高用户对广告的接受度，就应该从用户视角出发，结合有声书的平台优势来设计广告。利用音频特色，丰富广告的形式，甚至可以调动用户参与其中。如喜马拉雅 FM 采用音频广告软植入的方式，在热门主播的音频段子里添加客户广告，播主幽默风趣的语调使广告充满欢乐，易被听众接受。另外，喜马拉雅 FM 还利用摇一摇功能开展麦当劳圆筒的音频互动营销，一周内参与营销的听众高达 490 万。

打造平台特色，吸引企业资助。要想吸引企业或个人提供资金帮助，有声书平台必须具备一定的实力，无论在平台定位、内容特色上，还是用户流量上。另外，有声书归根到底是围绕着音频这个核心内容运营的，如果能与网络文学网站等阅读平台衔接起来，实现音频到文本内容的延展，那么不仅能提高用户满意度，提升平台流量，还能获取来自第三方阅读平台的附加利润。

在移动互联网时代，有声书是数字出版产业的一个新兴增长点，目前正处于加速发展的阶段，但盈利模式不够清晰明朗。从利润点视角出发，通过分析有声书的基础利润点、期望利润点和附加利润点发展瓶颈，针对性地提出优化策略，为有声书行业实现持续稳定的盈利提供思路。有声书是符合现代人生活节奏和需求的阅读媒介①，只有充分了解用户需

---

① 参见陈洁、周佳《使有声书成为数字出版的中流砥柱——我国有声书产业发展现状与策略研究》，《出版广角》2015 年第 4 期。

求和充分利用优质的内容资源，才能实现稳定持续的盈利。

第六节　移动数字图书馆利润点研究

《第45次中国互联网络发展状况统计报告》显示，截至2020年3月底，我国手机用户网民人数达8.97亿，与2018年相比较累计增加7992万人。手机成为我国网民上网的重要工具，且规模不断扩大。据统计，2019年中国数字阅读整体市场规模已达到288.8亿元，同比增长13.5%，数字阅读接触率高达88.0%，其中手机阅读接触率约72.8%，较2018年上升了6.7个百分点，手机阅读的接触率已经十分接近数字阅读的接触率，在各种数字阅读产品载体中增幅第一，手机阅读成为目前数字阅读的主流方式。2002年，学者朱海峰最早在我国提出将无线互联网技术应用于数字图书馆的构想。① 2003年，关于移动数字图书馆的研究逐渐增多，移动数字图书馆的相关研究工作在我国兴起。纵观国内现有的研究成果，多集中于体制建设和平台建设，对于移动数字图书馆发展的原动力——"利润点"的研究则屈指可数。作为移动数字图书馆的发展源泉，利润点建设的好坏决定了移动数字图书馆建设的成败。

一　移动数字图书馆利润点概述

移动数字图书馆的利润点是其向用户提供知识和服务的一系列过程中可以获取酬劳的源点，也是推动其发展的根本动力。我国移动数字图书馆在利润点的建设和挖掘方面仍有很大的空间。

（一）移动数字图书馆概况

移动数字图书馆是将无线网络和数字图书馆有机结合，用户通过一定的移动设备可以进行内容资源的浏览和查询，摆脱了时间和空间的制约，将用户从图书馆解放出来，最大限度地节约了用户的时间和精力，是一种新兴的移动服务模式。在"未来图书馆主流服务模式非移动数字

---

① 参见沈思《国内外移动数字图书馆发展综述》，《情报资料工作》2013年第6期。

图书馆莫属"① 的预期下，我国各大图书馆在传统服务的基础上建立移动服务，推动了图书馆的数字化转型。

国内图书馆从 2005 年开始提供移动数字服务。我国部分"985"高校率先进行移动服务试点，截至 2010 年 9 月，44 所"985"高校中有 11 所开通了手机图书馆服务。② 截至 2017 年 12 月，国内多所高校均已开通移动服务，但各校发展程度和水平不尽相同。全国范围内，各省级图书馆也处于正在开通或已经开通移动服务的阶段，移动数字图书馆已成为蓬勃发展的新型服务模式，并且将成为国内图书馆的主流服务模式。但是，由于移动服务行业起步较晚，移动数字图书馆在提供移动服务的同时也面临着极大的发展瓶颈，如平台建设落后、管理体系混乱、导航栏目不清、检索系统杂乱等问题。移动数字图书馆在我国的建设还将长期处于不断完善和发展的状态。

（二）移动数字图书馆利润点解析

移动数字图书馆利润点是指移动数字图书馆通过无线网络和各种移动终端设备来提供移动服务以满足客户对图书馆数字资源的浏览、下载和阅读等需求。移动数字图书馆的基础利润点是其自身产品和服务，是满足用户基本需要时产生的利润空间；移动数字图书馆的期望利润点是在给用户提供其所期望的基本知识信息服务时，针对用户进行个性化分析和服务，并能满足其希望和默认的附属条件，进而产生新的盈利点；移动数字图书馆的附加利润点是移动数字图书馆通过体制改革等行为延长产业链条或增加第三方投入和与其他平台或机制展开合作，加强利润点的建设数目，进而实现服务增值，提高盈利收入。

二　移动数字图书馆利润点发展瓶颈

目前移动数字图书馆服务主要通过手机短信与手机 WAP 网站浏览实现，大部分图书馆依靠手机等移动终端与图书馆管理系统连接，进行资

---

① 高春玲：《中美移动图书馆服务 PK》，《图书情报工作》2011 年第 9 期。
② 参见谢强、牛现云、赵娜《移动数字图书馆服务体系研究》，《图书情报工作》2013 年第 4 期。

源交流以实现信息检索和查询的功能。① 服务内容和信息获取模式也较为单一，服务模式有待进一步扩展。目前发展中的移动数字图书馆，其资本来源是国家专项资金的投入或国家政策的扶持，其本身的利润点和盈利模式有待开发。可以说，我国的移动数字图书馆仍处于起步阶段，盈利模式尚未形成体系，其资源体系和服务模式还有待提高。

（一）基础利润点薄弱，移动数字图书馆发展动力不足

移动数字图书馆的基础利润点是通过提供内容产品和服务来满足用户的需求和欲望，产品质量和数量是其吸引用户的基本动力，而适当的营销手段，极大地增强了其市场竞争力，为其推广和发展提供了条件。

产品数量不足、质量不高，难以满足受众需要。移动数字图书馆的内容来源于图书馆现有资源的数字化和图书馆购买的数字产品，通过将其进行资源整合和分类等二次加工来提供知识信息服务。然而，移动数字图书馆的产品大多针对专业人群，如高校老师、专家学者和高校学生等人群，其用户群体中普通群众的覆盖率极低，内容也呈现出"高、精、尖"的特点，这种专业化的服务极大地影响了其内容产品的提供和用户群体的需求。而市场上的一些网络文学和草根文学在移动数字图书馆中很难找到，部分内容版块严重缺失，且现有的文献资料也相对较少，很多期刊论文无法查看全文，这在很大程度上限制了其内容产品的丰富性。部分现有的资料、文献等由于没有可靠的信息来源，产品质量无法得到保证。因此，移动数字图书馆在丰富内容的同时，也要保证内容服务的质量，增强平台的内容生产利润点，提高满足用户基本需求的能力。

市场定位过细，用户狭窄，市场竞争能力较弱。移动数字图书馆所提供的内容多是期刊、论文、文献等，内容的专业性也决定了用户群体的专业性，因而不能满足大部分用户的需求。而最近发展迅猛的一些搜索引擎，如谷歌、百度、搜狗等，在内容提供上则较好地迎合了市场的需求，在文学等服务版块划分更为精准，更广泛地满足了用户需求。虽然在专业化程度和产品质量上，这些服务平台不及移动数字图书馆，但

---

① 参见张成昱、方玮等《关于移动数字图书馆建设的几点思考》，《图书馆建设》2009年第9期。

在满足用户多样化的需求和灵活度方面，可以为移动数字图书馆的发展提供参考和借鉴。

移动数字图书馆营销能力极弱，缺乏营销手段。营销手段的欠缺在一定程度上限制了移动数字图书馆的市场拓展力。如今的普罗大众既参与了互联网与信息化的发展，也见证了传统内容向数字化的变迁。在遇到问题时，他们习惯于从互联网中查询相关的解决措施，习惯性选择谷歌、百度等搜索引擎，并非到图书馆查阅相关信息和资料。[①] 而缺少了市场营销环节的移动数字图书馆，拥有的市场份额越来越小，无法为其发展提供足够的利润来源，也无法提供更多的发展动力。

（二）期望利润点不佳，移动数字图书馆发展渠道狭窄

移动数字图书馆的期望利润点旨在满足用户基础利润点的同时能够实现其希望和默认的附属条件，能够满足其个性化需求或为其提供个性化服务，从而提高用户满意度，增强用户对平台的品牌忠诚度。

平台建设落后，个性化服务难以实现。目前，国内很多图书馆正在进行或即将进行移动数字服务改革，服务内容和服务模式也在逐渐完善和多样化。常见的有 SMS、电子书服务、WAP 网站常规服务、二维码（如 QR 码）服务[②]等。移动数字服务种类的增加给移动数字平台带来了更大的维护压力，平台经常因系统更新或后台维护等原因暂停服务，不能满足用户需求，导致用户好感度不佳。

移动数字图书馆通过大数据对客户进行行为习惯分析，为消费者提供私人定制服务，可以极大地提高产品的受关注度，也是吸引用户、拓宽市场的关键。[③] 当前我国的移动数字图书馆在个性化服务上稍显滞后，因为技术水平等条件的限制，无法较为精准地把握用户使用行为和使用心理，无法准确地为他们提供所需要的产品和服务，用户的产品忠诚度培养十分有限。

---

① 参见刘杨《移动数字图书馆现状及发展研究》，《现代情报》2011 年第 6 期。

② 参见周满英、任树怀《基于移动互联网的移动数字图书馆服务现状研究》，《图书馆学研究》2011 年第 2 期。

③ 参见刘锦宏、余思慧、徐丽芳《移动数字图书馆用户行为模型构建研究》，《大学图书馆学报》2015 年第 5 期。

更新速度低下，与机构联系难以深入。移动数字图书馆的资源建设主要是对本馆已购买或自建的数字资源、网上免费资源和共享数字资源的初步整合。[①] 在对相关内容整合的同时，其更新的滞后性尤为突出，传统图书馆中拥有的实体资料和图书在移动数字图书馆中常常查索无果，相关的文献资料内容不健全。社会发展的一些创新理论成果和科学研究，在经过一年或多年后才能在移动数字图书馆中检索出来。移动数字图书馆内容的更新速度远远滞后于社会热点的发展速度。

移动数字图书馆在与相关的出版机构进行合作时，由于产品数字化过程的繁杂性和内容生产的专业性，双方的交流与合作困难重重，往往只有浅层次的交流与沟通，并未建立专业对接。这导致了移动数字图书馆在面对出版机构提供的内容时，无法对其质量进行准确的评析和把握，以及无法将其用专业化的语言及时进行数字化处理，对产品的内容资源更新产生了极大的阻碍作用，不利于移动数字图书馆的长远发展。

（三）附加利润点不足，移动数字图书馆发展链条过短

移动数字图书馆的附加利润点是从产业链条的延长和不断完善的经营服务中获得的。从基于第三方投入的附加利润点来分析，多元化程度和单个利润点的盈利能力是衡量附加利润点的重要指标。[②] 与基础利润点不同，附加利润点更倾向于市场和第三方平台，从外部挖掘自身的盈利点。

广告盈利模式欠缺，盈利体制不完善。移动数字图书馆要提高附加利润点，必不可少的手段就是利用自身的平台优势为其他行业进行广告宣传，进而收取广告费用。纵观国内的移动数字图书馆，其广告盈利模式都十分欠缺，也就是说在广告盈利方面，移动数字图书馆还有很大的进步空间。我国很多的网站平台都提供广告服务，如百度、搜狗等，这些平台吸引广告投放商的做法可以给移动数字图书馆提供借鉴。移动数字图书馆也应该开辟部分专业的版块去进行广告投放尝试，加强与外部广告投资的交流与

---

① 参见刘昆雄、李彬彬、马祥涛《"211 工程"高校移动数字图书馆建设调查分析》，《图书馆论坛》2013 年第 4 期。

② 参见刘一鸣、郭斌《视频网站利润点创新研究》，《中国出版》2016 年第 18 期。

合作，为移动数字图书馆附加利润点的提升提供新模式。

第三方投入不足，缺乏外部资金支持。移动数字图书馆多由国家拨发专项资金进行体制和框架建设，或者直接从馆内经费中拿出部分资金进行移动数字图书馆建设，资金来源极为单一，虽然是专款专用，但平台建设资金仍处于紧缺状态。在资金来源和数目既定的条件下，移动数字图书馆在平台建设、内容投入及运营推广上要得到大量的资金支持是难以实现的，资金成为限制移动数字图书馆发展的重要因素。当下，实现与第三方平台合作并从中获得技术支持和资金支持的移动数字图书馆极少，因此动力来源不足，很难获得第三方投入。

三　移动数字图书馆利润点发展策略

目前，我国关于移动数字图书馆利润点的研究仍处于空白。然而，丰富利润点、增强盈利能力将成为移动数字图书馆的重点建设项目。通过丰富基础利润点、增加期望利润点和挖掘附加利润点，增强其自给能力，为产业更新提供动力。

（一）加强自身内容建设，丰富移动数字图书馆基础利润点

移动数字图书馆的基础利润点要从内容和服务两方面进行变革，丰富内容产品的资源数量和提高产品质量，对服务体系不断进行改革，同时扩大市场目标用户规模，从根源上丰富移动数字图书馆的基础利润点。

加强与图书供应方合作，完善图书种类，规范内容质量标准。移动数字图书馆要拓展内容来源渠道，广泛地与资源供应方展开合作，不断丰富移动数字图书馆资源种类。各大移动数字图书馆之间也应密切联系，实行"资源共享、互惠共赢"的发展策略，不断对已有的资源进行优化组合和二次加工。充分挖掘共享资源和免费资源的同时，用内容付费来购买部分资源版权，扩大产品内容数据库。在丰富内容资源的同时加大对内容产品的质量把关，制定统一的内容规范标准，为用户提供高质量的产品，提高满足用户需求的能力，更好地培养用户的使用习惯。

扩大市场目标用户群体，增加市场份额，提高市场竞争能力。丰富移动数字图书馆利润点的另一要素是扩大市场目标用户群体，延展规模。

移动数字图书馆的发展不能只针对专业性极强的群体，那些专业性较弱的群体数目远超于专业性群体。因此，移动数字图书馆要对非专业群体的行为习惯进行调查和分析，从中找到其兴趣点，更好地为他们提供服务。例如最近兴起的网络文学，在各大文学网站上掀起了一股热潮。移动数字图书馆可以挖掘新模式，开创网络文学版块，对一些高质量的网络文学进行版权购买等，不断丰富其现有内容，提供其他知识服务平台尚未开发的服务版块，最大程度地满足用户的需求。

（二）优化平台体系建设，增加移动数字图书馆期望利润点

移动数字图书馆期望利润点的建设，对提高用户满意度有至关重要的作用，它可以使用户得到不一样的个性化服务和良好的用户体验，增强用户对产品和服务的好感度，进而培养产品的忠实用户，这是移动数字图书馆建设和发展的目标和重点。

增强数据收集分析，提高个性化服务能力。个性化服务是产品具有人文关怀和服务理念的体现，在一定程度上可以极大地吸引用户的关注和使用，是移动数字图书馆发展的关键点，也是相关知识服务平台未来发展的一个大方向。移动数字图书馆要加强期望利润点的建设，就要在提升服务质量的同时充分地展现人文关怀，提高提供个性化服务及私人订制的能力，使用户在获取服务时更容易获得满足感，提高购物享受。增强对用户个人数据的收集，提升对用户行为、喜好的分析能力。通过对数据的分析整理，可以较好地把握用户的购买心理和服务需求，根据用户的个人喜好和需求进行专业化推荐，减轻用户的检索负担，提高用户查找效率，从而提高用户满意度。

建立专业对接体系，增强产业化更新能力。移动数字图书馆在提供阅读服务和知识服务时，知识资源更新不及时是影响用户体验的一大重要因素。部分内容资源由于具有专业性，移动数字图书馆在对其进行信息收录等操作时，可能会耗费较长的时间，这就导致了移动数字图书馆内容资源建设的相对滞后，不能及时地提供用户所查询的内容。因此需要培养专业人才，通过人才与出版机构进行专业对接，提高与专业知识相对应的专业服务素养能力，及时推动资源的更新与建设。移动数字图

书馆在建设发展的同时，也要注意其产业化规模的发展，建立完备的产业对接平台和机制，在满足用户需求的同时，增加移动数字图书馆的期望利润源点，增强自身的发展能力。

（三）扩大产业链条规模，挖掘移动数字图书馆附加利润点

移动数字图书馆附加利润点的增加对其发展具有战略性意义。移动数字图书馆附加利润点的提升，离不开移动数字图书馆产业规模的扩大和产业链条的延长。

结构优化，增加广告盈利模式版块。纵观国内各大视频网站、搜索引擎以及各大原创文学网站，其发展的一大共同点就是广告的植入。植入广告是企业通过把产品或服务中具有代表性的品牌符号投放到其他平台，给人留下深刻的印象，借此进行营销的手段。移动数字图书馆可以将现有的版块进行组织优化，通过增添广告版块吸引第三方进行广告投放，实现对附加利润点的深度挖掘。在增加广告盈利版块的同时，移动数字图书馆要对广告投放商进行筛选，所选择的广告不能是低俗、恶俗文化，亦不能是用噱头博人眼球等不健康的信息。应在建立广告盈利版块的基础上，选择优质广告进行平台服务，增强盈利能力的同时推动自身的良性发展。

吸引投资，增强与第三方的合作交流。资金不足是限制发展的一大关键因素。公立移动数字图书馆以国家专项资金建设为主，私人移动数字图书馆以私人的资金投入为主，两者的发展建设都离不开资金的投入。因此，在资金投入既定的条件下，吸引第三方资金投入成为移动数字图书馆获取资金来源的重要手段。移动数字图书馆要增强与第三方平台或产业的经济交流，吸引投资或提供相应的知识信息服务，通过人才、技术、政策、平台和发展优势与其他产业取得合作，建立密切的合作关系，在双方的发展中寻求利益共同点，实现合作双方的利益最大化。

移动数字图书馆是新兴事物，在我国具有极大的发展潜力，从实体图书馆到移动数字图书馆，体现了时代发展的必然要求。关于移动数字图书馆利润点的研究还处于探索阶段，其相关理论尚未形成体系，这也为我国移动数字图书馆的研究提供了新的方向和新的思路。

第七节　移动新闻客户端利润点研究

随着移动网络的高速发展和智能手机的普及利用，新闻客户端依托智能手机与移动互联网，能够快速完成新闻的发布、获取和传播，已成为当下信息传播的重要途径。移动互联网的大数据技术使新闻信息的内容走向个性化、精准化，自媒体的发展使新闻信息实现了深度化和广度化的跨越。易观智库研究数据显示，移动新闻客户端作为第四大 App，用户渗透率高达41.4%。这项数据显示，借助移动新闻客户端获取新闻资讯已不再是个别行为，而是较为普遍的新闻信息获取方式。

一　移动新闻客户端利润点概述

根据利润点的三大层次，分为基于内容产品的基础利润点、基于用户体验的期望利润点和基于第三方投入的附加利润点。移动新闻客户端企业可以通过利润点的层次分析，对产品的内容、服务和附加投入进行改进，增加客户端产品的盈利。

移动新闻客户端的基础利润点包括两类新闻内容。一种是客户端官方发布的新闻，比如央视和地方一线电视台发布的最新新闻资讯，此类新闻资讯主要发布较为权威的政策性新闻信息。另一种就是用户或企业注册的订阅号发布的原创新闻，此类新闻具有灵活性和娱乐性。丰富的新闻内容是客户端发展的重要基石，满足的是用户的基本需求。

移动新闻客户端的期望利润点是提升用户体验的客户端设计。客户端用户在获取新闻资讯的同时感受到客户端的人性化设计，提升使用好感。人性化的客户端设计主要体现为客户端界面的简洁化、针对不同用户群体的个性化定制以及客户端使用的趣味性。

移动新闻客户端的附加利润点是通过第三方投入获得的收益。第三方投入的主要形式是植入广告，其中硬性广告占较大比例，例如在新闻页面的开头、周边植入应用推荐类广告等。

二　移动新闻客户端利润点发展困境

虽然移动新闻客户端发展势头良好，但市场趋于饱和，客户端之间竞争日益激烈。面对这样的局面，移动新闻客户端的盈利模式缺乏创新，发展还不够成熟，形成了盈利的瓶颈。

（一）内容不精，同质化严重，基础利润点"千篇一律"

新闻客户端内容同质化现象严重，新闻资讯采用搬运的方式，缺少原创内容，难以形成自身特色。为了获取点击量，部分客户端新闻编辑俨然"标题党"，新闻内容时常出现"文不对题"的现象，新闻内容往往质量不高，其导向性也发生了偏移，不利于正确的舆论引导。

新闻内容追求时效，导致深度欠缺。许多新闻客户端在发展初期以时效性为重要标准，而这种发展模式本身存在一些缺陷。例如，腾讯新闻最早的产品定位是"事实派"和"秒"。"秒"是指腾讯新闻承诺，30秒实时推送重大新闻。从"秒"可以看出，腾讯新闻的产品优势就是新闻的快速传达。然而"快"并不能给客户端带来明显的优势。[1] 一方面，移动互联时代下，所有新闻客户端都能实现实时新闻的即时推送，用户可以从多方渠道获取时效性新闻。另一方面，在移动互联时代，用户对于新闻的基础需求已经不仅仅是时效性，他们更希望获得的是具有深度和广度的新闻内容。但许多新闻客户端只追求新闻内容的时效性，在内容上缺乏创新精神，有的只是将门户网站上的内容复制粘贴在客户端上，这种单纯的内容平移自然会流失一部分用户，更无法满足用户希望浏览到原创内容的需求。[2]

新闻标题为了吸引眼球，致使新闻导向偏移。研究表明，用户在阅读新闻的过程中，先看标题后看新闻内容的用户占调查用户群的94%，特色新闻标题对于用户的吸引率达到34%。这说明，新闻标题是新闻的

---

① 参见李锐《商业门户网站的手机新闻客户端同质化研究》，硕士学位论文，山东大学，2014年，第33页。

② 参见金建楠《移动互联网时代背景下新闻类App的发展困境与应对措施探索》，《新媒体研究》2017年第1期。

点睛之笔，但为了赚取点击率的新闻标题，歪曲了新闻本身的正确导向，在一定程度上导致新闻的失真，甚至会引起用户对新闻内容乃至客户端的反感。

（二）服务欠佳，精细化欠缺，期望利润点"不如人意"

新闻客户端与用户的交互是用户体验的关键，但新闻客户端界面设计往往过于繁复，不利于用户方便地使用产品，也无法满足高速时代用户追求的简洁与效率。另外，社交化是未来的发展趋势，新闻客户端虽然已经开发了多种增进客户端社交化的功能，但在社交关系的整合上还不够成熟。

界面模块过于烦琐，降低了用户好感。新闻客户端的外观设计大多相似，存在的问题也大致相同。以网易新闻为例，为了追求新闻内容的丰富性，首页的导航栏包括头条、视频、娱乐、体育、新时代、本地网易号、财经、汽车等30多种分类项。导航栏需要一直向右滑动才能切换不同导航项目的页面，且多数导航项目对于用户来说是不必要的。其次，首页的新闻模块分布混乱，每一条新闻资讯都将新闻配图填满资讯框，页面不够整洁。广告占据版面位置太大，一定程度上影响了用户的阅读体验。客户端社交关系整合不足，降低了用户黏度。在移动互联网时代，用户对于产品的定制化需求越来越明显。铺天盖地的信息导致新闻客户端需要深度定制去满足用户对信息的快速抓取需求。

（三）运营模式陈旧，创新力不足，附加利润点"墨守成规"

新闻客户端的运营一直遵循陈旧的模式，缺乏创新。客户端的第三方投入长期以来以广告为主，难以从增值服务中获得利润。

附加利润点主要来自广告植入，利润来源相对单一。受到移动设备载体屏幕尺寸的限制，为保证用户的使用体验，移动客户端广告不仅在投放方式上做出了很大改变，并且减少了投放数量。此外，广告商对于新闻客户端的发展前景尚处于观望阶段，对广告投放存迟疑的态度。

客户端增值服务盈利状况不容乐观，而付费下载是增值服务的一种类型，付费下载指用户在手机的应用商城通过支付费用来下载相关的手机应用软件。由于消费者尚未形成付费下载的消费意识和习惯，为吸引更多用户使用，客户端在应用市场的下载多为免费，一旦收费，便会流失大量用户。部分收费下载的客户端，得到的利润也非常单薄。

三　移动新闻客户端利润点发展策略

（一）促进资源整合，打造优质内容，实现基础利润点的差异化

针对基础利润点新闻内容同质化严重、质量不高的现象，新闻客户端应该从内容资源的整合与开发、客户端媒介素养的提高出发，打造优质内容，提升用户的好感，打造特色内容，提升客户端竞争优势。

整合新闻多方信息，开发新闻内容形式。在移动互联时代，将母体内容平移到移动端这样的单向信息传受模式已经被颠覆，陈旧理念不再适用于高速发展的移动互联网。传统媒体必须解放思想，编辑及时转变运营思路进行内容塑造，以用户的需求为核心，将新闻客户端内容从母体框架中延伸出来。

提升新闻媒介素养，把握正确的新闻导向。首先，编辑自身的媒介素养需要不断地提升。新闻客户端的编辑作为媒体人，应该牢记肩负的社会责任，不能为了经济利益而制作博取眼球的内容，应当恪守职业道德准则，在新闻报道上自觉抵制"标题党"，以负责的态度，做实事求是的新闻内容，提升用户的信任度。其次，相关管理部门应当引导媒体坚持正确的舆论方向，树立正确的价值导向，坚持始终把社会效益放在首位，注重内容为王的原则，着力提升新闻客户端的内涵和质量，严厉打击不实内容和低俗内容。[①]

（二）考虑用户需求，改进技术手段，提升期望利润点的人性化

新闻客户端应充分考虑用户的需求，改进技术手段，简化界面设计，人性化地改进客户端的使用体验，提升用户黏度。另外，客户端还应该重新梳理整合社交关系，完善社交功能，提升用户忠诚度。

优化界面设计，提升用户使用体验。简洁的界面设计能给用户带来视觉上的良好体验，也便于用户快速查找感兴趣的新闻内容。首先，客

---

① 参见梁智勇、郭紫薇《中国新闻类 APP 的市场竞争格局及其盈利模式探讨》，《新闻大学》2015 年第 1 期。

户端的首页界面应该运用大数据算法，筛选用户喜欢的内容，删除冗余的内容选项。其次，新闻资讯版块应该遵循美学原则，改进杂乱的排版布局。再次，应当合理安排广告的版面大小和位置，不能影响用户的阅读体验，也要同时考虑广告的宣传效果。最后，要考虑用户的个性化特点，增加替换阅读背景之类的功能，进一步提升用户好感。

（三）创新运营方式，拓宽盈利渠道，促进附加利润点的多元化

针对新闻客户端附加利润点薄弱，第三方投入渠道狭窄，盈利模式单一的情况，新闻客户端应着力拓宽第三方投入的渠道，让广告商乐于投放广告，让用户自愿为客户端消费。同时创新运营模式，加强平台间的合作，增加增值业务在附加利润点中的比率，建设客户端多重盈利的渠道。

加强跨平台合作，创新增值业务。一方面，客户端可以增加一些增值业务功能。比如用户阅读到喜欢的新闻资讯，可以通过线上支付的方式打赏作者，也可以利用平台的虚拟积分对作者发布的内容进行鼓励与评价。客户端还可以推出付费创作模式，用户可以向订阅号支付费用，订阅号根据用户需求回答相关问题或围绕新闻事件撰写原创新闻帖。另一方面，新闻客户端可以和第三方平台合作开展电商和O2O业务。如网易新闻客户端的网易云金币商城，用户通过签到、阅读分享和点赞获得金币，而用户金币可用作与第三方平台合作建立积分的兑换机制，用户可以用金币兑换线上的视频会员、线下的消费优惠券等，还可以兑换线上周边产品，甚至通过金币送礼、赠送金币等方式让用户和好友互动，将新闻的阅读与线下实体消费对接，以拓展更大的商业盈利空间。[①] 移动互联网的普及为新闻客户端带来了发展的机遇与挑战。然而新闻客户端的发展最终需要用户的支持，只有不断提升用户的使用体验，得到用户的肯定与支持，才能获得持久的盈利。

---

① 参见王谷扬《现代智能手机 APP 盈利模式初探》，《中国科技信息》2014 年第 5 期。

第八节　视频网站 App 利润点研究①

随着互联网时代的到来以及无线网络的迅速发展，人们的生活方式以及接收和处理知识、信息的方式已发生了巨大变化，其闲散时间已越来越多地被网络所占据。而这无疑将使整个传媒行业面临巨大的变革，也必然给网络视频的发展带来新的机遇。据中国互联网信息中心公布的数据显示，截至 2020 年 3 月，我国网络视频用户规模达 8.50 亿，较 2018 年底增加 1.26 亿。其中，短视频用户规模为 7.73 亿，与 2018 年底相比增长了 1.25 亿，占网民整数的 85.6%。②

然而值得注意的是，虽然目前我国视频网站 App 的用户规模增长态势良好，但其总体上仍处于亏损状态，尚未形成足够成熟的盈利模式与运营机制。视频网站要想实现持续稳定的盈利，一定要首先解决"卖什么"的问题，而企业管理理论中的利润点为解决这个问题提供了研究的思路。通过分析视频网站 App 的基础利润点、期望利润点、附加利润点，可以清晰地了解到视频网站究竟要"卖什么"才能实现其利润的最大化、价值的最大化，为探索有效的视频网站 App 盈利模式提供参考与依据。

一　视频网站 App 利润点概述

基于利润点的三大层次以及对视频网站 App 的运营和盈利模式的总结分析，将视频网站 App 的利润点分为三个层次，分别是：基于内容产品的基础利润点，基于用户体验的期望利润点，基于第三方投入的附加利润点。

基于内容产品的基础利润点即视频内容。它主要分为三类：第一类是网友上传的自制视频，第二类是由视频网站自制的网络剧，第三类是通过购买版权获得的传统影视剧。视频的数量与质量，是视频网站 App

---

① 参见刘一鸣、郭斌《视频网站利润点创新研究》，《中国出版》2016 年第 18 期。
② 参见中国互联网络信息中心《第 45 次中国互联网络发展状况统计报告》，http：// www. cac. gov. cn/2020 - 04/27/c_ 1589535470378587. htm，2020 年 4 月 27 日。

发展壮大的基础，也是其满足用户基本需求的逻辑起点。

基于用户体验的期望利润点即为视频网站 App 的技术优化，目的是满足用户的情感需求，进一步优化用户体验。主要分为页面布局的优化、便捷共享、基于用户需求分析的个性化服务。通过技术手段完善用户体验，增强用户好感，获得用户忠诚，是任何一个视频网站 App 都不可或缺的部分。

基于第三方投入的附加利润点是通过二次售卖获得收益。除了从用户本身获取利润，通过售卖广告位收取广告商的广告费、售卖网络自制剧的版权费、收取赞助费等等方式获得来自第三方的投入，也是视频网站 App 盈利多元化的重要战略之一。

综上所述，对于视频网站 App 来说，其基础利润点为视频内容本身，满足用户的基本需求；期望利润点在更深层次上满足用户的情感需求，使用户得到良好的用户体验；而通过第三方投入，视频网站可以获得多元化的附加利润，同时激励用户和网站提供更优质的内容，使自身成为一个交流分享网络视频的平台，进而形成拥有稳定活跃用户的社区。

二　视频网站 App 利润点发展瓶颈

当前我国视频网站 App 的盈利模式还不成熟，依靠现有的利润点满足用户的需求和期望存在诸多问题，视频网站也难以获得合理的收益。下面，将从基础利润点、期望利润点、附加利润点三个方面具体分析视频网站 App 在发展中遇到的问题。

（一）自制内容差，采购内容成本高，基础利润点同质化严重

从基于内容产品的基础利润点来分析视频网站 App 的发展可知，早期的视频网站 App 如土豆网等多采取以用户为主体、互相分享视频的草根模式。这种模式本身存在着一些弊端：一是用户不具备专业的制作水平，生产的视频质量较差；二是用户的法律意识不强，常出现盗版和侵权的现象；三是网站与视频上传者利益分配不均衡；四是缺乏与用户的沟通。此外，视频点播的不连贯性也在很大程度上降低了广告影响力，

使看似巨大的流量无法变成现金收入。之后，在 Hulu 模式①的启发下，国内视频网站逐渐将发展重心向购买正版影视剧版权转变，但之后不久便遭遇了"版权泡沫"。各大视频网站哄抢国内有限的优质视频资源，使得影视剧集版权费飙升，仅靠单一的广告收入无力承担内容采购成本的不断增加。② 各大视频网站的产品大同小异，内容相差无几，早已无法满足网站用户们的个性化需求。于是，各大视频网站开始自寻出路，从搜狐的《屌丝男士》到优酷的《万万没想到》，掀起了一阵网络自制剧的风波，但是整体来说，我国视频网站 App 的制作水平不高，其自制内容没有实现稳定的收益。

草根视频的质量不高，传统影视剧的版权费昂贵，自制剧尚未实现稳定收益，对视频网站 App 而言，基于内容产品的基础利润点的这三类视频内容的发展均遇到了瓶颈，急需破除困境，从而发挥基础利润点的价值。

（二）技术手段欠成熟，用户体验不佳，难以实现期望利润点

从基于用户体验的期望利润点角度分析，视频网站 App 带给用户的体验和感受是衡量其期望利润点的主要依据。首先，国内大多数视频网站 App 不注重页面的交互，页面设计复杂多变，令人眼花缭乱，各种广告掺杂其中，使用户分不清主次，难以找到自己感兴趣的内容，很难为用户提供良好的使用体验。其次，我国视频网站分享渠道单一，未能充分与社交网络相连接。虽然我国很多视频网站 App 也设置了微信、QQ 好友等视频分享渠道，但大多数用户没有绑定自己的 QQ 和微信账号，还需要进行二次登录，很难达到分享的效果。如果视频不能有效地分享到各种社交平台，就会损失大量的流量。自媒体时代是注重时效性的，能够引起共鸣的内容要搭配便捷的渠道才能实现流量的增长和关注度的提升。因此，视频网站 App 如果想发挥其平台优势，实现视频网站的价值，一

---

　　① Hulu 模式：以正版影视内容播放为基础、以大量优质的广告为收入来源的视频网站运营模式。

　　② 参见杜春辉《国内视频网站自制剧发展状况及对策研究》，硕士学位论文，北京印刷学院，2015 年，第 66 页。

定要和社交网络紧密地联系在一起，满足用户的分享需求。再次，互联网时代大众传播早已不能满足用户的需求，基于用户需求的个性化服务才是发展的方向。但大多视频网站并没有很好地利用大数据技术对用户的行为习惯与消费需求进行准确分析，并有针对性地提供服务。在用户的个性化特征越来越明显的今天，视频网站 App 在这方面欠缺很多。

以上种种问题导致了我国视频网站 App 的用户体验不佳，难以较好地实现用户的期望价值，唯有树立以用户为中心的观念，重置页面交互，畅通分享渠道，优化个性化定制与服务，才能真正发挥其期望利润点的最大价值。

（三）缺乏多元化的第三方投入，附加利润点单一

从基于第三方投入的附加利润点来分析，多元化程度和单个利润点的盈利能力是衡量附加利润点的重要指标。目前我国的视频网站 App 基本上都是依靠广告盈利，主要是插播广告和伴随广告①的售卖。这种照搬传统媒体进行二次售卖获得收益的方式浪费了互联网的优势，难以维持网站的盈利。过度地依赖广告的收入，也会对网站的运营造成很大困境。当观众找不到新颖内容时，点击量会下降。视频网站的收入来源要多元化，这样也可使视频网站 App 的运营更加灵活。

三　视频网站 App 利润点发展策略

基于利润点的视频网站 App 盈利模式就是基于产品和服务的盈利模式。利润点的设计是盈利模式构建的首要任务，只有解决好利润点的问题才能为视频网站的发展开辟一条新的出路。

（一）多方开源，发挥网络优势，丰富基础利润点

大力发展网络自制剧。通过分析热播网络自制剧的特征，我们对于网络自制剧的创作模式有了一些崭新的认识："一方面，UGC（用户生成内容）提供丰富的内容源，PGC（专业生成内容）对其进一步优化与包

①　插播广告：用户在网上观看一个节目或一段视频之前，将会看到一段 15 秒或 30 秒的广告，即"前播"广告，有时候广告插播在节目中间（中播广告）和节目播放完毕后（后播广告）。伴随广告：与视频播放窗同时出现的静止的横幅广告。

装；另一方面，PGC 诸多的生产环节（如剧本等）均有用户的参与，并由用户主动传播。"① 通过 UGC + PGC（草根内容与专业制作团队相结合）的方式，不仅专业人士的指导、专业演员的表演、专业机构的加工被重视，而且有贴近观众需求的内容来源，生产出来的内容既接地气，又保证了质量，才能制作出用户喜欢的影视剧。

除此之外，还可以在视频网站 App 上投放低成本的"网络电影"。随着微电影的全面升级，一些制作精良的小成本电影陆续出现。比如 2015 年 11 月上映的网络大电影《我的哥哥是特工》，在优酷、爱奇艺等网站上映不久就获得了 500 万次以上的点击量，好评如潮。因为这些中小成本的电影不具备投放电影院的能力，只能和视频网站合作寻求出路，对视频网站而言是一个绝好的机会——接纳这些电影可以以较低的成本丰富内容资源，有助于实现视频网站的多方开源，丰富基础利润点。

（二）改进技术手段，优化用户体验，提升期望利润点

用户是视频网站 App 发展的基础和利润源头。要想提供较好的用户体验，满足用户的期望价值，视频网站 App 首先要在页面上下足功夫，在页面交互的设计上考虑用户的需求和体验。简洁美观的页面可以方便用户找到所需要的内容；注意色彩搭配和留白，不能为了多加广告而破坏页面的整体布局；首页的广告也应该尽可能少一些，从而提升网站的整体品质。

打破平台壁垒，让视频分享更容易。视频分享可使视频更为广泛地传播，推动视频网站良好形象与品牌的塑造，使之拥有更多的用户、更大的流量，从而带动附加利润点的增值。鉴于目前我国视频网站分享渠道单一的现实状况，应借助技术手段打造多元化的分享方式与途径，即打通各个平台之间的壁垒，使视频在社交网站可以更容易被分享，共同优化视频在社交平台上的播放体验。同时，大力宣传短视频的分享功能，号召更多的用户使用分享功能，使用户养成分享的习惯。网络视频通过"自适应"技术可以自动匹配各种尺寸的终端屏幕，满足用户在不同时

---

① 常江、何天平：《创新与颠覆：网络自制剧生产模式研究》，《中国出版》2015 年第 12 期。

间、地点的需求，通过便捷的一键分享，点开即看，为用户提供便利，满足用户的分享诉求，进而提升用户对网站的忠诚度，实现网站的期望利润点价值。

在互联网时代，信息过载，用户难以找到需要的信息，这使得网站个性化服务的重要性凸显。要实现个性化服务，首先应深入了解每一个用户的特征属性，然后对其年龄、性别、学历、职业，网络行为进行深入分析，发掘用户喜好，通过对其地域属性判断，深入推荐和其相关的内容。尤其是像腾讯视频和爱奇艺这样的企业，较之于其他视频网站拥有更大的优势，旗下公司掌握了大量的用户数据和资源，如果对用户在多个产品中的行为进行分析整合，并充分挖掘这些数据和资源，一定可以更好地实现个性化服务，给用户更好的体验。

（三）运营方式多元化，增加第三方投入，实现附加利润点

以游戏视频直播平台为例，观看者通过购买礼物、道具，赠送给直播者，直播者以收到的礼物获得收益，这促使直播者创造出更多精彩内容。视频网站也可以采用类似的方式，通过引导观看者赠送礼物、道具给视频上传者，而不仅仅是和原创内容的上传者分得广告收益，以更高的利润激励原创视频内容的作者创作出更好的内容，这样既节省了网站的运营成本，又可以多渠道获取收益，增加从第三方获取的利润。

对于购买版权的正版电影、电视剧，可以采用订阅的方式，向会员收取订阅费，并通过向会员推荐即将上映的影片，得到用户的预先订阅，更加精准地购买用户喜欢的电影或电视剧版权。爱奇艺2016年成为《太阳的后裔》国内唯一获得授权的同步播出渠道，16集电视剧在爱奇艺平台上的总播放量已经接近30亿次，每集平均播放量近2亿次之多，并凭借此剧获得1.9亿元会员费，开启了网络视频付费时代。除此之外，还可以开设网络商城，让用户以最便捷的方式，在观看影视剧的同时，了解自己喜欢的商品，并能在线上快捷支付，线下快递到家，实现视频网站和电子商务的完美结合。这样既丰富了视频网站的附加利润点，也优化了用户体验，满足了用户需求。

在移动端，可通过LBS（基于位置的服务）技术，匹配用户所在地

和影视剧中对应的位置，更准确地引导用户了解周边的"明星店"，这对商店的广告主尤为有吸引力。比如爱奇艺的"一搜百映"服务，是记录用户一段时间内通过百度进行的搜索，分析其搜索需求，当其再访问爱奇艺时，针对其需求投放高相关的广告，成功帮助各种行业中的客户解决精准投放需求，实现更大的附加利润价值。

视频网站 App 为用户提供价值的产品和服务即利润点。视频网站的利润点研究就是对视频网站 App 的产品和服务的研究，是基于用户需求的分析与创新利用。当下正是视频网站 App 发展的黄金时代，也是体验为王的时代，只有牢牢把握用户的需求，为用户提供最贴心的服务，才能获得良好的口碑，继而获得更多的用户，最终实现企业的盈利。

第三章 基于利润源的数字出版盈利模式

第一节 利润源是出版企业利润获取的目标市场

一 利润源定义与细分

利润源是企业获得收入和利润的来源。出版企业为了完成战略计划、实现利润目标，不断对客户群体进行切割与细分，依据可以提供的客户价值和利润源来确定合适的客户目标市场。

对于数字出版企业来说，利润源是一个内容宽泛的名词。穷尽其所有的数字产品和增值服务也不可能满足所有客户的需求，何况数字内容资源总是稀缺性的。通过调查与了解，目标市场细分走向日益精确，这一过程见图 3－1。

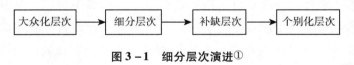

图 3－1　细分层次演进①

首先是大众化层次。这是所有人都能适用的一个层次，但是随着数字出版产业的发展与繁荣，目标市场转向日趋微观的细分客户。细分层次是介于大众化层次与个别化层次之间的中间层，如果数字出版企业能找到并确定具有相同需求和欲望的一部分细分客户群体，那么就能针对客户进行精准细分。补缺层次是在细分层次上进行的二次细分。个别化

---

① ［美］菲利普·科特勒：《营销管理》，卢泰宏、高辉译，中国人民大学出版社 2009 年版，第 75 页。

层次是市场细分的最后一个层次，是指市场细分要满足个人的需求，细致到个别化的层次，也就是我们通常所说的"定制营销"和"一对一营销"。数字出版企业如果已经确认了需要面对的细分市场，那么接下来就要考虑细分这一市场的各个元素（见图 3-2）。

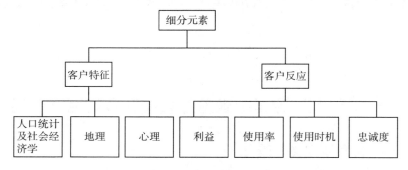

图 3-2　市场细分元素①

    人口统计学要素包括年龄、性别、家庭人数、家庭生命周期等。社会经济学的变量包括国籍、代沟、受教育程度、收入、社会阶层等。地理细分的标准是依据客户工作地点或居住地，结合其他相关元素来划分客户。心理细分是有关个性、态度和生活方式的分析，它与类似教育、职业、收入、年龄和婚姻状况无直接关系，所以心理细分很难用明确清晰的定量来解释。利益细分是假定消费者购买的基本诱因，是其从获取的数字产品或服务中所寻找的利益，数字出版企业使目标客户满意而得以开发相关"贡献"的重要前提就是厘清追求共同利益的细分市场。使用率细分是指客户在获得数字产品后使用的程度和类型。按其不同层次可以分为不使用者、偶然使用者、中等使用者和重度使用者。时机细分的对象可以是购买的时机，也可以是产生需要的时机，还可以是使用的时机。时机细分不仅能细分客户目标群体，还可以帮助数字出版企业开拓现有的内容产品或增值服务的使用范围，增加目标客户的消费总量。忠诚度细分是把每一个市场不同数量的目标客户消费群体按层次分成四

---

　　① ［美］菲利普·科特勒：《营销管理》，卢泰宏、高辉译，中国人民大学出版社 2009 年版，第 76 页。

种类型：零忠诚者、转移型忠诚者、中度忠诚者和坚定忠诚者。

并不是所有的细分都是准确和有效的，要使目标客户的市场细分准确并且有效，必须具有以下特性：可衡量性——细分后的目标市场应该可加以测定，其购买力的大小和市场大小是可以量化的；足量性——市场细分不能无限进行切割，同质目标客户群体的规模应该有足够的获利空间；可接近性——出版企业可以满足细分市场并为之提供相应的内容产品和需求服务；差异性——每一个细分元素的产生应该能引导不同细分市场对不同的营销策略有不同的反应，若反应趋同则说明细分元素的增加是没有意义的。

二　利润源类型

数字出版产业经过探索和成长，逐渐能够满足细分化和个性化的客户需求。客户信息需求通常从职业分布、需求目的和消费心理、消费方式这四个维度去分析。个人、企事业单位和高校及公共图书馆构成了三种不同的客户类型。后面两种都属于组织型客户，需求特征相似，这几种类型客户与数字出版企业形成了密不可分的关系。数字出版企业可以直接向个人客户提供数字产品和服务，组织型客户则可以通过批量购买的方式获得数字产品和服务，进而提供给个人客户。（见图3-3）

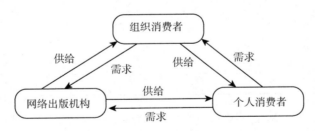

图3-3　市场供需关系

（一）核心利润源：个人客户

利润源是数字出版企业的目标市场。从客户类型来看，组织型客户也是由最初的个人客户组成，个人客户是组织型客户的最终归属点。所以个人客户成为目标市场的关键与核心，也成为数字出版企业获取收入的核心利润源。个人客户获取数字产品和服务一般出于业余消费、增长知识和提高文化素养的目的，他们往往对文学作品、娱乐健身、人物传记、时事评论等信息感兴趣。数字出版的客户需求，主要包括以下内容：网上娱乐与消遣；应用读书频道或者虚拟社区进行沟通和问题探讨；寻找新的学习途径，如考研辅导、出国留学咨询和远程教育；掌握互联网技术及具体操作；阅读网络文学、期刊、报纸；了解国内外信息动态；等等。

1. 个人客户职业分布

通过 2019 年 10 月对数字出版产品的个人客户进行的一系列网络问卷调查得知，数字出版利润源的个人客户通常以企业管理人员、在校学生、政府公务员、企事业单位科研人员以及医务人员为主。他们大多为文化程度在大学本科以上、平均年龄 30—40 岁、对互联网各种应用熟悉并能熟练操作计算机的客户。很显然，年轻人可能成为数字出版产品和服务的潜在个人客户。

表 3 - 1　　　　　　　　　　　个人客户职业分布

个人客户职业	数量（人）	比例（％）
公务员	21	11
高校教师	31	18.4
中等学校教师	6	3.1
高校学生（包括研究生和本科生）	19	10
医务人员	42	22
企事业科研人员	35	20.3
企业管理人员	16	8.4
其他	13	6.8

2020 年 4 月 28 日，中国互联网络信息中心（CNNIC）发布的《第 45 次中国互联网络发展状况统计报告》显示，我国网民不仅具有年轻化特征，而且从职业特征上看，医务人员、企事业科研人员、高校教师和公务员等职业人员的信息需求是社会广泛关注和研究的热点。还有一些研究关注社会弱势群体和普通大众，研究较多的是学生、妇女、儿童、老年人和青少年的信息需求，这些研究大多分析这些特别群体的特定信息需求和数字出版企业相应的服务对策。

2. 个人客户需求目的

个人客户的职业特征也同样决定了他们的需求目的，有娱乐型、解疑型、学习型和研究型等。而且客户细分元素越来越多，比如对医生的信息需求研究，又分为外科医生和家庭医生。还有一部分人的研究焦点集中于社会弱势群体，充分体现出学术界及专业研究人员对他们的人文关怀。在信息需求特点的研究中，很多学者致力于改进数字出版的信息功能，为更多的个人客户服务。

3. 个人客户消费心理

对于个人客户来说，数字产品服务水平和价格仍然是影响消费的决定性因素。普通的个人客户购买量较小，他们对数字产品的消费一般最多在每月一百元左右。通过 2019 年 10 月对某数字出版产品的个人客户进行的一系列网络问卷调查得知，个人消费的额度和数量远不能满足客户对数字产品和信息服务的需求。在需要大量数字产品和资源时，受消费额度和消费心理的影响，消费者会选择组织型客户所提供的相关服务。从这一点可以看出，数字出版企业如果要在个人客户的消费市场上有所作为，就必须在全面的服务和低廉的价格之间找到合适的平衡点。（见表 3 - 2）

表 3 - 2　　　　　　　　　个人客户消费心理影响因素

影响购买的因素	数量（人）	比例（%）
产品价格	149	78
购买方便程度	84	44
产品易用性	132	69.1
产品宣传力度	31	16.2

4. 个人客户消费方式

电汇支付和网络支付是两种最为常用的购买渠道。电子书和纸质书的网上购买日益成为热点与时尚，方便、迅速地完成远距离的交易流程，对于客户来说具有相当的吸引力。所以，数字出版产品与服务的消费特点就是可以实现资金流的完全电子化和零物流管理。在支付日益便利的今天，数字出版企业应该大力推广电子结算方式，同时把精力集中于制定适销对路的营销传播方案，以吸引更多的潜在个人客户。

（二）延伸利润源：组织型客户

在研究基于数字内容的盈利模式时提到过机构用户的概念，从客户类型的角度来说，以机构和组织为整体对象的消费群体属于组织型客户，作为个人客户在消费方式上的改变，可以界定为数字出版企业在收入来源上的延伸和拓展，属于延伸利润源的范畴。延伸利润源的基础是核心利润源，组织型客户是以个人客户为基础的消费整体，包括政府用户、企业用户和科研教学用户等。

购买量相对较大。为了方便个人客户查找相关文献资料，必须充实自己的资源数据库，这并不是个人行为，其复杂性要求购买者在整个过程中仔细分析、了解品牌，注意比较和高度介入。组织型客户更需要了解和学习相关数字产品与服务的属性与功能，以方便消费决策。

拥有特定的信息收集渠道。对于公共图书馆和高校类个人客户，其获取互联网数字产品和服务的主要渠道有报刊报道、促销人员推荐、行业会议、自身经验和同行介绍等。而组织型客户的了解渠道为行业内期刊广告、促销人员介绍、报刊报道和自身经验等。因此，对于网络知识资源来说，广泛试用、报刊报道和行业会议等营销传播手段是非常有效的。

高校图书馆具有充裕的资金和相对较高的地位，在数字出版转型时期对电子资源的重视程度日益提高，由于使用者众多，他们的建议虽然具有一定的影响力，但是很难直接传递给决策者，所以对数字产品品牌选择的建议起决定作用的往往是图书馆负责人，由他们提出评估选择的方案，再交给分管的校领导审批。而公共图书馆则不同，数字产品与服务的使用者也是需求的发起者，他们对选择评估和采购决策的影响很小，图书馆负责人涵盖了建议、决策和购买三重角色。不过同样是组织型客户，行业市场具有截然不同的情况。包括政府用户、企业用户和科研教学用户等组织机构的领导通常是购买决策者，组织内部的业务部门人员是所购产品的使用者和需求的发起者，他们对数字产品的选择与决策有很大影响。

三　利润源的核心要素

(一)客户个性化需求

客户需求是数字出版的原动力。数字出版的实质是通过数字化技术手段为客户提供数字产品和信息服务的过程。在读本《未来之路》中比尔·盖茨曾经预言,未来的数字产品和信息服务必须满足客户高度个性化的需求。数字出版企业的竞争焦点已经转向如何才能更好地满足客户的个性化需求。数字出版企业必须要创新才能在激烈的竞争中立于不败之地,要具有个性化的设计与创新,推出个性化数字产品和服务才能满足客户个性化的需求。

(二)数字出版产品和服务

数字产品和服务是满足客户需求的根本,也是数字出版企业的利润点。随着数字出版产业的壮大,产品与服务形式不断走向多样化,包括网络软件、在线音像、数字电视、网络广告、网络报纸、电子期刊和电子书等。数字产品形态具有数字化和信息化的特点,以电子形式通过网络进行传送。出版商可以通过在线浏览和授权下载的方式向客户提供数字产品和服务,基本实现了零库存和零物流。从理论上讲,需求决定供给,产品和服务正是针对客户的需求而存在的,客户需求具有个性化特征,那么产品和服务也应具有个性化色彩。若想提高客户的忠诚度,就必须提供差异化的产品和服务,依据客户个性化需求进行特别定制。

出版企业应该根据了解到的客户信息和客户需求来调整经营手段与方式。这要求出版机构要着眼于客户,跟踪与确认每一个客户,与之互动和沟通,即针对客户进行个性化定制服务。数字产品和服务要实现个性化定制必须具备以下特点。

1. 数字产品和服务中的个性化定制是可选定制,即可以在出版企业和内容提供商提供的所有产品和服务中进行选择的一种定制。

2. 数字产品和服务的个性化定制需要借助软件的力量。

3. 有一些数字产品和服务,比如新闻、数据类信息、事实资料等,相比于其他类型的产品更容易定制。而另一些属性特殊的数字产品几乎不可能定制，比如很难有客户能让内容提供商为其量身打造一部小说或者剧本。

4. 个性化定制的实现不是一蹴而就的，而且客户的个性化需求是多变而难以确定的。这势必要求出版企业与客户保持紧密的联系和互动关系，只有这样才能真正准确地掌握其不同时空的个性化需求，从而真正实现个性化定制服务。

（三）客户关系管理

客户永远是企业的衣食父母，谁能拥有客户、给客户提供令其满意的服务、获得其信任并与之建立长期良好的合作关系，谁就能实现出版企业的利润最大化。市场竞争的根本仍然是客户资源的争夺，客户已经成为企业的无形资产，这种资产能提高企业的核心竞争力并带来利润。客户关系管理就是通过建立和维系与客户的长期良好的合作来提高出版企业利润的市场创新战略。出版企业客户关系管理的关键主要包括以下几个方面。

1. 提升客户关系，培养客户忠诚度

出版企业要通过客户对数字产品与服务的频繁购买与消费刺激来建立并拉近客户关系，增加客户购买的频率和拉动消费需求并推动销售业绩的增长方能强化出版企业的核心竞争力。因为客户对数字产品和服务的特点与使用方法有了不同程度的积累后，购买依赖感增强，对企业的忠诚度自然会提升。通过对数字产品和服务的推荐完全可以直接满足客户的个性化需求，在此基础上建立完整和系统的客户信息源，与客户培养并保持长久和良好的合作关系。

2. 减少客户流失，稳固客户系统

有的时候，由于数字产品和服务的价格、设计、市场、技术等多方面原因会导致客户的交易意向转向行业领域内其他的竞争对手，出版企业应该及时地调整战略和营销策略，分析流失客户的类型与需求，采取有针对性的措施使其回心转意，减少客户流失，稳固客户系统。

3. 加强客户沟通，化解客户抱怨

数字产品与服务的质量与水平不可能总是完美无缺，可能会出现各种不可避免的问题。一旦出现客户不满意的现象，很可能在网络上加以传播，而互联网的传播速度之快无人能及，这些电子媒体的影响力也许比想象中更加深远。美国运通公司副总裁玛丽安认为"更好的抱怨处理＝更高的客户满意度＝更高的品牌忠诚度＝更好的业绩"[①]。从 EIU 的调查数据得知，个性化领域受关注的增量最高，客户关系管理将为出版企业带来利润最大化和无限的竞争优势。

（四）数字出版资源

数字出版资源是数字出版企业为客户提供信息产品与展开经营业务的基础。只有充实而多样的数字出版资源才能满足客户不断提升的个性化内容选择与页面设置，从而全面地满足客户的个性化需求。数字出版资源建设需要满足以下要求。

1. 合理与完善的分类

选择大量丰富的数字出版资源要求出版企业对资源进行合理的分类，分类的方法有三种：其一是客户自由选择；其二是根据统计规律进行推送；其三是根据客户信息进行适当组合和有效分类。

2. 在广度和深度上的结构性分布

数字出版资源的丰富与否体现在效果上，这种效果的关键在于两方面，其一是对客户的最终效果，其二是事物本身规律的反映。数字出版资源的两个重构体现出这两方面的要求，一个是围绕客户主题的重构，另一个是围绕事物本身的重构。

（五）客户信息资源

出版企业进行客户关系管理的基础是客户的信息资源，在客户关系管理的每个阶段都需要与客户保持紧密的联系，这也是出版企业资本的一部分。在数字产品与服务的供需关系中，客户既是普通消费者，也是信息的载体，能为出版企业有效地提供包括人员、有形物品、服务、构思、地点和组织等大量的信息。在网络上，客户的作用和地位正在发生着变化。对于出版企业而言，获取客户的有效信息成为他们开拓市场、赢得利润的关键。所以，客户信息资源对企业的客户关系管理起到了决

---

① 赵申：《如何处理客户的投诉》，中国经济出版社 2006 年版，第 48 页。

定性的作用，主要体现在以下几个方面。

1. 出版企业创新的合作伙伴是客户信息资源

出版企业生存的灵魂就是创新。不断研发新的数字产品和服务、不断开拓新的市场领域的过程就是出版企业创新的过程。客户信息资源在这个过程中的作用就是通过提供关于未来产品的性能与价格变化的趋势反映出市场发展的最新动态，最终有利于企业与客户之间建立友好的合作关系。所以，客户信息资源成为出版企业与数字出版市场之间沟通的桥梁，为了加快企业创新的步伐，必须熟练地运用客户信息资源。

2. 出版企业与客户进行沟通的前提是掌握客户信息资源

出版企业需要知道谁才是真正的客户，客户有哪些特点和需求，客户的个性化需求通过什么方式去实现，等等。只有了解到这些基本的客户信息才能进行有效沟通，才能证明满足客户个性化需求不是一句空话。

3. 客户分类与分析的依据是客户信息资源

出版企业只有知晓客户的详细资料才能制定有效的沟通策略。那么，在客户的信息资源库中，企业必须了解哪些信息对于明确客户分类与分析能起到作用，而这些信息在了解以后是否可以指导企业有效地制定沟通的策略。否则，了解再多的信息对企业决策的制定也是徒劳。

4. 客户管理必须用到客户信息资源

客户信息资源能够帮助出版企业有效分析客户管理的瓶颈与效率，指导相关工作的开展。比如企业对于目标市场的开拓能力就体现在客户线索的增加数量上，企业的销售能力建立在赢得客户的比例上，企业维护客户的能力体现在客户的生命周期上，企业的服务能力来源于客户的交叉销售，企业存在的问题可以通过客户的流失率来反映。

第二节　AR 儿童出版物利润源研究[①]

随着增强现实技术（Augmented Reality，AR）的发展与提升及其在

---

① 参见刘一鸣、胡伯俊《基于增强现实技术的儿童出版物利润源研究》，《出版发行研究》2017 年第 5 期。《人大复印资料·出版业》2017 年第 10 期全文转载。

儿童出版领域的应用，AR 技术具有的创造性、生动性、趣味性、沉浸性、交互性等优势使 AR 儿童出版物成为融媒体时代数字出版的创新及新的利润增长点。2016 年，李克强总理代表国务院在第十二届全国人民代表大会第四次会议上作《政府工作报告》时强调"促进传统媒体与新兴媒体融合发展"①。显然，AR 技术应用于出版领域是传统媒体和新兴媒体的优势互补。

AR 技术与儿童出版物的结合，弥补了传统儿童出版物形式单调、表现单一的不足，充分满足了儿童的好奇心，有助于增强其想象能力。但目前 AR 儿童出版物影响范围较小，其盈利也缺乏长期性、稳定性与规模性，这进一步说明 AR 儿童出版物缺乏成熟的盈利模式。做好 AR 儿童出版物核心利润源、辅助利润源、潜在利润源的分析，能够使出版商或企业更清晰地了解受众的需求与偏好，从而使其在与竞争者的比较中获得竞争优势，进而促进 AR 儿童出版物盈利模式的健全、完善与稳定。

一　AR 儿童出版物与利润源概述

增强现实技术，是一种将真实世界信息和虚拟世界信息"无缝"集成的新技术，其把原本在现实世界的一定时间空间范围内难以体验到的实体信息（视觉、听觉、味觉、触觉等）通过计算机技术等科技手段，模拟仿真后叠加，将虚拟的信息应用到真实世界，被人类感官所感知，从而达到超越现实的感官体验，增强了用户对现实世界的感知。

（一）AR 儿童出版物发展现状

由于 AR 技术将真实世界信息与虚拟世界信息进行了"无缝"集成，是一种将真实环境与虚拟物体紧密结合的技术，具有虚实结合、实时交互、三维注册的特点。虚实结合的体验在于，用户能在真实世界中看到叠加上的虚拟对象；实时交互实现了用户、真实物体、虚拟物件的即时交互；三维注册使用户可在三维空间增添虚拟物体。通过手机或相应设备的摄像头扫描出版物的图像或特定标识物，连接后台数据库，将虚拟

---

① 李克强：《政府工作报告》，中国政府网，http://www.gov.cn/guowuyuan/2016 – 03/17/content_ 5054901. htm，2016 年 3 月 17 日。

形象叠加到现实环境，是 AR 应用于出版物的方式及技术特征，它实现了对知识可视化的创新，使内容更形象逼真。

AR 儿童出版物涉及教育、游戏等广泛领域。因其运用数字技术，是新兴媒介与传统媒介的结合，所以同时兼具数字出版的优势以及传统出版的转型契机，并展示出巨大的潜力。"小熊尼奥"是一家儿童智能产品开发公司，在天猫旗舰店上的 AR 儿童出版物《口袋动物园》累计销量达 2000000 套。

（二）利润源及其构成

利润源是指出版社提供的出版物及配套服务的购买者和使用群体，他们是出版社实现利润的唯一源泉。利润源实质上就是受众，是客户需求的反馈源，也是市场细分的起点。武汉大学信息管理学院方卿教授曾在《数字出版赢利模式设计的五要素——以高等教育出版社为例》一文中指出："出版社实现利润的唯一源泉就是利润源，将利润源进一步划分为核心利润源、辅助利润源和潜在利润源。"① （如图 3 - 4 所示）既然利润源于购买者与使用群体，利润源与受众构成则息息相关。根据企业所获利的占比及利润源地位可进一步将其划分为核心利润源、辅助利润源和潜在利润源。核心利润源是企业获利的核心与关键，是某项产品利润的主要来源，也是盈利模式的落脚点与着力点。辅助利润源是与核心利润源息息相关、对核心利润源进行有力补充的利润来源，也是开发核心利润源时配套设计的。潜在利润源是对整体利润的补充，是一切并非作为利润主体且尚未被挖掘的所有可能性利润。潜在利润源在条件许可时也可以转变为核心利润源，其既是市场多样化的主导者，也是企业未来的利润增长点，是盈利模式设计需要兼顾的重要因素和市场的有益补充。

（三）AR 儿童出版物利润源解析

通过以上分类与解读，AR 儿童出版物三大利润源中，核心利润源是各年龄段儿童及其家长，此类用户是 AR 儿童出版物的主要盈利来源，是

---

① 参见方卿、许洁《数字出版赢利模式设计的五要素——以高等教育出版社为例》，《出版发行研究》2009 年第 11 期。

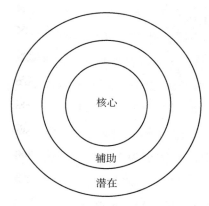

图 3 - 4　利润源三大构成

盈利模式构建的关键点；辅助利润源是第三方投入商，如广告商等，该类用户需求的满足是出版物盈利的关键补充；潜在利润源是尚未被挖掘的所有可能性利润，即使用 AR 儿童出版物的非阅读及周边需求用户或潜在用户，他们并不构成主体利润，但却是对既有利润的有益补充。出版社要实现品牌价值，获得长远发展，必须挖掘该类用户的需求。

核心利润源是各年龄段儿童及其家长，使用 AR 儿童出版物的主体是有阅读需求的儿童及其具备购买能力的家长，儿童虽是阅读主体，但受到家长主观意识的制约和影响；辅助利润源是第三方投入商，AR 儿童出版物可以给广告商带来巨大的收入，特别是售卖儿童产品的电商、广告商；潜在利润源是使用 AR 儿童出版物的非阅读及周边需求用户或潜在用户，借助 AR 技术可使诸如个性化定制、幼儿教育、游戏娱乐等客户更好地利用市场获得价值。如儿童游戏生产商可通过出版物现场互动操作收取使用费用，从而获得价值；幼教机构不仅可采用 AR 儿童出版物进行互动教学，增进教学效果，获得社会价值，还可依托 AR 儿童出版物的教学优势形成口碑，吸引顾客，并以此提升教学费用，获得教学费用以外的口碑、特色等附加价值，促成盈利，获得价值。

二　AR 儿童出版物利润源发展瓶颈

当前我国 AR 儿童出版物尚缺乏成熟稳定的盈利模式，利润源难以开拓，就像鱼失去了活水源泉，不能良好地吸引受众。核心利润源受到限制，辅助利润源受到束缚，潜在利润源挖掘较浅。

（一）推广模式单一，限制核心利润源的开发

核心利润源是出版商考虑的主体。AR 技术应用于出版物的时间较短，发展较晚。"80 后""90 后"父母接受新事物能力较强，这一部分群体用户基数大，但对 AR 技术缺乏了解。如浙江少年儿童出版社 2013 年推出的 AR 读物《孩子们的科学》长期不为人知。《消失的世界》是中科大团队在 2015 年研发的一款 AR 读本，主要表现已经灭绝的恐龙世界。书中的一切静态形象通过古生物学家的推敲，最终转化为动态的，使恐龙活灵活现地展现在读者的眼前，这是静态知识的动态表现，也是想象力与创造力迸发的源头。如此优秀的 AR 出版物，人们对其却知之甚少，更不用说制作技术差、宣传效果不佳的出版物了。就连智能手机的 AR 应用开发都处于起步阶段，更谈不上吸引大面积的受众，进而满足其需求。推广障碍还在于缺乏标准的开放应用程序接口。不同的出版商增强现实应用的方案不同，造成所使用的标准软件不一致，苹果用户与安卓用户所需要的应用程序、版本就不相同。问题在于操作系统与硬件规格不统一，这使得用户在使用时面临操作烦琐、便捷度不高等问题，许多父母在使用相关出版物应用时耐心的流失程度远远大于需求的满足程度。由于推广受阻，在人们还没建立对 AR 的认知之前，就因为失去耐心而选择其他产品了。

（二）技术手段匮乏，束缚辅助利润源的拓展

辅助利润源是对核心利润源的有益补充。在 AR 技术的加持下，读物内容更精美、互动表现更突出，这能令消费者对品牌与产品的理解加深。AR 技术的特性之一是虚实结合，AR 广告的基础是可以让虚实图像叠加的图像识别芯片。目前我国图像识别芯片发展较缓慢，对广告图像的识别速度慢，甚至无法识别。因为技术难度大，第三方投入商望而却步。且因为应用在儿童出版物上的广告需要与儿童、家长取得良性互动，而广告产生于儿童在翻看实体书时周边真实环境与书内虚拟场景、虚拟物件的叠加。这使得较普通广告效果而言要求更高，第三方投入商必须考虑手机或应用能否快速识别图像，达到预期目标。包括广告图像能否按

受众要求而随意变化，达到宣传效果。AR 的另一个特点是实时交互，一本图书的形态可以通过读者的一个小动作而改变，交互的自然与顺畅是亟待解决的技术难点。AR 的第三个特点是三维注册，虚拟物品在三维空间内的添加需要强大的成像技术，而虚拟物的设计，技术难度较大。要在保持良好用户体验的同时又拥有良好的交互效果，不仅需要天马行空的创意，更需要技术的配套。儿童出版物的设计和研发涉及立体、交互、传感、多媒体技术，目前这些方面仍为薄弱环节。近年来，浙江少年儿童出版社、中国矿业大学出版社、中国少年儿童新闻出版总社等少数出版机构都在尝试将 AR 技术嵌入图书出版。国内外出版商不断在出版物上大胆运用 AR 技术，但是技术成本较高。浙江少年儿童出版社 2013 年推出的《孩子的科学》，内容资源就来自西班牙派拉蒙的儿童科普类图书，然而使用的是欧洲专利的 AR 技术，价格不菲。个别儿童出版物以 AR 技术为噱头，只有寥寥几页的交互性内容。第三方投入商的信心建立在技术便利的基础之上，当收益高于技术成本，他们才愿意投入资金促其发展。

（三）多元思维欠缺，阻碍潜在利润源的挖掘

潜在利润源的挖掘应建立在多元思维之上。AR 技术赋予了儿童出版物新的生命力，无论游戏还是教育领域，AR 儿童出版物都具备无限的潜力。中国的现状是，企业更愿意守护自身产品的市场份额，而不愿意冒险开拓新的市场。编辑在展现纸质书内容的同时，需要考虑 AR 模型与早教、动画甚至游戏相关联的特质。《口袋动物园》是小熊尼奥的一款基于 AR 技术的儿童启蒙教育产品，立体 3D 动物可随产品卡片做横向 360°旋转和直立 320°翻转，这款产品单季销售额过亿元。但这仅为个例，出版行业内普遍缺乏跨界思维，大部分出版商的目光仅局限于阅读的主体对象，对周边潜在用户的开发甚少。跨界思路的缺乏使得 AR 技术的发挥和盈利受到不同程度的局限。特别是融媒体时代，媒介形式多元，能创造出多种阅读形态。AR 技术能够打破时空阻隔，连接"彼"与"此"，重构阅读新形态。[1] 这种彼此关系的构筑在跨界思维中巧妙完成，当仅仅依

---

① 参见王秀丽、胡玉康《AR 技术关照下的儿童书籍设计新形态》，《出版发行研究》2016 年第 5 期。

靠自身内容获得利润之后，出版社的盈利就达到了饱和状态，此时若不能与潜在利润源建立良好关系，则会陷入利润难以增长的死胡同。积极依托 AR 的沉浸性、趣味性体验和各方展开合作，建立游戏 - 图书 - 教育等多对优势互补关系十分必要。潜在用户是拓展延伸产业链的关键，附加价值应当成为主要价值的有力补充。

三　AR 儿童出版物利润源发展策略

对 AR 儿童出版物利润源分析的实质是充分定位用户、挖掘受众。利润源拓展的实质是用户与受众的拓展，找到吸引受众的方法，才能为 AR 儿童出版物找到盈利方法。[①]

（一）增强体验，加大推广，开发核心利润源

在数字化时代的冲击下，传统的纸质儿童出版物表现形式较为单一。儿童理解力不够强，他们更倾向于阅读"会动的图书"。形象逼真的三维图形能够弥补纸质出版物的静态表现，产生奇特的阅读体验，满足儿童的好奇心，开发儿童的想象力，使其更好地理解出版物的内涵。AR 技术使出版物既保持了传统出版物的阅读特性，又增加了视觉、听觉、触觉等多方位的阅读体验，增强了交互性与趣味性，使儿童有了更多想象空间与沉浸体验。索尼公司 AR 版《哈利波特》中，儿童只要挥动魔杖就能够念起咒语，还可以用手势灭火，这些效果使用户完全沉浸在书本中。显然，没有 AR 技术的加持，儿童对出版物喜闻乐见的程度会大大降低，家长选择这些出版物的概率自然也会大打折扣。要获得盈利，就必须极大满足这部分用户的需求。解决操作烦琐的渠道之一是统一操作系统或硬件规格。如此，苹果用户与安卓用户就可实现应用程序的统一。解决了操作烦琐的问题，交互体验良好，自然更易增强用户黏度。吸引核心利润源，破除推广障碍，营销是必经之路。

营销与宣传必须依托大众类媒体，如新书推荐会、产品体验会等，让核心利润源广泛了解 AR 技术的特性，令其体验 AR 儿童出版物较传统

---

① 参见刘一鸣《数字出版盈利模式绩效评价研究初探》，《中国出版》2015 年第 20 期。

出版物的优势。提供现场试用，抽取体验者免费使用。依托网络媒体中网站的读书频道及亲子频道进行宣传，如在新浪亲子频道、网易读书频道中发布操作与使用介绍视频。依托自媒体渠道如微博话题、微信、QQ等进行推送。良好的微博话题能引发共鸣、提升热度，并可在宣传中附加部分受众的体验视频。这类口口相传的营销方式易拉近与受众的距离，达到良好的宣传效果。增强体验，促进营销，有助于开发核心利润源。

（二）突出特性，提升技术，拓展辅助利润源

AR 广告既不占用纸质空间，又可以形成互动，使得广告、赞助的内容立体化、形象化、具体化，有更好的传播效果。电商平台可借助 AR 技术对儿童产品进行推广，家长可感受广告所带来的互动，更直接地观察产品的形态与功能。如儿童玩具的销售，可利用实时交互这一特点，令儿童、家长在交互体验中获得亲子互动，进一步加深对产品的印象。给第三方投入商创造进入的机会，提供便利的技术支持，给予更丰富的市场选择，是拓展这部分市场的关键。

技术的提升离不开图像识别芯片技术的升级，这能使内容呈现效果更佳。出版企业要把研究的着力点放在第三方投入与书本内容的结合点上，做到自然地植入。将基于 LBS（基于位置的服务）的投入内容与增强现实应用相结合，比如匹配用户所在地，关联相关商店，商店针对自身推送定制化广告，广告主自然成为最大受益者。诸如《口袋怪兽》等AR + LBS 的游戏，让受众能在地铁上、公园里、楼道间、街道上随心所欲发掘游戏的乐趣，其直接效果是方便玩具生产商投放广告，使受众在游戏体验的过程中不知不觉地接受广告推送的效果。真正做到让第三方投入商放心，才能拓展辅助利润源，为 AR 儿童出版物的盈利增添动力。

（三）紧随潮流，突破局限，挖掘潜在利润源

潜在利润源的挖掘建立在各类用户对 AR 特性的认可与理解之上，AR + 儿童出版是媒体融合的大势所趋，这要求出版商或企业对自身发展有跨界融合的思维突破。在 2016 年媒体融合发展论坛上，跨界整合资源、利用"用户 + 平台 + 服务"体系的理念被高频度提出。这说明跨界整合是紧随潮流的体现，也是媒体人应具有的名片。AR 技术应用于儿童出版

物的时间起点较晚，但因具有传统出版物所不可替代的三大特征，成为出版转型的潮流。AR 早教儿童出版物就可与幼教机构互相联系，通过出版商向幼教机构推荐出版物，并介绍 AR 的沉浸、趣味、交互等特性，使其认识 AR 儿童出版物对儿童认知延伸的重要性与教育意义，促进幼教机构购买产品，用于教学实践，实现盈利。编辑在设计 AR 模型逻辑关系时也可以发散思维，大胆联想，与游戏、动画等相关联，而非局限于剧情或书本框架，为与相关单位后续的合作发展奠定基础。吸引动画生产商或游戏生产商提前与出版社形成合作，为其产品造势宣传，形成联动效果。小熊尼奥的《口袋动物园》因其立体生动的动物形象受到了火热的追捧，2015 年第一季销量达到了 150 万套，销售额超亿元，并且带动了相关玩具等延伸产业链的发展。

小熊尼奥公司除了 AR 儿童出版物以外，还斥资 1 亿元人民币，制作 3 季动画长片及一部大电影，将目光着眼于 IP 价值，通过出版物、玩具、动漫而形成一条产业链。更有一家毛绒玩具厂通过小熊尼奥来促进玩具炒作和售卖，IP 价值显而易见。所以要深入挖掘 AR 儿童出版物的卖点，发现潜在利润源，拓展延伸产业链，为企业盈利找到新的出路和发展方向。

第三节　"出版 + 直播"利润源研究

近年来，随着技术的发展和移动智能设备的更新，移动互联网给人们带来的入网接触便捷性大大提升，新兴的网络直播行业以其实时性、互动性、现场感等优势，成为人们青睐的信息交流媒介，成为一种创新性社交工具。2016 年被称为移动直播发展的元年，直播行业呈现爆炸式发展，这一年不仅直播平台数量增至上百，直播内容也从原来的秀场、电竞等逐渐拓展至更宽更广泛的生活、娱乐各个领域。CNNIC 发布的《第 45 次中国互联网络发展状况统计报告》显示，截至 2020 年 3 月，我国网民规模达9.04 亿，网络直播用户规模达 5.60 亿，占网民总数的 62.0% 。[①] 这种新兴

---

① 　参见中国互联网络信息中心《第 45 次中国互联网络发展状况统计报告》，http：//www. cnnic. net. cn/gywm/xwzx/rdxw/202004/t20200404_ 69449. htm，2020 年 4 月 4 日。

的传播方式也带动了新一轮营销风潮，涉足直播的行业不断增加，各领域不断涌现出"+直播"的产业新趋势。大浪潮下，"出版+直播"应运而生，整合利用新的直播资源，为出版业的发展带来新一波高潮，为突破传统营销模式创造了许多令人惊喜的效果。

经过 2019 年的沉淀与更新，直播这个连接人与人、跨越时空的新兴媒介也正在逐渐走向专业化、深度化，更给出版业搭乘直播便车创造了无法想象的发挥空间。这个新兴的载体赋予了出版业营销新的内涵，出版业借力直播行业的发展，创造了新的利润增长值，也拥有了更广泛的垂直化的利润来源。做好"出版+直播"核心利润源、辅助利润源和潜在利润源的研究分析，才能使"出版+直播"真正发挥它应有的作用。细化粉丝团体，精确广告商合作，明确自身定位，这样才能使资源得到更合理的配置，为出版业创造更多元化、丰富化的发展形式。

一 "出版+直播"及其利润源概述

当我们进入移动互联网时期，拥有实时性强、互动性强、门槛低、体验丰富等特点的直播吸引了数量可观的粉丝，各类直播 App 如雨后春笋般疯狂出现在大家的面前，如映客、花椒、斗鱼等。我们比想象中更快地进入人人直播时代，网络直播得到前所未有的快速发展。2016 年，网络直播的发展并没有摆脱网红、低俗、同质化的标签，于是政府及时出手规范管理，监督各直播平台清理整顿。内容资源提供者都有自己的发展领域，网络直播也必将朝着更有秩序的方向前进，形成一套完整稳定的盈利模式。

（一）"出版+直播"发展现状分析

"出版+直播"顾名思义，是指出版实体在进行出版方面各工作流程期间，采用移动直播方式进行辅助宣传和开展推广活动以扩大影响力的一种传播模式。经过实践和分析，更多出版实体正在从"策划活动直播"向"为了直播策划活动"转变，目的是更好地与受众联络情感，扩大品牌知名度，提高长久关注度，顺应时代的发展。出版业是一个以内涵制胜的产业，在内容优势基础上，直播受到庞大的受众流量、互动交流、传播信息的及时性等优势的加持，越来越受到出版业的青睐，"出版 + 直播"的运营活动已经是一个屡见不鲜的事情了。

对于出版社而言，"出版 + 直播 + 营销"不仅是对产品的推广宣传，更是出版实体与读者近距离接触的机会，能够让出版社的营销途径变得更加宽广顺畅，也能够让其进行更全面科学的分析定位，有机会尽可能稳定并吸引更多利润源。全新场景的感官体验让"无直播不营销"的口号打响，新一轮的媒介更新给出版社带来的盈利将是不可估量的。出版业借助直播开辟了一条使自己获得利润的渠道，辅助正常的出版发行业务，出版活动有了更立体化、更动态化的表现形式。但是，"出版 + 直播"的发展时间太短，未能形成稳定的盈利模式，对利润源定位问题还没有明确的认识，对受众黏度、关注度、忠实度等问题还没有形成系统的认识。

（二）"出版 + 直播"利润源解析

利润源是出版实体获得利润和收益的来源，其实质就是出版实体商品和服务的目标消费者或使用者，它是出版实体开展工作的核心，每个出版社都应该紧紧围绕自己的利润源来开展策划、设计、出版等工作。利润源核心即受众，根据受众使用工具来接触中心产品的疏紧程度，其性质可分为核心利润源、辅助利润源和潜在利润源。[1] 核心利润源是出版企业必须密切关注的核心群体，他们占据利润源构成的很大比重，由于有方便快捷的渠道去接触产品，是盈利的可靠支柱和落脚点。辅助利润源是核心利润源的补充要素，它与产品质量有紧密联系，企业的文化及信誉等指标也是它考虑的因素。潜在利润源隐藏于前两大利润源背后，但也是必须兼顾的一类，虽然它潜藏在市场深处，但一个新的潜在利润源有时足以与核心利润源匹敌。[2]

根据上述分析，"出版 + 直播"的利润源可以分为以下三大类。

核心利润源是最快速、最容易接触到直播内容的一个群体，包括了

---

[1] 参见刘一鸣《数字出版盈利模式绩效评价研究初探》，《中国出版》2015 年第 20 期。

[2] 参见刘一鸣、胡伯俊《基于增强现实技术的儿童出版物利润源研究》，《出版发行研究》2017 年第 5 期。

核心和重点两部分，核心利润源是出版社、书籍、作者或者嘉宾的忠实粉丝，粉丝的消费力和生产力都是不能忽视的，他们会随时关注业内的动态，并且具有一定的购买能力及宣传影响力，他们最有可能购买产品或为直播内容打赏；而重点利润源多为直播 App 的忠实用户，他们使用软件时，通过"最新直播"或者"最热直播"等栏目，能更容易看到直播的内容，而且 App 的深度用户会被平台吸引更长时间，使得直播能被关注和打赏，用户购买书籍的可能也因此大大提升。

辅助利润源是与粉丝用户不同的企业或实体，包括能够提供赞助或实现购买的第三方以及参与利益分配的平台合作方。一般包括实体产品售卖方，例如大型图书商场、书店还有电商平台等，与明星代言的品牌产品也有提供赞助或者组合购买合作的可能。现在很多主播实现收益的方法就是入驻平台与其分利。出版单位不管在权威性还是内容质量方面都更胜于个体主播，更有可能与平台协调，获取部分收益。

潜在利润源包括所有能够挖掘的网上用户，最大的问题就是欠缺系统化的运营宣传与推广。在网民群体与日俱增的今天，借助各大社交平台吸引粉丝或进行活动宣传，有可能将潜在利润源转换为核心利润源，但这必将成为一条艰苦的探索之路。

二　"出版＋直播"利润源发展困境

从利润源的三个构成来分析"出版＋直播"的现状，虽然这一运营方式取得了明显的效果，出版单位实现了收益，但具体来看，三大利润源的细分和定位不够清晰明朗，而且在开展活动时仍存在核心利润源体验不佳、辅助利润源沟通受阻难以实现其价值以及不重视挖掘潜在利润源的问题。

（一）直播内涵难寻突破点，核心利润源难以夯实

核心利润源对两方面充满期待，其一是直播的核心内容，其二是与核心人物的近距离互动接触。许多出版单位完全忽视了他们要紧紧抓牢的这类利润源，导致核心利润源没有得到有用的内容信息，也没有获得完美的互动体验，使直播活动并没有带来预期的影响力。

　　内容主题不鲜明,核心利润源积极性不足。直播的核心内容是一场直播能否成功发挥其作用的关键。现在出版界的直播还只限于固定的现场活动类型,比如新书发布会或者作者交流会等,以这种形式为主的直播的确容易实现内容产品现场变现,对产品的销售有一定好处,但给用户流量及嘉宾的熟知度提出了较高要求,且受网络信息传播快速的特点的影响,其专有特性会被削弱,线上热度保持不久,粉丝群也相当不稳定。并且,简单地将活动搬上直播,很有可能带来适得其反的结果,造成资源不必要的浪费。如果单一的内容和死板的形式导致受众丧失兴趣,则会失去这次有利的直播变现机会。这就要求出版者不断探索多种多样的直播形式,促使用户在获取信息的同时愿意直接下单预定。高质量的直播内容有助于使之成为有人文精神的精品活动,做一次活动就产生一次效果,不仅介绍推广了产品,更树立了出版单位的品牌形象。

　　互动体验不多样,核心利润源黏度不够。根据使用与满足理论我们得知,人们在接触新的媒介时,都存在着某些动机,希望获取信息以满足自己内心的某种需要。超越时空的局限,与核心人物的近距离互动接触则是直播满足受众需求的具体表现,充分展现了其贴近现场的互动性特点。但是从之前形成的出版单位占据文本内容资源高地的传统来看,很多出版业从业者未能及时改变这种意识,使得传受双方之间的不平衡进一步拉大。很多活动中没有安排预留与粉丝互动的时间,也没有给粉丝自由发挥的空间,嘉宾总是独自讲述,或者只是让受众看着屏幕上的人活动,却无法参与进来,没有生动的体验和互动,反而掩盖了直播所谓的优势效果。甚至还有很多环节的不确定性会时常发生,这时就更需要加强核心人物与观众的"沟通交流"。出色的用户体验能给人留下较好的第一印象,从而让用户有购买产品的想法并进一步实施行动。

　　另外,这里的体验还存在技术方面的考虑。第一,既然出版单位的目的是销售自己的产品,那么移动端和 PC 端的购物技术支持尽量不要出现任何差池。现在直播营销最基本的方式就是点击链接购买,但是如果出现支付过慢、过程复杂、系统不兼容等重大失误,可能导致经历艰辛吸引的订单最后作废,于是功亏一篑。第二,互联网直播,网络的稳定性以及拍摄人员的专业性都没有得到足够的重视，现场断线、画面过大抖动也是常有的问题，正常播放的情况下观众是不会发现异样的，但稍有纰漏就会使本场活动的效果大打折扣。

（二）出版社策划意识薄弱，辅助利润源难以扩充

就目前而言，直播的出现为出版社数字化转型以及构筑新兴的营销模式带来了前所未有的便利条件，它正以爆款话题参与度吸引着无数注意力，形成新的文化氛围和态势。大多出版社想借助这个媒介工具来发展，但却总绕不过"万事开头难"的魔咒。在策划直播以及进行项目合作时，固化的运营模式仍然存在，并且占据大部分出版社老员工的思维。

平台建设随意，造成资源无理由浪费。直播活动能否顺利成功，平台的选择是至关重要的。现在出版社一般利用两种平台来进行直播活动。第一种就是自建的网络直播平台，比如通过自己的网站、自己的 App 来开展活动，将读书沙龙、新书发布签售会等搬上屏幕，让读者借助自己的平台来看自己的产品，更能够达到提高企业知名度和树立企业形象的目的，最终达到传播图书信息、实现营销的目的。由于前期的技术成本较高，资金和人力投入相对较多，所以这种形式多用于实力较为雄厚的大型出版企业。第二种就是与大型专业直播平台合作，出版产品是具有人文价值的商品，它的定位更适合稳定的综合型直播平台，两大企业之间的合作也变相保证了规范合理的利益分割。比如一直播、花椒 App、映客 App、淘宝直播等，这些平台本身就有很大的流量，从日常技术维护到服务需求，这些专业的直播平台能够有针对性地解决问题、提出方案，既能够减少成本、节约开支，也能够使拥有不同兴趣爱好的用户集聚于此，促进读者与出版企业之间的良性互动与沟通，减轻营销的负担。

跨界合作混乱，导致活动效果打折。这里说到的跨界合作，也同样包含了两方面。首先，是能够具有强大购买力的电商平台，与之合作能进一步优化边看边买的体验，这种合作不仅让出版单位获得巨大收益，也能给电商平台带来庞大流量。其次，嘉宾或作者自带的品牌资源也可以进行组合销售。如果本次活动对企业比较重要，联系第三方赞助商也能为直播活动解决一定的经费问题。减少成本开支也是扩大利润的一个

方面。

从整体的活动来说，出版单位一定要在各个环节主动发力，电商平台或第三方的合作也是关键点。从营销策划到活动形式选择，从过程监管到技术调试，每一个环节出版社都应该极为重视，做好充分的规划。不够重视第三方合作是出版单位现在的共同问题，不主动与品牌进行沟通，不管中间电商参与过程是否有误，不及时交流，盲目直播将是徒劳一场。因此，辅助利润源若不了解出版直播的具体情况，就更加不会参与到这个行当中了。

（三）直播活动推广局限，潜在利润源难以挖掘

潜在利润源多存在于各大社交平台，他们首先需要注意到活动，如果继续关注并愿意详细了解直播内容，才有购买的可能。现阶段，宣传形式单一、途径狭窄且频次太低，外宣平台精力投入少，这些都体现出出版单位在执行上的局限性。观看人数受限，直播没有发挥理想的宣传作用，更无法吸引大量的受众。

宣传推广途径狭窄，推广渠道阻塞。随着互联网的发展和视听技术的成熟，社交媒体成为连接人与人之间最方便的工具，企业开通微博账号、微信公众号等进行宣传已经是很常见的事情，但是与直播平台、出版 App 等其他途径的结合仍不够成熟。另外，后期推广也不够完善，后期的推广不仅能够弥补原有粉丝没有观看的遗憾，也能对吸引新粉丝有极强的作用，因为一些出版产品的时效性要求不高，所以产品的长期推广宣传能让它依旧保持原有的热度，通过时间的积累和优质内容的吸引力来挖掘潜在利润源。

物料资源形式简化，数据分析欠缺。所谓物料资源，就是我们在进行活动的直接宣传时所使用的文案、视频、图片等物质实体。现在很多出版企业都没有单独的宣传部门，更不要说针对直播专门设置的宣传发言人。在没有人管理的情况下，物料形式就很单一，而重视与开发不同形式的 H5、视频、稿件等的重要性可以与直播活动本身媲美。

三　"出版 + 直播"利润源发展策略

全民直播时代已经到来，出版行业的各个环节也将追逐潮流，采编、

发行等都更顺应了新媒体趋势。内容产业的转型是大势所趋，整合资源吸引注意力，利用直播形式将内容生产与消费紧密结合，为生产者与受众两个群体跨时空平等交流对话提供便捷的平台。

（一）更换形式，针对性窄播，为稳定核心利润源铸基础

通过对直播内容多元化的展现以及高质量内容的填充，附加外围优质体验，让在或不在现场的观众都能充分参与到直播活动当中，稳定核心利润源最关键的问题就是"内容是金 + 体验制胜"，保持用户与出版单位之间的高度黏性，才能让该群体充分实现其贡献利润的预期效果，在不浪费资源的情况下，直接达到出版业利用直播获利的最终目的。

1. 创新直播形式，择优选择话题

直播形式注重场景化设定，旨在引起情感共鸣，要办有故事的活动。现在很多讲座、发布会的直播观看人数比较庞大，大多是因为嘉宾的知名度相对较高，虽然明星效应适用于各个行业的直播当中，但这并非长久之计。只有形式和话题的创新，才能真正地吸引受众。现代女性作家张悦然的新书《茧》上市后，人民文学出版社同中华微视和腾讯文化两大权威平台展开了"张悦然开往童年的火车"的直播活动。她的这本作品就是讲述自己小时候在从北京到济南的火车上的所见所想。列车上的直播这一新颖的形式吸引了众多观众，作者一路上谈理想、谈写作，开启了一段诗的旅程，为作品的销售起到了很大的带动作用。

直播内容窄播化，让受众树立对企业的共鸣，"出版 + 直播"的目的是为了提高受众的关注，吸引受众注意力。受众在参与感、体验感极强的直播环境中，私人意识会变为具有群体意志的经验，集体共同记忆日渐形成。人们所追求的已不仅是身体在现场，通过直播参与活动来提升情感，找到心灵的存在，情感上的共识正好呼应了这种转变。放到出版直播来看，这种情感结构就更加明显，志同道合的人们有着共同的爱好，通过气氛渲染，在现场和不在现场的人们都会达到情感高潮，这种情感进而转变为对主办方和出版社的一种依赖和信任。2016 年 6 月华东师范大学出版社联合迈克尔·杰克逊全国歌迷会，在其逝世 7 周年的时候推出他的个人诗文集《舞梦》，之后连续举行了很多场演出，情感上的共鸣

让这种直播受到了大众的追捧，当然也创造了令人满意的效果。所以直播话题要择优选择，不是所有的主题都适合做直播，整个直播的过程也是向受众介绍自己"卖点"的过程，出版社可以多考虑与热点问题结合，或者以节日节点为契机来组织开展活动，这样更有热度，也更容易收获粉丝。做到窄播，就要有针对性，在某种精分领域精准投放，内容专业化、垂直化。每个人都有心理上的习惯，都喜欢多接触自己熟悉的题材、喜欢阅读的题材。抛却感情，能够让喜欢某一领域的大多数人得到他们想要的信息或者知识，从而拉拢这部分受众，也是成功的标志，这充分发挥了出版社原有的内容高地优势。不断挖掘内容潜力，PGC 垂直化直播内容也将会是人们越来越青睐的方向。例如清华大学出版社计算机与信息分社在科技信息出版领域树立了很高的权威，利用自己丰富的作者和产品资源，于 2016 年下半年在"人人讲"直播平台创建了直播栏目"清华科技大讲堂"，经常邀请业界著名的专家针对前沿技术话题与观众进行深入交流。①

2. 优化技术手段，提供极致体验

从互联网营销流行开始，我们的经济模式也随之由纯商品转变为注意力经济，直播最大的优势在于它独特的运作形式能成功吸引受众的注意力。信息爆炸的时代，相对稀缺的受众注意力就是企业竞相争夺的对象，所以我们拥有的不可复制的商品越多，就越会具有更高的注意力价值。纵观出版业直播的发展，要想吸引受众，必须想办法提高受众的体验感，增加受众的获得感，从而提高用户黏度。

这要从主客观两方面全部兼顾到。主观方面，从环节的设定到主播的串场，要尽力做到观众满意。增加交流互动式直播是全场能够活跃的关键，如在直播期间进行抽奖、发放主播的签名书籍或者图书购物券等。在这个人人都是自媒体的时代，读者对主播的熟悉程度至关重要。不是所有的书都能够经得住直播的考验，同时不是所有的嘉宾都适合做直播。在直播时常常也有很多问题出现，像互动时观众的提问涉及敏感词汇这

---

① 参见魏江江《出版社直播平台的规划与实践——以"清华科技大讲堂"直播栏目为例》，《科技与出版》2017 年第 4 期。

样的问题，就要求主播有较好的临场反应能力。最重要的是在直播的时候要多关注观众的反应，每场直播一定要为观众预留出发表言论的空间，如果时间有限，则应说明在直播后观众还可以通过哪种方式提问，或者打通意见渠道，全方位考虑观众在直播每个环节的心态，让他们有优质的交流互动体验。

客观方面，新技术的发展为我们的临场体验创造了无限的可能，VR、AR、杜比音效等技术也可以运用在直播过程中，如扫一扫增强现实技术能够让读者在没有买到实体书时就可以翻阅立体书籍（试读版本），当然要购买以后才可以看到全部内容。对于那种操作性强的书籍，就可以提前让受众直接感受，模拟翻书体验的参与感再加上提前了解内容，能够使观看直播的观众内心得到很大的满足。算法推荐也能充分利用到出版业的直播中去，通过分析用户观看直播的类型偏好，获取该用户在平台购买书籍的数量、类型、付款速度等数据，有针对性地为每一位观众推送他喜欢的书籍，猜测他可能会购买的产品，为其定制个性化专属推荐内容、福利项目等。让受众真切体会到看一场直播是一种享受，不仅是当时的体验，之后各环节都已为他量身打造好，省去了很多麻烦。

一个多向度、发挥用户主动性、具有服务意识、满足多样化的个性化体验的直播活动能够给出版社营销奠定坚实的基础。利用技术支撑、以内容为本、突出情感共鸣机制的运营改革，能够切实为"出版＋直播"吸引更多的利润源。

（二）主动构建，精准化组合，为扩充辅助利润源添动力

辅助利润源相比普通受众来说，是规模较大的组织，如果能与好的辅助利润源牵线搭桥，营销成功的概率将会大幅度提升，所以面对这类群体，占据主动权是重中之重。出版单位通过直播缩短了二者之间的距离，去除了中间商，直接形成了一个闭环互动的关系。

1. 社内精确评估，找准企业自身定位

出版单位在组织直播活动时，应该根据情况仔细评估自己的实力，找准定位。如在平台选择上有没有必要建立自己的平台搞直播；或者某次活动有没有必要自己开展，是不是与其他平台合作更能够节约成本。

这都是应该详细考虑、仔细评估的问题。生活·读书·新知三联书店曾经在自己的"松果生活 App"中直播了《理想家：2025》的发布会，读者与作者实时互动，实现书籍的即时即买。① 但是它也曾与腾讯视频合作直播"独立日"新书分享会，通过直播卖出了 500 多本《独立日 3：日出之食》新书。与腾讯的合作可以帮助生活·读书·新知三联书店省去很多宣传的工作，而自己平台的直播可以助推新平台的进步和开发。出版单位一定要客观评价自己的实力，准确定位才能精准发展。同时面对良莠不齐的直播平台，出版社要擦亮双眼，目光长远谈合作，选择适合自己的优质直播平台，减少低俗化带来的风险和问题。直播行业经历了整改之后，为了让自己拥有更广大的生存空间，努力提升各自的文化内涵，因此，拥有优质内容资源的出版社成为他们更想合作的对象。

2. 确定合作模式，注重直播团队建设

企业在整体规划时应该注重互联网思维的发挥，首先应该重视直播活动，专门划分团队研究和策划直播的各个环节，从前期提案到后期推广公关，都应该有专人负责。注重人才的培养，建立一支强势专业的直播运营团队，使工作有序开展。

在辅助利润源的拓展方面，需要出版单位主动出击，充分发挥出版社威信及精品内容的优势，提高品牌合作意识，认真分析第三方是否与自己产品的主题或企业固有文化形象相匹配。比如教育类产品就可以寻求与教育机构的合作，与他们可以同时建立买卖双方的关系，为直播平台丰富其内容外延。

与出版销售平台合作也是一种理想的做法，借力电商平台，适时发起营销活动，比如淘宝店铺周年庆典限时促销直播、京东图书促销节秒杀直播等。互联网营销的氛围和推广能为消费者购买产品起到促进作用。同时，与书籍类 App 合作也是一个不错的选择，比如拾柒 App，它是一款主打自制书籍的应用，可以将自己写的文章、心得定制为独一无二的书籍。出版社在与它合作的直播中可以考虑为幸运观众定制一份属于他

---

① 参见王婷《出版如何借直播利器变现内容》，《中国出版传媒商报》2016 年 10 月 11 日第 3 版。

自己的书籍，即专业出版社专门为其量身打造的书籍，内容就是这次直播的精彩瞬间合集，也是一份很有意义的礼物。

（三）弯道宣传，社交化传播，为挖掘潜在利润源加燃料

"出版＋直播"聚集了大量的用户注意力，促使用户和企业间形成一种闭环式的自由发展，实现了营销和公关形象之间的一站式平衡，能够重塑出版者在人们心中固有的刻板印象。

1. 走出舒适区，合理利用 KOL

反观直播活动的宣传工作，准确抓住受众的痛点，提升他们对直播的兴趣，才能吸引他们观看直播，最终产生购买行为。在酒香仍怕巷子深的时代，只有积极宣传，才能抢滩直播高地，出版业直播亦是如此。直播前，一旦有了明确的直播内容，就要加大前期的宣传力度，对网络上的潜在利润源进行全面提醒，还可以在合作平台上下功夫，如直播前倒计时、官方首页推荐、直播嘉宾推荐、奖品惊喜等，尽可能吸引更多人员观看直播，提高出版商品、出版社的受关注度，逐渐在市场上树立自己的品牌价值。

其中，宣传途径的社交化至关重要，针对微博、微信、抖音等平台来说，不同的传播特色，能够让宣传更加精准化。抖音较适合动态素材的投放，这种宣传素材需要有创新性的内容来支持；微博传播属于公共性较强的传播，传播面积大，而且能产生裂变式的传播效果，在短时间内很快聚合众多观众；而微信相对来说更具有私密性和针对性，目标用户明确，且传播有效性最强。山东科学技术出版社在新产品《奇思妙想之手工故事书》的直播活动开展前，大胆与果敢时代合作，成功电商大 V 店与出版社一起建立微信营销群，充分了解参与直播的用户状态，为直播充分造势。关键意见领袖（KOL）是指在某一领域具有话语权的一类群体，他们在宣传中起着不可比拟的作用，充分利用他们在圈层的影响力，其专业性和亲和性优势能够将传播效果放大。中信出版社在推出林志颖新书《我对时间有耐心》直播活动前期，发布会主持人陈鲁豫以及林志颖本人在微博上的前期宣传起到了很大的带动作用，他们作为公众人物，有一种天然的权威影响力，所以此次直播活动取得了不错的成绩。

不管采取何种方式来宣传，能够让潜在利润源转变其认知态度进而实施购买行为，才是最终的目的。

2. 独创新物料，做好数据分析

针对在宣传推广时单一的物料，出版社可以开拓更丰富多彩的形式，H5 页面、小程序游戏参与互动等，都是较为新颖的形式。直播后，将当天直播的花絮、亮点、文字稿等进行效果包装，其特点自然与前期宣传时有所区别，更加注重粉丝黏度的语言风格，更加突出活动效用性的内容梗概。在社交平台、合作媒体上进行二次宣传，能够充分挖掘潜在利润源群体，进行多次暗示也能促使其发生从关注到购买的转变。

互联网营销当中，每一个注意力资源都是宝贵的财富，直播活动并不是在关机刹那就结束了工作，核心大数据也将是众多出版社关心的部分。通过平台对直播实时观看人数、互动人数、最终购买总数等进行分析，深度剖析此次直播活动是否符合受众的喜好以及自己的优势劣势等。之后也可以通过简单的问卷调查或随机抽样、主播提问等形式了解观众是通过何种渠道观看、通过何种途径了解本次活动、本次活动最吸引受众的地方以及改进意见等。关注受众，优化自我，了解自己在哪一领域受受众欢迎，直播活动对哪些人真正有用，慢慢找到适合自己的直播内容及互动方式，有针对性地维护原有受众并扩大受众范围，才能真正做到受众的心中去。

迅猛发展的直播行业以其自身临场化全新体验的优势，作为一种新型的营销手段，使出版业新的盈利模式遭受了全新的挑战。出版单位在开展直播活动期间，要充分考虑用户的需求，寻找创新途径以挖掘更多潜在用户。所以，出版社要站在用户角度从体验、形式、技术应用、团队建设各方面调整自己规划的内容，细分利润源群体，发挥直播在产品与用户之间的沟通联系作用，打破传统突出重围，真正实现"出版 + 直播"的成功营销。

第四节　线上英语阅读产品利润源研究

在我国，英语渐渐从一门专业课程转向一种实用工具，英语能力也成为个人综合素质能力之一。英语阅读需求者的年龄层次分布广泛，线上英语阅读产品的市场空间广阔，市场潜力大，但目前此类阅读产品的市场影响力不足，用户的开发与维护有限，盈利模式存在问题。

一　线上英语阅读产品利润源概述

利润源是盈利模式的重要组成部分，是获取利润的源头，为盈利的实现提供不竭的动力与源泉。探究线上英语阅读产品利润源的目的是扩大收益，优化盈利模式，促进该产业的发展繁荣。

（一）线上英语阅读产品与利润源

线上英语阅读产品与线下英语阅读实体产品相对应，主要提供 App 或微信公众号两种阅读获取方式，较传统的线下方式而言，更容易满足读者方便、高效、个性化的阅读需求。目前，我国线上英语阅读产品从性质上可分为两种。第一种是在线教育类的英语阅读产品，这类产品的主要目的是辅助英语学习者提高英语阅读水平，进而提升英语综合能力，比如薄荷阅读、扇贝阅读、流利说等英语阅读产品。第二种是移动出版领域的英语阅读产品，它集合内容，但本身并不创造内容，如中国日报 App，本质上是新闻资讯的应用程序，只是采用了英语的呈现方式，且此类线上英语阅读产品并不依靠应用程序获取利润，设置应用程序是为了方便读者了解产品，盈利的主体是线下实体产品而非线上英语阅读产品，所以此类产品不属于本文的讨论范畴，本文重点探究在线教育类线上英语阅读产品的利润源问题。

盈利模式由利润源、利润点、利润杠杆、利润组织、利润屏障组成，其中利润源包括核心利润源、辅助利润源与潜在利润源。顾名思义，利润源即收入与利润的来源，实质上就是用户，是企业商品或服务的目标用户群体，也是市场细分的起点。因此在划分利润源时，核心利润源是产品或服务设计的出发点与落脚点，是最基础最重要的利润组成部分。辅助利润源是核心利润源的补充，是丰富利润源的重要组成部分，有利于利润源的拓展。潜在利润源包含所有可能成为利润源却尚未构成利润源的主体，潜在利润源在条件得到满足后可以转化为核心利润源，对于利润源的开发和扩大具有积极作用。

（二）线上英语阅读产品的利润源解析

通过利润源分解可知，线上英语阅读产品的核心利润源是正在英语学习过程中并且使用线上英语阅读产品的英语学习者，此部分是产品的直接用户，可以创造出占比最大的利润收益。辅助利润源是第三方投入商，如广告商等，在理想的情况下，在线英语阅读产品可以在植入合适的广告的情况下保持用户群体不断扩大，二者相辅相成，进入良性循环，使辅助利润源成为获利来源的关键部分。潜在利润源是有英语阅读需求却并未使用在线英语阅读产品的用户。比如更青睐线下英语阅读产品的用户或有使用在线英语阅读产品意向却尚未实践的用户，如果线上英语阅读产品成功吸引到线下用户与尚在考虑中的用户，使线下用户认识到线上阅读的优越性，使徘徊中的用户坚定坚持英语阅读的信心，将能够极大地丰富产品的用户群体，并且可以将此潜在利润源转化为核心利润源，不断增强潜在利润源的盈利能力，树立品牌形象，促进产品的长远发展。

二 线上英语阅读产品利润源发展困境

（一）服务模式尚未成熟，限制核心利润源开发

线上英语阅读产品的运营还处于市场的初级阶段，产品的开发并未成熟，服务模式也有待成熟。服务质量、渠道模式等直接关系到用户的体验感受，与核心利润源的开发息息相关。

使用目的特殊，阶段式用户黏度不牢固。例如轻课阅读、粉笔阅读、流利说、薄荷阅读等一批通过微信平台提供英语阅读服务的产品都大力推出阶段式阅读服务，通常周期为 80 天至 100 天不等，在一个阅读学习周期结束后，产品很难再继续留住用户。这一点也与用户学习英语的习惯有关，如果用户英语学习的目的性较强，比较注重回报收益，那么在复习备考的时候会倾向于使用线上英语阅读产品，通常在考试结束后缺乏坚持英语阅读的动力，所以难以继续使用这类产品。而将英语阅读培养成日常学习习惯、学习目的性较弱的用户少，所以产品的用户黏度不

牢，用户的使用习惯呈现为阶段式而非长期式。

服务质量存在瑕疵，依赖第三方平台提供商。大量英语阅读产品没有开发自身的应用程序，或是拥有应用程序但用户稀少，主要依靠微信公众号进行日常的产品运营与开发。所以用户没有正规的渠道联系售后客服，只能使用微信留言的方式与客服沟通，用户反映的问题难以及时得到解决。再者，微信平台并非专业的商业平台，客服难以提供优质的售后或疑问解答等服务。微信作为免费的第三方平台允许公众号提供产品或服务，假若日后微信平台对盈利的商业化公众号收取服务费，那么将直接影响来自核心利润源的收益。

（二）流量分散不够集中，阻碍辅助利润源扩展

流量是能否在当今竞争激烈的市场中获利的一个重要因素，同质化产品多、产品定位不清晰、缺乏品牌影响力等都将影响产品的流量聚集情况，同时不利于扩展对流量依赖程度较高的辅助利润源。

同质产品众多，独角兽产品缺失。在各大手机应用商店都可以查询到众多在线英语阅读产品的下载量，对比发现可知缺少下载量明显领先的英语阅读应用程序。例如，点击各大英语阅读产品的微信公众号，收到的内容基本都是为期几十天的阅读计划报名邀请留言，所以在内容和形式上的相似度较高，同质化产品众多，产品特点不鲜明，独角兽产品缺失，难以聚合流量和扩展辅助利润源。

产品定位不清晰，品牌影响力不足。在个性化产品大受欢迎的当今，部分英语阅读产品的产品定位不够清晰。比如流利说每天向所有用户推送的都是同一篇英文期刊中的文章，忽视了用户英语水平的差异。再例如奥德赛阅读，虽然为用户提供难度系数选择的服务，但是各个英语层级中的阅读资料都比较少，每一级都只有3—5本英文原著图书，难以为用户提供令其满意且合适的英语阅读内容。所以产品定位不清晰会影响个性化服务的订制与推送，使得品牌缺乏影响力，难以吸引辅助利润源。

（三）口碑效益较为欠缺，影响潜在利润源发掘

口碑营销对于吸引新用户具有重要作用，而良好的口碑建立在现有产品优质特点的基础之上。打卡模式的弊病、同类产品性价比相似等原

因都会影响口碑效益的形成，也不利于发掘潜在利润源。

服务特点不同，性价比值不一。总结常见的几款英语阅读产品的服务特点可知（如表 3 - 3 所示），每一款阅读产品的收费方式与提供的主要服务内容均不相同，性价比也各有不同，并没有一款产品在这些影响用户进行产品选择的关键因素方面明显胜出。

表 3 - 3　　　　　　　　　线上英语阅读产品分析对比

产品	价格/天数	阅读素材	课程内容	阅读模式	课程优惠
薄荷阅读	139 元/100 天	英文书（改编＋原版）	英文内容＋讲义＋练习＋社群	泛读	打卡 80 天送书
流利阅读	188 元/100 天	外刊		精读	打卡 80 天全额返学费
知米阅读	129 元/104 天	英文书（改编＋原版）		精读	打卡 80 天返 50 元
扇贝阅读	39 元/57 天	英文书（原版）		精读	打卡满 20 天送券
晨夕阅读	59 元/90 天	英文书（改编＋原版）		泛读	

打卡模式弊病，潜在用户分散。无论是应用程序端还是微信端的英语阅读产品都使用打卡模式进行营销开发，在朋友圈打卡既是一种激励监督更是一种吸引潜在用户的方式。虽然这种打卡式营销方式在产品吸引潜在用户的过程中发挥了一定的积极作用，但其弊端也是显而易见的——被强制在朋友圈打卡的不良感受会无形中转化为对产品的不佳印象，也可能存在潜在用户因为看到自己的朋友圈被打卡刷屏而彻底放弃尝试这种产品的风险。

三　线上英语阅读产品利润源发展策略

线上英语阅读产品的开发和运营还处于市场初期，正在不断地转型升级之中。如何抢占先机，把握市场机遇，成为领头羊企业？在这一系列的发展过程中拓展出宽广的利润源显得尤为重要。

（一）优化服务模式，稳定核心利润源

丰富产品内容，增强用户黏度。针对当下许多英语阅读产品存在阶段式用户、难以牢固锁定用户的问题，聚合了精选英文原版国际前沿资讯的个性化日报应用 Seed 就提供了良好的解决方法。Seed 的内容包括了科技、设计、艺术、时尚、美食、购物、互联网、音乐、体育等众多领域，登录产品界面之后，系统会建议用户选择自己的标签，从而使系统了解用户的爱好，进行定向英文文章的推送，原文均来自各领域全球最优秀的博客或网站。从筛选出来的高质量文章，可以看出 Seed 选材的用心及其鲜明的个性和态度。当用户被提供丰富的选择空间，并且能从产品的具体内容中感受到开发者的认真态度时，自然会体验到被尊重和重视的感觉，对产品的好感也会随之提高，产品的用户黏度也能够不断增强。

提升服务质量，创造自主平台。尽可能创造不依赖于第三方平台的独立平台，优化服务模式，为用户提供更优质的学习体验。比如 Seed 的在线辞典即点翻译技术，在保持联网的状态下，提供使用实时点击单词即可查询翻译，即使在阅读源网页也同样适用。这个设计让用户几乎可以无障碍地阅读文章，也不用因为查单词而打断阅读体验。阅读与翻译同步，免去了需要同时打开多个界面查询的困扰，并且可以逐句翻译，对于想要提高英语阅读能力的人来说，确实是一个非常实用的功能设计。实现服务模式的优化升级，核心利润源也将更加稳固。

（二）整合品牌产品，扩展辅助利润源

厘清市场定位，扩大品牌影响力。扇贝阅读具有明显清晰的用户分层设计，用户不仅可以选择从小学、初中到考研、出国留学等不同难度系数的英语阅读，还可以选择每日一句、短文或读书等不同形式的阅读内容，也可以选择文学、哲学、奇幻等不同类别的读物进行阅读。扇贝阅读是隶属于扇贝网旗下的子产品，而扇贝网的市场定位是全面、有效提升英语能力的移动互联网学习平台，为用户提供词汇、听、说、读、写全方位的英语学习方案，所以旗下子产品包括扇贝阅读、扇贝单词、扇贝听力、扇贝口语、扇贝新闻、扇贝读书、扇贝炼句七大应用。扇贝网还曾获得新华网"中国教育行业影响力 App"、新浪教育颁发的"中国教育创新 App 产品"等多项殊荣。扇贝网在明确市场定位之后整合开发了一系列应用程序，联合在一起形成了品牌效应，不仅扩展了辅助利润源，更将自己的产品打造成品牌，打造了扇贝商城，实现了整体价值的最大化。这种明确市场定位、整合品牌产品的成功实践经验对于其他在线英语阅读产品增加用户流量、扩展辅助利润源具有一定的借鉴意义。

（三）打造优质口碑，发掘潜在利润源

设计产品卖点，提高性价比值。从外观入手，打造别致美观的产品，也是一种增加产品卖点的方法。比如 Seed 的用户界面设计呈现简洁风，视感冲击力量和舒适度都恰到好处，应用程序整体的交互性良好，还有比较别致和新颖的特殊功能设计。这些虽然是产品设计上的细微之处，却也能让用户感受到产品设计的用心，用户对产品好感度的形成往往就在点滴之中。如果产品内容的文字差错率偏高或者图文格式编排不当，也会对阅读体验造成不好的影响。这些细节看似与阅读行为本身无关，却会影响用户的阅读体验，阅读体验则直接影响着用户对产品的评价与认可度。

创新营销机制，聚合潜在用户。打卡模式营销的利弊已经十分明显，营销方法还有待创新，可以通过当下的流行热点进行产品营销，比如短视频营销、微博自媒体营销。CNNIC《第 45 次中国互联网络发展状况统计报告》显示，截至 2020 年 3 月，我国有 85.6% 的网民使用短视频满足碎片化的娱乐需求。短视频可视化营销容易拉近与用户的距离，视频相较于朋友圈的打卡图文也能够更生动地推介产品的优点，而良好的微博话题容易引发共鸣、提升热度，通过网络评价也可以打造出口口相传的优质口碑。

第五节　数字音乐利润源研究

数字音乐是指音乐作品通过互联网、移动通信网等各种渠道传播，电信互联网提供在电脑终端下载或者播放的互联网在线音乐，无线网络运营商通过无线增值服务提供在手机终端播放的无线音乐。数字音乐是数字出版产业中不断兴起和完善的一个组成部分，随着新媒体的发展，数字音乐也在逐渐成熟。在《2018—2019 中国数字出版产业年度报告》中有数据指出，2018 年国内数字出版产业整体收入规模为 8330.78 亿元，其中，数字音乐的收入达到 103.5 亿元，超过互联网期刊、电子书（含网络原创出版物）、博客、网络动漫等热门数字出版产品的营收额，仅次于移动出版（2007.4亿元）、在线教育（1330亿元）、网络游戏（791.1亿元）和互联网广告（3717亿元）等。

根据上述数据可知，数字音乐用户数量的大量增加，直接带来了数字音乐的营收增长。因此，数字音乐用户作为数字音乐的利润来源，在数字音乐的盈利模式里占据着很大的比重。由此可知，数字音乐要持续获得盈利，首先要了解自己的产品"卖给谁"，而盈利模式五要素中的利润源理论为这个问题提供了解决思路。

一　数字音乐利润源发展现状

企业要发展良好的利润源，首先要依据科学的利润源理论对其现状进行分析，所谓企业的利润源就是购买和使用产品的用户。对利润源的有效分析必须把握三个层次的内容，即用户信息、用户需求和用户关系。

用户信息是企业决策的基础，包括用户基本信息、用户消费情况、用户事业情况、用户生活情况、个性情况、教育情况等。用户需求具有多方面、不确定等特点，而《2020年在线音频行业市场调研及前景预测分析》中的调查数据显示，数字音乐用户在使用的终端、收听时长以及歌曲类型上都有不同的需求。随着国内音乐版权市场的不断规范，用户对海外音乐的需求也在不断提高。数字音乐用户在使用音乐网站时最大的需求，还是收听、搜索、下载等围绕音乐内容的需求。而用户关系是用户与音乐网站之间长期的沟通，数字音乐用户与音乐网站的交互具有多种形式，如分享与转发、撰写评论等。

二　数字音乐利润源发展瓶颈

在数字音乐不断发展和完善的同时，总是不可避免地出现数字音乐用户的转移和消失。而用户的流失，使企业失去了利润的源头，会直接导致企业营收的下降。对此，只有找出利润源流失的问题所在，才能根据具体的问题进行具体的分析。

（一）用户信息掌握不全，致使决策偏差

用户信息调查不全面。数字音乐的用户既有个人用户，也有群体用户，譬如企业用户。从《2018 年我国在线音乐行业研究报告》中的数据就可以看出，在对数字音乐用户进行调查时，仅仅只是对个人用户进行了调查，而没有系统地针对企业用户或者其他的群体用户进行调查。这导致企业在决策时忽视了这一层面的用户需求，造成了用户的流失。另一方面就是对数字音乐用户信息调查得不具体，使企业在决策、用户沟通以及用户满意度上都具有局限性。

用户信息收集渠道不完整。企业收集数字音乐用户信息的渠道并不完整，主要包括通过市场调查获取用户信息、在营销活动中获取用户信息、在服务过程中获取用户信息以及在用户投诉中获取用户信息等。而其他市场的企业还会在销售终端、博览会、展销会、洽谈会等渠道获取和收集用户信息。

用户信息管理不到位。很多企业在用户信息管理中，出现用户信息错误、用户信息缺失、用户信息泄露等诸多管理漏洞。这些漏洞的造成有着诸多原因。其一是管理人员水平低下，在对用户信息进行登记上传等管理过程中出现差错，如输入错误以及遗漏信息等。其二是管理人员品行不端，为获取钱财而做出买卖用户信息等行为。其三是管理系统不规范、安全性不高，容易被其他目的不明的个体侵入，并盗取信息。这些因素都将影响数字音乐用户信息的安全管理。

（二）用户个性化，导致需求转移

用户服务模式无差别。数字音乐在相关音乐网站中的服务模式对所有用户都保持一致，几乎所有网站都是以推荐为主页，推荐新碟上架以及音乐周边等，其次是电台、MV、歌手、排行、直播等其他栏目。每一个数字音乐用户都有自己特定的需求，除了对新歌有兴趣的用户，还有偏爱收听电台或者观看 MV 的用户。而网站并没有为此做出个性化处理，固定的栏目排行设定，使很多用户在登入界面时无法找到自己感兴趣的产品，需求也没有得到满足。

数字音乐收费不规范。根据国家版权局下发的《关于责令数字音乐服务商停止未经授权传播音乐作品的通知》，各音乐网站不得传播没有版权的音乐作品。版权时代的到来，提高了数字音乐的运营成本，为保障数字音乐的盈利，各音乐网站开启了收费模式。而数字音乐的收费并没有统一的标准，不同的网站收费标准不同。用户对数字音乐收费也没有普遍统一的态度。不支持数字音乐收费的用户占半数以上，而支持的用户则会根据收费价格不同，更偏向于去收费较低的网站，直接导致数字音乐用户的转移。

网站界面没有吸引力。随着精神文化需求被不断满足，网民的鉴赏和审美水平也在逐渐地提高。数字音乐用户的视觉审美要求也很高，而许多网站并没有作出优化。酷狗音乐网站曾因为拥有优质的数字音乐资源，吸引了大量数字音乐用户，但其网站界面一直保持着单一的风格，如今已逐渐被数字音乐用户所摒弃。

（三）关系处理不恰当，造成用户流失

忽略流失的老用户。根据数据显示，有将近八成的数字音乐用户都使用过两个以上的数字音乐 App。这些用户在使用过不同音乐网站后会做出最优的选择，只专注于一个音乐网站。在这期间，被用户淘汰的音乐网站就遗失了自己的老用户。现在的数字音乐网站，很多都是一味迎合现有用户，注重当前用户对音乐网站、数字音乐的消费需求，忽视了流失的老用户。

客服的服务态度差。数字音乐网站的客服模块，是音乐网站和用户沟通的重要途径，一个好的客服，可以使用户在使用音乐网站时有亲切感和满足感。而偏偏有许多音乐网站的客服在与用户交流时怀有敌对态度，不仅影响了音乐网站对用户意见的收集，还摧毁了用户对音乐网站的良好印象。

缺乏与用户的互动交流。数字音乐用户的互动行为比较单调，以下载、分享以及评论为主要互动形式。而用户与数字音乐网站的互动交流更加贫乏，仅有评论音乐以及与客服交流等形式。这样单调的互动交流完全无法使两者进行深度的沟通。

三　数字音乐利润源发展策略

（一）充分利用用户信息，成熟决策

全面开展用户市场调查。企业要获取用户的信息，最直接的措施就是市场调查。首先，将数字音乐用户分为个人用户和企业用户。要全面地了解个人用户信息，就要从用户的基本信息、教育情况、事业情况、家庭情况、生活情况、个性情况以及人际情况入手。而企业用户，需要了解企业的基本情况、业务状况、交易状况、负责人信息等。全面地掌握数字音乐用户的信息，方便在用户信息管理中对用户信息进行精确的分析。

完善用户信息渠道。企业要开拓自己的用户信息收集渠道，包括直接渠道和间接渠道。用户信息收集的直接渠道指企业在日常工作中直接接触用户信息的渠道，如市场调查、用户反馈、营销活动、服务过程等普遍使用的渠道。而间接渠道指企业通过其他公开的信息或购买来获取用户信息的渠道，如微博、微信等高热度的移动信息平台，还可以借助市场研究公司的力量以及购买或租用其他已建立了数字音乐数据库的公司的资源，获取数字音乐用户的相关信息。

数据库管理用户信息。在掌握了大量的用户信息以后，企业对用户信息的随意搁置会浪费用户信息分析的前期工作。要做好对数字音乐用户信息的管理，就应该顺应时代的发展，启用用户数据库，全方位管理用户信息。首先，需要有相关的高新技术人员，对数据库进行建立和维护。其次，需要有专业、高素质的数据库管理操作人员对用户信息进行严格管理，避免出现信息错误和信息泄露等影响企业决策和形象的问题。一个好的用户数据库，可以方便企业对用户进行分析，如根据数据库中用户的最近一次消费情况、消费频率、消费金额等信息可以识别出最有价值的用户、忠诚用户和即将流失的用户，从而有针对性地把握住数字音乐企业盈利的利润源。

（二）满足用户需求偏好，完善产品和服务

细分用户，提供针对性产品。用户细分指的是企业根据用户的属性、行为、特征来对其进行分类，并对不同类型的用户提供有针对性的产品或服务。对数字音乐用户进行细分，可以对不同需求的用户提供不同的产品，从而满足每一位用户的个性化需求。根据用户的组织分为个人用户和企业用户；依照数字音乐用户的消费行为分成忠诚用户、最有价值的用户和即将流失的用户；还可以根据用户的内在因素如性别、年龄、爱好、收入、信用度等对数字音乐用户进行细分。企业再根据不同属性的用户提供不同的数字音乐产品。

规范收费，稳定消费者情绪。不规范的数字音乐付费模式最容易导致用户转移，并且造成用户的逆反情绪。付费本身涉及用户的利益，当免费产品上市时，用户会抱着尝试一下的心态体验产品；而当数字音乐实施付费机制时，用户则会权衡产品是否值得消费。在考虑与纠结时，若出现另一个音乐网站的同类免费产品或低价产品，用户就会不约而同地转移到另一个付费模式更符合自己定位的同类音乐网站，此时，数字音乐用户发生了转移或流失。因此，企业要规范自身收费标准，保持同类产品的统一价格，避免收费混乱。也不能为了获取更多的用户而将产品收费一降再降，要遵循市场规则，保证公平竞争。

美化界面，满足用户期望。随着数字音乐的快速和规模化发展，用户对数字音乐有了更多的期望，希望能通过音乐的享受提高自身的鉴赏水平或审美能力，这要求网站在建设中要不断提高界面的美化程度，对不同音乐模式的排布要有更高的要求。如酷我音乐在进入网站页面之前就会有一个动态、美观的音乐推荐页，用歌手的声音说出"听音乐，用酷我"来欢迎用户的收听，再伴随着清新的图片和一两句暖心的歌词，让用户在进入网站页面之前就有很好的审美享受，极大地满足了用户的审美期待。

（三）正确处理用户关系，提高用户留存率

分享与转载是数字音乐用户使用最多的互动交流形式，这说明用户不只是使用者，也是音乐网站的推荐者。企业对用户关系进行正确的处理，得到的不仅是忠实的用户群，更是一大批引导者，引导非数字音乐用户或其他音乐网站用户转移过来。

设定老用户回归奖励，召回老用户。用户转移对企业来说十分常见，对于这些已经转移的老用户，大多数企业并没有采取对应的措施进行召回，而是放任其自主选择。其实，数字音乐可以参考腾讯游戏的老用户召回措施。使用过腾讯游戏的用户经常会在自己的腾讯账号上收到很多好友邀请回归游戏的消息通知，或者是腾讯的回归奖励通知，对老用户的回归进行一系列的游戏奖励。这些奖励对于企业来说仅仅只是一串代码，并没有多大的成本，但却可以有效地召回已流失的老用户，对于企业来说，具有重要的参考意义。数字音乐企业可以通过用户的账号绑定给数字音乐用户发送回归奖励通知，对回归的老用户赠送一两个月的短期会员，用产品吸引老用户回归。

提高客服服务要求，端正客服态度。客服差评对企业的形象和声誉会造成极大的不良影响。因此，企业要在客服的筛选上严格把关，对客服进行全面的专业化培训，对其与用户的交流沟通技巧做出专业的指导，培训合格才能上岗。

综合利用其他媒体平台，加强用户交流。与用户交流贫乏是数字音乐企业的通病。如何主动出击，培养企业的忠实用户？可以通过线上和线下两个途径加强与用户的交流。线上可以借助微博、微信等移动信息平台推送主题帖和企业的线下活动，吸引广大网络用户积极参与。线下可以举行新歌推介会或者举办全民音乐节、全民 K 歌等互动形式的活动来与用户进行面对面的交流沟通。

第六节　在线教育综合平台利润源研究

2014 年被广泛定义为在线教育的元年，从 2014 年至今国内在线教育经历了从启蒙到元年再到爆发式增长的时代。尤其近两年，在线教育市场发展迅速。然而在国家政策放出众多利好信号的浪潮下，在线教育风口打开的机遇将无处不在，除了互联网巨头 BAT 加大资本布局市场，传统教育机构也是紧随其后快速入局，互联网教育企业之间竞争的激烈程度不言而喻。在线教育综合平台虽然目前在用户流量上居一定优势，但其发展过程中暴露的互动体验性差、持续使用黏性弱、付费少等问题，仍亟待解决，如何加强与用户的紧密联系更是实现其可持续发展的关键。

一　在线教育综合平台利润源发展现状

在线教育综合平台依靠流量优势占据在线教育市场的一片江山，互联网 BAT 的强力加盟使得在线教育综合平台争先恐后分流用户。而教育平台型产品的盈利需要大规模的用户群，需要平台打造品牌，扩大影响力。

当前，在线教育行业群雄逐鹿，从业务模式上划分为：传统教育机构转型、纯在线教育服务、学习工具社区和综合平台（如图 3 - 5 所示）。在线教育综合平台不负责生产内容，只为授课者与学习者提供教学以及学习的平台。在线教育综合平台的关键资源在于用户流量，需要大量用户的支持，所以门槛较高，互联网巨头加盟的在线教育平台拥有显著优势，但其课程内容难以控制。

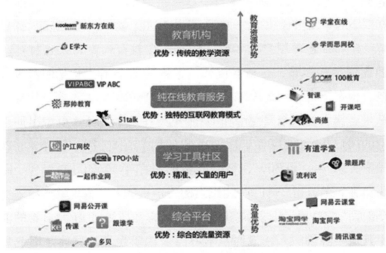

图 3 - 5　国内在线教育模式分类①

当在线教育处于风口之际，互联网巨头 BAT 也强力布局互联网教育加入竞争。在线教育综合平台的典型代表有网易云课堂、百度传课、腾讯课堂和淘宝教育。百度传课向综合型大平台发展，腾讯课堂聚焦于校园，阿里巴巴则依托淘宝平台，淘宝教育延续了电商的基因。甚至于最早布局在线教育的网易，也从纯提供平台的轻模式（网易公开课），向更

---

① 《一张图看懂国内在线教育竞争格局》，科学中国网，http://science.china.com.cn/，2015 年 4 月 29 日。

重的模式转变，通过签约优秀教师、自研课程体系、自建精品课程的自营模式（网易云课堂）展开在线教育布局。网易云课堂也凭借网易公开课积累的资源和流量优势，形成强大的竞争壁垒。

随着在线教育市场的纵深化发展，在线教育形式多样，在线教育市场的竞争程度愈加激烈。而在政策关注、技术突破、巨头培育布局的大背景下，在线教育综合平台能否释放更大的能量和潜力与用户密不可分。对在线教育综合平台而言，用户统计学特征、用户使用情况以及用户心理需求这三个维度的用户反馈是对平台进行完善、定位用户、提高用户参与度的重要依据。

（一）用户统计学特征分析

在线教育综合平台的发展离不开用户群，因此必须精准定位用户。用户统计学特征包含用户的年龄、性别、受教育程度、收入特征，反馈在线教育综合平台用户的基本特征。年龄特征——以中青年人为主的用户群体。根据 2019 年 10 月针对某在线教育平台的 225 名用户所作的问卷调查结果，使用在线教育综合平台的用户的年龄区间分布情况如下：18岁以下的用户 0 名，占 0%；18—25 岁的用户有 80 名，占 36%；26—30岁的用户有 82 名，占 36%；31—40 岁的用户有 56 名，占 25%；41—50岁的用户有 5 名，占 2%；51 岁以上的用户有 2 名，占 1%。

"90 后""00 后"是新鲜事物的追随者，他们接受新鲜事物的能力远远高于其他年龄段的人，他们是学习需求欲望强烈的群体。因此，在线教育综合平台今后的发展，无论是从服务用户的角度还是从用户流量以及平台建设而言，将目标用户定位于中青年群体是明智的、必要的。

性别特征——男性用户的学习需求欲较强。根据本次调查收回的有效问卷，可以得出有关信息。其中，119 位男性用户中的活跃用户为 98位，占样本用户总数的 43.56%，而在 106 位女性用户中活跃用户为 73位，占样本用户总数的 32.44%。从技能需求层面而言，男性对技能的需求欲望比女性更强烈。

收入特征——在线教育综合平台用户中的白领群体，因对工资以及工作环境的不满足而萌发了提升个人能力的需求，但是他们又不能像学生一样坐在传统课堂上。因此，他们通常选择有品牌、有影响力、高质量的在线教育综合平台来满足个人能力提升的需求。在所有的在线教育综合平台用户中，还有一个群体，他们尚未毕业，或者刚毕业迈向社会。虽然目前看来他们的经济尚未独立，基本是零收入，但是，在线教育综合平台应充分考虑这一部分用户的诉求，培养平台的忠诚用户。

（二）用户的使用情况分析

用户参与度是一个好的产品不可或缺的评价标准。用户使用情况是在线教育综合平台用户使用程度的反馈，包含用户学习内容情况、用户互动交流情况、用户学习频率情况、用户持续使用情况以及用户付费使用情况。

用户学习内容情况。通过对用户的调查，发现用户的学习课程内容集中于兴趣爱好、计算机开发和职场技能上，说明用户对学习课程的内容具有偏好性、选择性和功利性。由此可见，使用在线教育综合平台学习的用户所关注、选择、学习的课程内容并不一致，而通过对用户关注度的分析，制定对口的优质课程，不无裨益。

用户学习频率情况。不同用户的学习频率情况不一，参与度也不同。在线教育综合平台用户的学习频率集中于一周2— 4次及以上，用户学习的积极性和主动性较强。通过调查，可以帮助在线教育综合平台了解用户学习频率，并在此基础上定制用户的提醒学习次数及时间，既不打扰用户，又达到了督促学习的效果。

用户持续使用情况。问卷调查结果显示，25.71%的用户表示不知道自己是否会持续使用在线教育综合平台，表明用户对于在线教育综合平台持观望的态度，这一部分用户很可能因为更好平台的出现而放弃使用；70.48%的用户对于在线教育综合平台的学习体验和服务还比较满意，但还有3.81%的用户明确表示不会继续使用在线教育综合平台。由此发现在线教育综合平台的用户忠诚度处于较高水平，但也不可避免新用户和忠诚度不高的用户的流失。

用户付费使用情况。基于用户持续使用的基础，发现用户付费意愿及情况仍具有可挖掘性。而根据调查数据的进一步统计，愿意付费的用户中，为价格、内容以及个性化服务付费的用户占比达77%。他们的付费意愿显而易见，表明绝大多数用户对在线教育综合平台付费价格、付费内容以及付费模式的期待。因此，在线教育综合平台要想实现社会价值与商业价值的共赢，必须完善合理付费模式，提高用户的知识付费意愿。

（三）用户的心理需求分析

用户心理需求支配用户行为，延续用户的持续使用行为，必须满足用户的心理需求。在线教育综合平台必须以用户为中心，了解并分析其接受、使用在线教育综合平台的原因和目的。

追求实用性，满足个人能力提升的需求。根据调查结果和在线教育综合平台的发展态势来看，在线教育综合平台的确引起了用户的极大关注，有51.9%的用户表示在线教育综合平台提供的实际感受与预期相比持平，甚至优于预期，并希望在线教育综合平台能够为用户提供更丰富和更实用的课程内容，满足用户个人能力提升的需求。

寻求互动性，享受良好的互动教学氛围。在线教育综合平台的出现打破了传统课堂的时间、空间界限，但不可避免地在教学互动方面存在局限性。在线教育综合平台的推广，一方面得益于用户的使用，另一方面更需要用户的支持。而问卷的调查结果显示，59.7%的用户表示希望能够从电子课堂中享受良好的互动教学氛围。绝大多数用户当然期待将传统课堂的互动性转移到在线课堂，满足他们的社交诉求。

谋求个性化，体验定制化个性学习服务。在接受调查的用户中，有52%的用户认为在线教育综合平台能够通过分析为用户制定个性化学习计划；36%的用户则认为比起其他方式的个性化服务，希望在线教育综合平台能够提供用户自己定制的服务。而在线教育综合平台最大的优势在于其能够满足用户在传统课堂无法得到的个性化需求。用户可以根据自己的时间、空间自由安排自己学习的进度和学习的内容，甚至学习方式。

二　在线教育综合平台利润源发展瓶颈

当前以内容生产为主的 B2B2C 在线教育综合平台的市场竞争愈加激

烈。在线教育的模式越来越多样，竞争格局垂直化趋势加剧。目前，在线教育平台的竞争关键在于用户流量，国内的各大在线教育平台无不争着分流用户。在线教育综合平台留住用户是其可持续发展的关键。

（一）用户互动体验性差

"互联网＋教育"给在线教育综合平台带来了耀眼的光环，在线教育综合平台也因此受到了用户的青睐，人们期待在单位时间内得到有效的知识授量，陶醉在在线教学课堂集图片、视频、音频、互动为一体的生动教学中乐此不疲。①

对广大用户而言，今天的在线教育综合平台似乎只是单纯利用互联网思维把很多面对面、口口相传的固定下来的课程放到互联网上供用户学习选择。这种将线下内容以文字、图像、视频等形式转移到线上的简单、粗糙的"照搬式课堂"，提供给用户的体验显得没有温度、没有互动。

"增强互动体验性"的确是在线教育综合平台乃至在线教育市场目前亟待解决的问题。在问卷调查中，58.22%的用户表示"无法和老师实现有效的互动交流"，认为"在线课堂没有课堂氛围"的用户也高达48.44%。因此，虽然在线教育综合平台因为互联网巨头的加盟而拥有大量用户，但是并不能长期以不足的互动体验消费用户的忠诚度，导致其优势无法发挥，而无法以"互联网＋教育"的优势实现其社会价值与商业价值的共赢。

（二）用户持续使用黏度弱

对于一些用户来说，在线教育综合平台尚且算得上值得体验的新鲜事物，但对于资深用户而言，在线教育综合平台已经不再新鲜。不管是老用户还是新用户，对于一项产品都有一定的喜爱周期和体验周期，这无可厚非。而调查结果显示，25.71%的用户表示不知道自己是否会持续使用在线教育综合平台，表明用户对于在线教育综合平台持观望的态度，这一部分用户很可能因为更好平台的出现而放弃使用。当然，这些用户中可能存在一部分"沉睡用户"，他们注册了账号，却很少进行学习，从

---

① 参见张岩《"互联网＋教育"理念及模式探析》，《中国高教研究》2016年第2期。

注册之后几乎没有或是很少登陆平台进行学习，账号基本处于废弃状态。也有的用户开始还兴致盎然，时间一长或者使用体验不佳就失去了兴致。当然，还有一部分用户在在线教育综合平台处于活跃状态，持续使用意愿高。但是，从另一方面来看，这25.71%的用户也直接反映了在线教育综合平台的用户持续使用黏度弱，活跃用户转化为沉睡用户也不是没有可能的。

（三）用户学习欲强而付费少

当为知识付费时，用户不仅对于内容有着高质量标准，对于个性化服务也更加重视。然而，目前在线教育综合平台的现状却是内容同质化严重，个性化服务欠缺。论内容，在线教育综合平台比不过以自主制造高质量内容和服务为目的的 B2C 服务型平台，如"酷学网"（其亮点是打造微视频，将学习内容打散切割，有助于用户利用零碎时间进行趣味化学习）；论个性化服务，在线教育综合平台似乎只停留于解决用户表层需求，平台的免费用户向付费增值服务的转化率偏低，用户付费少。

三　在线教育综合平台利润源发展策略

基于互联网发展阶段积累的用户规模，在线教育综合平台拥有大量的用户流量，这是优势也是讯号，在线教育综合平台不能再依靠消费庞大的用户规模而发展。因此，只有解决基于用户视角的在线教育综合平台存在的问题，才能维持用户的留存率，真正留住忠诚于平台的潜在消费群体。

（一）加强用户的学习互动，增强用户的学习趣味性

互动性不足是在线教育与传统线下教育相比，存在的致命缺点。[1] 在线教育综合平台应致力于实现师生、学生之间的双向交流，并增加用户听课的形式，加强学习互动，增强用户的学习趣味性。

弹幕＋提问，实现课堂互动化。在线教育综合平台单纯依靠演讲视频或者课件录屏的单一化学习方式虽然可以学到知识、经验，但是这样

---

[1]　参见吴政《"互联网＋教育"课程学习平台评价分析及发展策略研究》，硕士学位论文，华中师范大学，2016 年，第 134 页。

的视频难以牢牢抓住观众的眼球以及注意力。而弹幕可以很好捕捉观众分散出去的注意力。在线教育综合平台可以基于弹幕特性在用户在线学习过程中添加上提问环节。弹幕与提问的更好结合能够促进知识的有效呈现。在线学习的用户，必须正确回答出屏幕弹出的问题（由老师自由定义，一个或者几个），才能继续进行下一步的学习，如果回答错误，视频将跳回某个时间点（由老师自定义），重新观看，实现课堂互动的效果，同时保证学生认真地在线学习。

直播＋教育，提升实时互动性。基于录播视频的在线学习无法满足用户的社交化学习需求，直播技术的发展也掀起了"直播＋教育"的浪潮。[①] 在线教育综合平台的听课形式较为单一，必须增加课程表现形式。在线教育综合平台可以利用直播互动课程最大限度地还原线下课程，结合 VR＋AR 技术的发展与成熟，为用户提供新的场景化学习，提升了线上教学的实时互动性。但是必须将教育直播区别于一般的网红直播，吸取 YY 课堂上给老师献花的经验教训，避免让老师感觉直播课上的献花服务是对其教学的骚扰等情况。"直播＋教育"在满足社交、互动的同时，更需要体现严谨、尊重，防止恶意刷屏现象。

（二）提升用户资源性体验，增强用户持续使用黏度

与线下教育相比，在线教育需要把更多的精力花在用户黏度上。在线教育综合平台必须以用户为中心，提供给用户优质内容、有效内容，提升用户资源性体验，增强用户持续使用黏度。

拓展多元的内容，提供给用户丰富的课程。内容资源是否丰富、学习效果能否达成是影响用户对在线教育产品好坏评价的最主要因素。而资源性体验是以文本学习资料充足、视频学习资料充足、补充学习材料充足、易找到感兴趣的课程为评价标准的用户体验。[②] 因此，在线教育综合平台必须拓展多元内容，为用户提供丰富的课程资源，提供集文本、

---

① 参见刘佳《"直播＋教育"："互联网＋"学习的新形式与价值探究》，《远程教育杂志》2017 年第 1 期。

② 参见张敏、尹帅君、聂瑞、唐存周《基于体验感知的中外慕课学习平台持续使用态度对比分析——以 Coursera 和中国大学 MOOC 为例》，《电化教育研究》2016 年第 5 期。

图表、视频为一体的综合化课程。一方面，在线教育综合平台要集中开设针对忠诚用户的刚需课程，如语言学习、职业教育以及 K12 教育等方面的课程，丰富课程门类，增加开设的课程数量。另一方面，要充分满足用户的弹性需求，增设用户的兴趣爱好课程，实现兴趣教育对用户的更强驱动力。

（三）提高内容有效性，增强用户付费意愿

信息爆炸时代，信息泛滥导致有价值的知识被大量无用的信息覆盖。在线教育综合平台的内容运营不仅要提供丰富内容，更需要提供优质内容。要优化内容分类，提高内容有效性，取其精华，去其糟粕，过滤掉无用的信息，让用户在单位时间内获得有效、有价值的知识与信息。对刚需课程的设置必须"多而专"，课程数量与质量必须双管齐下。同时，对用户兴趣爱好课程的设置必须"少而精"，精准定位用户偏好，吸引用户的关注，并充分考虑其碎片化、分散化特点，结合用户偏好，对兴趣类课程进行定期更新，防止偏好兴趣类课程的用户的流失。

优化用户定制化服务，提高用户知识付费意愿。在线教育属于内容型驱动服务，因此价格、资源以及个性化服务备受用户关注。优化用户定制化服务是提高用户知识付费意愿的关键，必须采取课程试听模式，允许用户免费获取部分课程。其次，制定合理付费价格，提高用户付费意愿。

课程试听，允许用户获取部分课程。一门课程在刚推出之际便向用户收费，难免招致用户的不满和抵制。在线教育综合平台必须给用户尝试的机会，可以参考网易云课堂的模式，对用户实行个性化的推送，选择用户私人制定或平台分析用户，定制学习计划和内容。在平台上许多入门级的课程可以进行免费学习，但要想获得更深入的专业学习，就需要交付一定的学费，当然远低于线下教学。同时，对于需要付费的课程采取提供试听的模式，允许用户免费获取部分课程，从而选择是否要为之付费。用户可根据自身需求来选择学习的代价。在线教育综合平台必须积极探索契合生态的免费＋付费模式，充分考虑用户需求，在免费和收费之间找到恰当的平衡点，以最好的方式满足用户的个性化定制与服务需求。

收费合理，提高用户知识付费意愿。用户在支付时显得极为谨慎，这是常态，因而在线教育综合平台必须遵循统一合理的收费标准。根据调查结果显示，用户认为合理的付费价格在 50 元至 350 元之间，因此根据课程的内容、质量，制定相对合理的价格、尽量符合用户的心理价位尤为重要。同时，对于普通用户，可以在按章节支付的基础上提供优惠，并定期派发优惠券；而对于忠诚用户，可以在普通用户优惠的基础上再进行一定优惠，并享有相应特权，但是必须注意会员与普通用户间的利益平衡。并且，对即将上架的优质课程资源提前向用户推送，用户可根据自身需求选择是否提前预定课程，提前预定的会员可得到一定优惠。知识的价值不能被忽视，必须有人向知识的生产者和传播者支付费用，在保证优质课程的同时为平台吸引更多的授课教师团队。

利用标签化形式对用户进行群分，聚拢潜在用户资源，"先用户，后盈利"，致力于满足用户需求，提高在线教育综合平台的用户留存率。通过加强用户的学习互动，增强用户的学习趣味性，提升用户的资源性体验，增强用户持续使用黏度，优化用户定制化服务，提高用户的知识付费意愿，实现在线教育综合平台的社会价值与商业价值。

第七节　Kindle 阅读器利润源研究

2013 年 6 月，Kindle Paperwhite 与 Kindle Fire HD 在亚马逊中国商店与苏宁电器上市，亚马逊 Kindle 正式进入中国。Kindle 进入中国市场后，采取了一系列措施来适应中国市场和中国用户，虽然在前期的市场竞争中取得了不少成绩，但随着我国数字出版产业的深入发展，电子阅读器市场面临较大的不确定性，其功能拓展和市场开发等受到平板电脑、智能手机等其他多功能阅读终端的挑战，特别是当下我国用户的阅读方式发生了巨大的改变，Kindle 越发难以契合用户的需求，使得其近年来的市场开拓面临严峻挑战。因此，聚焦我国用户的阅读行为与阅读需求，对于 Kindle 的发展非常重要。

电子阅读器是挑战传统阅读体验的新型阅读媒介，新媒介本身特性、内容提供质量、传统阅读习惯、媒介接触习惯、阅读行为等多种因素都影响着用户的接受与使用。具体哪些因素影响着用户对 Kindle 的接受与使用？用户在使用 Kindle 时受到了哪些因素的制约？在国家大力倡导全民阅读的契机下 Kindle 如何借力发展？笔者通过问卷调查的方式，对我国用户的 Kindle 使用情况进行了调查，然后分析并解读影响用户使用电子阅读器的因素，提出与之相应的对策与建议，从而为 Kindle 阅读器在我国的市场开拓和发展提供建设性意见。

一　Kindle 阅读器利润源发展现状

近几年，Kindle 在我国的发展已逐渐放缓，遭遇瓶颈，但现阶段是其拓展市场的良好时机。首先，国家大力倡导全民阅读，用户的阅读热情和良好的阅读习惯得以不断培养，阅读内容及形式也越来越多样。其次，受电视剧《人民的名义》热播的影响，亚马逊图书畅销榜上其同名原著与其上映前一周相比，纸质图书销量增长了 21 倍，而电子书的增速更为显著，销量同比增长了 191 倍。全民阅读的背景和 IP 引发的数字阅读热潮等现象，无疑为 Kindle 电子书带来了新的发展契机。

而用户的使用行为、忠诚度直接影响 Kindle 的市场开拓和盈利发展。因此 Kindle 要想真正借此契机发展，关键在于提供能够赢得用户、站稳市场的产品和服务。为准确分析 Kindle 在我国所面临的困境，并提出切实可行的发展建议，笔者设计了一份问卷（"我国 Kindle 电子书阅读器用户使用情况调查问卷"），希望通过对问卷的分析整理，对中国用户的 Kindle 使用情况进行分析。

（一）调查概况

本次问卷调查计划采样 500 份，调查时间为 2020 年 1 月 25 日—2020 年 2 月 25 日，本次问卷采用随机抽样的调查方法，将问卷通过网络向非特定的网民进行随机发放，并辅以线下纸质问卷的发放及数据统计。历时一个月，实际回收有效问卷 482 份。其中 367 人为 Kindle 用户，115 人非 Kindle 用户。线上的数据采集方法主要是在 Kindle 贴吧和读书贴吧，发放调查问卷的链接。同时通过 QQ、QQ 群及微信群等向好友发放问卷链接。线下的数据采集方式主要是对随机的路人发放调查问卷。其中线上问卷收集占比超过95％，因此本次受访者的主体是非特定的网民群体。

（二）我国受访者的社会结构特征

通过对收回的482份问卷进行分析，笔者总结出受访者的社会结构特征分布如表3-4所示。受访者的男女比例约为1∶1；受访者年龄集中在18—40岁；受访者的受教育程度较为集中，专科（或高职）和本科的合计总占比达到了74.68％；受访者的职业分布相对平均，用户的职业分布并无明显偏向；受访者除学生群体外收入多集中在中高水平。本调查中，受访者的性别、职业均无明显偏向。

表3-4　　　　　　　　　　Kindle用户社会结构特征

社会结构特征		频数	占比（％）
性别	男	253	52.49
	女	229	47.51
年龄	18岁以下	30	6.22
	18—29岁	269	55.81
	30—39岁	133	27.59
	40—49岁	38	7.88
	50岁以上	12	2.50
受教育程度	高中及以下	57	11.83
	专科或高职	168	34.85
	本科	192	39.83
	研究生及以上	65	13.49
职业	学生	126	26.14
	公务员	101	20.96
	公司职员	178	36.93
	工人	58	12.03
	其他	19	3.94
月收入水平	无固定收入（学生）	126	26.14
	1000元以下	33	6.85
	1000—2999元	71	14.73
	3000—5999元	164	34.02
	6000—10000元	66	13.70
	10000元以上	22	4.56

（三）我国 Kindle 用户使用行为分析

在本次接受调查的 482 位受访者中，共有 367 人为 Kindle 用户，即本次受访者中 76% 的人使用过 Kindle。而剩下的 24% 的非 Kindle 用户中包含了听说过和未听说过 Kindle 的两类受访者。同时，在 76% 的 Kindle 用户中，有 27% 的用户使用 Kindle 超过一年时间，说明 Kindle 具有一个较为不错的用户黏性。能够保证部分用户的长期使用，便于稳定自身的用户群体。

根据调查显示，在 367 名使用 Kindle 的受访者中，仅有 8% 的用户流失。而剩下 92% 的用户在初次使用后，仍旧会选择继续使用。且其中 81% 的用户使用频率较高。这和 Kindle 作为阅读器的功能有关，同时也显示了 Kindle 对其功能的良好把握，使其能够较好地担负起自己的功能，让 Kindle 用户在阅读的过程中不至于因过多障碍而放弃使用 Kindle 阅读。但 8% 的流失率却是其在发展中值得考虑的因素。据调查，Kindle 用户每次使用平均时长在 3 小时以上的仅有 12%，大部分用户的单次使用时长在 3 小时以内，还有 36% 的用户单次使用时长在 1 小时以内。Kindle 用户的单次使用时长，实际上体现了用户的阅读场景。1 小时以内的阅读时长一般可纳入碎片式阅读的范畴中，这种阅读一般发生在等人、等车或上下班途中、交通工具上。这一部分用户对 Kindle 的续航以及便携性有着较高的要求。而 1—3 小时的阅读时长一般发生在家中或是无人打扰的环境中，这一部分用户对 Kindle 的便携性要求较低，对 Kindle 所带来的阅读体验要求则较高。这就要求 Kindle 平衡两类用户的需求，在产品设计上做出妥协，从而使产品能够照顾到更多的用户，适应更多的阅读环境。

本次接受调查的 Kindle 用户使用地点情况，主要表现了 Kindle 阅读环境中的地点分布。即目前 Kindle 的使用场景主要局限在交通工具和家中，使用时长根据环境的不同被区分为碎片化阅读和沉浸式阅读。相比较而言，有 316 名受访者主要在家里或寝室中使用 Kindle，比重最大，说明在沉浸式阅读的使用环境中，Kindle 更具优势。而在碎片化阅读的使用环境中，Kindle 阅读不及普通的手机阅读。相较于 Kindle 在内容销售上的瓶颈，Kindle 在终端销售上则可以说是比较成功的，其"内容＋平台"的模式，以及终端自身的独有特点已经获得了广大用户的认可。其中便携、护眼、专注阅读这几个特点最受用户欢迎。

二　Kindle 阅读器利润源发展瓶颈

（一）以量取胜，忽视质量，用户体验不佳

亚马逊在 Kindle 推广上采用不在某一个消费者或某一本书上投入过多精力的运营方式，虽然经过市场的检验，获得了巨大成功，并对其他竞争对手造成了极大压力，[①] 但是，这种运营方式在快速扩大市场份额的同时，也为 Kindle 未来的发展埋下了巨大的隐患。在对用户进行的关于 Kindle 缺点的调查中，有20.37%的受访者认为 Kindle 商店的书籍质量差，表示了对书籍质量的担心。Kindle 主打以数量取胜的战略，为了保证平台的书籍数量快速增长，旗下一些电子书质量不过关，存在错别字、排版混乱、乱码等现象，饱受用户诟病。同时在短期内合作的出版社过多，导致各家出版社各自为政，使亚马逊难以对出版社提供的内容统一管理，致使书籍质量参差不齐。

此外，部分出版商对电子书出版理解存在偏差，认为电子书就是简单地将纸质书籍扫描成电子版，而没有考虑针对电子阅读终端的优化排版，使电子书的阅读体验不佳。[②] 而 E-ink Technology（电子墨水技术）电子终端是在纸质书籍和手机、iPad 等电子设备的夹缝中生存、成长的设备。它的核心竞争力就是阅读体验感，而这种简单的扫描版电子书所带来的糟糕体验感无疑是致命的。时至今日，这些问题已经慢慢展露，使得部分用户流失，对亚马逊的品牌形象也造成了一定的负面影响。

（二）固守终端，提高门槛，用户增长放缓

表 3－5　　　　　　　　　　Kindle 电子书系列对比

型号	Kindle	Kindle Paperwhite	Kindle Voyage	Kindle Oasis
价格	558 美元	958 美元	1499 美元起	2399 美元
尺寸	6 英寸	6 英寸	6 英寸	6 英寸
存储容量	4GB	4GB	4GB	4GB

---

① 参见焦昱纬《Kindle 品牌运营研究》，硕士学位论文，重庆工商大学，2015 年，第 77 页。
② 参见王志刚、宗贝贝《电子书阅读器发展前景探析》，《新闻爱好者》2014 年第 8 期。

　　Kindle 阅读器的运营几乎全部寄托在其终端上。亚马逊在 Kindle 终端上设置了直接向 Kindle 商店跳转的程序，让用户方便地在 Kindle 商店中购买书籍。但却在手机的 Kindle 用户端和 PC 机的用户端上砍掉这一功能，用户如果没有 Kindle，就只能使用手机或电脑用户端进行阅读，在购买书籍时，还要通过电脑登录亚马逊的网站进行购买。一方面，这一策略增加了 Kindle 的销售量，为亚马逊的网站增加了流量导入，带动了其他产品的销售。另一方面，也提高了 Kindle 电子书的购买门槛，将众多潜在用户推向了其他平台。

　　亚马逊虽然号称平价销售电子墨水屏 Kindle，但是 558 元、958 元、1499 元甚至 2399 元的价格对一些消费者来说并不便宜，但不付费又无法享受服务，无形的门槛由此诞生。事实上，从 1499 元版本的 Kindle Voyage 的推出，到 2399 元版本的 Kindle Oasis 的上市，亚马逊正与当初平价推广设备的策略渐行渐远。

　　我们可以看出，有 23.16% 的受访者表示 Kindle 价格高昂，无法承受。亚马逊之所以削弱其他平台的体验，就是为了提高 Kindle 的销量。这一策略在前期没有问题，但是当用户增长放缓后，就应当开始考虑扩大用户规模。用户在其他终端上的良好体验，也可能成为其购买 Kindle 的动因。

　　（三）内容不足，被动应战，用户阅读受阻

　　亚马逊十分注重平台书籍保有量的提高，但从 Kindle 的缺点可以看出，仍有 53.62% 的受访者认为 Kindle 商店的书籍数量少、类型缺乏、内容供不应求，这些因素必然导致用户的阅读需求受阻、体验不佳。在中国，亚马逊的书籍增长是以出版社的配合为前提的，所有电子书的内容基本都落后于纸质书籍的增长，这导致亚马逊在攻占市场时十分被动。

　　中国的出版社市场化程度不高，大部分出版社通过制作教科书以及售卖书号都可以生存下来，甚至经营得很好。由于缺乏竞争，他们创新以及争夺市场的意愿不强烈，缺乏强有力的动机支持。对于开展得如火如荼的电子书推广来说，如果作为内容提供商的出版社态度消极的话，整个市场的活力将受到重大的打击。而亚马逊在中国书籍市场并不像在美国书籍市场上一样拥有绝对的霸主地位，无法敦促出版商为其服务。因此，吸引出版社主动参与成为其运营的一个重要课题。

在分析中发现，目前 Kindle 用户的阅读内容来源呈现百花齐放的局面，亚马逊致力打造的"Kindle + 亚马逊书城"模式，在我国市场并未获得预期的效果，逐渐变成"Kindle + 多种渠道"的模式。相反，亚马逊的竞争对手"京东书城""当当书城"等成为 Kindle 用户重要的阅读内容提供平台。从某种程度上讲，亚马逊推出的 Kindle 阅读器甚至为其他电商做了嫁衣。

（四）习惯依赖，契合受阻，用户忠诚降低

用户在阅读中，通常会表现出各种差异化的阅读视觉习惯、行为习惯，而用户的这些习惯也会影响其对 Kindle 的使用与接受。用户在阅读差异化的文本时，表现出差异化的阅读视觉习惯——线性阅读和非线性阅读。在线性阅读中，读者的眼光随着文本的正向顺序连续阅读；而在非线性阅读中，读者不会从一而终地进行顺序阅读，相反会对文本进行倒序阅读、反复阅读、前后对比阅读等视觉行为。[1] Kindle 用户对书籍类型的选择分布极不均匀，86.33% 的用户选择在 Kindle 上阅读文学小说，而对教科书、科普类等图书的选择率相对较低，仅占 20% 左右。这说明用户对小说类等文本进行线性阅读时，会倾向于选择使用 Kindle 阅读器；而当用户对科普、教科书等文本进行非线性阅读时，则会放弃使用 Kindle，而更多地选择纸质版阅读。Kindle 在非线性阅读中的低采用率，反映了 Kindle 难以满足用户的非线性阅读需求。当用户进行非连续性阅读时，Kindle 的硬件设计对用户的阅读造成了障碍，这种阅读障碍成为了其放弃使用 Kindle 的最主要原因。障碍具体表现为 Kindle 的视觉对比感弱于传统纸质书；回顾阅读时，Kindle 的快速翻页设计较差；无法依靠视觉记忆定位翻页，只能依靠页码定位。[2] 还有 44.12% 的受访者认为 Kindle 不适合做笔记。可见笔记行为作为一种典型的阅读行为习惯，也影响着

---

① 参见陈丽菲、俞锦莉《数字传播背景下的出版走向》，《编辑学刊》2009 年第 3 期。

② 参见董顺祥《影响我国用户使用 Kindle 阅读器的因素研究》，硕士学位论文，电子科技大学，2014 年，第 43 页。

用户对阅读媒介的选择。

　　Kindle 无法满足用户的笔记行为需求成为部分用户放弃使用的一个重要原因。Kindle 用户普遍反映的其不适合做笔记的缺点主要有：（1）媒介硬件设计缺陷，笔记操作过于复杂；（2）Kindle 只能更改笔记内容，无法改变笔记形式，无法满足个性化的笔记需求；（3）缺乏笔记检索系统。① 由于 Kindle 缺乏个性化笔记的设定，无法满足用户笔记行为的需求，降低了用户的忠诚度。

　　（五）服务同质，缺乏个性，用户黏度不足

　　34.91% 的受访者表示 Kindle 的个性化阅读体验不佳，这在很大程度上制约了 Kindle 用户规模的拓展。"个性化图书馆服务"一直是 Kindle 阅读器致力打造的媒介特色，但这一服务的打造并未完全满足用户的使用需求，未对其构成明显吸引力。Kindle 的个性化服务主要包括对电子书内容进行分类、标记、更名等个性化设置。而这些功能在智能手机、PC 电脑、平板电脑等媒介中均可以实现，Kindle 的这一功能并未显示出其独特的优势。

　　用户的个性化服务需求主要为"阅读内容个性化的推介"，即用户希望内容提供平台可以依靠用户的阅读经验数据向其推荐或直接推送相关阅读内容。而在依据用户的喜好或品味进行积极主动的精准推荐服务方面，Kindle 并未显示出优势。同质化服务使得用户的个性需求受限，一定程度上降低了用户黏度。

三　Kindle 阅读器利润源发展策略

　　以终端为主导的电子书出版模式虽然能够在短时间内创造庞大的销售业绩，却无法保持稳定的增长。而 Kindle 要想进一步开拓市场、获得长足发展，必须规避这种短期内迅速膨胀却无以为继的发展模式。从对 Kindle 用户的使用行为分析中可以知道，用户的使用行为、阅读习惯与偏好、内容需求等在很大程度上会影响其对 Kindle 设备的使用、接受与满

---

① 参见董顺祥《影响我国用户使用 Kindle 阅读器的因素研究》，硕士学位论文，电子科技大学，2014 年，第 43 页。

意程度，从而影响 Kindle 市场的拓展。因此，笔者认为 Kindle 不应该再局限于主推设备，而应更多地聚焦用户的使用与满足，对 Kindle 的内容、平台建设进行改良。

（一）保证速度，兼顾质量，提升用户体验感

高速的书籍增长是亚马逊 Kindle 商店的立身之本，虽然 Kindle 商店的书籍质量饱受人们的诟病，但如果亚马逊因此采取所谓的精排而导致书籍数量增长速度放缓，无疑得不偿失，也势必因此而失去更多用户。亚马逊应该做的是在保证内容增长速度的同时，兼顾书籍质量，并且在后续更新中，将电子书质量的提高作为重点。让用户有书可读，有好书可读。找不到书籍的电子资源和糟糕的阅读体验都是 Kindle 的硬伤。亚马逊已经在内容上迈出了一大步，另一步也应该紧紧跟上，让平台书籍的整体质量水平迅速提升。

亚马逊在发展过程中已认识到这个问题，正在逐步提高电子书的质量，其旗下电子书的错字现象基本得到了遏制，同时新出版书籍的电子版质量也得到了提高。其实对比亚马逊旗下的中文书籍和英文书籍就可以发现，美国本土出版的书籍往往排版精美，阅读体验感极好，而中文书籍的质量则需进一步提升。① 亚马逊在和出版社合作时，一定要严格把好质量关，不能盲目追求数量的增长，降低用户的体验感，否则必将面临用户的流失。

（二）拓宽渠道，降低门槛，扩大用户覆盖度

电子书的内容几乎占据了电子书价值的百分之八十。亚马逊在过去四年间采取了迅速扩张，不计较"一书一人"的运营策略，迅速扩大了整体市场，也提高了自己所占的市场份额，并通过事后"查缺补漏"稳住阵脚的运营方式得到了市场的肯定，在市场竞争中展现了卓越的成果。② 但这仍然不够，在阅读环境缺失，习惯不易培养，付费观念淡薄的

---

① 参见刘立佳《Kindle 电子产品创新模式研究》，硕士学位论文，哈尔滨理工大学，2016年，第86页。

② 参见汪剑《Kindle 电子书中国用户及运营策略分析》，硕士学位论文，安徽大学，2016年，第74页。

当下，亚马逊要想继续扩大市场份额就必须在运营策略上有所改变。Kindle 固然拥有许多适合阅读的特点，并为众多 Kindle 消费者所喜爱，但是将 Kindle 作为所有策略的发力点无疑走上了汉王科技的老路。

近年来伴随智能手机日新月异的发展，一台智能手机已经成为人们出行的必备之物。近年的 Kindle 推广，已经让 Kindle 攻克了大部分潜在用户，开发新市场的时机已经成熟。有些人阅读书籍就是为了打发出行中的碎片时间，相较于 Kindle 的专注阅读，手机更适合这样的阅读场景。无论是"多看"还是"掌阅"的用户，都证明了手机 App 用户同样具有强大的购买力。因此提高手机 App 读者的消费门槛是一个极不明智的决策。亚马逊"大而全"的运营销售策略，应该将手机和电脑的用户端囊括进来，进行多渠道运营，从而尽可能多地覆盖用户。

（三）平台整合，内容独家，增强用户吸引力

电子阅读器在未来的发展，其核心竞争力应该来自内容平台，且阅读器的销售不应仅是硬件的销售，而应是"硬件 + 内容"模式的销售。因此，Kindle 阅读器在未来应加强与内容平台的合作与整合，真正意义上实现在线书城为终端设备提供内容平台的服务。

内容提供平台应加快书籍数字化的进程，加强并巩固与出版商的关系，努力推进与作者、电商的直接合作，做到真正意义上的数字化出版，丰富内容平台的电子书数量。这也要求亚马逊不应该仅局限在扩大平台书籍保有量上，还应该做到"人无我有，人有我优"，而"人无我有"是进一步扩大市场占有率的关键。亚马逊的 Kindle 商店之所以能够在美国取得领先地位，和其推行的线上自助出版系统 KDP（Amazon Kindle Direct Publishing）有很大的关系。线上自助出版系统成功绕开了出版商，让亚马逊直接接触作者，开始做自有内容。[①] 通过 KDP 出版的内容是亚马逊独家的，读者如果想阅读，自然要成为亚马逊的用户。虽然由于中国独有的出版制度，KDP 无法在中国上线，但是亚马逊可以通过和传统出版社合作的方式，获取独有内容。这种方式也会提高质量标准，防止 KDP

---

① 参见刘荣《数字自助出版在中国的前景——制度和现实层面的解读》，《出版广角》2013年第 15 期。

出版物因内容过多而质量低下的困局。一本超级畅销书在中国的销量可以达到几百万册甚至超过千万册，而普通畅销书的销售数量也在几千到几百万册之间，这些畅销书的读者愿意为内容付费，他们的消费往往分散在各大出版社和各个平台之上，如果这本畅销书是亚马逊的独家内容，其产生的吸引用户的效果将无与伦比，这也是经过市场检验的有效运营策略。

（四）功能改良，满足自定义，提高用户忠诚度

对于 Kindle 阅读器无法满足"非线性"阅读的问题，可以从两个方面进行改善。首先，电子阅读器的翻页设计需要改良，将目前单一的页码翻页改良为支持视觉记忆的快速翻页设计。用户阅读小说或漫画类电子书时，若他们需要回头翻阅，往往只能依靠视觉记忆进行定位，而非页码定位。其次，电子书的数字出版也应适应阅读器用户的"非线性"阅读需求。电子书出版并非简单地将纸质书的文字转化为电子书，而是要根据用户使用阅读器的习惯进行改良，例如在数字出版时增加电子书的定位点，增加电子书的对比阅读模式，扩大电子书可做笔记的区域等。

Kindle 阅读器试图代替传统纸质书籍，单靠模拟纸质书籍的显示效果是远远不够的，更重要的是能够满足读者在阅读传统纸质书籍时的互动需求——"笔记"。因此，Kindle 阅读器需要不断丰富笔记功能，不应只局限于文字的输入，还应该允许用户自定义笔记的形状、大小、颜色等特征。未来工业设计的改良可以让用户通过各种笔记录入"符号"，利用"文字符号""图像符号""颜色符号""标记"等构建个性化的笔记体系。

Kindle 作为纸质媒体的延伸，其媒介特征最大限度地还原了传统纸质书籍的特征。但要像传统书籍般满足各类用户的阅读需求，不只是在硬件上模拟纸质书籍，更要在人机交互的层面加强相应的媒介设计，以契合用户的阅读习惯，满足用户的非线性阅读需求和笔记需求，提高用户忠诚度。

（五）无缝阅读，优化体验，契合用户个性化需求

电子书绝不仅仅是纸质书籍的电子化，它所带来的应该是一种全新的阅读体验，它所倡导的应该是一种随时随地的便捷阅读体验。像互联

网最大限度地打破时间和空间的限制一样，电子书数字出版也应当让用户享受到最大限度地打破时空限制的阅读体验。

当然，亚马逊在这方面已经做出了一定的努力。目前，Kindle 已经实现了手机端的自动同步功能，App 可以根据用户在 Kindle 设备上的阅读数据，自动同步到之前所在的页面。只是现在还有许多人并未了解这一功能，亚马逊还应在这方面加强宣传，让更多的人了解到 Kindle 所带来的无缝云阅读体验。此外，Kindle 在最新一次的系统更新中，支持通过邮箱从设备分享笔记、标注和喜爱的电子书；并且允许用户自定义喜欢的书籍类型，以获取更准确的书单推荐。① 极大地满足了用户的个性化需求。

虽然，Kindle 的无缝云阅读、个性化推荐等体验已被改良，但这种体验仍有提升的空间。比如记录用户的阅读习惯，在不同平台上进行类似的阅读设置，免去用户设置的麻烦；支持个性化定制，并根据用户的阅读习惯，结合大数据为用户推送其感兴趣的书籍；根据用户的阅读时间段、阅读时长、阅读种类，为用户提供直观的阅读记录，让用户的阅读更有计划性，更加科学。这些是纸质书籍阅读无法做到的，虽然是细节，但是所带来的阅读体验感的提升十分显著。

第八节　移动电台 App 利润源研究

在信息传播方式落后的年代，公众通过电台获取信息与休闲娱乐，电台是社会文化演变中意义重大的一环。然而随着 IT 技术的快速发展，传统电台逐步消失于人们的生活之中，各类基于移动端的网络产品与服务得到了巨大的发展，移动电台 App 作为其中的一员在 2012 年前后出现在中国公众的视野之中。随后，移动电台 App 类应用数量猛增，在资本的运作中争夺一块新兴的蛋糕，并在近几年形成较为稳定的市场份额。

---

① 参见《Kindle 跟上新时代亚马逊宣布更新系统》，艾媒网，http：//www. iimedia. cn/ 40732. html，2016 年 2 月 5 日。

一　移动电台 App 与利润源概述

传统意义上所讲的电台，是指利用无线电技术向公众传播音频内容的机构或工具，其中又包括无线广播与有线广播。而现今我们所熟知的移动电台 App，则是指以各类移动智能设备为硬件载体，利用网络信息技术所开发的提供音频内容服务的第三方移动应用程序。

（一）我国移动电台 App 行业的发展现状

速途研究院 2019 年所发布的数据显示，我国移动电台 App 市场的用户规模自 2012 年起至今都处于不断上升的趋势，并于 2019 年达到 3.22亿。从初步数据来看，我国移动电台 App 的市场前景明朗，市场规模仍会继续增长。但通过分析用户规模的增长率可以得出：2012—2014 年是我国移动 FM 市场发展的黄金时期，用户规模增长率在此时段达到峰值，自 2014 年之后，用户增长率逐步放缓。从增长率来看，我国移动电台App 市场逐步趋于饱和，用户红利消耗殆尽，发展道路遭遇瓶颈。

艾媒咨询发布的数据显示，2019 年 4 月我国移动 FM 市场的活跃用户中，喜马拉雅 FM 的用户占比近 30%，蜻蜓 FM 与荔枝 FM 的用户分别占比 20% 左右，其他应用瓜分剩余 30% 的市场。我国移动 FM 市场格局基本形成，喜马拉雅 FM 凭借数量庞大的用户群体，稳居市场第一，蜻蜓FM 与荔枝 FM 分别位列第二和第三，三者共同占据我国移动 FM 市场70%—80% 的市场份额。

（二）我国移动电台 App 用户概述

易观智库所发布的数据显示，我国移动 FM 用户中男性占比 63.6%，女性占比 36.4%，男性用户居多；在职业分布情况中，自由职业者比例最大，占比 27.0%；在地区分布情况中，北上广深四座城市的用户占比13.7%，其他各省会城市的用户共占比 32.5%，两者共占比近 50%；在学历分布情况中，初中与高中/中专学历的用户占比 57.4%，其次是本科/大专学历的用户，占比 37.4%。在收入分布情况中，各收入层次用户比例并无较大差异，用户分布较为平均。

通过分析用户特征可以得出，在移动电台 App 的用户群体中，一线

（包括新一线）城市具有中高消费能力的男性群体是核心用户，而其他一些群体包括学生、一般职工与服务业人员则是有力的用户补充，同样占据了巨大的比重。因此从用户分布状况来看，我国移动电台 App 行业的用户群体特征显著，在市场发展上具有拓展的空间。

（三）我国移动电台 App 利润源概述

利润源是企业利润的源头。受众本质上就是利润源，是一切市场行为所应考虑的起点，根据企业利润的不同结构，可将利润源划分为核心利润源、辅助利润源与潜在利润源。核心利润源是企业利润的主要构成，是一切盈利行为的出发点。辅助利润源是对核心利润源的补充，通常与核心利润源共同设计。潜在利润源是未来一切有可能发生的利润行为，具有不确定性，有时甚至可以处于与核心利润源相同的地位。

针对我国移动电台 App 行业，核心利润源是指对于移动电台 App 类应用具有明确需求，正在使用或即将开始使用的用户群体，这类群体是移动电台 App 最主要的利润来源；辅助利润源指第三方投入商，同时也包括对移动电台 App 类应用具有潜在需求，但未被发掘的用户群体，这类群体是核心利润源的有力补充，但具有不确定因素；潜在利润源则是指移动电台 App 产业链的周边产品开发，是核心利润源的有益补充。

二　我国移动电台 App 利润源发展瓶颈

人口红利消耗殆尽后，我国移动电台 App 行业遭遇瓶颈，在发展过程中也存在不同层次的问题，而利润源是产品最重要的导向，成为移动电台 App 突破瓶颈的关键。

（一）内容建设混乱，限制核心利润源发展

在长期的市场竞争中，喜马拉雅 FM、蜻蜓 FM 与荔枝 FM 作为移动 FM市场的引领者，都拥有区别于其他竞争者的差异化商业模式。蜻蜓 FM 实行专业生产内容（PGC）模式，即平台面向受众制作专业化程度高的内容产品；荔枝 FM 实行用户原创内容（UGC）模式，即用户可以在平台中自主上传其原创内容；喜马拉雅 FM 实行 PUGC 模式，这是一种新颖的模式，它在大力支持用户在平台自主上传原创内容的同时培养了一批专业化用户，在保证内容专业性的同时，大幅提高了平台与用户的联结度。

但在实际使用过程中，我们发现从普通的用户视角来看，并不能明显看出三者内容之间的差异性。喜马拉雅 FM 与蜻蜓 FM 首页中都有有声小说、相声评书与历史讲坛等栏目，而荔枝 FM 所主打的声音直播内容中，前两者也全部具备。单从内容建设的角度来看，即使三者所实行的商业模式互不相同，但内容却同质化极高。

从板块的组织情况来看，分类不清晰、不明朗、不简洁是最大的问题。一级栏目与二级栏目混用，缺乏统一而高效的内容分类，用户无法直接而迅速地浏览目标内容。而感知易用性会直接影响感知有用性，这些问题都从根本上提高了用户使用应用时的精力成本与时间成本，影响使用体验，导致应用难以对用户黏度进行有力的维持。

（二）使用场景受限，阻碍辅助利润源拓展

第三方广告投入一直是移动应用市场最重要的收入来源之一，视觉内容上的广告呈现是最主要的方式，如应用的启动页广告、视频内容播放前的广告、浏览过程中的广告插入等。但对于移动电台 App 这类以音频收听为最主要使用方式的应用，受到其使用场景的限制，暂时还没有较好的广告植入方式，大多还停留在启动页广告，在广告价值的实现上有所欠缺，无法实现强有力的第三方投入。

同时，这样的使用场景还限制了一部分对移动电台 App 类应用有潜在需求的群体的开发。在传统使用场景中，图书、相声评书、影视和新闻等内容通过视觉或是"视觉＋听觉"的方式加以价值实现，而单纯以听觉的方式把这些内容迁移到移动电台 App 中，对于用户是一个巨大的挑战。在知识内容付费的大背景下，边缘化的使用时段与知识内容付费也存在一定的矛盾，如何推动使用场景的变革是我国移动电台 App 行业所面临的巨大问题。

（三）相关产业链开发遇阻，潜在利润源开发不足

对于移动电台 App 而言，除了应用本身的建设发展，在其他领域的合作与创新也是重要的盈利思路。就目前来看，我国移动电台 App 行业潜在利润源开发主要有三个方向：一是在应用内接入自营商城，跨界电

商领域；二是发展车载电台，占领"开车"的使用场景；三是联系智能家居领域，包括同耳机、随身听与智能音箱等产品相结合，也包括与其他科技厂商的合作。

但从实际情况来看，这三个方向都存在发展障碍。电商与智能家居的同类市场竞争激烈，电商领域有淘宝、京东、苏宁易购等强力竞争者，导致移动电台 App 的自营商城不具备差异化优势；智能家居领域有越来越多的巨头科技公司如小米、腾讯、京东等涉足，不断推出新产品，这意味着移动电台 App 行业的电商与智能家居市场空间狭小，发展前景渺茫；而在车载电台方面，在车载系统愈发智能化与互通化的背景下，车载系统可以随时与智能手机互联，用手机进行控制与互动，所以预装车载电台的优势也愈发减小。

三　我国移动电台 App 行业利润源优化策略

（一）改进内容建构，开发核心利润源

针对移动电台 App 应用中内容板块建设混乱且同质化程度较高的问题，平台首先要做的是提高感知易用性，建立简洁、高效、统一的分类组织体系，精简版块建设。经过长期的发展，移动电台 App 逐渐成为了一个"大而全"的应用，其中包罗万象，内容种类繁多，体量巨大。在分类组织上可以按照内容性质的不同大体分为娱乐、知识、新闻、生活四个大类，再按照具体内容的不同进行细分。这样的分类组织应该用于整个应用的全部内容，而非在不同的内容版块使用不同的分类体系，否则会对用户造成一定的困扰。同时要精简内容板块，合并内容相似的板块或去除使用频率较低的版块，尽量为用户营造简洁舒适的使用环境与使用体验。

其次，平台要打造区别于其他竞争者的差异化内容。形而上的商业模式并不能使用户真切地感受到平台的独特之处，尤其是移动电台 App 这类内容繁杂的应用，只有从用户需求入手，才能从根本上构建平台的独特竞争优势。每一个平台都应找准自己的市场发力点，在市场同质化程度较高的今天，独具特色的优质内容与用户体验即是差异化的竞争优势。如喜马拉雅 FM 可以在原有的模式基础上进一步提高 UGC 内容的比

重，与用户建立更广泛、更密切的联结；蜻蜓 FM 可以更加注重 PGC 内容的开发，瞄准对内容专业性具有较高要求的用户群体；荔枝 FM 则可专注发展声音直播。对于大而全的移动电台 App 应用，合理的内容是取得发展的关键。

（二）变革使用场景，拓展辅助利润源

使用场景上的限制是阻碍辅助利润源发展的重要因素，因此推动使用场景的变革显得尤为重要。首先要推动传统的以"视"为主的场景的变革，加大营销推广与宣传力度，改善使用体验，促进公众对移动电台 App 应用的了解，使他们降低对传统视听场景的依赖心理，提高对"听"场景的接受程度。从而将用户的潜在需求转化为现实需求，为移动电台 App 市场带来一批新的用户。

其次，要改变已有的使用场景。可以在原有的听觉场景上，发展评论（弹幕）社交、内容预览等视觉内容，再将用户的一部分注意力转移到视觉场景中，这对传统视觉广告的价值实现也具有积极的作用，有助于吸引更具价值的广告商。同时要创新听觉场景下的广告形式，填补移动电台 App 应用中音频广告的空白，以更多样的形式拓宽辅助利润源的发展道路。

（三）实现多元价值，发掘潜在利润源

传统的三个潜在利润源实现方向，并不能给移动电台 App 带来有力而长远的盈利源。我国移动电台 App 可以凭借自身的创作者与品牌资源优势，与教育领域建立联系，同时进一步加深与图书出版领域和影视综艺领域的合作程度，从这三个方向挖掘潜在利润源。

针对教育领域，平台可以与教育市场进行合作，开发可以让学生群体利用碎片化或边缘化时间学习的配套音频教材；针对图书出版领域，平台不应止步于传统的获取授权，可以通过对图书加以有声演绎的方式，进一步利用自己的创作者资源争取正版有声书制作权，提高平台的影响力；针对影视综艺领域，平台不应满足于单向地将各类影视节目、综艺节目改编为音频节目的现状，而应加强对自身原创音频节目的建设，实现双向的合作与多样化演绎。

第四章 基于利润杠杆的数字出版盈利模式

第一节 利润杠杆是数字出版盈利模式 创新的核心动力

一 利润杠杆的定义与设计

利润杠杆是企业以获取利润为目的，为目标用户群体创造最大化价值的一系列活动方式。"所谓活动，大凡是指对一系列关系的处理和整合，对于某一特定的企业，他所面临的众多关系不过包含企业自身、渠道、顾客、产业生态系统诸力量、商业生态系统诸力量，我们可以把诸种关系反应为企业的战略环境蓝图。"①

而围绕某一顾客群某一需求的商业生态系统主要是从帮助顾客解决问题、满足顾客需求的角度重新聚合现有市场的众多力量，它可能指满足顾客现有需求的现有行业，也可能是行业之外以顾客为导向的力量。

二 利润杠杆的构成

利润杠杆是企业竞争战略的重要组成部分，包括内在价值链、产业供应链、渠道模式、终端用户、价值网络等。

内在价值链。这个概念是哈佛大学的迈克尔·波特教授提出来的一种分析企业的工具，以区分不同顾客价值的路径。每个企业都会有生产、

① ［美］罗宾斯：《管理学》，孙健敏译，中国人民大学出版社2004年版，第205—207页。

经营、销售、发行等一系列活动。从企业价值链的角度探讨企业利润的产生问题，包括价值链模式的变迁等，都属于利润杠杆的范畴。

产业供应链。这是一种类似于自然界食物链关系的关系。由最初的供应商到企业主体，延伸到用户，即上游供应链和下游渠道这两个模块形成的增值链路。

渠道模式。企业要想延伸自己的利润杠杆，主要的驱动力就是充分有效地利用渠道模式带来的不同机会。

终端客户。客户始终是价值的最终决断者，触发客户杠杆模式创新的因素包括客户成熟度、客户富裕程度、客户结构、客户偏好等方面发生的改变。通过对终端客户的微型分割、平衡权力关系、重新定义以及系统评估，企业可以获得客户更多的信赖与支持，从而获得更多的订单和利润。

价值网络。客户的需求总是日益精细化和个性化，任何企业都不能凭借一己之力来满足多样而个性化的消费者需求。为了达到战略目标，企业只能根据客户的核心需求来制定目标以通过价值网络来实现客户价值，从而获取更多的收入以实现利润回报，这应该成为企业的理想选择。

三　探索和发现利润杠杆

利润杠杆是高度隐蔽的，如何在纷繁复杂的竞争环境下探索和发现它，如何通过预测行业中的杠杆模式来确定优势地位等问题都值得深入探讨，这其中有一定的流程方式。利润杠杆模式不会无缘无故地产生，更不可能在真空中产生。新的杠杆模式取代旧的杠杆模式，需要很多的诱因和条件。

描绘行业棋盘的战略蓝图。行业战略蓝图由不断发生的事件和所有主要参与者组成，正是它们确定并触发了企业的利润杠杆模式。这些参与者包括：战略同盟、创新资源、人才资源、影响因素、供应商、竞争者、渠道、客户。行业战略蓝图的描绘可以从标准中辨别出现实与理想的差距、功能障碍、所有的矛盾以及棘手的因素，这些都有助于明确未来价值增长的关键和发现新的模式。

衡量市场认同度。预测行业中把握未来发展机会的杠杆模式，必须突破社会资本化和市场份额这些因素的考量，市场认同的关键成分始终值得衡量——人才认同、投资者认同和客户认同。

破译条件和诱因。利润杠杆模式不会无缘无故地产生，更不可能在真空中产生。随着行业基本情况朝着特定的方向以一定速度前行，几项诱因和条件发展成熟，新的杠杆模式的推行取代了旧的杠杆模式的演变。诱因和条件本质上可以分成功能障碍、变化速度和方向三类。

第二节　我国有声书产业利润杠杆研究[①]

随着数字技术的不断发展，出版形态呈现多元化趋势。近年来，有声书以其降低阅读难度、促进文化传播、提高用户碎片化时间利用率等优势逐步兴起，据《2019 年中国数字阅读白皮书》显示，2019 年有声书市场规模在 63 亿元人民币左右，比 2018 年的 46.3 亿元增长了约 36.1%。[②]有声书产业正处于高速发展阶段，逐步成为我国出版行业的一支生力军。AMC 模型能够清晰地展示其应用成熟的历程，图 4-1 反映了我国有声书产业的发展变化。但在出版生态视域下，我国有声书产业内部企业间的关系仍有待改进，其盈利模式尚未成熟，这将阻碍有声书产业的进一步发展。数字出版盈利模式中的利润杠杆为解决这个问题提供了思路，从供给侧杠杆、营销杠杆和需求侧杠杆三个方面切入，在探讨我国有声书产业利润杠杆瓶颈的同时，提出相应的突围策略，实现有声书价值的最大化，以期为我国有声书产业发展提供借鉴思路。

一　出版生态与有声书产业利润杠杆概述

出版生态是有声书产业媒介环境和社会环境的总和，利润杠杆是有

---

① 参见刘一鸣、谢泽杭《出版生态视域下我国有声书产业利润杠杆研究》，《出版发行研究》2018 年第 2 期。

② 中国音像与数字出版协会：《2019 中国数字阅读白皮书》，http：//www.360doc.com/content/20/0501/10/46098742.909572507-shtml，2020 年 5 月 1 日。

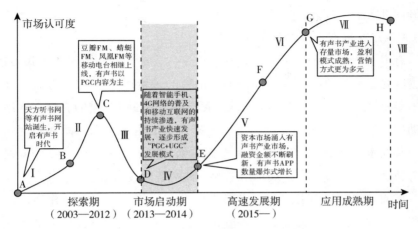

图 4 – 1　我国有声书产业 AMC 模型

声书产业实现盈利的动力源。有声书产业利润杠杆会影响出版生态，而出版生态又会反作用于有声书产业，二者彼此交融，相辅相成。

（一）　出版生态解析

"出版生态"一词源于生态学的研究。传统生态学认为，生态系统是在一定时间和空间范围内，由生物群落及其环境组成的一个整体，这个整体具有一定的大小和结构，各成员借助能量流动、物质循环和信息传递而相互联系、相互影响、相互依存，并形成具有自组织和自调节功能的复合体。① 基于生态学的研究观点，出版生态是指出版媒介与影响出版媒介生存和发展的环境因素相互关系的总和；其中，环境因素既包括媒介环境，即互为环境的出版媒介之间的相互作用，也包括社会环境，即社会政治、经济、文化、教育和科技都影响着出版媒介的生存和发展。② 对于我国有声书产业来说，出版生态的社会环境相对稳定，主要起到宏观方面的引导作用，有声书产业改造社会环境的能力较弱，需以顺应和把握机会为主；在媒介环境方面，出版媒介间的相互作用主要指有声书产业内部企业间的相互关系，有声书产业可以充分发挥主观能动性，以

① 参见蔡晓明、尚玉昌《普通生态学》（下册），北京大学出版社 1995 年版，第 4 页。
② 参见俞涛、王道平、张高明《出版生态学初探》，《湖南大学学报》（社会科学版）2005年第 5 期。

协调内部关系为契机，建设健康的出版生态环境。

（二）我国有声书产业发展现状

有声书原指"包含不低于 51% 的文字内容，复制和包装成盒式磁带、高密度光盘或者单纯数字文件等形式销售的录音产品"[①]。随着数字技术的不断发展，有声书的载体形态也不断丰富，借助 PC 端的有声书网站和借助移动端的有声书 App 已成为当下有声书的主流形态，即利用网站或用户端技术，以 PC、智能手机、平板电脑、电子阅读器以及可穿戴设备等为载体，通过音频形式展示出来的一种网络出版物形态。

目前，我国有声书产业逐步形成以内容授权方、内容制作商、平台运营方和服务提供商为主的产业链条（如图 4 - 2 所示），有声书企业则是指产业链内部的平台运营方。截至 2017 年年底，我国已有 200 多家听书网站，近 200 款听书 App，主要包括以下几个运营主体：一、如中信出版社、博集天卷、读客、磨铁等传统出版机构；二、如起点中文网、创世中文网等网络文学机构；三、如当当网、亚马逊等电商平台；四、如懒人听书、喜马拉雅 FM、蜻蜓 FM 等以经营有声书为主业的 App 或网站；此外，移动、电信、联通三大运营商与支付宝、微信等支付渠道也开始加入有声书阵营。[②]

我国有声书产业虽然出现时间较短，但由于数字出版的快速发展，以及用户需求特点向"碎片化""娱乐化"转变，产业发展前景被普遍看好，未来市场规模仍将持续扩大。同时，有声书移动端用户呈现快速增长态势，易观智库发布的《2016 中国有声阅读市场专题研究报告》显示，2015 年 1 月至 2016 年 1 月，五家主流有声书 App 用户数量同比增长明显，有声书产业逐步迈向"移动时代"（如图 4 - 3 所示）。

（三）有声书产业利润杠杆解析

有声书产业利润杠杆是有声书企业以获取利润为目的，为目标用户群体创造最大化价值的一系列活动方式，所要解决的是出版产品"怎么

---

① 胡海燕：《美国有声读物的发展对我国的启示》，《新闻研究导刊》2015 年第 24 期。

② 参见蒋娟、吴燕《出版业形态的有益补充——中国有声书发展研究》，《中国编辑》2017 年第 10 期。

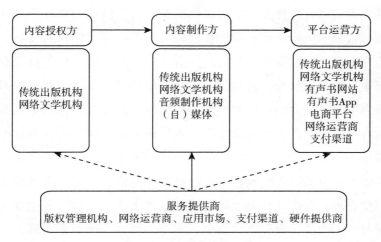

图 4 - 2 我国有声书产业链

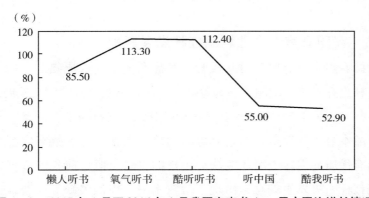

图 4 - 3 2015 年 1 月至 2016 年 1 月我国有声书 App 用户同比增长情况

卖"的问题①，它是有声书产业获取利润的动力引擎，为有声书产业盈利提供动力支撑。

结合有声书产业价值链的运作和产业实际情况，可以将有声书产业利润杠杆分为三个部分：供给侧杠杆、营销杠杆和需求侧杠杆，以探究有声书产业盈利模式的动力来源。供给侧杠杆以有声书产品提供方为视角，有声书产品提供方主要是将已有纸质书、电子书录制成音频进行展

---

① 参见刘一鸣《数字出版盈利模式绩效评价研究初探》，《中国出版》2015 年第 20 期。

示，或者邀请名人进行无文字出版物的脱口秀，供给侧杠杆主要涉及有声书版权资源和内容资源；营销杠杆以有声书产品经销商为视角，目前我国有声书产品经销商既包括专门的有声书营销机构，也包括与产品提供方所重合的出版机构、网络文学机构、电商平台、以经营有声书为主业的有声书平台，营销杠杆主要涉及的是内容营销和其他营销手段；需求侧杠杆主要从有声书产品的用户切入，研究用户的付费意愿和平台选择意识。

良好的有声书产业利润杠杆，能够在供给侧、营销和需求侧三方面做到科学合理；在协调好企业间关系的基础上实现盈利，各企业共同做大做强有声书产业，规避无序竞争，实现出版生态的健康发展；健康的有声书产业出版生态亦可反哺有声书产业利润杠杆，为有声书产业提供良好的出版软环境，助力有声书产业发展，二者彼此交融，相辅相成。

二　我国有声书产业利润杠杆发展瓶颈

我国有声书产业出现时间较晚，其盈利模式尚未成熟，有声书产业利润杠杆也存在诸多问题，制约着有声书产业出版生态的健康发展。

（一）有声书产业供给侧杠杆方向偏移，导致出版生态失衡

产品本身的质量是影响企业盈利的重要因素，对于数字内容产品而言，拥有优质的内容资源才能获得用户的青睐。但目前我国有声书产业供给侧杠杆一端发生偏移，出现了版权不清、内涵欠缺等问题，造成产业内部纠纷不断，供给侧无法有效满足用户需求，导致有声书产业出版生态出现失衡的状况。

1. 版权混乱，破坏出版生态平衡

近年来，我国有声书产业内部存在版权混乱的现象，使得产业内部的企业间摩擦不断，破坏了出版生态的有序性。2015 年 9 月，晋江文学状告腾讯科技擅自将《花千骨》改编成有声书并在其 App 上播放；2017年 11 月，上海美术电影制片厂状告虎生公司和喜马拉雅公司的《阿凡提的故事》等四个有声书产品涉嫌侵权。随着有声书产品数量的不断增长，有声书产品的侵权案例也逐年增加。有声书产品的版权问题主要包括以

下两个方面：有声书对原著的改编权问题；有声书产品中涉及原著形象的宣传画以及原著主题曲等的信息网络传播权问题。所以，无论是原著内容的使用或改编，还是原著内容的传播，都涉及版权问题。但目前我国有声书产品除了专业生产的 PGC 内容外，还包含大量用户上传的 UGC 内容，而用户版权意识较为薄弱，有声书企业的监管也相对乏力，造成众多有声书产品未经许可就擅自使用他人版权，导致各有声书企业间、有声书企业与版权方之间纠纷不断，破坏了有声书产业出版生态的平衡。

2. 内涵欠缺，阻碍出版生态发展

数字内容产品重点强调"内容"，只有高质量、富有内涵的有声书产品，才能够留住用户，从而保持有声书产业实现盈利的能力，推进出版生态发展。但目前我国各大有声书平台对产品的文化内涵关注度较低，以玄幻、悬疑、言情、穿越等类型的有声书为主，且大多为未经编校、内容较差的网络文学作品改编而来，内涵欠缺。以市场份额较大的懒人听书、喜马拉雅 FM、蜻蜓 FM 为例，三家有声书企业的产品均有涉及现有的纸质出版物，但其中只有极少数的知名畅销书，如《活着》《白鹿原》《动物庄园》等，对具有文化价值的专业书籍和文献资料涉及较少；有声书平台虽也开辟了专门的"文化""历史"等专栏，但也大多局限于网络文学的改编产品，文化内涵有待提高。同时，由于有声书很大一部分是用户上传的 UGC 内容，有声书企业大多没有对其进行审核便将其上架，导致众多有声书产品质量参差不齐，缺乏统一的标准。有声书产品"少内涵"和"低质量"的状况，让众多潜在用户望而却步，使用户不愿付费尝试有声书，阻碍了有声书产业出版生态的发展。

（二）有声书产业营销杠杆力量欠缺，致使出版生态失调

我国有声书产业对营销杠杆重视程度相对较低，营销杠杆力量欠缺，致使产品"卖不出去"，影响产业资本积累，产业自我调节能力偏弱，致使有声书产业出版生态失调。

1. 内容营销同质化，削减出版生态种类

我国有声书产业内容同质化现象较为严重，削减了出版生态的种类。我国有声书企业的版权合作方多为网络文学机构，故有声书多为网络文

学作品录制成的音频，题材也集中于玄幻、悬疑、言情等网络小说，各企业间的有声书产品内容相似度高，导致用户黏度较低。有声书产业的人口红利正逐渐消退，单一的有声书企业用户规模的扩大难度将不断提高，同质化的内容产品难以留住用户。以市场份额较大的蜻蜓 FM 为例，截至 2017 年 6 月，其注册用户达 3 亿，但月活跃用户量仅为 1500 万左右，占比 5%，且活跃用户规模出现负增长的情况。①② 内容营销同质化，使有声书产品千篇一律，削减了有声书产业出版生态的种类（如图 4 – 4 所示）。

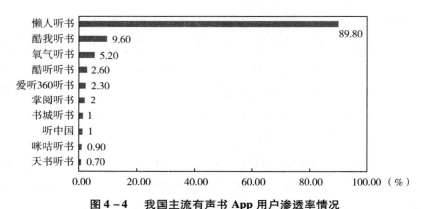

图 4 – 4　我国主流有声书 App 用户渗透率情况

2. 营销手段单一化，缩小出版生态规模

如今，酒香也怕巷子深，没有经过营销的产品很难实现盈利，单一的营销手段将会缩小出版生态的规模。但目前我国各有声书企业对营销工作的重视程度偏低，大多中小型有声书企业没有专门的营销机构。营销手段也较为单一，仅限于广告营销，通过其平台首页轮播图和自媒体发布新产品的广告来吸引用户。部分有声书企业在自媒体营销方面还比较欠缺，如咪咕听书尚未开通官方微博，鸿达以太的官方微博处于"资质未审查"状态等。单一的营销手段导致有声书产品的售卖难度提高，

① 参见蜻蜓 FM《关于我们》，http：//www. qingting. fm/about/，2017 年 11 月 15 日。
② 参见易观《透过产业及用户需求洞见声音价值》，https：//www. analysys. cn/analysis/trade/detail/1001070/，2017 年 12 月 4 日。

影响有声书企业实现盈利，从而制约了有声书产业的发展，缩小了有声书产业出版生态的规模。

（三）有声书产业需求侧杠杆支点过高，引起出版生态动荡

在有声书产业需求侧杠杆一端，用户的付费意愿低和选择平台的盲从化现象，使需求侧杠杆支点过高，有声书产业获得盈利以推动再生产难度较大，且盲从现象也易导致有声书企业出现"一家独大"的问题。这将引起有声书产业出版生态的动荡。

1. 知识付费意愿低，损害出版生态可持续性

我国有声书产业用户规模庞大，但实现盈利较少，用户的付费意愿低是一个重要原因，这将损害有声书产业出版生态的可持续性。虽然我国数字出版产业已开始迈向"内容付费"时代，但用户已经习惯了免费获取网络资源，再加上盗版现象猖獗，监管不力，致使用户对正版的有声书产品付费意愿低。我国有声书产业盈利途径主要是广告和付费有声书，但多数有声书企业为了留住用户，除了对已有纸质出版物改编的有声书、脱口秀栏目以及少数的网络文学作品实施定价外，其余有声书产品大多采取"免费"的销售策略；付费有声书价格也近乎免费，普遍集中在每集0.1—1元。用户较低的知识付费意愿，导致有声书产业获得盈利困难，难以实现资本积累推进再生产，损害了有声书产业出版生态的可持续发展。

2. 选择平台盲从化，影响出版生态多极性

有声书用户选择平台盲从化倾向显著，影响出版生态多极性。全球移动互联网数据发布平台 iMedia Research 数据显示，我国近 200 个有声书 App 中，仅懒人听书一家的听书类移动电台市场占有率就高达 50%，[①]有声书产业用户集聚效应显著。由于有声书是一个新兴事物，用户对其认识不足，故倾向于通过应用市场的下载量排名选择有声书 App，选择平台盲从化倾向明显。这导致有声书产业的"马太效应"，强者愈强，弱者愈弱；这种现象对于有声书产业出版生态来说，容易造成某家或少数几

---

① 参见《2016"互联网＋"大背景下的移动音频市场分析》，艾瑞咨询，http：//www.askci. com/news/hlw/20160718/16535043116. shtml，2016 年 7 月 18 日。

家有声书企业"一家独大",导致出版生态缺乏竞争和制约关系,市场完全由几家大型有声书企业掌控,阻碍出版生态多极性,最终使用户不得不以更高的代价为知识资源买单。

三　我国有声书产业利润杠杆发展策略

有声书产业正处于高速发展阶段,要把握有利契机,借助机遇,突破利润杠杆瓶颈,积极寻求发展策略,增强用户黏度,探索新型变现方式,实现有声书产业的快速盈利。

（一）纠偏供给侧杠杆方向,保持出版生态平衡

有声书产业利润杠杆的突围策略应从供给侧抓起,解决版权混乱和内涵欠缺的问题,纠偏供给侧杠杆方向,保持有声书产业的出版生态平衡。

1. 加强版权管理,维护出版生态平衡

有声书企业实现盈利并取得长足发展的首要步骤在于做好有声书产品的版权管理,处理好各有声书企业之间、有声书企业与版权方之间的关系。一方面,对于内容制作方生产的 PGC 产品,有声书企业要形成一套审查机制,成立专门的负责部门,保证内容、图像、音乐等不侵犯他人权益;另一方面,对于用户上传的 UGC 内容,有声书企业要加强监管,实施"事前审查制",在用户上传后通过后台进行初筛,对存疑的有声书进行人工二次筛查,并利用数据库进行版权比对,确保用户上传内容不侵犯他人版权。有声书企业要加强版权管理,从而协调好相关关系,维护有声书产业出版生态的平衡。

2. 提升思想内涵,推进出版生态发展

有声书企业需保证产品具有一定的思想内涵和较高的内容质量,以吸引用户,实现盈利,推进出版生态的发展。首先,有声书企业应加强与传统出版机构的合作。我国有 580 多家出版社,但目前参与有声书版权合作的只有中信出版社、作家出版社等少数几家,有声书企业可以与这些内容资源生产商开展深度合作,通过录制富有思想内涵的书籍的音频,提高有声书产品内容的质量。其次,适当开辟专业类有声书栏目,为专业性读者开辟收听渠道。加强对历史、科技等相对普适的专业性栏目的

建设，录制科普性有声书产品，提高收听价值，如喜马拉雅 FM 通过打造"科普有声书"品牌，推出《七堂极简物理课》等科普有声书，吸引了不少用户。[①] 再次，对用户上传的内容，要设定统一的标准，加强对音频的处理和审查，保证用户上传资源在格式、内容上符合要求。有声书企业通过提升产品的思想内涵，能够增加潜在用户，扩大用户规模，并让用户愿意付费尝试有声书，促进有声书产业资本积累，推进出版生态的发展。

（二）助力营销杠杆发展，保障出版生态稳固

针对有声书产业营销杠杆力量欠缺的问题，要根据内容实行差异化营销，丰富营销手段，解决产品"卖不出去"的问题，助力营销杠杆发展，保障有声书产业出版生态稳固。

1. 个性化发展，维持出版生态多样性

有声书企业在内容上应遵循"反木桶原理"，根据最长的一根木板确定自身的特色与优势，即找准定位，差异化营销。有声书企业不能一味通过增加栏目的方式扩大用户规模，而要结合自身实际，准确定位，打造特色，做到人无我有，差异化营销，以增强用户黏性和用户对平台的依赖度。如"吴晓波频道"专注于财经栏目，通过微信公众号发布泛财经类有声书产品，利用付费精品创新有声书变现模式，截止到 2016 年底，微信公众号用户数已超过 280 万，付费会员 20.2 万，用户规模和盈利能力超过了众多"大而全"的有声书平台。[②] 有声书企业通过个性化发展，可以更好地实现出版生态的差异化，维持有声书产业出版生态多样性。

2. 丰富营销手段，扩大出版生态规模

一是重视营销工作，这是有声书企业实现盈利的关键步骤。有声书企业在做好广告营销的同时，还需丰富营销手段，将有声书产品售卖出去。如蜂鸣营销，它是传统的"口耳相传"在新时代的创新营销方法。是通过消费者或营销人员向目标用户传播企业产品的非常廉价的营销方

①　参见蒋娟、吴燕《出版业形态的有益补充——中国有声书发展研究》，《中国编辑》2017年第 10 期。

②　参见孙利《"吴晓波频道"盈利模式分析》，《传播力研究》2017 年第 8 期。

法，在数字化时代，各种自媒体均属于"口耳相传"的范畴，有声书企业可以通过微博、微信公众号发布有声书选段和宣传海报以吸引用户，并通过优质内容产品在用户间形成口碑，使用户自愿成为帮助宣传企业的"免费媒体"。二是开展数据库营销。有声书企业可以利用大数据技术充分研究用户喜好和资源使用情况，挖掘用户与有声书产品间的内在关联，实现对用户的划分与监控，进而根据用户偏好有针对性地向其推送有声书。如懒人听书通过采集用户收听信息，建立用户数据库，对不同用户个性化推介"猜你想听"，大大提高了营销精度，有助于促进用户购买。丰富营销手段可以降低售卖难度，帮助有声书企业实现盈利，从而推动有声书产业出版生态的规模化发展。

（三）降低需求侧杠杆支点，维护出版生态稳定

高度重视用户意识问题，有声书企业要从自身开始转变，提升用户对平台的依赖度，提高用户付费意愿，并开展平台合作，形成企业联盟，共同做大做强有声书产业，降低需求侧杠杆支点，维护出版生态稳定。

1. 提高用户付费意愿，保障出版生态可持续性

转变用户意识，提高用户付费意愿，有助于有声书企业更好地实现营收。为了提高用户付费意愿，有声书企业自身要进行转变，应着眼于提高产品层次。在核心利益层次，有声书产品首先要提供最基本的音频内容；在有形产品层次，由于有声书是网络出版物，故有声书并没有实体产品，但可以通过精良的有声书产品封面海报等吸引用户；在期望产品层次，有声书企业需着力提高产品内容质量，让用户感知有用；在延伸产品层次，有声书企业应不断优化平台，改进界面，通过DTS、杜比音效等技术增强听觉感受，让用户感知易用；在潜在利益层次，有声书平台可以通过积分制等方式让用户兑换有声书，给予增值服务。在有声书产品的以上五个层次实现提升可以有效提高用户付费意愿，从而使有声书企业获取再生产的收入，保障有声书产业出版生态的可持续性。

2. 开展平台合作，促进出版生态多元化

"一家独大"和"小且分散"的发展方式都不利于有声书产业出版生态的健康发展。单一的有声书企业难免会存在版权资源匮乏、人力资源

短缺等局限性。但是通过有声书平台合作，可以较好地实现从版权到营销再到技术等方面的优势对接，各取所长，从而实现有声书企业联盟的规模经济效益。借鉴移动音乐领域的案例，2017 年 QQ 音乐和虾米音乐开展合作，二者在版权、技术等方面"抱团取暖"，从而使两个音乐平台在移动音乐市场日趋激烈的竞争态势下逆势上扬，均提高了自身市场份额。我国有声书企业也不应"与世隔绝"，而需要积极开展平台间的合作，从而提高有声书产业出版生态多元化。

第三节　"出版 + 直播"利润杠杆研究①

网络直播凭借其快速、分享、集中的社交本质，已经成为移动互联时代的主流载体之一。"无直播不传播"的口号正渐渐成为共识，全民网络直播时代已然来临。面对"直播"热潮，出版人并没有缺席这个阵地，开始尝试用这个新事物去扩展自身的影响力，并做了相当充足的准备。如今"出版 + 直播"已成为一种新的标配，作家们在新书举行发布会的时候，可能会陆续推出一些直播活动。如王蒙、何建明、刘同等，他们的新书发布会采用了直播的方式。直播在出版活动中起的作用越来越大。

然而就出版单位而言，"出版 + 直播"尚未有成熟的盈利模式与运营机制。到底如何运用"出版 + 直播"使其价值最大化、实现盈利还不是十分清晰。因此"'出版 + 直播'到底怎么卖"就成了迫切需要解决的问题，而数字出版盈利模式中的利润杠杆为解决这个问题提供了研究思路。通过分析"出版 + 直播"的营销杠杆、渠道杠杆、技术杠杆，可以解决"出版 + 直播"究竟要"怎么卖"以实现其价值最大化的问题，为探索全新的"出版 + 直播"动力机制提供参考依据。

一　"出版 + 直播"利润杠杆概述

"出版 + 直播"组合的最终目的是获取利润，这就需要出版业以"出

---

① 参见刘一鸣、朱美滢《"出版 + 直播"利润杠杆研究》，《出版科学》2017 年第 5 期。

版 + 直播"为基点采取一系列的经营活动,为目标用户群体创造最大化价值,而从中获得收益。出版业运用利润杠杆创造价值,利润杠杆是出版业盈利模式的引擎,为出版业盈利提供源源不断的动力。

（一）直播的定义与现状

直播是一种实时的互动,是一种社交和娱乐的方式。直播也是一种新的内容生产方式。直播平台,是内容聚合的平台,可以汇聚这个世界当前正在发生的事情。它以普通用户自发生产内容为基础,并由此引发人与价值内容的关联、人与人的关联、人与商业的关联,最终为用户产生商业价值的互联网商业形态。[①]

根据中国互联网络信息中心发布的报告显示,截至 2020 年 3 月,我国网络直播用户规模达到 5.60 亿,占网民总体的 62.0%。较 2018 年底增长 1.63 亿。[②] 由此可见,直播市场是一块极大的"蛋糕",而其在出版活动中的作用也越发凸显。人民文学出版社策划部主任宋强表示网络直播对于读者的代入性很强,很容易被读者接受："这个新兴的宣传阵地,对于出版来说至关重要。而这个过程既有挑战,也有机遇。挑战不言自明,而机遇就是对出版社传播能力的一种强化。"[③] 当今时代,人们获取信息、知识的途径已经发生了很大的变化,由纸上的铅字到电视屏幕再到如今的移动手机用户端。因此,出版业更应加快自身的转型,只有提高对新兴技术的运用能力,才能以更多元的方式呈现内容,从而不断获得关注,以创造更大的价值,而"出版 + 直播"为出版业提供了这样的条件。

（二）"出版 + 直播"利润杠杆解析

根据"出版 + 直播"的运营机制和盈利模式,可以将"出版 + 直播"的利润杠杆分解为三大部分:使产品最优化的内容营销所构成的营销杠杆;使传播最专化的直播平台与直播途径构成的渠道杠杆;使服务最精

---

① 参见盛娟《直播来袭,出版业营销的新风口》,《出版商务周报》2016 年 9 月 13 日第 3 版。

② 参见中国互联网络信息中心《第 45 次中国互联网络发展状况统计报告》,http：//www. cac. gov. cn/2020 - 04/27/c - 1589535470378587. htm, 2020 年 4 月 27 日。

③ 张君成:《出版社抢滩视频直播营销》,《中国新闻出版广电报》2016 年 11 月 7 日第 4 版。

化的直播技术与直播策划所构成的技术杠杆。

营销杠杆主要利用出版社自身所拥有的内容资源和大量知名作家，形成挖掘内容生产、创造文化垂直类内容的交互模式和变现模式；利用丰富的作家资源开设大型作者秀视频栏目的节目营销模式；借助直播模式呈现、传播内容的专业生成内容（PGC）模式。渠道杠杆主要有两种形式：一是出版社直接与直播平台合作，由平台方为"出版＋直播"设计一场专业性的活动；二是出版社在直播 App 上注册账号，将日常的营销活动直播出去，再通过自身的力量进行推广。技术杠杆的主要目的是优化用户体验。其主要构成为稳定的网络环境、高质量的拍摄硬件、高水平的拍摄技术及全媒体人才对出版整体的策划和直播话题的精心设计。通过技术杠杆提供优质的直播服务，不断完善用户体验，增强用户黏度。

综上所述，"出版＋直播"通过综合运用营销杠杆、渠道杠杆以及技术杠杆使得产品最优化、传播最专化、服务最精化。并为"出版＋直播"目标用户群体创造最大化价值，为企业获得利润提供有力的保障。

二　"出版＋直播"利润杠杆发展困境

目前，"出版＋直播"模式才刚起步，依靠现有的利润杠杆创造的价值还十分有限，出版企业要想从中盈利，还需要从营销杠杆、渠道杠杆、技术杠杆三个方面找到问题、分析对策。

（一）"出版＋直播"营销杠杆支点偏斜

直播发展非常迅速，大量资本也随之涌入，导致直播出现恶性竞争，内容同质化、追求眼球经济等问题渐渐显露，这对新兴的"出版＋直播"模式产生了不小的负面影响，使其营销杠杆支点出现偏斜，导致宝贵的出版之力使错方向。

1. 直播产品的内容营销同质化，削弱"出版＋直播"营销吸引力

随着越来越多的投资者加入网络直播行列，网络直播平台如雨后春笋般涌现，然而各平台网络直播商业运作方式雷同，缺乏创新。纵观国内各大直播平台，多以游戏电竞和美女主播为主，主播颜值、猎奇内容

成为主题元素，虚拟礼物打赏为主要变现模式，没有形成精细化和个性化的平台发展策略。[①] 而目前的"出版＋直播"营销模式也存在简单模仿的问题，有些出版企业只是简单地让作家们通过短视频的方式介绍新书，没做更多的深入挖掘，内容单调，使得"出版＋直播"这种文化类的传播方式很难从众多的文化产品中脱颖而出。

2. 直播市场一味追求眼球经济，导致"出版＋直播"营销低俗化

在资本的大力推动下，网络直播平台间竞争加剧。为迎合大众的文化趣味，越来越多浅薄和庸俗的节目内容不断消解人们的底线。[②] 内容生产缺乏规划，什么能赚钱就上什么类型的内容，导致内容庞杂。这种风气也在一定程度上影响着"出版＋直播"，例如在 2016 年 8 月的上海书展上，作家张悦然与韩寒的对话直播中，一位情绪激动的观众突然将矿泉水瓶投向了台上的嘉宾。虽然这只是一个小小的插曲，却有人建议将这一段视频放到网上，以获得更高的关注度。可见一些出版人对于"出版＋直播"营销的理解还不透彻，还只是一味地追求眼球经济，没有守住出版营销的底线。

（二）"出版＋直播"渠道杠杆支点分散

直播是视频形态的新型传播形式，有很强的实时性，而目前直播渠道众多，还很难准确地对"出版＋直播"渠道进行定位，这就意味着"出版＋直播"渠道杠杆支点的分散，使出版企业的传播力没用在刀刃上，从而承受更大的传播风险。

1. 直播平台众多，直播方式多样，扰乱"出版＋直播"渠道选择

国内目前出名的网络直播平台已有十几家，包括斗鱼、熊猫、虎牙、火猫、全民等。根据直播内容的差别，网络直播可划分为游戏直播、生活直播和秀场直播。根据直播平台类型的不同，网络直播也可划分为三类：专门式网络直播平台、捆绑式网络直播平台和附属式网络直播版块。无论何种类型的网络直播平台，都在全面扩充直播内容，加快对产业链各个环节要素的争夺。然而如此众多的直播平台与直播方式，却很少有

---

① 参见朱兵杰《网络视频直播存在的问题及对策》，《新闻世界》2016 年第 7 期。
② 参见高雪新、李东《大众媒体泛娱乐化及其影响》，《新闻世界》2013 年第 5 期。

专门针对文化出版的直播平台，出版企业很难找到适合自身的传播平台。出版企业要想获得良好的直播效果，只能在多个直播平台投放内容，这将导致出版企业核心受众分散，加大"出版＋直播"渠道构建的成本。

2. 直播 App 多而不专，卸载频繁，影响"出版＋直播"渠道稳定

目前，内嵌直播功能的知名 App 主要有四类，新闻类、视频类、电商类和社交类。在纯直播 App 方面，又分为娱乐类、"直播＋游戏"类、直播与垂直领域的融合类三类，还没有专门的出版类直播 App。而贵士移动公司（Quest Mobile）发布的最新网络直播数据显示，无论是在安卓系统中还是在 iOS 系统中，网络直播 App 卸载率都很高，例如花椒直播，卸载率达到 53.4%。① 这表明，各类泛娱乐直播 App 中的有关出版的直播内容将受到很大影响，因为这种高卸载率会对"出版＋直播"的传播渠道构建产生负面效应，不利于受众对自己喜爱的"出版＋直播"内容进行持续关注，影响"出版＋直播"内容产品传播渠道的稳定性。

（三）"出版＋直播"技术杠杆支点欠缺

直播技术与直播人才分别代表了"出版＋直播"技术的硬实力与软实力两个层面，目前"出版＋直播"在两个层面的不足，暴露出"出版＋直播"技术杠杆支点不成熟的尴尬，使技术杠杆施用乏力。

1. 技术未完善，难以满足直播要求，影响"出版＋直播"硬实力

任何事物都有两面性，虽然直播为出版提供了全新的价值创造方式，但尚在发展初期，存在很多技术盲区。首先，在技术与硬件方面：很多"出版＋直播"活动为了保证画面稳定和声音清晰，其拍摄镜头都选择静态方式，难以对视角进行自如切换，影响观看效果。其次，"出版＋直播"的网络技术要求高，直播过程中要确保网络稳定，不能中断，这就需要将直播固定在相应场所，致使直播场景较为单一，如受举办地无线网络信号不稳定因素影响而放弃举办的人民文学出版社泰戈尔朗诵会直播。这些技术方面的不足削弱了直播为受众营造的现场感，影响受众的观看体验，也反映出目前"出版＋直播"的硬实力亟待提升。

① 参见 Quest Mobile《Quest Mobile 发布最新网络直播数据：真相惊人》，《中国周刊》2016年第 7 期。

2. 人才培养断层，无法跟进式发展，削弱"出版 + 直播"软实力

出版企业对直播的了解还处于初级阶段，在专业"出版 + 直播"人才的培养方面还未跟上直播发展趋势，导致直播的策划水平低，难以对"出版 + 直播"做整体性把握。直播人员难以掌控"出版 + 直播"过程中存在的未知性，成为"出版 + 直播"中较为棘手的问题。上述未知性主要表现在两个方面：一是作家的发言，他们是否会临场发挥，或涉及一些敏感话题；二是读者互动，他们是否会说出一些带有侮辱性的词语，造成局面失控。① 专业的"出版 + 直播"人才不足将会放大这些问题，影响"出版 + 直播"的传播质量。因此，急需加强人才培养，提高"出版 + 直播"软实力。

三　"出版 + 直播"利润杠杆发展策略

虽然"出版 + 直播"目前还处于探索阶段，但其在未来的常态化是一种必然趋势。目前很多出版企业尚处于观望阶段，甚至近乎迷茫，但此过程不宜太久，否则就会失去竞争先机。因此"出版 + 直播"利润杠杆支点的确立就显得尤为迫切，只有解决好这些问题才能为出版业创造新的发展模式和盈利增长点。

（一）扶正营销支点，实现"出版 + 直播"产品的最优化

1. 充分利用出版自身资源优势，提升"出版 + 直播"营销吸引力

出版业做直播有独到优势，大量知名作家和内容资源都为其奠定了良好基础。一方面，出版企业应该充分发挥作者的号召力，培养作者的直播镜头感，策划吸引人的话题，发展专业模式。如 2016 年 4 月 23 号"世界图书日"，罗辑思维创始人罗振宇和他邀请的徐小平、黄磊、吴晓波等 10 位大咖，在优酷自频道进行了一场为粉丝荐书的读书会直播。这次直播联合天猫、淘宝进行全球直播，不仅读书会的视频直播和回放皆为付费模式，而且 5 个小时的直播中全程通过罗辑思维天猫旗舰店进行商品销售，取得了很好的效益。另一方面，出版企业不仅可以将直播作

---

① 参见张君成《出版社抢滩视频直播营销》，《中国新闻出版广电报》2016 年 11 月 7 日第 4 版。

为一种宣传手段，还应着重把自身丰富的内容资源与直播结合，生产有趣互动的文化类产品。例如中信出版集团联合优酷土豆推出大型作者秀视频栏目"中信'大集'知识Show"，集科技、经济、社会、人文、历史、艺术等内容于一体。不同于传统意义上的视频节目，"大集"旨在做一档文化垂直类直播节目。线上，优酷平台独家直播，优酷会员免费观看，普通观众需购买会员后观看；线下，观众购买现场票，或参与前期互动赢取现场票。出版社通过挖掘自身所拥有的知名作家和内容资源，能很好地展现"出版＋直播"蕴含的魅力，不断吸引读者注意。

2. 坚守出版底线，加大文化传播，打造"出版＋直播"营销品牌

"出版＋直播"应该保留出版的"文化秉性"，将精神生活贯彻其中。作为文化类的直播平台，应该注意导向功能，始终把先进文化作为关注的重点。如人民文学出版社65周年社庆时，发起"逛人文社，探秘文学名著出版地"直播活动，直播的内容包括带网友去找社长、编辑聊人文社的历史，聊名作出版前后的故事以及如《哈利·波特与被诅咒的孩子》等新书的最新进展。这场直播活动备受赞誉，直接拉动了人民文学出版社图书的销售。2016年10月14日，人民文学出版社趁热打铁，与天猫联手推出一场直播活动，推荐该社品牌图书。在直播过程中，网友可随时点击商品链接购买。这种形式也受到了出版界的认可。① 对于出版社来说，这种直播活动的意义不仅在于对图书的宣传，也是对出版社整体形象的推广，同时能直观地展现每本书从选题策划到印刷出版过程中蕴含的出版文化，传递出版社的文化理念，打造出版品牌。

（二）找准渠道支点，保证"出版＋直播"传播的最专化

通过准确定位，为"出版＋直播"渠道杠杆在繁杂的渠道支点中确定合适的施力点，使其力有可施，并将"出版＋直播"的信息传递给核心受众，提高传播的专业性，扩大影响力。

1. 准确定位合适的直播平台，开拓专业的"出版＋直播"发送渠道

"出版＋直播"的成功与否取决于其影响力大小，而准确地把直播信

---

① 参见王婷《出版如何借直播利器变现内容》，《中国出版传媒商报》2016年10月11日第2版。

息传送给核心受众将会收到极好的效果，正确的平台定位在其中扮演着重要角色。流量与影响力，是出版社与直播平台共同追求的目标，唯有紧密合作才能获得双赢。出版社对于平台的选择应有针对性，主动出击，认真分析直播平台的文化属性和平台的人气。目前，腾讯文化是出版机构最青睐的直播平台，已与数十家出版社合作过。腾讯文化平台追求将文化元素融合于直播节目，这是其选择与出版社合作的重要原因。出版社与直播平台合作，不仅是彼此价值观的联合与碰撞，也是联合新媒体平台技术优势发现新商机、打造影响力的重要渠道；而对于直播平台来说，此举有助于其不断挖掘内容生产，寻找文化垂直类内容的交互模式和变现模式。如果能够保证这个层面的统一，那么两者之间的合作也将更为顺利，从而扩展"出版＋直播"的影响范围。

2. 构建出版类直播 App，以保障"出版＋直播"渠道稳定

据悉，现今各大传媒集团纷纷推出有助于自身发展的直播 App，例如中央电视台的"CCTV"、湖南卫视的"芒果 TV"、浙江电视台的"蓝朋友"等。通过这些 App 的推广，各大传媒集团成功地拓展了自己的传播渠道，获得了更高的关注度。由此可见，出版业通过自身研发的直播 App 来构建直播渠道，也可能会有所作为。通过构建专门的出版类直播 App 将出版企业日常的营销活动直播出去，依靠自己的力量不断推广，能很好地聚合出版业本身具有的庞大用户，极大保障其渠道发展的稳定，让越来越多的人涌向"出版＋直播"，感受出版独特的魅力。

（三）筑立技术支点，达到"出版＋直播"服务的最精化

技术杠杆作用的发挥，必须不断为"出版＋直播"发掘新的硬实力和软实力，只有两种实力兼备，才能成功地筑就"出版＋直播"的技术支点，为其发展提供最精良、优质的技术保障。

1. 发掘新技术，提高直播质量，强化"出版＋直播"技术硬实力

直播技术提升，是"出版＋直播"可持续发展的重要保障。结合新科技，使直播方式呈现多元化十分必要。[①] 2016 年是 VR 技术爆发的一

---

① 参见陈洁《网络直播平台内容与资本的较量》，《视听界》2016 年第 3 期。

年，无论是电影观看、会议直播还是游戏比赛、音乐演唱会，都可以利用 VR 技术体验身临其境的直播效果。VR 技术不仅颠覆了直播观看体验，更将为直播平台延伸出新的产业链条和盈利增长点。"出版＋直播"最大的功能是代替读者的眼睛去看，因此，拍摄画面不能一直停留在固定的位置，要通过远景和近景的切换产生变化，必要时还需要采取多机位拍摄，而 VR 技术的运用能很好地解决这个问题。VR 技术能给受众更强的真实感，使之产生一种"我在现场"的参与感，提高"出版＋直播"的质量，优化用户体验，为"出版＋直播"注入活力，增强技术硬实力。

2. 培养新形势下的全媒体人才，提高"出版＋直播"技术软实力

"互联网＋"环境下，出版单位对全媒体人才的培养与引进要给予高度重视，在人才培养机制方面进行积极探索。出版企业可以选派人员到合作的直播平台工作，让出版人员参与直播实践，逐步适应"出版＋直播"的思维模式和运营机制，不断提高自身综合素质，完成向全媒体人才的转变。未来，全媒体人才是"出版＋直播"发展的关键所在，新颖的内容创意、对新技术的灵活应用以及对直播活动的全方位组织能力，能在很大程度上减小"出版＋直播"过程中突发事件带来的负面影响，提高"出版＋直播"技术软实力。

"出版＋直播"是一种新兴的互联网传播模式，它的兴起将会带来更多的经济效益。通过对"出版＋直播"利润杠杆的研究，对其营销、渠道、技术进行剖析与综合运用，构建动力机制，将为目标客户创造最大化价值，实现出版业自身的盈利。出版业要充分利用直播这件利器，在新的时代中实现科学、可持续发展。

第四节　学术期刊云阅读 App 利润杠杆研究①

在"互联网＋"时代的冲击和挑战下，"云端融合"的阅读发展模式

---

① 参见汪全莉、陈瑞祥《学术期刊云阅读 APP 创新探析》，《中国出版》2019 年第 5 期。

逐步成为促进学术期刊知识服务行业转型升级的重要途径，"内容为王＋技术驱动①＋机制创新＋渠道畅通"形成知识服务行业融合发展的新价值链条，各大内容提供商纷纷向知识服务商转变，以期赢得云阅读模式深入发展带来的红利。但时下我国的学术期刊知识服务商虽然掌握了核心的内容资源，在渠道、技术及营销等方面却无法将现有的内容资源转为盈利增长点，难以通过云阅读模式获得可观效益。对学术期刊知识服务商来说，以何种方案使基于云阅读的盈利模式得以成功实践这一问题还未有成熟的解决方案。学术期刊云阅读 App 如何在挖掘核心内容资源的同时，通过渠道、技术、营销等维度深耕数字阅读市场，也是业界关注的热点，而数字出版盈利模式中的利润杠杆为我们化解这一难题开辟了新的探索路径。

一 学术期刊云阅读 App 利润杠杆概述

云阅读 App 是指基于"云环境"开发的可以在任意时空开展信息获取行为的终端数字阅读应用程序。云阅读 App 能够成功筑就有赖于云计算技术的逐步成熟。"云计算"是通过网络访问信息资源池并分配信息产品及服务的技术，能够实现信息产品和服务分配的快速化、按需化和精准化。其中的网络媒介即为"云"，② 通过"云"向目标用户供给虚拟资源池的产品和服务时发生的环境就是"云环境"。云阅读 App 通过"云"为目标用户群体创造令其耳目一新的数字阅读新环境。

（一）学术期刊云阅读 App 发展状况

时下我国的云阅读 App 市场发展方兴未艾，网易、搜狐、当当等云阅读 App 大放异彩并获得可观效益。当当云阅读品牌升级后的首个"双11"，销售额增速超过 200%，累计用户已超 4000 万，③ 成为全球最大的中文数字阅读社区。当当云阅读"双 11"告捷有力地证明了云阅读模式

---

① 参见褚定华《在"技术驱动＋内容为王"中迎来曙光》，《中国新闻出版广电报》2017年 11 月 28 日第 6 版。

② 参见张学军《"数字化"引领时代"云阅读"改变生活》，《图书馆建设》2012 年第 8 期。

③ 参见原业伟《当当云阅读品牌升级后首个双 11，销售额增速超 200%》，《出版商务周报》2017 年 11 月 12 日第 4 版。

已被市场广泛认可，对学术期刊云阅读 App 的发展有着积极的借鉴意义。

学术期刊云阅读 App 即基于"云环境"打造的学术期刊数字阅读应用程序。然而与当当云阅读等 App 的业绩相比，我国的学术期刊云阅读 App 发展略显苍白，无傲人的销售成绩，也无可以与之相媲美的用户规模。人们已经普遍接受了云阅读模式，乐于享受云阅读 App 所带来的便利化知识服务，可以预料云阅读 App 市场定会成为数字阅读活跃的乐土。由此，学术期刊云阅读 App 要加快自身的转型升级，推动云阅读模式朝更深层次的方向发展。

（二）学术期刊云阅读 App 利润杠杆解析

结合学术期刊云阅读 App 的运营机制和盈利模式，可以从利润杠杆的四个维度进行解读：基于资源特色化的内容杠杆；基于知识集聚化的渠道杠杆；基于体验充盈化的技术杠杆；基于价格浮动化的营销杠杆。内容杠杆大多是依靠学术期刊出版机构现有的学术资源和签约的学术专家，通过纵向的垂直化发展，让沉淀的学术资源焕发新生机。渠道杠杆一是要通过市场手段整合，化解学术期刊云阅读 App 多而不强的局面；二是要合理利用学术期刊协会、组织制定行业标准，寻求各 App 数字化格式的统一。技术杠杆的出发点是提升用户体验度，需要学术期刊云阅读 App 向提升用户界面设计的交互性和增加内容呈现的多样化两个方面努力。营销杠杆则是从目标用户群体对价格变动的敏感程度入手，通过建立市场化价格反应机制，正确把握学术内容在现实中所被认可的估值，用价格营销的方式吸引目标用户的注意力。

总而言之，学术期刊云阅读 App 采取增强内容杠杆和构建渠道杠杆、技术杠杆、营销杠杆的途径，使内容特色化、渠道集聚化、技术充盈化、营销浮动化，使学术期刊云阅读 App 的目标用户群体能够享受极致的用户体验。

二　学术期刊云阅读 App 利润杠杆发展瓶颈

学术期刊知识服务商在云阅读市场中鏖战多年却鲜有佳绩，说明其利润杠杆不符合云阅读市场的发展趋向。学术期刊知识服务商若想成功立足云阅读市场，就必须有针对性地分析现行的利润杠杆，寻求突破的策略。

（一）学术期刊云阅读 App 内容杠杆薄弱

虽然市场上的学术期刊出版物种类丰富，但内容优质者占比不高。加之越来越多的社会资本向知识服务领域倾斜，市场竞争日趋激烈，导致学术期刊云阅读 App 内容基点薄弱。

1. 优质内容匮乏，动摇杠杆根基

优质内容拥有量是衡量学术期刊云阅读 App 是否具有吸引力的重要指标。时下各个领域的核心学术期刊数量基本保持在一个较为稳定的区间，数目甚少。截至 2020 年 5 月 15 日，中国知网的全球学术快报 App 共有包含 1966 种核心期刊在内的 8789 种学术期刊，核心期刊占比为 22.37%；而维普中文期刊助手 App 共有包括 2459 种核心期刊在内的 15375 种学术期刊，核心期刊占比则仅为 15.99%。稀缺的优质学术期刊数字出版物与繁多的学术期刊云阅读 App 之间的矛盾使得现下的学术期刊云阅读市场呈现出僧多粥少的现象，极大地影响了利润杠杆内容支点的牢固性。

2. 市场竞争严峻，杠杆支点分散

资本的涌进使学术期刊知识服务平台"遍地开花"。全球学术快报 App、中文期刊助手 App 等新兴学术期刊 App 大多将注意力投向核心学术期刊，致力于夺取学术期刊的资源高地。同时部分优质学术期刊实施独家授权、网络首发等合作形式，推高平台对学术资源竞争的热度。例如，中国知网下属的全球学术快报 App 拥有若干图书情报类学术期刊的独家数字出版物。这场资源争夺战使得学术期刊的版权费用被人为拉高，单一云阅读 App 无力承担高昂的版权费用，使学术期刊被不同云阅读 App 分散化拥有的可能性大幅度提高，致使学术期刊云阅读 App 利润杠杆的内容支点趋向分散化，影响平台内容的聚合度。

（二）学术期刊云阅读 App 渠道杠杆离散

云阅读是当今我国知识服务商构建的新型数字阅读形式，对采用云阅读的学术期刊 App 而言具有极高的利用价值。面对时下众多的学术期刊云阅读市场平台，目标用户群体难以抉择，甚至产生厌烦心理，导致学术期刊云阅读 App 渠道杠杆支点离散，无法获得大规模的用户，失去诸多盈利机会。

1. 干扰用户选择，弱化聚拢效应

学术期刊云阅读 App 趋于离散，CAJ（中国学术期刊）云阅读 App、全球学术快报 App、中文期刊助手 App 等都是基于云端模式打造的学术期刊云阅读 App。根据平台学术期刊所属范围划分，学术期刊云阅读 App 主要分为两类：精领域期刊 App 和泛领域期刊 App。其中 ArXiv（预印本数据库）、EndNote（参考文献管理软件）等精耕单一领域的学术期刊 App 逐渐受到追捧。据数字出版产业趋势的分析，行业垂直领域第三方学术期刊平台将大量涌现[1]，表明未来云阅读 App 可能数倍于今，将使现有学术期刊资源和用户被更多云阅读 App 瓜分，加深渠道对目标用户群体选择的干扰，弱化现有学术期刊云阅读 App 对内容和用户的聚拢效应。

2. 格式转换困难，降低使用寿命

不同的学术期刊云阅读 App 采用不同的数字化格式，数据格式不兼容且互相排斥的平台障碍设置，会消耗用户的时间和精力，使用户对平台的忠诚度和使用黏度贬值，这些负面效应的沉淀极可能引发情绪化卸载行为。例如，全球学术快报 App 中很多学术期刊是 EPUB 格式，中文期刊助手 App 中的期刊是 PDF 格式，CAJ 云阅读 App 中的期刊则是 CAJ 格式，转换这些数据格式需用户安装第三方应用程序。这样的渠道杠杆极可能令用户产生负面情绪和消极态度，进而产生卸载行为，降低学术期刊云阅读 App 的使用寿命，难言规模性的用户增长和利润攀升。

（三）学术期刊云阅读 App 技术杠杆贫乏

云阅读 App 相较于其他阅读 App 有着较大优越性。在内容载体方面，云阅读 App 支持多元化载体呈现；在用户界面方面，云阅读 App 注重提升用户体验。然而目前国内学术期刊云阅读 App 在这两方面的技术应用

---

[1] 参见中国数字出版产业年度报告课题组、张立、王飚《"十三五"开局之年的中国数字出版——2016—2017 中国数字出版产业年度报告主报告（摘要）》，《出版发行研究》2017 年第 7 期。

不够到位，因而受用户诟病，使得技术杠杆贫乏的事实显露无遗。

1. 内容呈现浅显，无法适应环境变化

基于"云环境"的阅读 App 应能够适应用户获取知识服务的时间、地点等场景的变化，使云阅读 App 大都会运用多媒体技术使内容载体更加全面，解决环境变化与载体不足的矛盾。然而国内的学术期刊云阅读 App 基本仅能提供纸质文献的数字化图文形式，没有充分运用媒体技术杠杆对学术期刊资源进行垂直化的深耕，未能使其内容呈现方式朝向多样化。对用户阅读习惯等主观因素洞悉不足，体现出学术期刊云阅读 App 在阅读延伸的深度方面有待强化，须适应客观实际中用户周遭环境变化的任意性。

2. 界面设计简略，难以满足用户需求

打造云阅读模式的出发点之一在于精准的用户需求脉络，所以云阅读 App 在用户体验方面下了大功夫。国内现有的学术期刊云阅读 App 主要是从学术期刊的定位出发对纸质文献进行数字化改造，忽视了自身同时还具备 App 特点，所以对用户体验技术应用不足，导致用户体验的更新跟不上用户需求的增长。例如，全球学术快报 App 的用户界面虽然应用了定制推送、分享、评论等技术来提升用户体验，但尚未建立起学术论坛、互动社区等交互性结构，用户体验技术应用不充分制约着其发展高度，使其无法完全满足用户日益增长的个性化需求。因此在用户体验的技术杠杆层面，学术期刊云阅读 App 还有提升空间。

（四）学术期刊云阅读 App 营销杠杆僵化

价值决定价格，价格围绕价值上下波动。而学术期刊云阅读 App 在价格和营销机制上却截然相反，一方面学术期刊数字出版物价格调控无法快速地准确把握；另一方面付费机制越来越趋向于保守，使得学术期刊云阅读 App 的营销杠杆日益僵化。

1. 价格调控滞后，削弱用户购买欲望

数字出版物是一种长尾商品，价格调控对其市场销售具有重要的影响，尤其是学术期刊数字出版物这类知识沉淀度、时效性极强的产品。然而学术期刊的价值却被人为统一，按页数赋予同样的价格。例如，CAJ（中国学术期刊）云阅读 App 制定的流量计费标准规定：常规期刊数字出版物 0.5 元/页，独家数字出版物 1 元/页。① 而当当云阅读等 App 则会根据市场销售状况适时调整价格。这暴露出学术期刊云阅读 App 在价格调控方面严重滞后于市场，在价格营销方面忽视用户对价格变动的敏感程度，使得部分潜在用户为高昂的价格而止步，削弱了营销杠杆在刺激用户购买欲望方面的影响力。

2. 付费机制单一，降低用户使用黏度

国内的学术期刊云阅读 App 通过平台自制的价格固化收费标准，取代了市场决定价格的标准，无法充分回应"市场起决定作用"的诉求。而学术期刊 App 所拥有的资源并非相同，用户在付费购买时，需要从质量筛选和价格比较两方面加以衡量。而应用内单一、高额、保守的按页收费方法，会降低其付费机制在用户购买知识服务方面的吸引力，使得用户基本只有在不得已的时候，才会购买平台内的产品或服务，减弱用户的活跃程度和使用黏度。

三　学术期刊云阅读 App 利润杠杆发展策略

虽然学术期刊云阅读 App 发展还不尽如人意，但伴随着知识服务发展的深化，云阅读模式必将为学术期刊 App 筑就光明的前途。可以从以下四个方面创新学术期刊云阅读 App 利润杠杆的发展路径。

（一）增强优质学术内容的开发，使内容杠杆特色化

1. 打造"刊网融合"发展模式，提升平台的内容竞争力

由于学术期刊出版机构在市场运营及数字化方面能力偏弱，主要通过第三方学术期刊平台售卖网络学术资源，这为学术期刊云阅读 App 创造了较好的外部内容环境。② 而"刊网融合"模式使学术期刊云阅读 App 与学术期刊出版机构在明确各自运营战略的基础上合作共赢，将促使双方出版与传播优势耦合化。出版机构可通过云阅读知识服务商集约化、规范化的学术期

---

① 参见《中国知网流量计费标准表》，中国知网，http：//vipcard. cnki. net/ec/czzx/account/account. html，2017 年 12 月。

② 参见李子木《中国知网开启学术期刊转型发展新模式》，《中国新闻出版广电报》2017年 3 月 8 日第 3 版。

刊新型数字出版流程，推升自身内容的数字化。而云阅读服务商则可运用其技术与分销优势，与出版机构达成学术资源版权共享、纸电同步或全面网络化发行等合作形式。刊网融合的分工明确将促使双方业务重心合理配置，有力促进出版机构对学术内容加工编排质量的保证，强化平台优质内容聚合度。

2. 加强特色学术期刊资源开发，巩固平台内容竞争力

学术期刊云阅读 App 可以直接与知名学术专家签订法律合约，运用薪酬、奖励机制鼓励专家将学术版权出售或委托给平台；通过扶助计划引导学术专家挖掘优质内容并将其发布在本平台上，让读者与学者、学者与学者近距离接触。例如，万方数据网站显示，该网站通过自建学术圈，为平台认证学者提供资金补助和在线交流等定制服务。截至 2020 年 5 月，其学术圈专家学者已累计为平台提供了 20725892 篇学术论文。[①] 而全球学术快报 App、中文期刊助手 App 等学术期刊云阅读 App 虽已架构人物或学者动态模块，但其功能仅限于学术成果展示，较难激励学者为平台提供优质内容。因而学术期刊云阅读 App 可考虑通过构建平台学术圈汇聚学者资源，筑牢特色内容优势。

（二）鼓励宽泛无界生态的构建，使渠道杠杆集聚化

架构网络接入宽泛化平台以保障其使用长久性。平台过多会分散潜在用户的注意力，降低其生命周期。因而构建集群化学术期刊云阅读平台是有长远前景的。研究表明：集群化发展成为学术期刊增强实力、推动转型、提升品牌的重要途径。[②] 一方面，统一的学术期刊云阅读 App 平台应满足不同终端的接入，使用户可利用多种设备进行无界阅读。以亚马逊的 Whispersync（跨平台同步）阅读服务为例，用户在手机或 iPad、Kindle 等设备上都可进行阅读，[③] 这种服务可节约用户的时间和精力，减

---

① 参见《万方数据知识服务平台》，万方网，http：//www. wanfangdata. com. cn/，2017 年 11 月 1 日。

② 参见中国数字出版产业年度报告课题组、张立、王飚《"十三五"开局之年的中国数字出版——2016—2017 中国数字出版产业年度报告主报告（摘要)》，《出版发行研究》2017 年第 7 期。

③ 参见懂懂笔记《亚马逊：从纸电同步到无边界阅读》，http：//www. jiemian. com/article/1021819. html，2016 年 12 月 19 日。

少发生情绪化卸载的可能性。学术期刊云阅读 App 可在原有云同步服务的基础上，构建允许多种终端接入的无边界平台，增强其聚拢效应。另一方面，依靠行业组织共享数据格式，增强平台使用兼容性。学术期刊云阅读 App 数据格式互不兼容，使文本转换费时耗力，不利于平台长远发展，因此需要通过行业力量推动学术期刊平台数据格式兼容化。通过这两方面的提升，鼓励学术期刊云阅读 App 构建宽泛化、聚拢化、共享化的学术服务新生态，使平台因无界化而更加稳定。

（三）提升前沿体验技术的应用，使技术杠杆充盈化

学术期刊云阅读 App 充溢技术，不仅需加固用户体验的个性化，还需借鉴同模式 App 的支撑技术。通过筑牢这两个层面的强度，才能充分发挥技术杠杆促进学术期刊云阅读 App 发展的作用。

1. 开发学术问答服务，满足用户个性需求

云阅读 App 相比传统 App 的竞争重心表现即"精准知识服务"[①]，而打造知识问答社区将是实现这一目标的关键切入点。打造知识问答社区即架构连接学者与用户的枢纽，让学者在平台及时回应用户疑问。目前，国内有知乎 Live（实时语音问答）、有问、Quora（一个在线知识市场）等实时问答 App。这种精准化服务模式既能解决用户个性化的学术困惑，也能经由用户提问为学者增加研究思路，有利于提升用户及学者的忠诚度与黏度。

2. 提升用户体验技术，适应环境变化需要

中国互联网络信息中心研究表明：以人工智能为核心的技术发展成为资讯服务平台的核心竞争力。[②] 人工智能是指通过感应环境变化采取对应行为，从而赢得效益的应用软件。人工智能覆盖面极广，囊括了智能推理、机器视觉、AI（人工智能）技术、智能搜索、机器翻译、语音识别、深度学习、数据挖掘、知识图谱等。[③] 学术期刊云阅读 App 可基于人

---

① 陈晓峰、云昭洁、万贤贤：《媒体融合精准知识服务助推学术期刊供给侧改革》，《中国科技期刊研究》2017 年第 9 期。

② 参见中国互联网络信息中心《第 40 次〈中国互联网络发展状况统计报告〉发布》，http://cnnic.cn/gywm/xwzx/rdxw/201708/t20170804_69449.htm，2017 年 8 月 4 日。

③ 参见张新新、刘华东《出版 + 人工智能：未来出版的新模式与新形态——以〈新一代人工智能发展规划〉为视角》，《科技与出版》2017 年第 12 期。

工智能打造不受场景局限的知识服务平台。譬如，建立社交化用户在线交流社区，增强平台社交性质和流量汇入；垂直开发学术期刊，打造视阅听一体化数字阅读形式；捕捉社会需求潮流，开发"学术＋短视频""学术＋直播"等学习形态。通过建立以人工智能为技术核心的学术期刊云阅读 App，缓解先进技术应用不足的现象。

（四）推动市场费用机制的落实，使营销杠杆浮动化

现有学术期刊云阅读 App 价格调控落后、付费模式单一的两个问题使营销杠杆僵化，限制其盈利能力。因而需革新这两个营销环节以促进利润增长。

1. 根据市场调节要素打造新型价格机制

习近平总书记在中国共产党第十九次全国代表大会上作的报告中提及坚持新发展理念时强调，"使市场在资源配置中起决定性作用"[①]。这表明市场化价格反应机制是被肯定的。首先，对学术期刊的内容价值和使用实效准确定位，评估其符合市场的合理价格区间；其次，自身作为知识服务售卖方，要正确把握所拥有学术期刊的价格尺度；最后，充分考虑买方对于学术期刊的价值判断和价格预估。通过打造连接商品、卖方、买方三个市场要素的价格反应体系，活跃僵化的营销杠杆。

2. 采用多元化知识付费模式促进用户消费增长

目前被学术期刊 App 大量运用的下载全篇论文阅读付费的模式[②]，模式单一、价格高昂，使得用户与消费增长缓慢。而我国云阅读 App 市场的付费模式呈现多样化，除按单本单篇收费，还有按时间的包月、包季度、包年模式，租阅模式，折扣促销，打包统销等系列付费模式，满足不同收入层次用户的知识获取需求，推动学术资源的去库存化。因此，学术期刊云阅读 App 应充分借鉴其他付费模式，使营销杠杆撬动积压的学术期刊，从而使之焕发新价值。

---

① 习近平：《决胜全面建成小康社会　夺取新时代中国特色社会主义伟大胜利》，人民出版社 2017 年版，第 21 页。

② 参见钱筠《APP 时代学术期刊的发展策略》，《编辑学报》2015 年第 1 期。

第五节　移动阅读利润杠杆研究①

移动阅读以其即时性、碎片化等特点，日益成为当下成年人主要的阅读方式之一。②③ 但是，移动阅读的平台运营商或内容服务提供商缺乏统一的标准，使移动阅读服务质量良莠不齐，用户体验较差，而用户忠诚度和使用黏性是移动阅读普及的主要原因，因此提升用户体验将对移动阅读市场规模的扩大有重要影响。而时下的消费者习惯了免费获取出版资源，使较大的市场规模未必能带来较高的营收。本研究通过问卷调查法，探讨移动阅读用户体验和付费意愿之间的关系，并以利润杠杆为视角，提出相关的可行策略，为移动阅读实现盈利提供借鉴依据。

一　移动阅读利润杠杆概述

（一）移动阅读发展现状

目前，我国移动阅读市场竞争激烈，主要包括以下几个运营主体：一是腾讯、阿里、百度等互联网企业，二是阅文集团、掌阅科技、中文在线等传统数字阅读品牌，三是移动、联通、电信等电信运营商，四是当当、亚马逊、京东等电商平台。随着数字技术和移动媒介的不断兴起，移动阅读呈现出强劲的发展态势。《2018—2019 中国数字出版产业年度报告》显示，2018 年我国移动阅读增长势头明显，其中，互联网期刊收入达 21.38 亿元，电子书收入达 56 亿元，数字报纸（不含手机报）收入达 8.3 亿元，博客类应用收入达 115.3 亿元。④ 由此可见，移动阅读市场仍将成为推动数字出版产业进一步发展的重要力量。

---

① 参见刘一鸣、谢泽杭《基于用户体验的移动阅读付费意愿研究》，《中国传媒报告》2018 年第 10 期。

② 参见 CNNIC《第 39 次中国互联网络发展状况统计报告》，http：//www. cnnic. net. cn/hlwfzyj/hlwxzbg/hlwtjbg/201701/t20170122_66437. htm，2017 年 1 月 22 日。

③ 参见《中国国民阅读调查：人均每天微信阅读 26 分钟每年读书 7.86 本》（新华网），《今传媒》2017 年第 4 期。

④ 参见中国数字出版产业年度报告课题组《2018—2019 中国数字出版产业年度报告》，http：//www. sohu. com/a/337636639_734862. htm，2019 年 8 月 30 日。

（二）移动阅读利润杠杆解析

移动阅读利润杠杆是企业以获取利润为目的，为目标用户群体创造最大化价值的一系列活动方式。利润杠杆解决的是出版产品"怎么卖"的问题①，它是移动阅读盈利模式的动力引擎，为移动阅读实现盈利提供动力支撑。移动阅读利润杠杆能够通过一系列有效的经营活动提高用户的付费意愿，从而实现盈利。移动阅读利润杠杆可以分解为四大部分：提高移动阅读易得性的经营杠杆、增强移动阅读系统易用性的技术杠杆、提升移动阅读有用性的供给侧杠杆和加强移动阅读交互性的需求侧杠杆。经营杠杆是移动阅读平台通过丰富数字内容产品数量、对数字内容产品进行细致的分类、提升检索有效性、增强下载便捷度来提高移动阅读易得性的方式；技术杠杆主要通过增强系统在格式、界面等方面的易用性来优化用户体验；供给侧杠杆则从移动阅读平台提供的内容本身出发，提高内容对于移动阅读用户的有用性；需求侧杠杆根据用户个性化需求进行有针对性的内容推送，并通过分享机制、打赏机制等加强移动阅读的互动性，提高用户黏度。

二　用户体验调查研究设计模型与数据分析

（一）构建基于用户体验的指标体系

用户体验一词源于计算机技术领域，近年来其内涵不断扩张，逐渐渗透入出版等领域。ISO9241 – 210 标准的定义为："用户体验是人们对于针对使用或期望使用的产品、系统或者服务的认知印象和回应。"② 针对移动阅读自身的特殊性，并为保证最终构想和题项的内容效度，所选取用户体验的相关指标改编自国内较成熟的量表。③④

---

① 参见刘一鸣《数字出版盈利模式绩效评价研究初探》，《中国出版》2015 年第 20 期。

② ISO，*ISO 9241 – 210 – 2010 Ergonomics of human – system interaction-Part 210：Human-cen-tred design for interactive systems（formerly known as 13407）*，International Organization for Stand-ardiza-tion（ISO），Switzerland，2010，pp. 7 – 9.

③ 参见朱静雯、方爱华、刘坤锋《移动阅读沉浸体验对用户黏性的影响研究》，《编辑之友》2017 年第 4 期。

④ 参见王丙炎、张卫《手机阅读平台用户体验影响因子分析》，《出版科学》2016 年第 5 期。

表 4 - 1　　　　　　　　　　用户体验指标体系量表

目标层	要素层	指标层
付费意愿	易得性 A1	想读的书都能搜索到并且下载方便 Q1
		移动阅读平台分类细致、分类角度多样，可以较为容易地按不同类别找书 Q2
		移动阅读平台有足够丰富的图书资源 Q3
	易用性 A2	移动阅读的界面友好，容易理解和使用 Q4
		移动阅读功能比较全面并容易使用 Q5
		移动阅读平台格式兼容，支持本地导入的不同文件格式 Q6
		移动阅读操作按钮位置清晰、形状颜色容易辨识、命名一目了然、指向性明确、切换流畅 Q7
		移动阅读支付安全、便捷 Q8
		移动阅读翻阅流畅、翻页反应速度快 Q9
	有用性 A3	移动阅读使我阅读能力提高 Q10
		移动阅读使我更加热爱学习 Q11
		移动阅读的内容通常具有趣味性和娱乐性 Q12
		移动阅读可以使我获得所需要的知识 Q13
	交互性 A4	移动阅读平台能够根据我的账户信息、浏览记录进行个性化推荐 Q14
		移动阅读平台可以进行打标签、评论、收藏、打赏、催更等 Q15
		移动阅读平台支持分享渠道、社区互动 Q16

首先，将用户体验指标体系量表的 16 个变量整合，归纳出变量间的共性，将其分为四个能够较好展现用户体验指标的因子，建立要素层，并进行因子分析，确定因子能够反映变量情况。然后以用户体验指标体系量表为基础建立模型，发放问卷，收集数据，通过模型及 SPSS 的相关性分析探索用户体验指标因子与付费意愿之间的关系。

（二）问卷设计

通过对国内外相关用户体验指标的研究[1][2]，将问题设置为如表 4 - 1 的 16 个指标，即 Q1 - Q16。其中部分方面涉及多个问题，为保证数据收

---

[1]　Koufaris, Kambil, A., Labarbera, P. A., "Consumer Behavior in Web-Based Commerce: An Empirical Study", *International Journal of Electronic Commerce*, Vol. 6, No. 2, June 2001, pp. 115 - 138.

[2]　Tao Zhou, "The effect of flow experience on user adoption of mobile TV", *Behaviour & Information Technology*, Vol. 3, No. 3, 2013, pp. 263 - 272.

集结果的准确性，将这些方面所涉及的多个问题分别进行设问，如 Q7
"移动阅读操作按钮位置清晰、形状颜色容易辨识、命名一目了然、指向
性明确、切换流畅"，设问分为"移动阅读操作按钮位置清晰""移动阅
读操作按钮形状颜色容易辨识""移动阅读操作按钮命名一目了然""移动
阅读操作按钮指向性明确""移动阅读操作按钮切换流畅"。问卷依据要素
层分为四个版块，分别为"易得性""易用性""有用性""交互性"。

（三）研究模型建立

如图 4 – 5 所示，模型通过四大因子，分析移动阅读用户体验与付费
意愿之间的关系。模型左侧的易得性、易用性、有用性、交互性即四大
因子，该模型认为四个因子可以对移动阅读用户的付费意愿产生影响。

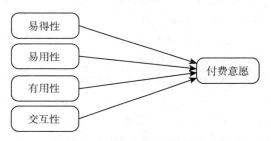

图 4 – 5　移动阅读用户体验与付费意愿关系模型

课题组在进行数据收集后，对移动阅读用户付费意愿和可接受月消
费金额进行了分析，得出移动阅读盈利难度大的结论。使用 SPSS 软件对
移动阅读用户体验四大因子和用户付费意愿的因子进行相关性分析，得
到易得性、易用性、有用性、交互性与用户付费意愿成正相关的结论，
研究模型成立。在此基础上，移动阅读平台可以从用户体验的四个方面
发展利润杠杆，实现盈利。

（四）数据收集

本次调查先发放了 20 份问卷进行试行，通过 SPSS 软件测算得到克隆
巴赫系数 0.891 （ >0.8），并根据预调查中受访者的反馈进行了问卷的修
改和调整。同时，为保证问卷内容效度，运用专家判断法进行验证，并
对设问等进行了调整。

本调查问卷采用问卷星进行线上发放，共回收 101 份问卷，其中有效

问卷 83 份。通过平均数指标不重复抽样算得理论所需样本量，实际有效问卷数大于理论所需样本量。通过 SPSS 软件测算信度，得到克隆巴赫系数为 0.867（>0.8），有较高的信度。

（五）付费意愿分析

通过调查发现，有 61.4% 的调研对象从未为移动阅读付费，32.5% 的调研对象每月付费 1—3 次，而每月为移动阅读付费 3 次以上的调研对象仅占 6.1%。总体而言，移动阅读用户付费意愿较低，移动阅读实现盈利难度较大，需要移动阅读平台以合适的经营方式为其盈利提供动力来源。

而在有付费意愿的调研对象中，可接受移动阅读的月消费金额在 10 元以下的占比 63.9%，10—20 元的占比 20.5%，20—30 元的占比 14.5%，30 元以上的占比 1.1%。总体而言，移动阅读用户付费金额偏低，移动阅读实现盈利难度较大。

（六）因子分析

如表 4-2 所示，A1 至 A4 分别代表"易得性""易用性""有用性""交互性"四个因子，Q1 至 Q16 分别代表 16 个方面的题项。方差贡献率越高，因子所涵盖的原有变量的信息越多。本次计算结果显示，累计解释总方差为 70.566%，说明 A1 至 A4 四个因子可以解释 16 个变量 70.566% 的特征，基本能解释原有变量的信息，即使用这四个因子能够基本代表用户体验的相关指标。

表 4-2　　　　　　　　　　　　因子分析表

因子编号	变量编号	方差贡献率/%
A1	Q1 Q2 Q3	22.457
A2	Q4 Q5 Q6 Q7 Q8 Q9	29.821
A3	Q10 Q11 Q12 Q13	12.831
A4	Q14 Q15 Q16	5.457
累计方差贡献率（%）		70.566

（七）相关性分析

如表 4-3 所示，通过 SPSS 的相关性分析可以看出，易得性与付费意愿之间呈现正相关关系（0.124），即移动阅读易得性越高，用户的付费意愿越高；易用性与付费意愿之间呈现正相关关系（0.091），即移动阅读易用性越高，用户的付费意愿越高；有用性与付费意愿之间呈现明显的正相关关系（0.223），即移动阅读有用性越高，用户的付费意愿越高，说明有用、有趣的知识内容是影响用户付费意愿的重要正向因素；交互性与付费意愿之间呈现正相关关系（0.160），移动阅读交互性越高，用户的付费意愿越高，这主要体现在打赏等交互性功能上。

表 4 – 3　　　　　　　移动阅读用户体验与付费意愿相关性分析

		付费意愿
易得性	Pearson 相关性	0.124 **
易用性	Pearson 相关性	0.091 *
有用性	Pearson 相关性	0.233 **
交互性	Pearson 相关性	0.160 **

　　** 在置信度（双侧）为 0.01 时，相关性是显著的。* 在置信度（双侧）为 0.05 时，相关性是显著的。

　　综上所述，各变量之间的因果关系路径系数均达到了 95% 的置信水平，模型的相关性假设得到了验证。基于此，移动阅读平台应注重用户体验的四个方面，由此发展移动阅读利润杠杆，实现盈利。

三　基于用户体验的移动阅读利润杠杆优化策略

　　由用户体验调查得出，移动阅读的易得性、易用性、有用性、交互性与移动阅读用户付费意愿成正相关，所以移动阅读平台可以从以下四个方面发展利润杠杆，提高用户付费意愿，为移动阅读实现盈利提供动力引擎。

　　（一）完善经营杠杆，提高移动阅读易得性

　　移动阅读平台应着力于丰富图书资源，进行细致分类，提高移动阅读易得性。如今移动阅读平台呈现出"强者愈强，弱者愈弱"的"马太效应"，其关键因素在于大型移动阅读平台拥有其他平台欠缺的资源整合性、检索便利性、检索有效性，即大型移动阅读平台能够为用户提供丰富的图书资源，而且分类细致、角度多样，使用户可以便捷地按照不同类别进行查找，直接降低了用户的搜寻成本，从而使之更青睐于某一大型移动阅读平台。故移动阅读平台需完善经营杠杆，提高移动阅读易得性，让用户能轻松获得所需资源，通过经营杠杆撬动用户付费意愿，实现移动阅读平台盈利。

（二）发展技术杠杆，增强移动阅读易用性

易用性直接关乎用户使用移动阅读的难易程度，较高的易用性能提升用户体验，提高其付费意愿。作为互联网企业，要重视发展技术杠杆，为其优质内容服务的提供奠定技术基础。首先，移动阅读平台应加大人才和技术方面的投资力度，设计出容易理解和便于使用的界面操作，实现格式兼容，并通过与相关技术企业合作，打造移动阅读云平台，实现移动终端系统的云同步；同时，应做好移动阅读系统的适配工作，实现终端对内容资源的整合与兼容。其次，规模较小的新兴移动阅读平台可以开展跨平台合作，形成竞争合力，或积极加盟已有数字出版平台，通过版权合作、技术合作、人才对接等渠道发展技术杠杆，增强移动阅读系统易用性，优化用户体验，提高用户付费意愿，在技术方面实现规模效应，提升移动阅读平台联盟的总体效益。

（三）改善供给侧杠杆，提升移动阅读有用性

供给侧杠杆从移动阅读平台内容产品出发，提高内容产品质量，改善供给侧杠杆，能够有效提升移动阅读有用性，从而提高用户付费意愿，实现移动阅读的盈利。从上述统计结果的相关性分析可以看出，在用户体验方面，有用性与用户付费意愿正相关趋势明显，说明移动阅读很大程度上仍是"内容为王"，其本身的内容是用户最为重要的需求。在移动阅读产业日趋激烈的竞争中，移动阅读平台需注重内容质量，提高移动阅读产品的文化内涵。同时，移动阅读平台还应找准定位，差异化发展，避免供给侧杠杆同质化引起的行业间恶性竞争，如阅文集团通过完善的作家孵化和培养体系，打造作家、读者、平台互生共荣的文化生态体系，以 QQ 阅读为中心，以网络原创为特色，大力加强原创版权开发，其原创小说已覆盖行业的半壁江山，涵盖 200 多种内容品类，成为目前国内首屈一指的移动阅读平台。[①]

---

① 参见阅文集团《集团介绍》，https：//www. yuewen. com/，2017 年 12 月 23 日。

（四）健全需求侧杠杆，加强移动阅读交互性

需求侧杠杆从用户个性化需求角度出发，通过健全需求侧杠杆，加强移动阅读交互性，优化用户体验，能够提高其付费意愿，实现移动阅读盈利。首先，健全需求侧杠杆，根据用户的账户信息、浏览记录等进行个性化推荐，实施有针对性的营销策略；其次，在网络技术的支撑下，实现作者、出版方和用户之间的即时互动，移动阅读平台可不断推出和完善打标签、评论、收藏、打赏、催更等互动性功能，满足用户的互动性需求，提升其使用体验。网络互动将写作变成了一种"独乐乐不如众乐乐"的行为①，通过提高交互性，能够提升作者和用户两方面的积极性与平台的用户黏性，提高用户付费意愿，进一步为移动阅读实现盈利提供动力支持。

通过深度访谈和对国内较成熟的移动阅读用户体验量表进行分析整理，得到影响用户体验的 16 个指标，在此基础上归纳出能够基本反映 16 个指标的四个因子——易得性、易用性、有用性和交互性，并通过 SPSS 的相关性分析证实了这四个因子所产生的用户体验与移动阅读用户付费意愿呈正相关关系，由此提出移动阅读利润杠杆策略，通过优化用户体验提高用户付费意愿，以实现移动阅读盈利。除此之外，移动阅读平台还应做好市场调研，把握好用户的价格接受程度，合理定价，促使用户的付费意愿最终转化为付费的实现。

但是，本次对用户体验的调查还存在一定局限：第一，由于调查时间有限，样本量偏少，一定程度上会限制结论的普适性；第二，移动阅读付费意愿与用户年龄、职业等因素有关，但本次调查未深入研究其他因素与用户体验之间的联系。笔者今后会进一步优化和完善该调查，以期得出更加合理、完整的结果，为移动阅读利润杠杆研究提供更好的思路借鉴，为实现移动阅读盈利提供参考数据和理论指导。

---

① 　参见马丽《数字阅读时代提升用户阅读体验策略研究》，《编辑之友》2015 年第 12 期。

第六节　晋江文学城利润杠杆研究

随着互联网的不断发展和智能手机的普及，以互联网为平台的网络文学的发展迎来了机遇。题材多样，风格各异，更新速度快，亲和性强的网络文学发展势头凶猛。网络文学已融入大众生活，晋江文学城作为网络文学网站中的佼佼者，是中国大陆范围内最具影响力的原创文学网站，有1600万来自不同地区和国家的注册用户，上百万名注册作者和2万余名签约作者，190万余部在线作品。这些数字反映出晋江文学城庞大的规模。

一　晋江文学城利润杠杆概述

企业是以盈利为目的，向广大消费者提供产品与服务的经济组织。产品和服务必须经过一定的途径才能到达消费者手中，如何有效地吸引消费者目光、高效地传达商品信息是每个企业关注的问题。企业传播产品与服务的途径则是利润杠杆，利润杠杆是撬动市场的有力工具。

（一）基于互联网的营销杠杆

应运而生的电子商务平台——囧囧书城。晋江文学城将完结的网络文学作品印刷出版，通过再次售卖获得利润。这种线上创作、线下出版的盈利模式，完成了由线上市场到线下市场的衍生。晋江文学城中有人气的作品都会有出版发行的机会，例如《何以笙箫默》《梦回大清》《微微一笑很倾城》等畅销书。囧囧书城则为这些实体书提供了一个销售平台，在囧囧书城里，读者可以提前预定和直接下单购买。通过囧囧书城，晋江文学城实现了线上线下一体化服务。

独占鳌头的无线增值业务。手机阅读有着巨大的用户基础和消费市场。晋江文学城顺应市场发展趋势，增添了无线增值业务。自2008年10月起，晋江文学城开始进入手机无线平台，先后与中国移动梦网阅读平台、中国电信、中国联通开展合作。无线增值业务为晋江文学城带来了广阔的市场空间和强大的平台依托，让晋江文学城的作品有机会得到更为广泛的传播，占据更高的市场份额。

（二）基于买卖双方的渠道杠杆

晋江文学城丰富多样的推书榜单增加了作品曝光率。榜单给予了190万余部在线作品一个展现的平台。晋江文学城有自然榜单、编辑推荐榜单和读者栽培榜单三大类榜单，每类榜单下面还有小的分支。不同的榜单有不同的排行规则，有些榜单按销量排行，有些榜单按作者勤奋度排行，有些榜单专门为新晋作者和新文准备，等等。晋江文学城的多类型榜单制度有助于网站对文学作品的推送，读者可以根据榜单数据了解作品的特点，从而进行选择。

读者打赏制度让晋江文学城名利双收。读者打赏制度是指读者以投地雷的方式将钱送给作者，以示嘉赏。在晋江文学城，读者打赏的钱，平台和作者是五五分成。除读者自愿打赏外，晋江文学城会举办"我与晋江有个约会"的活动拉动读者的打赏，这一比赛以作品收到读者打赏的高低为评价标准。一个地雷（1元人民币）等于一张票，一瓶营养液（买下任意一本书的所有 VIP 章节便可获得 10 瓶）等于四张票。作者为了在比赛中取得良好的成绩，便会向读者求票，从而刺激消费。读者打赏制度满足了读者的心理需求，在加强了读者与作者联系的同时，也为晋江文学城带来了可观的收益。

IP 热潮来袭，版权运营全面跟进。近年来，网络文学成为了最大的 IP 源头。以版权为核心竞争力的产业链的打造和多元领域的开发是网络文学发展的趋势，也是网络文学网站盈利来源的重要组成部分。[①] 不同的产品形态能吸引不同的消费者。与看电子书相比，有些消费者更爱看影视作品，有些更喜欢听书，有些更喜欢看漫画，等等。因此，同质不同形的作品能转化同一内容喜好的消费者，带来新的消费群体。此外，全版权运营聚力粉丝经济，形成一次生产、多次开发、多重消费的消费现象。版权运营策略使得晋江文学城的产品渗透到各个相关的领域，为产品提供了强有力的推销渠道，也提升了企业的知名度、市场占有率和竞

---

① 参见郭妍《网络文学全媒体版权运营发展模式研究——以盛大文学为例》，硕士学位论文，复旦大学，2014 年，第 122—126 页。

争力。

（三）基于用户终端的技术杠杆

基于手机终端的 App 开发——晋江小说阅读 App 为原有的盈利模式带来了新的突破。App 的出现让晋江文学城拥有更为丰富的用户和更多的传播渠道。第一，手机的可携带性，意味着用户能随时随地在手机上查找与阅读图书、发表评论、和作者互动、与书友交流。第二，App 阅读页面功能设置深得人心。用户可以自定义设置阅读界面，如字体大小、背景颜色、行间距、增添书签、进度查看等。此外晋江小说阅读 App 还提供了听书的功能，解放双手双眼，满足更多人的需求。第三，手机支付高效便捷多元化。用户可以在晋江小说阅读 App 上通过支付宝、微信或者其他的支付方式快速充值晋江币，立即到账，缩短充值时间，加快资金流动。第四，阅读与社交相结合，分享便捷。用户能将喜爱的小说分享到微博、微信、QQ 等社交平台，扩展传播面。

电子阅读器的开发为晋江文学城赢得更多市场。晋江文学城和博朗电子书合作推出了博朗电子书 EV960-JJ（博朗电子书晋江版）。这个电子阅读器针对晋江文学城开发，支持晋江文学网的电子书格式，同时可以购买下载晋江文学城的小说。电子阅读器轻巧便捷、内存量大、排版合理等性能为大众带来了良好的用户体验，受到了大众的喜爱。广泛销售的电子阅读器为晋江文学城带来了更多的消费者，拓展了新的盈利空间。

二　晋江文学城利润杠杆发展瓶颈

（一）企业知名度欠缺，推广力度弱，营销动力不足

晋江文学城推出了一系列畅销书籍，如《何以笙箫默》《微微一笑很倾城》《花千骨》，更是捧火了一大批作者，如顾漫、fresh 果果、丁墨等。但是很多的读者只知书名和作者，不知道这些 IP 的来源——晋江文学城。

晋江文学城忽略了品牌的推广。例如同类网络文学网站起点中文网，它在 2008 年参与抗震救灾网络宣传工作，2013 年和中国作家协会联合举办"起点中文网作家作品研讨会"，2013 年与上海书展积极合作。起点中文网借助广阔的活动平台，积极对外宣传，增加社会活跃度和知名度，

打造网站品牌。反观晋江文学城的宣传方式，如微博转发、微信推送以及对内的作者大会等，缺乏大胆"走出去"的活动推广。

晋江文学城旗下的囧囧书城也面临相同的问题。晋江文学城没有大力推广囧囧书城，而是将目标群瞄准在既有的读者基础上。只有少部分忠实用户群体才了解书城的存在，对于大多数人来说，囧囧书城是陌生的。但依托于晋江文学城发展的囧囧书城，有着广阔的市场和大量的潜在用户。将潜在用户变成已有用户则需要好的宣传方法和强有力的推广，让更多潜在消费者知晓其存在。

（二）管理不当，版权保护意识薄弱，传播渠道受限

互联网的易传播性、易复制性助长了盗版现象。盗版现象严重影响了网站的收入，造成作者写作积极性的下降和读者的流失。晋江文学城作为原创文学网站，有责任为作者和读者提供一个安全的环境。保护好作者的知识产权，减少版权纠纷，是版权运营的坚实屏障，也是拓展营销渠道的基础。然而，晋江文学城只有举报盗版、防盗章节等简易的保护措施。这些举措并不能强有力地维护作者的权益。因此，晋江文学城需要增强版权保护意识，正视盗版现象，维护好作者的知识产权，从而增加自身的收益。

网络文学商业化的发展为渠道杠杆增添了阻碍。商业化的发展让作者更加注重小说以外的事物，而不是内在内容。作者为了获得更多的点击率和VIP章节购买量，会通过刷票、刷分等方式来增加上榜机会，取得更大的曝光度。有些作者为了获得更大的收益，导致VIP章节的情节拖拉。这些恶劣的行为对用户和其他作者来说是不公平的。同时，这些行为也会影响用户对晋江文学城的评价，不利于内容产品的正常推广与传播。

（三）用户体验欠佳，针对性服务较少，科学技术有待完善

晋江文学城的网页设计一直备受诟病。无论是晋江文学城的主页面、分栏目还是阅读界面，都有很大的改善空间。主次分明、排版整洁的网页能够高效地传递产品信息。因此，一个优秀的网页设计对网络文学网站来说是必不可少的。

晋江文学城缺乏个性化服务。用户是企业利润的来源，企业通过利

润杠杆来传递满足用户需求的内容产品。对用户的需求进行分析并主动向用户推送产品，有利于提高用户对企业的忠诚度。如果晋江文学城能拥有主动向用户推荐书籍的功能，则能实现精准的推送。然而，晋江文学城的操作性能差、后台服务器处理信息慢，经常出现用户登录不上、网页无法加载的情况，降低了用户的体验感。

以上技术问题导致晋江文学城技术杠杆的基础薄弱，不能给产品传播提供完美的技术服务。而在高科技占据重要地位的时代，技术对于任何一个企业来说都是基础建设的重要部分。独特的技术将会让企业走在市场前沿，占据市场竞争的主导地位。晋江文学城亟待改善技术水平，发挥技术杠杆的最大优势。

三　晋江文学城利润杠杆发展策略

（一）推动内容营销，打造品牌知名度，用营销撬动市场

品牌意味着优质的服务、放心的产品。品牌的背后是销量和收益。晋江文学城要想增强营销能力，就要做出名气，打造品牌。

内容营销是企业在"互联网＋"时代的首要选择。第一，晋江文学城可以采取多样化的内容形式。如跟随社会热点，自主创作有趣的视频、图文，在微博、微信等社交平台上推广。借助网络红人、晋江旗下知名作者的名人效应来进行转发宣传。此外，晋江文学城可以有效地利用自身的内容产品，在电子书、改编的影视游戏中进行软广告植入。第二，在纷杂的互联网世界里，抓住消费者的眼球则是迈向成功的第一步。晋江文学城要对自己的外在形象进行有特色的包装，像苹果、可口可乐、阿迪达斯等品牌一样，充满辨识度。第三，晋江文学城要"走出去"。多和相关的行业协会进行沟通交流，举办大型的文学活动。也可以多多参加社会活动，如做慈善、捐书，为大众留下积极的正面印象。

（二）整治网站风气，营造和谐环境，减少渠道阻力

打击盗版，保护版权，维护作者的劳动成果，能有效地减少商业纠纷，有利于作品后续产业链的顺利开发，加大作品的影响范围和影响力度。为了防止盗版，我国从法律角度出发，制定了《电子出版物管理规

定》等法规保护版权。但就目前盗版严重的情况来看，相关法规还未能很好地遏制盗版现象。晋江文学城需要密码技术来支撑版权保护体系。密码技术能有效解决数字出版的盗版问题。DRM（数字版权管理）能有效配合法律防止盗版现象，晋江文学城可以通过DRM技术建立自己的电子书保护机制，保护好作者、读者的利益，为全版权运营提供制度保障。

另外，晋江文学城面对文学网站的不良刷分拉票行为，需要建立一套严格的管理制度。从用户角度看，首先要让用户树立积极举报的思想观念。让用户来监督广大作者，参与到晋江文学城的管理中来，增强用户体验。完善举报机制，及时处理举报信息，为读者创造一个和谐的阅读环境。成立管理小组，对涉嫌不正当竞争的作者给予严厉的惩罚，整治网站不良的刷分拉票行为，为各个作品提供公平公正的推广渠道，清扫传播渠道上的障碍。

（三）实行个性化服务，提升技术水平，培养技术人才

消费者是企业的利润源头，对晋江文学城来说，读者是最为庞大的消费群体。美观清晰的交互页面，快捷方便的阅读网页，精准的个性化推荐都是增加产品消费概率的优质渠道。所以晋江文学城要提升技术水平，为传播渠道提供技术保障。

首先，晋江文学城需要提高网站和App的美工技术，以优质的设计辅助产品信息的传达。美观的界面不仅能吸引用户的注意力，也能使网站的信息传达井然有序。其次，晋江文学城需要强大的信息处理技术来满足用户的个性化需求。以网易云音乐的"每日歌曲推荐"为例，这是一个非常成功的个性化推荐功能。此功能的实现基于网易云音乐强大的信息处理技术。在用户注册的时候，平台便掌握了用户的信息，再根据用户的听歌类型、听歌次数、收藏的歌单和单曲等来精准定位用户的口味。因此用户可以通过"每日歌曲推荐"找到喜欢的音乐。当用户对其功能产生依赖后，网易云音乐便能轻松地从用户手中取得收益。同样，晋江文学城也可以开发信息处理技术，根据用户的看书信息，挖掘读者的喜好，实现个性化推荐。再次，技术型人才是一个企业发展的核心力量，是企业的核心竞争力。作为与科学技术息息相关的网络文学网站，

更要把提升技术作为发展战略的重要组成部分。

利润杠杆包含了营销杠杆、渠道杠杆和技术杠杆三方面，对利润杠杆的全面分析是对产品营销方式的深入挖掘。Web 2.0 的到来让网络文学网站迎来了发展黄金期，多途径、高效率的传播方式为网络文学网站带来了机遇与挑战。晋江文学城想要处于不败地位，需要采用多样化的营销策略、拓宽产品销售渠道、积极提升技术水平，为平台抢占市场提供强有力的支撑，从而实现盈利的目的。

第七节　出版小程序利润杠杆研究[①]

微信小程序（以下简称"小程序"）依托微信庞大的用户群体，自 2017 年的低调上线到如今的井喷式增长，吸引了各行各业商家的涌入，一些出版社和实体书店也加入开发和运营小程序的队伍中。出版企业通过小程序不仅可以完善自建的销售链条，还有助于获取用户需求，提供场景化服务。对于出版业来说，小程序不只是填补自媒体销售渠道不足的一剂"良药"，更是对未来盈利模式的一种开拓和展望。

然而，出版小程序出现时间较晚，其运作机制还不够成熟，很多出版企业对如何利用这一平台仍存疑惑，导致其发展缓慢、创新性不强。本节将从出版小程序的品牌杠杆、营销杠杆、技术杠杆、供应链杠杆四方面，分析出版小程序应如何售卖产品和服务，如何争取利益和价值最大化，从而为小程序在出版领域的运用打开新思路。

一　出版小程序利润杠杆概述

出版小程序是"互联网＋"时代下的全新组合，作为出版企业的轻应用销售工具，小程序通过获取用户需求，构建线上购书场景，简化购买决策过程，从而获得用户青睐，获取利润。而以利润杠杆为驱动力，则可以直接显著地提高出版企业的收入，推动出版企业获得更大的利益。

[①]　参见刘一鸣、周梦婷、郭斌《基于利润杠杆的出版小程序业态研究》，《科技与出版》2019 年第 7 期。

（一）小程序的定义及特征

微信小程序（Mini Program），简称小程序，是一种只需要下载微信便可使用的轻型应用程序，用户通过"扫一扫"等途径便可直接进入，体现了"用完即走"的理念。① 对于开发者而言，相比较 App，小程序的开发成本和进入门槛都比较低，有专门的公司提供技术支持。对于用户而言，小程序不需要专门的下载安装，占内存小，其账号直接与微信账号关联，还可通过微信付款，缩减了大量步骤，提升了用户的消费体验。2017 年 1 月 9 日，小程序正式面向所有用户和商家开放。数据显示，截至 2019 年 12 月底，小程序数量已突破百万，累计用户数突破 7.56 亿，用户黏性也大幅度提高。

（二）出版小程序的利润杠杆构成

小程序庞大的用户基数，便捷的操作体验，以及较为划算的开发成本，同样引起了出版业的瞩目。② 出版单位竞相开发小程序来拓展各自的盈利模式（如表 4 - 4）。出版小程序的利润杠杆是指出版企业以吸引用户、获得利润、创造价值最大化为目的进行的一系列业务活动。基于对出版小程序现状的分析，可将其利润杠杆分解为四部分：基于口碑效应和品牌引流的品牌杠杆；基于线上促销和社群传播的营销杠杆；基于信息展示和用户体验的技术杠杆；基于物流管理和供需契合的供应链杠杆。

表 4 - 4　　　　　　　　　　出版业相关小程序一览

类型	主要代表	功能	技术支持
图书电商	京东图书、当当购物	图书销售、付费课程	京东开普勒、微店等
社群电商	十点读书 +、小小包麻麻	音频伴读、童书销售及相关产品推荐等	小鹅通、美市等
出版机构	中信出版集团官方旗舰店、新蕾出版社	图书、文创产品销售	有赞、京东开普勒等
实体书店	西西弗书店、言几又书店	图书、文创产品销售，提供活动信息及报名渠道	微店等

---

① 参见张义《论微信小程序对出版企业的意义与应用》，《出版发行研究》2018 年第 10 期。
② 参见路遥《微信小程序是出版业的新风口，还是阵风?》，《出版商务周报》2018 年 4 月 12 日第 2 版。

品牌杠杆以加强产品及服务质量，提升口碑效应为基石，辅之以现有强势品牌（如线下的畅销书、线上的公众号等）的引流，通过开展跨界合作提高自身的知名度，进而打造小程序的品牌定位和品牌竞争力。营销杠杆主要包含三方面：一是通过小程序本身的功能和场景因素，增加用户的浏览时间；二是采取线上促销的方式，以低价刺激用户购买；三是开展线下营销活动，配合新书上市等推广活动，使营销效果最优化。技术杠杆依托技术团队，通过美化小程序的页面和呈现效果，更直观地展示信息；全面植入图书信息，以强有力的导航和检索功能，提升用户体验。而供应链杠杆是指在供应商库存管理的基础上，小程序通过调用接口获取信息并反馈给出版企业，出版企业根据订单发货，并借助大数据分析，对用户的现实需求灵活响应。

二　出版小程序利润杠杆现存的问题

（一）品牌杠杆动力不足，限制新书推广

品牌是社会声誉和群众口碑的载体。小程序对于出版企业最重要的作用，就是推广新书和引流。新书在上市和推广时难免会遇到各种问题，如果用户没有听说过此品牌或产品，就不能达到社群裂变的条件，更不能激发用户的购买欲望。现有的 24 家已开通小程序业务的出版机构中，仅有品牌认知度较高的"中信出版集团官方旗舰店"小程序的单本图书销量能达到 1000 本以上，其余的出版企业小程序的图书销量低迷，很难发挥线下用户品牌信任、线上公众号品牌延伸及引流的潜在优势。此外，出版小程序品牌定位趋同，页面和商品设置也大同小异，无法体现出版企业的内容特色，仅有少数出版小程序设置了"特色推荐"等专栏。

（二）营销杠杆动力薄弱，束缚需求挖掘

图书作为一种特殊的知识付费产品，用户对其进行购买的行为相对低频。用户通常会根据试读或他人推荐，确定图书与自身的某种需求匹配后才会决定购买，购买决策过程相比一般消费品复杂很多。因此，图书的营销推广是决定图书能否卖出去的重要环节。单拿出版企业开通的小程序来说，其功能主要是图书销售，商品的种类较为单一。小程序页

面的呈现形式多为文字与图片的组合，没能利用音视频、AR 等形式。在对用户购买欲望的调动上，"上海教育出版社旗舰店"小程序已经开始运用电商思维，采取收藏小程序即送 10 元优惠券、满指定金额送优惠券等促销手段，但拼团价、积分兑换等营销方式在整个出版小程序领域还很少见。平台之间的联动宣传（如线上公众号链接、线下扫码进入等）也仅仅出现在言几又书店、西西弗书店等复合型书店里。与其他行业的小程序相比，出版小程序在营销方式上还非常滞后。

（三）技术杠杆动力欠缺，制约用户体验

目前，小程序有直接挂接和自主挂接两种使用方式。出版小程序主要使用直接挂接的方式，即由专门的小程序开发商提供技术支持，出版企业不需要付出多余的成本，就能搭建小程序应用。但直接挂接也存在一定缺陷，即当许多出版小程序使用同一家开发商提供的技术时，他们的页面呈现出相似度极高的视觉效果，缺乏独特的设计感。由京东开普勒提供技术支持的小程序，如"中信出版集团官方旗舰店"等，因为可以独立装饰页面，在视觉审美上就比"有赞"提供技术支持的小程序略胜一筹。此外，由于出版企业缺乏相关的小程序技术人员，商品详情页的排版通常杂乱无章，无突出的重点。一些出版小程序未设置导航与检索栏，还有一些出版小程序的页面跳转有时会出现卡顿的情况。市场上已有的出版小程序在技术支持、信息展示及导航检索方面的对比如图 4-6 所示。

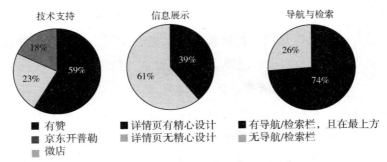

图 4-6　已有的出版小程序在技术支持、信息展示及导航检索方面的对比

（四）供应链杠杆动力疲乏，缺乏协调机制

出版小程序的供应链主要由出版企业（出版物管理平台）、物流配送商、用户等多个节点构成（如图4-7）。小程序利用 API 接口调用出版物信息并进行展示，用户查看出版物信息并进行购买，小程序通过 API 接口再将订单发给出版企业，出版企业根据订单将货物发给第三方物流配送商，由其配送给用户，用户可通过个人中心查看配送进程。① 出版小程序的供应链完善了出版企业的销售链，出版企业不需要经过电商而直接与用户进行交易的模式也实现了供应链的独立。但是，出版业长期存在的供应链问题还是没有通过小程序得到解决：供应链各节点企业间缺乏统一的协调机制；由第三方物流配送商进行配送，耗费时间长，效率低；供应链中的信息沟通也不畅通，用户购买行为完成后的大数据反馈，往往对上游出版企业没有实际帮助。

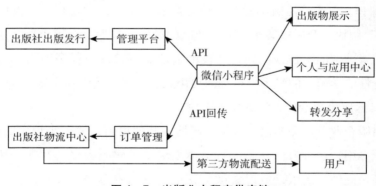

图4-7　出版业小程序供应链

三　出版小程序利润杠杆发展策略

在"互联网＋"时代，小程序可以加速出版企业的优质内容传播，通过社交阅读来聚拢用户。尽管出版业对小程序的使用还处在起步阶段，也存在很多有待解决的问题，但这背后所蕴含的商机和利润价值是不可

---

① 参见苑胜明《微信小程序在出版领域营销应用的探究》，载《中国新闻技术工作者联合会 2018 年学术年会论文集》（学术论文篇），2018 年，第 5 页。

忽视的。通过强化品牌、营销、技术、供应链杠杆动力优化出版小程序的利润杠杆，既是出版企业的当务之急，也是顺应出版企业未来发展趋势的实际举措。

（一）打造口碑，提升品牌杠杆动力

强大的品牌能够有力地推动市场价值的实现，出版企业应从以下两个方面提升出版小程序的知名度。

1. 提高产品质量，明确品牌定位

首先，出版企业要重视各渠道的建设，可以在其出版的畅销书内加入小程序二维码，或是在书店内放置立体板，引导用户扫码进入小程序。其次，出版企业要加强自己的硬实力，打造精品书、品牌书，并在图书销售业务基础上开拓多元化的业务版块。如"华东师范大学出版社"小程序开设了"在线课程"服务，根据不同的讲解人设置专栏，目前已有14 期课程。再次，出版小程序还应提高服务质量，可在小程序页面开设"客服"版块，及时解答用户关于产品的疑惑。最后，出版小程序还需给自己设置准确的定位，例如，高校出版社如何通过小程序给用户营造一种专业性、学术性的氛围？这都需要出版企业多次摸索和尝试。

2. 形成跨域合作，增加品牌效应

出版企业可借助微信公众号、微博或其他渠道，放入小程序的链接，引导更多用户通过自己熟悉的自媒体渠道来了解小程序的存在，从而撬动市场。此外，出版企业可尝试与其他产业跨界合作，共同开发一款小程序。如 2018 年 10 月 25 日，中信出版集团与百信银行联手发布"读贝"阅读小程序，用户通过"读贝"小程序，可以享受"先看书再付款"甚至免单的活动。企业之间通过小程序的跨界联合，是提高双方知名度和影响力的有效手段。

（二）上下联动，增强营销杠杆动力

小程序作为轻应用销售工具，如果能结合强有力的营销手段，对于出版企业而言，其意义将是重大的。

1. 丰富应用场景，开展线下促销

首先，小程序的场景布置实际上是对电商场景的一种"化繁为简"。

通过点击出版小程序首页的图书链接进入详情页，即可查看图书详情、加入购物车、付款购买。除了销售纸质书、文创产品之外，出版企业还可以加入新的元素，比如图书试读、用户书评等，以此丰富出版小程序的应用场景。人民东方出版传媒有限公司旗下的"东方出版"小程序，通过"轻芒小程序＋"创建，阅读场景类似于轻芒杂志 App，排版美观，留白自然，每一篇文章都以"书评＋图书详情＋购买链接"的形式呈现，用户可以与好友一起分享自己欣赏的语句，这种场景的设置，能够给予用户极大的舒适感。

其次，小程序单纯使用"文字＋图片"的页面呈现，容易引发用户视觉疲劳。出版小程序应丰富技术场景应用，打开新的营销入口，优化内容呈现。一是对接音频、视频技术。如"十点读书＋"小程序每日分享书单，用户点击进入后便可享受听书服务。二是对接 AR 技术，将时下大火的 AR 教科书或其他 AR 读物引入小程序平台，用户直接在小程序上购买就能享受 AR 读物的视觉体验，而不需要购买图书之后再扫码体验。

最后，要针对出版小程序开展线下营销活动。例如，书店的潜在用户可能对阅读有较高认同度，营销人员可以在书店、地铁站等地点，布置小程序二维码进行宣传。①

2. 利用社群营销，完成社交裂变

依托微信产生的小程序带有天然的社交属性。若想使用户主动花费时间和精力帮助企业分享小程序，企业必须给予用户一定的优惠，如优惠券、拼团价等。目前，这种营销方式多见于图书电商，在出版小程序中还比较少见。例如"京东图书"小程序，每隔两个小时便有一次超值秒杀活动，并显示已抢进度，营造抢购的紧张感；还在拼购专场设置"9.9 元包邮""1 元包邮"等吸睛版块，刺激用户及时下单购买。

出版企业可以充分利用小程序工具中的社交立减金、赠送礼券、分享砍价等促销方式，使用户被图书的低价所吸引，抱着"多买多赚"的心态，简化购买决策的过程，更容易达成销售。出版企业还可以对接直

———————————

① 参见李梦连《小程序在我国实体书店经营转型中的应用》，《无线互联科技》2018 年第9 期。

播平台，在新书发布会、专家讲座等直播活动中加入小程序链接，使用户从直播间便可直接跳转到要购买的商品的页面，调动用户参与性。这既是利用小程序完成二次传播和社交裂变，也能够提升用户的活跃度和对小程序的依赖度，带来新的流量。①

（三）自力更生，培育技术杠杆动力

小程序本质上是互联网产品，背后的技术开发与运营团队是至关重要的。增强技术杠杆动力，可以改善出版小程序现存的页面设计趋同与信息展示杂乱的问题，加快小程序的跳转速度，从而提升出版小程序的用户体验。

1. 组建技术团队，尝试自主开发

目前，出版小程序普遍使用直接挂接方式，由第三方服务商提供技术支持，这种方式的缺陷就在于容易导致同质化和不够独立。出版业如果要入驻小程序平台，可以尝试组建相关技术团队，自主开发小程序技术支持系统，为出版小程序提供服务。数据显示，自主开发小程序均价为5000—10000元，并且微信官方平台提供资助开发小程序的教程、框架、组件等技术支持，对于一些实力较强的出版企业来说，自主开发小程序是有可操作性的。技术团队里还应有美工设计人员、文案策划人员等，他们可根据小程序的功能需求来设计页面风格、文案内容，使内容的详情页更具个性和特色，并由此实现出版小程序从页面到内容的全自主开发与制作。

2. 添加导航功能，协助用户检索

出版小程序多是分版块直接放置图书信息，导航功能不太突出，甚至是没有。小程序需要在丰富产品种类与服务的基础上，重视导航和检索功能，并将其放在页面顶端的明显位置，协助用户快速获取目标产品。以书店为例，可以在小程序中植入书店的内部路线图和每一本书的获取地点，方便用户在人流高峰期时，能够通过小程序进行自主搜寻与购买。另外，小程序还需要添加图书的检索功能，全面植入书店的图书信

---

① 参见侯春俊《中小企业如何利用微信小程序提升企业品牌和利润》，《海峡科技与产业》2018年第2期。

息并及时更新，方便有特定购买目的的用户无须抵达实体店便可在网上购买。这不仅有助于用户实现需求，也有助于书店解决库存问题，节省书店空间。

（四）迎接机遇，激发供应链杠杆动力

虽然出版小程序的供应链杠杆受传统供应链的制约，但借助智能科技，出版小程序有望创建智慧供应链，提高配送效率，满足用户的多样需求。

1. "云计算 + 联合库存"，聚合行业资源

联合库存管理是在供应商管理库存的基础上发展起来的上下游企业共担风险、共享信息、权责平衡的共同管理库存模式。① 针对出版小程序供应链现存的协调机制失调、配送效率低等问题，实行联合库存管理模式是比较好的选择。在这一模式中，通过云计算平台将各企业封闭、独立的供应链连接在一起，打破企业、地域的限制，充分利用各自的资源，实现优势互补。② 一条供应链内只设一个库存点和物流中转站，产品直接由出版企业运往库存点，然后根据需求信息统一安排配送。也就是说，当用户使用出版小程序下单购买商品后，商品将直接由库存点发往收货地，不再经过第三方物流配送商的中转，大大减少了运输环节，提高了配送效率。

2. "大数据 + 人工智能"，实现供需契合

出版小程序可通过分析用户购买数据，对用户的现实需求灵活响应。同时，人工智能技术的应用还可以帮助冷门专业图书与它的读者相对接，通常这些优秀的小众图书因为没有销路而被闲置在仓库，有需求的读者因为缺乏渠道而无法购买。通过小程序，出版企业可以根据用户需求实现弹性出版，减少库存，降低物流成本，增加冷门图书的销量。

大数据和人工智能技术不仅有助于出版企业分析、总结销售数据，还有助于建立供需预测系统，为选题策划、图书销量预测等提供数据依据。在智能供应链时代，只有用户买单才有真正的利润，过量生产就是

① 参见夏雨、刘洁《出版发行企业联合库存管理模式浅析》，《学习月刊》2011 年第 12 期。
② 参见费秀红《基于供应链体系的现代出版物流模式优化》，《科技与出版》2014 年第 7 期。

浪费。① 利用人工智能技术优化出版小程序的供应链，可以使出版流程更具目的性和弹性，有利于增加图书销售的机会，实现供需的完美契合。

出版小程序是"互联网＋"背景下出版企业盈利模式的另一种可能。通过品牌、营销、技术、供应链四个利润杠杆的应用与强化，出版小程序正在日益丰富购买场景，满足用户需求，实现自身的盈利。然而，小程序能否成为出版业的新风口，还需要出版企业不断通过实践检验。

第八节　网络综艺平台利润杠杆研究

"大数据"浪潮已席卷各行各业，面对信息的解构与重构，用户对娱乐的需求呈现多元化特征。业界对 IP 的选择与运作将更加慎重，将从内容质量、品牌影响和商业价值等维度综合考量，以期实现 IP 运营从量变到质变的跨越。基于"平台＋内容"生产模式的网络综艺有效利用了用户碎片化的娱乐时间，通过数据追踪其爱好的嬗变，从而进行内容制作，与传统的电视综艺节目可谓是大相径庭，越发受到年轻用户的追捧和视频网站的重视。然而，现行的盈利模式和运营机制难以最大限度地对其内在价值进行挖掘。依托互联网平台进行更加优质的价值创造，已是刻不容缓。

一　网络综艺平台利润杠杆概述

基于"平台＋内容"生产模式的网络综艺离不开盈利的目标。这要求网络综艺要充分利用独特的生产模式，以目标市场需求为指向标，运用数字出版盈利模式中的利润杠杆原理，为受众提供更加优质的产品，以实现价值最大化。

（一）网络综艺平台发展现状

网络综艺是由电视综艺节目的"拿来主义"衍生出的附加品。在"大数据"时代产业重构提出的新要求下，网络综艺更多地转向内容开发制作。由此，笔者将网络综艺定义为：主要由视频服务商、制作机构基

---

① 参见曹沁颖《人工智能对出版业的影响及应对浅析》，《科技与出版》2017 年第 11 期。

于互联网生态而研发、制播，受众群体主要是网络用户，主要播出平台是网络平台的内容产品。

早期的网络综艺并没有以用户的喜好为出发点，大都是一些粗制滥造的小成本产品，播出后基本都石沉大海。2014 年网络自制综艺《奇葩说》走进广大用户的视线，该节目依托大数据对目标受众进行精确画像，旨在寻找华语世界中"最会说话的人"。第一季收官时斩获了 2.3 亿点击量，名副其实地成为"现象级"网络综艺节目。《奇葩说》向整个数字出版产业宣告了网络综艺蕴藏的无限可能，网络综艺的发展由此呈现破冰之势。随之而来的 2016 年，网络综艺在数量上相较 2015 年增加了 15.6%，由 96 档增加至 111 档，播放量也成倍增长。一些优秀的制作团队纷纷加入网络综艺制作的行列中，网络综艺进入了大投入、精制作的新纪元。

（二）网络综艺平台利润杠杆解析

从"平台＋内容"的独特生产模式和盈利模式角度剖析网络综艺的利润杠杆，可将其分解成三个维度：以产品内容最优化为目标的内容营销杠杆；以播出平台最专化为目标的渠道选择杠杆；以服务最精化为目标的制播技术杠杆。

内容营销杠杆秉持大数据理念，以网络原生代为目标用户，通过对海量用户日志的收集、分析和挖掘，有的放矢地进行网络综艺的创意、制播和广告投放。渠道选择杠杆则由三部分构成：一类是直接由各大卫视自己建立的网络播放平台，此类渠道拥有得天独厚的专属资源；另一类是有充裕资本支撑的综合型视频网站，如腾讯旗下的腾讯视频、百度麾下的爱奇艺等；最后一类是完全独立的网络视频分享平台，如哔哩哔哩动画网、AcFun 弹幕视频网等，它们一般只能转播网络综艺，几乎被隔绝在整个产业利润屏障之外。制播技术杠杆主要是为了向用户提供更优质的服务，希望通过优化视频网站的观看体验、提升用户对节目内容的观感来实现。

二　网络综艺平台利润杠杆发展困境

（一）网络综艺平台营销杠杆支点偏斜

近两年来用户喜闻乐见的网络综艺大量涌现，越来越多的视频网站想要"分一杯羹",在日趋激烈的竞争环境中,内容同质化、过度娱乐化、互动模式单一等问题日益暴露,导致营销杠杆出现支点偏斜,浪费了优质的出版内容资源。

1. 网络综艺的类型与内容同质化严重,降低"平台+内容"营销创造力

网络综艺作为"互联网+"时代的综艺新形态,以《奇葩说》的走红为分水岭,现处于一个炽热的上升阶段。纵观目前主流网络综艺节目,相较传统电视综艺节目有了较大突破,但大都不外乎由某个"现象级"节目带来的跟风之作,题材和剧情往往大同小异,对于沉浸在浩如烟海的娱乐信息中的用户来说,宛如过眼烟云。而在内容策划方面,很多节目都以炒作名人明星话题为抓眼的主要方式,在挤压剩余制作环节资本空间的同时,也给观众造成了严重的审美疲劳,很难在乱花渐欲迷人眼的市场上站稳脚跟。

2. 网络综艺制作过度娱乐化,导致"平台+内容"营销低俗化

爱奇艺的CEO马东曾说过:"虽然未必每个社会现象背后都有所谓的社会归因,但一定有心理归因,尤其是年轻人的心理。"[①]网络综艺的受众多为互联网普及后成长起来的"90后"网络原生代,基于他们的兴趣进行研发、生产与传播,导致青年一代具有强烈的"娱乐至死"的价值诉求。此外,由于国家广播电影电视总局对网络综艺的审查力度小,没有"限外令""限娱令""限童令"等政策的限制,网络综艺在"娱乐至死"的狂欢中野蛮生长,过度娱乐化的问题越发严重。例如《火星情报局》中汪涵带领一帮"特工"玩转"污段子",让很多网友大呼"污力滔滔""史上最大尺度综艺"等。网络综艺中各种专属于青年人的网络文化层出不穷,与传统文化划开了深深的鸿沟。尽管《奇葩说》独树一帜地通过思想碰撞对青年人的价值观予以正确引导,但这只是眇眇之身,难以拯救深陷泥潭的网络综艺。

---

① 马东:《文化产品是解决人内心焦虑最好的工具》,http://www.donews.com/media/201606/2931344.shtml,2016年6月21日。

3. 网络综艺与受众的互动模式单一，削弱"平台 + 内容"营销交互性

网络综艺利用互联网传播的交互性、即时性，垂直服务于年轻受众，极大地拓展了用户的思维属性，使节目较传统电视节目更具即时互动的特色，受众的主体参与性更强。然而，网络综艺虽然开创了弹幕评论，并与各大网络社交平台合作，实现了用户的全程互动参与，但在及时反馈方面仍止步不前。弹幕评论基本是用户单方面的感受，评论区屈指可数的官方消息也多为刻板的套话。现行互动模式的目的是让观众更了解"我"是一档什么样的节目，并没有以怎样让观众喜欢上"我"这档节目为出发点进行思考。网络综艺从一开始的"可远观不可亵玩"到如今的"镜中花水中月"，看似触手可及，其互动实质并没有实现跨越性的革命，"互联网 +"提供的交互便利尚待深入开发。

（二）网络综艺平台渠道杠杆支点分散

视频网站在融媒体时代有着得天独厚的渠道优势，它可以将海量碎片化信息通过视、听、说三位一体的表现方式向公众传播。而目前视频网站众多，稍有实力的企业都对网络综艺市场虎视眈眈。怎样选择最合适的渠道，成为当下网络综艺盈利的一个难题。

1. 视频网站众多，平台类型多样，渠道选择标准缺失

"互联网 +"时代背景下，五花八门的视频网站层出不穷，视频网站用户数量更是庞大。根据网络综艺的制播与视频网站之间的关系，可以简单地将传播渠道进行划分：一种是由视频网站出资，从节目研发、制作到播放全流程专有化的独家发行渠道；另一种是由视频网站买进版权进行独家播放的排他性渠道；最后一种是侵权即删的以资源分享为主的公开渠道。然而，无论是有版权所有权的专有渠道，还是简单照搬的公开渠道，它们拥有的资源类型并无二致。有数据表明，超过七成的网民可能同时使用两到三个视频网站，以实现视频资源的互补搜索。例如爱奇艺、优酷、芒果 TV 等国内主流视频网站，其内容高度重合，差异化优势尚未形成，导致用户黏性不足、忠诚度低，网络综艺渠道选择的判断标准缺失。

2. 视频网站垄断现象严重，破坏"平台＋内容"渠道多样性

虽然很多视频网站拥有数以亿计的用户，但在"大数据"时代下，这些用户大都处于游离状态，其支付意愿单薄、支付能力不高。从十年前的 300 多家，到如今的二十几家，盈利模式不清、成本过高、内容缺乏这三座大山淘汰了不计其数的视频网站。剩余的寥寥无几的视频网站大部分仍处于持续亏损的状态，极少数勉强维持收支平衡的也在生死边缘苦苦挣扎。网络综艺从《奇葩说》的破冰开始，其强大的吸金能力一览无余，《火星情报局》开播三季以来仅招商费就突破了 7 亿元。在生死攸关的逆境下，没有哪家视频网站不想抓住这根救命稻草。但是由于缺乏庞大的资本支持，许多小成本制作的网络综艺根本无法在市场上拥有一席之地。2019 年 6 月和 11 月，爱奇艺、腾讯视频官方微博分别宣布付费会员数量过亿。目前网络综艺市场由爱奇艺、腾讯视频与优酷土豆三足鼎立，其中爱奇艺更是以接近总营收 50% 的绝对优势独占鳌头。严重的市场垄断使基于"平台＋内容"的网络综艺渠道的多样性遭到破坏。

（三）网络综艺平台技术杠杆支点薄弱

基于"平台＋内容"生产模式的网络综艺孕育于互联网生态中，在交互性、创造性等方面拥有电视综艺节目难以望其项背的优越性。但同时，网络综艺的发展在很大程度上也受到了技术的制约。

1. 技术尚有欠缺，难以满足受众的需求，影响"平台＋内容"竞争力

"平台＋内容"生产模式下的网络综艺以 C2B 为例，做到了受众定位、市场定位、营销策略定位、广告投放定位等的精确化。但除却根植于互联网生态的制播流程的优越性，视频网站自身在技术方面普遍存在许多缺陷。例如备受用户诟病的缓存时间过长、画质模糊不清、声效夹有杂音等传统技术问题。此外，由于视频网站缺少专利技术的开发，缺乏专属技术标签，在内容重复的环境下，其不可代替性被极大地削弱。在 5G 技术及移动互联背景下，视频观看的多屏化、混屏化形式正在到来。视频网站在手机、PC、平板电脑的多屏互换或联动中，因为技术不能很好地适配移动终端的变化而导致用户流失加剧。视频网站相较电视

平台而言技术水平偏低，缺乏与创新内容配套的传播技术，无形中制约了网络综艺的竞争力。

2. 过度依赖内容开发，忽略技术硬实力，妨碍"平台＋内容"品牌打造

在真正引发全民热议的"现象级"综艺领域，《中国新歌声》《我们来了》《我是歌手》等传统电视综艺节目依旧独领风骚，拥有绝对的话语权。电视平台有着在长期积累的基础上建立起来的人才、资金和技术壁垒，可以利用技术优势对综艺节目立体化开发，打造全方位的价值链，这一点是网络综艺平台在短期内不可能做到的。此外，相比电视综艺的细水长流，网络综艺近两年的集中爆发背后裹挟着危机和泡沫，在寻找"网感"，也就是节目差异化的道路上，已经有些力不从心。现阶段，在二者的博弈中，网络综艺平台由于利用互联网在内容上大做文章而稍占上风，但仅仅凭借单薄的内容而缺乏技术的支撑，注定只是昙花一现。激烈竞争下，只有内容与技术双管齐下，才能打造网络综艺新品牌。

三　网络综艺平台利润杠杆发展策略

在市场、用户、政策等因素的协同作用下，网络综艺积蓄的产能得到高效释放，为沉寂许久的视频网站市场注入了新的生机。虽然基于"平台＋内容"生产模式的网络综艺盈利模式稍显粗放，在降低优秀内容资源利用效率的同时带来了不良的网络文化风气。但正因为有瓶颈，才亟待我们去粗取精、蓄势发力地解决问题。"泛娱乐化"时代的用户无疑是摇摆不定的，机会稍纵即逝。

（一）扶正营销支点，实现网络综艺产品最优化

基于"平台＋内容"生产模式的网络综艺的目标用户呈小众化，需要在产品的内容上深耕垂直领域，致力于细分目标用户，在对用户进行正确价值引导的基础上，打造更受用户喜爱的节目，将类型题材机制运作到极致，实现产品营销最优化。

1. 驱动网络综艺节目的模式创新，加强营销吸引力

视频网站在制作综艺节目时，要善于利用"大数据"对用户的需求

进行全面分析，尽可能地挖掘尚未开发的观众的需求点，并以此为基准进行节目类型创新，填补市场空白。《奇葩说》正是抓住了当下青年对自我价值展示与实现的渴望，才颠覆性地开创了网络综艺的新纪元。而同类题材也可以"旧瓶装新酒"，通过打破固有形式与同质化内容进行创作。腾讯视频的《放开我北鼻》在借鉴"现象级"综艺节目《爸爸去哪儿》的前提下打造"孩次元"概念，明星"大北鼻"与全素人（即普通人）"小北鼻"共处一室，相互磨合，自然真实，并以5.6亿次播放量、30亿次话题阅读量收官。"平台＋内容"的生产模式为网络综艺提供了更为包容的创作土壤，只有针对网络用户进行定制化生产，增强节目吸引力，才能在竞争激烈的当下实现突围。

2. 加强行业自律和统一监管，打造良好的营销环境

制定更加完善的监管标准。网络综艺出品自制单位在经济利益的驱动下，为了抢占受众的心理高地，挖空心思迎合青年受众"娱乐至死"的价值主张。青年一代观看网络综艺除了出于满足自身娱乐的目的，通常还存在学习知识、拓展社交圈、实现自我价值等诉求，所以"平台＋内容"的生产模式不能一味地追求经济利益而忽视价值导向的巨大作用。只有加强行业自律、节目把关和统一监管的多维互动，才能营造可持续发展的营销生态环境。

3. 开展立体互动，凸显受众的主体地位

网络综艺的崛起极大地满足了"90后"消费主力军的心理需求，但在传统电视综艺节目纷纷与各大网络社交平台建立合作的当下，网络综艺的互动模式有些故步自封。不只是"网综＋直播"，互联网这块试验地也有更大的空间进行节目交互模式的探索。

（二）找准渠道支点，保证网络综艺内容传播最专化

网络综艺要将内容特色更加准确地传达给目标用户，必然要在繁杂的渠道中进行精确选择，扩大影响力，实现制播的最专化。

1. 精确定位目标市场，增强渠道的专业性

虽然现存的视频网站五花八门，但就其类型而言无外乎综合型与专业型两种。一档新生的网络综艺节目在上架前应对各大视频网站的核心

用户属性进行分析，力求在紧密合作中实现双赢。例如，芒果 TV 在对核心用户进行问卷调查后对其属性进行精确画像，了解到其大多是一些潮流前卫的青年用户且热衷于名人明星话题，于是以此为依据打造了备受年轻人喜爱的《明星大侦探》。芒果 TV 正是以锁定目标用户市场为前提进行网络综艺的制播，融入了平台的个性化标签。视频网站面对形势利好的网络综艺市场，不应一哄而上，而应以分析原有目标用户市场为前提进行针对性选择，增强渠道的专业性。

2. 降低准入壁垒，释放渠道活力

已趋饱和的网络综艺市场看似由几大视频平台瓜分殆尽，但并不意味着其余视频网站无路可寻。事实上，很多互联网用户在频繁使用主流视频网站的同时仍注册了其他特色视频网站的账号。作为中国第一家弹幕视频网站的 AcFun，长期在苹果、安卓等各大商店的视频类下载榜上名列前茅。对于诸如此类的独立视频网站来说，全流程制播网络综艺的难度较高并不等于被市场拒之门外。此类视频网站完全可以凭借其特色口碑争取一些由第三方制作团队创作的网络综艺节目的独家播放权，从而达到适当降低市场准入壁垒的效果，更多地释放渠道活力。据这一逻辑，市场准入壁垒并未降低。降低准入也是以特色口碑式核心竞争力为条件的、零门槛的准入壁垒不可能存在。

（三）筑就技术支点，达到网络综艺服务最精化

网络综艺的盈利模式出现了过于依赖内容软实力创新的现象，而内容与类型竞争激烈的网络综艺只有更加注重技术的完善与发展，才能更好地为用户提供更加优质的服务。

1. 完善并发展技术，提升用户体验

在各大视频网站内容高度重合的情况下，想要提升可持续竞争力，完善已有技术、发掘新技术是必不可少的。用户在卸载某个视频网站 App 时，基本都会被要求回答："是什么原因导致你对这款软件不满意？"数据显示，近四成用户因技术问题困扰而卸载软件。平台技术硬实力不过关削弱了用户的使用意愿，很多优质网络综艺节目也因此失去了让用户深入了解的机会。视频网站需要在保障免费用户使用基础技术的同时为

核心用户提供更为先进的技术支持，从而提升用户黏性、增强用户付费意愿。

2. 建立健全机制，树立网络综艺品牌

网络综艺的制播不应当只依赖互联网生态下内容软实力的巨大发展空间，更要从人才激励机制、资本管理机制与技术机制等各个方面进行积极探索，延伸新的产业链条与盈利增长点。例如，视频网站可以借鉴电视平台的人才激励机制和资本管理机制，打造更加优质的网络综艺制作团队，进行更具竞争力的节目制播。此外，在创作网络综艺的过程中，视频网站不应吝啬于对先进技术引进的投资，而应利用技术与内容并重的模式树立新型网络综艺品牌。政府也可以制定新环境下的网络综艺人才与技术引进政策、融资政策等，助力其可持续发展。

第五章 基于利润屏障的数字出版盈利模式

第一节 利润屏障是数字出版盈利模式
实现的重要保障

一 利润屏障的定义与设计

利润屏障是企业为了保卫自己而建立的相对于行业内其他竞争对手的进入壁垒。简单地说，就是企业为了生存并保持稳定的利润流以确定其在行业内的优势地位而有效抗击的五种竞争力（competitive force）作用就是利润屏障。这五种竞争力的战略选择受到自身意愿的影响，共同决定着企业的收益率和产业竞争强度，包括供应商、买方、替代品生产商、潜在进入者和现有竞争对手的竞争（如图 5-1 所示）。

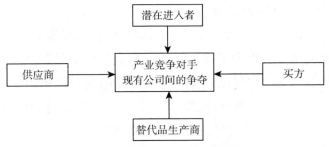

图 5-1 波特的五种竞争力模型①

---

① ［美］罗宾斯：《管理学》，孙健敏译，中国人民大学出版社 2004 年版，第 330 页。

企业应从降低这五种竞争作用力着手设计进入壁垒，通过打压进入威胁、弱化替代威胁、降低买方砍价能力、压低供方砍价能力以及减缓现有竞争对手的竞争，稳定和保持企业的核心竞争力。

（一）打压进入威胁

当市场中出现了新的竞争对手，那么价格下降和成本的提高往往会导致利润下滑。打压进入威胁可以通过加大预期的报复和提高进入壁垒两种途径实现。提高进入壁垒的方法有：获得政府保护、特殊的成本优势、独占分销渠道、提高转换成本、制造产品差异和形成规模经济等。

（二）弱化替代威胁

企业的盈亏与替代品的价格是正相关的关系，因此替代品的定价直接影响着企业的最低利润能否实现，所以替代品的威胁不容小视。只有寻找和识别出那些具有同种功能的替代品，才能弱化替代品，具体的措施包括：根据市场的前沿设计和改进产品、影响消费者的教育和行业标准的制定、发动整个行业积极行动来抵制替代品。

（三）降低买方砍价能力

索取更多的服务项目和以低价格获得高质量的产品是买方砍价的目的，而降低买方砍价能力的方法通常有发展多元化用户、提供有差异的或者非标准的产品、提升转换成本、扩大产品的影响力度和保护企业的机密信息不外流等。

（四）压低供方砍价能力

如果供方想对企业施加压力，可以通过降低产品服务质量同时提高价格的方式实现，所以为了保护企业的利润，必须限制供方砍价空间。以下因素值得考虑：在保证质量、价格低廉的交货期集中大规模采购、合理利用供方之间的竞争削弱其成本、成为供方市场的大用户以获得主导地位、寻找和供方产品相似的替代品，等等。

（五）减缓现有竞争对手的竞争

大量结构上的因素相互作用造成了激烈的竞争态势，其中有行业内竞争对手势均力敌、现有竞争对手退出壁垒较大、出现非理性竞争对手、产能供过于求、同质化的产品和服务、居高不下的库存成本和固定成本以及产业竞争缓慢，等等。利润的锐减往往是激烈的竞争造成的，如果要改进现状，就必须重新设计利润屏障。比如使退出壁垒低但是进入壁垒高的行业可以获得高利润收益、使成长速度快而且固定成本低的细分市场中的竞争影响相对减少、多路径提高产品的差异化、提高用户对企业技术产品的依赖感，等等。

二　利润屏障的实施机制

企业品牌价值不仅成为企业的无形资产，而且具有较高的客户忠诚度和信任度。所以，他们同时可以拥有相较于行业内其他企业更低的差价。

企业必须设计一种独一无二的能锁定企业客户的业务以确保客户的忠诚度。这种业务的特质是可以在锁定功能的同时为公司和客户锁定价值。若企业提供的产品和服务是独一无二的，那么转换成本将自然提高，因为锁住的是公司和客户的共同利益。联合速递公司的跟踪软件就是很好的例子，他们利用电子货运跟踪锁住客户并创造价值，如果要改变供方，那么客户需要付出高昂的成本和代价，因为这期间必须改变软件系统，需要耗费人力物力。

在某种程度上说，企业经过多年的积累建立起来的与供方的信任关系，编织成了一种具有战略控制力的供应商合作伙伴关系网络。拥有7500 家位于全球各地的供应商的香港利丰有限公司，通过建立供应商网络来努力铸造互利互信关系并最终控制其关键客户，新竞争对手很难复制这种关系网。实际上，一道可怕的利润屏障已被利丰有限公司构筑起来了。

一种差异化与有效的成长战略是第一个进入市场并拥有新的产品或技术。先行者的种种优势被盈利模式设计的创新者赋予。欲想获得一种战略控制，必须建立与众不同的差异性，先行者可大规模生产以提供独特的产品或服务。一种创新的盈利模式使得竞争对手不那么容易赶上来，更难以模仿。

核心竞争优势还体现低价格、低成本的公司。然而，在战略控制资源方面，低价格是一种相对较弱的方式。因为，以低成本驱动低价格，是一种难以保持长久的战略。但是，目前像"价格屠夫"格兰仕，在市场上，其低价格、低成本的竞争策略具有难以抵挡的威力。

重新获得垄断地位就是最理想的利润屏障。微观经济学说明，想在不完全竞争条件下获取超常利润，绝对是一件"不可完成的任务"。不当得利只有可能出现在垄断市场中。当年长虹彩电采取釜底抽薪的方式，意图"独霸江湖"，斥巨资买断显像管，尽管没有成功，但并不能因此全盘否定其图谋获得垄断地位的竞争战略。

三　出版企业的利润屏障分析

（一）出版企业间的竞争

出版企业面对的竞争对手主要是处于同一细分市场中的出版集团和出版社。出版企业间的竞争表现为较低的市场集中度、高度同构化（地区间结构的高度相似性）和低度化（产业发展中的低水平重复性）。同时，出版企业的竞争表现为出版结构不合理，不同领域的竞争程度不同。

我国出版企业市场集中度很低，而国际出版企业的市场集中度相当高，如全球专业出版市场主要由汤姆森、里德·埃尔斯维尔和威科三大出版公司垄断；美国三大教育出版集团——培生、麦格劳·希尔、汤姆森都是上市公司，其市场销售额约占发达国家出版市场的90%左右。专业出版类出版社的企业竞争表现为两个层面，在某些相对集中的领域，如法律、医学、卫生等，表现为出版企业与个别对手竞争的情况，在分散的市场领域面临蜂拥而上的无序竞争，如科技、财经相当分散，但在计算机、出版领域有一定的竞争集中度。大众出版具有相当的市场占有率，领先者的市场规模也只有4亿元，使得竞争分散而无序。

（二）数字出版潜在入侵者的威胁

我国国有出版企业面临的主要竞争者是民营书业、国际出版集团和国际传媒集团。如在教辅方面，国有出版社的品牌，除了龙门书局的"三点一测"之外，其他品牌很多都是由民营公司策划的，如金星书业的"教材全解"，志鸿教育的"优化设计"，荣德兴业的"点拨"，九州英才的"轻巧压冠"，等等。一些公司已经开始集团化经营，如志鸿教育集团、金星国际教育集团等。还有一些民营公司和国有出版企业成立合资公司，如海豚传媒。这些企业组建了完善的企业制度和培训体系。当然，民营出版企业背后也存在一些隐忧，如价格体系有待规范，存在全行业性质的无序竞争的风险，存在一定的商业风险。这些发展中的问题的解决，将使民营书业迈入另一个辉煌，对国有出版企业形成全面冲击。

我国出版企业面临着传播环境的巨大变化，国外传媒通过资本运作的方式，大力抢夺中国出版企业的信息资源，它们已经以广告公司和内容提供商的角色渗入了我国媒体业，如美国在线—时代华纳斥资 1 亿美元入驻香港华娱卫视，已控制了华娱卫视 85% 的股权，并与中国国际广播电视总公司签约；覆盖全国 48 家电视台，拥有近 1.6 亿万观众的儿童电视节目《小神龙俱乐部》就是迪士尼公司的一大杰作；还有新闻集团的 Channel V 音乐台，IDG 投资的 IT 杂志，等等。

综上所述，越来越注重品牌的民营书业，凭借其敏锐的市场感觉、优秀的内容组织能力和有特色的渠道优势，或直接占领某一领域，如教辅，或通过和出版社合作的方式实质性地进入图书出版市场，成为某些出版企业的支柱；国际出版集团对我国出版企业的入侵主要通过版权输出的方式，但这只是时间问题，境外出版集团迟早会实质性地进入我国出版市场；国际传媒集团的资本强势地位使得我国出版企业面临着跨媒体合作和跨地区市场扩张。出版产品与其文化传播作为精神文明的产物，与国外传媒在思想意识方面的竞争不言而喻。

（三）数字出版替代者的威胁

我国出版企业面临的主要替代者来自期刊、报纸、光盘、广播和电视等领域。根据中国出版科学研究所"全国国民阅读与购买倾向抽样调查"的数据显示，期刊的阅读率从 2010 年的 39.1% 上升到 2019 年的 81.1%，而国民的图书阅读率从 1999 年的 60.4%、2001 年的 54.2%、2003 年的 51.7%，下降到 2012 年的 48.7%，失去的部分市场为期刊获得。光盘①应用了高科技技术，集音效、图片、动画、影视及虚拟现实等

---

①　指以数字代码方式，将有知识性、思想性内容的信息编辑加工后存储在固定物理形态的介质上，通过电子阅读、显示、播放设备读取使用的大众传播媒体，包括只读光盘（CD-ROM、DVD-ROM 等）、一次性写入光盘（CD-R、DVD-R 等）、可擦写光盘（CD-RW、DVD-RW 等）。该定义摘选于中华人民共和国新闻出版总署在 2008 年 2 月 21 日颁布的《电子出版物出版管理规定》。

多种表现方式于一体，使内容的展示赏心悦目，内容丰富，信息量大，复制容易。可见，期刊、报纸、光盘、广播和电视，各有其优势和劣势，以其独有的优势不同程度地分割了出版企业的市场份额，也不同程度地占有了阅读群体的时间和资金。但并未对出版企业形成本质的冲击，与出版企业的竞争还不激烈，未对出版企业的市场形成大幅的切割。

综上所述，出版企业作为知识供应链的核心企业，影响其盈利的最主要威胁是同行的直接竞争，特别是同一细分市场的其他出版企业，同时，越来越有实力的民营书业的威胁也在不断增强，而期刊/杂志等传统媒体对出版市场的挤压还不足以产生质的威胁。出版企业获取盈利的关键在于核心企业能够形成并保持对细分市场的占有率，核心企业形成竞争优势的关键环节为出版战略、选题策划、品牌管理、发行渠道管理、客户管理、出版质量管理等。

第二节　数字图书馆利润屏障研究[①]

O2O 概念是 2011 年由 Alex Ram Pell 提出来的，又称离线商务模式。[②]这种模式在我国的餐饮与服务行业发展十分迅速，以滴滴打车为例，2016 年 5 月 20 日，滴滴出行首次取得专快车日成交订单金额突破 1000 万的卓越成绩。滴滴打车正是利用 O2O 模式，通过发挥线上的便捷性优势，将客户包揽到线下消费，推出快车、顺风车等一系列个性化服务，让消费者在完成线下消费的同时又在线上做出评价、反馈，实现了线上线下的有机交融。然而，由于 O2O 模式在数字图书馆的应用刚刚起步，单纯发展线上服务难以满足用户多元化的需求，线下用户体验未能同步提升，造成数字图书馆线上线下发展严重受阻。同时，传统图书馆过于注重社会效益，在一定程度上忽视了经济效益，由此造成的资金短板严重阻碍了数字图书馆的转型升级，导致其服务能力也远远落后于市场上

---

① 参见刘一鸣、张银虎《基于 O2O 模式的数字图书馆利润屏障研究》，《图书馆学研究》2018 年第 12 期。

② 参见姚俊元《关于江苏少儿数字图书馆建设的思考》，《新世纪图书馆》2015 年第 1 期。

的其他内容提供商。通过竞争可以实现企业的优胜劣汰，有利于企业综合服务能力的提升，因此，积极投身市场竞争，在保持社会效益的同时发展经济效益，既传播优秀文化又活跃出版市场经济，对数字图书馆十分重要。

面对数字图书馆资金疲软、活力丧失的客观事实，建立起基于O2O模式的数字图书馆利润屏障，在激烈的市场竞争中占有一席之地，变得尤为重要。笔者将以数字出版盈利模式中的利润屏障为视角，从价值效应屏障、品牌效应屏障、规模效应屏障和版权效应屏障四个方面分析数字图书馆线上与线下存在的问题，并找到合理的解决方法，为数字图书馆利润屏障的构建提供借鉴。

一　数字图书馆利润屏障概述

市场竞争激烈而残酷，因此需要提前做好准备，针对数字图书馆的特性制定专业而全面的市场计划，既保持竞争优势又实现持续盈利，为数字图书馆建立一道坚固的利润屏障。

（一）O2O 模式与数字图书馆

O2O 模式与数字图书馆的有机结合将为数字图书馆的发展锦上添花，然而基于 O2O 模式的数字图书馆发展现状令人堪忧，经验的不足致使其价值效应、品牌效应、规模效应以及版权效应发挥较差。

O2O 是 Online to Offline 的缩写，中文翻译为线上到线下，是一种线上线下立体互动、相互促进的消费模式。[①] 这种模式发展迄今已涌入大量的商家，如淘宝、美团外卖等，究其原因，O2O 模式满足了互联网时代用户对个性化服务的迫切需求，不但为用户提供了全面而实惠的消费信息，还为商家带来了大规模的利润，更帮助服务提供商掌握了高黏度的用户资源，总体来说，形成了"三赢"的局面。

数字图书馆是利用数字技术处理和存储各种文献信息的知识中心，它能把跨时空、大规模的数字资源面向用户进行传播。[②] 将 O2O 模式与

---

① 参见百度百科《O2O》，https：//baike. baidu. com/item/O2O/8564117，2018 年 1 月 30 日。

② 参见百度百科《数字图书馆》，https：//baike. baidu. com/item/221396，2019 年 11 月 8 日。

数字图书馆有机结合，可以打破传统图书馆单一的盈利模式，由单纯的线上发展变为线上线下并重，用线上的营销推广，将客流引到线下消费体验，实现交易，再由线下回到线上做交流反馈，最终实现数字图书馆的 O2O 闭环。[①] 闭环的目的在于建立高效运转的 O2O 系统，用优质的个性化服务打动用户，摆脱传统模式资金上的难题，为数字图书馆带来持续的盈利（如图 5-2 所示）。

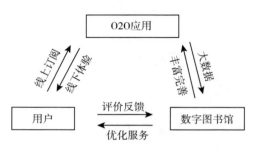

图 5-2　基于 O2O 模式的数字图书馆运作模型

将 O2O 模式应用于数字图书馆是大势所趋，将线上与线下完美融合有利于数字图书馆的可持续发展。但由于 O2O 模式在数字图书馆领域的应用起步较晚，数字图书馆的线上与线下严重脱节，其价值效应、品牌效应、规模效应及版权效应发挥较差。价值效应方面，线上平台与线下价值链的弊端，使得用户资源大量流失，导致数字图书馆的盈利渠道狭窄；品牌效应方面，线上营销推广与线下技术投入的不协调，致使数字图书馆的用户辨识度不高，用户体验较差；规模效应方面，线上信息系统与线下人才队伍的缺陷，导致数字图书馆的综合实力较弱，出版"硬实力"与"软实力"不足；版权效应方面，网络资源的共享性导致侵权事件时有发生，版权人的利益得不到保障，数字图书馆的版权获取、版权开发与版权保护仍待强化。

（二）基于 O2O 模式的数字图书馆利润屏障解析

持续的盈利是数字图书馆市场竞争力提升的关键，充足的发展资金

---

① 参见林龙《构建数字图书馆的 O2O 闭环》，《农业图书情报学刊》2017 年第 7 期。

将有利于数字图书馆服务品质以及用户体验的极大提升，因此必须建立数字图书馆的利润屏障。通过分析数字图书馆的发展现状与盈利模式，能够将基于O2O模式的数字图书馆利润屏障分为四个部分：使盈利渠道更为宽广的价值效应屏障、使用户更为信任的品牌效应屏障、使组织格局更为合理的规模效应屏障、使版权优势更为突出的版权效应屏障。价值效应屏障利用线上平台的升级与线下价值链的延伸来拓宽盈利渠道，变单一的利润来源为多元化的盈利方式，以充实数字图书馆的升级资金。品牌效应屏障借助线上的品牌营销与线下的技术投入来构建数字图书馆的品牌，增强用户体验，从而提升品牌知名度。规模效应屏障通过线上信息系统的改良与线下高质量人才的引进来构建数字图书馆的规模优势，减少不必要的投入，填补人才缺口。版权效应屏障从版权获取、版权开发与版权保护入手，致力于获取更为多样的信息版权、开发更为优质的内容版权、建立更为安全的版权保护系统。

二　数字图书馆利润屏障发展困境

构建基于O2O模式的数字图书馆利润屏障是为了降低数字图书馆现有竞争者与潜在竞争者的威胁，着力分析现阶段数字图书馆的价值效应屏障、品牌效应屏障、规模效应屏障以及版权效应屏障建设中存在的问题，有利于数字图书馆在未来的竞争中占据先机。

（一）平台建设缓慢，价值效应屏障脆弱

O2O时代的商业竞争中，深度识别和充分把握影响网络协同价值大小的关键因素是制胜的前提。[1] 由于数字图书馆线上平台与线下价值链的劣势，数字图书馆的网络协同价值发挥不足，用户规模萎缩，价值效应屏障十分脆弱。

线上方面，支付宝、微信等App的出现极大地便利了人们的生活，随时随地享受服务成为互联网时代用户的客观需求。然而数字图书馆目前依旧停留在网站内容发布阶段，未能及时地进军智能终端应用领域，

---

① 参见陈端《移动互联时代：O2O入口布局》，《北大商业评论》2014年第6期。

市场上的数字图书馆 App 数量寥寥无几，其中优质的 App 更是稀有，微信读书、掌阅 iReader 等内容发布平台几乎将移动阅读市场瓜分殆尽，导致用户大量流失。传统的网站内容浏览方式无法满足用户的体验与需求，而移动阅读解决了用户即时获取信息的需求，因此，开发一款用户喜爱的 App 对数字图书馆的发展至关重要。

线下方面，价值链的长短是影响数字图书馆盈利渠道宽窄的重要因素。由于价值链的单一，当下数字图书馆的利润来源多为用户培训费及文献下载费等，线下盈利项目与图书周边产品匮乏，许多数字图书馆依旧照搬传统图书馆的发展模式，数字图书馆的特色优势发挥不明显，因而用户在获取知识时不会优先选择数字图书馆，致使数字图书馆的盈利渠道非常狭窄。

（二）用户认可度不高，品牌效应屏障单薄

在海浪化的阅读市场中，用户获取信息的方式是多样的，数字图书馆并非用户获取信息的唯一选择。由于营销推广与技术投入方面存在的问题，数字图书馆很难脱颖而出，品牌效应屏障十分单薄。

线上方面，品牌作为数字图书馆的身份象征，是用户选择时的重要参考依据。但是由于数字图书馆对自身品牌并未进行过多的营销宣传，微博、微信等营销渠道未被重视，官方微博与公众号运营投入不足，举办的相关文化活动更是甚少，导致人们对数字图书馆的品牌比较陌生，因而数字图书馆的品牌认知度不高。

线下方面，伴随科技的不断发展，新兴技术越来越多，而数字图书馆作为用户获取知识的重要途径，其技术投入并不乐观。导致此现象的原因有两个：一是技术发展的不成熟，新兴技术如虚拟现实技术多应用于设计、娱乐等领域，在出版领域应用较少，尚未大规模地应用于数字资源的改造；二是技术投入成本较高，数字图书馆的资金漏洞不足以支持新技术的投入运转，经验的匮乏提高了新技术的运营成本，最终阻碍了用户阅读体验的改善。

（三）组织格局不成熟，规模效应屏障松软

由于 O2O 模式兴起的时间不长，数字图书馆的组织格局尚不成熟，线上信息系统与线下部门建设方面暴露的诸多问题严重阻碍了数字图书馆的发展，造成规模效应屏障松软。

线上方面，网络技术为信息存储带来了便利，但也要求数字图书馆提升资源整合能力。然而反观当下的数字图书馆，其信息整合能力提升的速度远远落后于资源数量增加的速度。线上系统数据的"异步"影响了 O2O 模式在数字图书馆中的应用，网站平台与微博、微信等应用的数据资源格式不统一，需要花费时间和精力去重新整理、转化数据，导致线上管理的工作强度增加，从而使得工作人员负担加重、难度升级。[①] 因此线上资源整合系统紊乱，造成资源分散。

线下方面，随着时代的变化发展，市场上的复合型人才变得尤为抢手。但是由于人才市场竞争激烈，此类人才更愿意去前景更为广阔的百度、腾讯等知名企业。面对数字图书馆发展的迫切要求，现有工作人员并不能很好地适应新形势下工作环境与工作方式的变化，目前数字图书馆的应对策略多为引进不同类型的人才进行知识互补，但这也在一定程度上增加了部门管理的难度与成本，数字图书馆的部门建设举步维艰。

（四）版权管理棘手，版权效应屏障薄弱

网络传播的快速性势必会引发一系列的版权纠纷问题，版权获取、版权开发和版权保护成了数字图书馆发展过程中必然要面对与解决的难题。

版权获取方面，免费和共享是网络文化最重要的特质，严格的版权授权许可模式对信息流通和配置优化造成了严重的限制。[②] 实际上，网络上来源不明确的信息经常被人盗用。2002 年中国数字图书馆有限责任公司未经北京大学法学院教授陈兴良许可擅自使用其知识成果，对作者造成了侵权危害，给公司带来了很大的负面影响。这一事件反映出当时数字图书馆的版权意识尚未觉醒。尊重版权人的知识成果在当今社会显得尤为重要。

版权开发方面，信息化时代在展示它独特魅力的同时，也使得网络

---

① 参见李永钢《基于 O2O 模式的数字图书馆用户体验研究》，《图书馆界》2016 年第 1 期。
② 参见肖冬梅《谷歌数字图书馆计划之版权壁垒透视》，《图书馆论坛》2011 年第 6 期。

上的信息变得千篇一律，用户获取的信息同质化现象严重。纵观当下的数字图书馆，版权开发的力度还远远不够，对大众的审美趣味与阅读习惯的把握较差，用户难以发觉数字图书馆的闪亮之处。内容上的同质化与形式上的单一性都使得数字图书馆落后于市场上的其他内容提供平台。

版权保护方面，信息化时代，通过简单的复制粘贴就可以将他人的知识成果占为己有，数字图书馆的版权保护变得越来越困难。由于数字图书馆领域尚未形成专门的版权保护管理体系，切实可行的版权保护技术少之又少，而传统的版权保护技术已不符合当今时代发展的潮流，致使数字资源的安全性得不到保障，版权人的权益极易受到侵害。

三　数字图书馆利润屏障优化策略

虽然基于 O2O 模式的数字图书馆在发展初期存在很多问题，但却是一种发展趋势。通过剖析现阶段数字图书馆的问题并提出优化策略，为数字图书馆建立坚固的利润屏障，对数字图书馆的发展具有深远意义。

（一）完善平台建设，优化价值效应屏障

线上方面，要致力于数字图书馆智能终端应用的研发，增强平台的互动性与社交性。一方面要简化操作界面，增加终端应用的社交功能，使用户在登录后可以与好友一起交流感悟，共同学习。如微信读书，它以微信账号登录的形式将平台上独立的用户联系在一起，减少了用户注册的烦琐，同时增强了平台的社交性，形成了自身强大的用户基础。另一方面，要增设电子图书、懒人听书、音频模式等多样化的阅读版块，完善平台的评价、反馈机制，实时听取并认真解答用户的需求和问题。如 QQ 阅读，开设了书评广场、音频专区、电子书等多样化的阅读版块，更为用户推出私人定制服务，受到了用户的青睐。

线下方面，要经常开展文化活动，增设与数字图书馆相关的盈利项目，由传统的出售产品向出售服务转型，实现产品与服务的并重。将影院与数字图书馆相结合，设置相关的影视观看场地，并开展专门的经典文化展览会、读者交流会等，变原来的单一渠道盈利为多渠道盈利，增加数字图书馆的资金收入。如 2015 年 4 月 19 日银川市图书馆启动的"银图影院世界读书日经典电影展示周"活动，每日有 20 个免费名额，用户可在活动期间进行观影，这一活动受到了用户的一致好评。

（二）提升用户认可，发展品牌效应屏障

线上方面，要注重数字图书馆品牌的营销与推广，做好品牌定位、品牌推广等工作。[①] 利用多元化信息发布平台进行组合营销推广，如利用微信、微博等平台，开设数字图书馆的官方账号并实时推送数字图书馆的动态信息，借用直播等形式对数字图书馆的文化活动进行推广，促使人们加入到数字图书馆的建设中来，将平台上的活跃人群转化为数字图书馆品牌的支持者。如 2016 年 4 月 23 日举办的"全民阅读推广活动"中，国家图书馆借助"直播"这一营销新形式，使此次活动没有仅局限于图书馆内部，让更多的用户可以通过官网的直播通道参与进来，是一次服务形式的创新尝试。

线下方面，要重视新技术的投入，申请国家技术资金支持，利用 AR、VR 等新技术设立专门的用户体验馆，借用专业技术设备等增强用户体验，提升数字图书馆的"硬实力"。例如，2017 年 3 月的重庆图书采购会就利用传统与时尚的结合吸足了读者的眼球，读者通过专业设备就能体验更为生动的画面，增强现实技术与虚拟现实技术的应用无疑为读者带来了全新的阅读体验。

（三）优化组织格局，提升规模效应屏障

线上方面，要统一不同平台的信息处理格式，建立各平台间的统一规范。积极采用大数据信息处理技术，提升数字图书馆的内容整合能力，在数字资源转化的过程中创立一套统一的标准，减少不必要的重复工作，提高线上的工作效率。

线下方面，要注重人才的引进与培养，充实数字图书馆的部门建设，提升数字图书馆的"软实力"。设置专门的培训部门，建立一支学习型团队，邀请数字图书馆领域优秀的专业人士为馆员进行职业技能培训，馆

---

① 参见洪秋兰《数字图书馆的品牌战略》，《图书馆工作与研究》2005 年第 1 期。

员间共享知识与技能。提升复合型人才的待遇，并通过员工激励体系不断对馆员进行激励，提升馆员的工作热情与责任感。

（四）构建版权体系，开发版权效应屏障

针对数字图书馆版权方面存在的问题，提出适当的突围策略，以构建数字图书馆的版权体系。版权获取方面，要吸取侵权案件的教训，积极与作品的版权人取得联系并签署合法的授权合同，同时加强对工作人员的版权意识培训，对涉嫌抄袭的作品严格把关。版权开发方面，要学会运用大数据分析用户的阅读习惯，准确把握大众审美倾向，广泛开展作品征集活动，寻找与数字图书馆格调相符的优质内容，并丰富其展现形式。版权保护方面，要联合业内的数字图书馆建立专门的版权管理体系，同时综合运用网络安全技术，如信息加密技术、访问控制技术等，对数字资源进行全方位保护，加强对馆员版权保护意识的培养，对侵权事件追查到底。

基于O2O模式的数字图书馆是信息化时代数字图书馆发展的必然趋势，O2O模式与数字图书馆相结合，将使数字图书馆的经济效益与社会效益实现统一。数字图书馆只有不断顺应时代发展趋势，才能始终表现出强大的生命力。未来的数字图书馆将成为传播国家文化的重要力量，对国民素质的提升以及文化的对外传播具有建设性作用。

第三节　免费数字漫画利润屏障研究

在20世纪，免费是一种推销手段，而在21世纪的今天，免费就不仅仅只是一种手段，而是形成了一种全新的商业模式。在这种商业模式中，商品基本定价真的可以实现"清零"，而背后起着强大作用的就是互联网时代近乎为零的信息成本。数字漫画本身也是一种在互联网时代蓬勃兴起的新兴事物，它是由纸质漫画到数字漫画，从可视到多媒体、人机交互等的转变。当免费经济与数字漫画这两种新生事物结合，产生一种更加全新的事物时，所起到的作用不是一加一等于二，而是翻番增长。

要研究免费数字漫画的利润屏障，就要先解决"如何保持免费数字漫画的竞争优势"这一问题。我们通过研究免费数字漫画进入市场的利润壁垒与风险来研究它的利润屏障，以期助力免费数字漫画出版商在漫画甚至整个出版市场保持竞争优势，立于不败之地。对于免费数字漫画来说，保持持续盈利是一个重中之重的问题，在定价为零的情况下，如何使数字漫画的其他竞争力不成为短板，而转为竞争优势呢？

一　免费数字漫画与利润屏障概述

免费数字漫画诞生于免费经济，实际上是数字漫画踩着免费经济的肩膀进行漫画出版的数字转型。免费经济和数字漫画都是互联网经济下新的产物，当两者碰撞到一起时，免费数字漫画是否既能占据数字漫画的优势，又能掌握免费经济模式的营销技巧？免费数字漫画与利润屏障的概念要进行怎样的解读，两者的结合又会提供怎样的新思路？

（一）基于免费经济的数字漫画

要了解免费数字漫画，既要了解免费经济的含义与特点，又要透析免费数字漫画与付费数字漫画之间的区别，这样才能准确把握免费数字漫画的内涵与外延，才能为充分研究免费数字漫画的利润屏障提供理论积淀。

免费经济是一种从互联网中产生的基于比特经济的，通过压缩商品和服务的成本直至为零来获得经济效益的经济模式。这就是免费经济的含义。这里的免费经济不同于从推销大潮中产生的免费，那种免费是推销手段，而免费经济是一种经济模式和经济现象。免费经济具有高利润、趋零成本、虚拟化、去货币化和新媒体化的特点。高利润和趋零成本两个特点是相辅相成的，正是因为趋零成本的特点，才能得到更高的利润。同时，免费经济是互联网时代催生的产物，具备互联网时代带来的虚拟化、去货币化和新媒体化的特点。

在互联网的快速发展下，纸质漫画向数字漫画转变，一部分是通过扫描纸质印刷品数字化的漫画，一部分是通过网络在线创作、交易版权进行发布的数字漫画。而免费数字漫画与付费数字漫画也有区别：免费数字漫画主要指依托于免费的移动用户端，漫画内容可供用户免费获取的正版漫画；付费数字漫画主要指依托于免费的移动用户端，漫画内容部分或全部付费的正版漫画。

（二）数字漫画利润屏障解析

价值效应屏障在于优化免费数字漫画的价值链。免费数字漫画的价值链主要分为两种：以数字内容提供商为主导的价值链和以数字出版商为主导的价值链。两者主要有以下环节，从内容源到内容的创建、管理，再到内容的开发与发布，最后到内容接收。但是以数字内容提供商为主导的价值链在内容开发与发布的环节，内容可以被传递到不同的平台，内容的接收者也不单一。而在以数字出版商为主导的价值链中，各资源提供者有所不同，但渠道只有出版商，接收者也始终是用户。

规模效应屏障在于提高免费数字漫画出版商的资源组织能力。免费数字漫画出版商的资源组织能力主要包括以下四个方面。第一，组织建设。也就是围绕免费数字漫画出版组织的人力资源组织建设。第二，内容资源整合。内容资源整合包括对漫画内容、选题、翻译内容、版权等的整合。第三，供应链控制。供应链包括网络提供、内容提供、资金提供等。第四，成本控制。成本主要包括免费数字漫画的生产成本、广告成本、技术成本、人力资源组织成本等。

版权效应屏障以免费数字漫画的版权管理为主导。免费数字漫画的版权管理主要从以下三方面入手。1. 免费数字漫画版权获取的内容和渠道：版权获取的内容和渠道是其获取漫画内容资源，节约成本，形成内容竞争优势的基础；2. 免费数字漫画版权开发的内容和市场：注重版权开发能够使免费数字漫画持续焕发生机和活力；3. 免费数字漫画版权保护的联盟和诉求：得到漫画版权保护联盟的庇护，就可以依靠集体的力量抵抗不正当竞争的风险，同时也能为建立公平的市场竞争做出贡献。

品牌效应屏障在于提升免费数字漫画的品牌价值。免费数字漫画的品牌价值提升要经过三个阶段：品牌价值的树立、提升和发展。在免费数字漫画品牌价值的树立阶段，主要是宣传和圈定读者，只有当读者积累到一定的水平，免费数字漫画品牌的知名度到达一定的峰值，才有机会树立品牌价值。在免费数字漫画品牌价值的提升阶段，对其品牌合理定位和加强品牌意识是重点。在免费数字漫画品牌价值的发展阶段，注重的是如何使其长足发展，怎样使免费数字漫画品牌价值保值。

二　免费数字漫画利润屏障发展瓶颈

在国内，优秀的数字漫画平台有快看漫画、有妖气、咚漫等。其中具有免费数字漫画研究参考价值的主要是咚漫。咚漫原名 webtoon，原是为中国读者免费提供韩国优秀漫画的翻译作品平台，但由于其高质量的漫画内容与翻译效果广受读者的好评与青睐，于是逐渐增加了许多国内与其他国家的优秀作品，均为免费。木秀于林，风必摧之。随着咚漫的发展，许多的免费数字漫画平台也如雨后春笋一般，纷纷模仿起来，免费数字漫画领域的竞争压力一时无两。

（一）价值效应屏障建设不全面，买方砍价能力强

免费数字漫画的价值链建设并不全面。作为一个产业，数字漫画本身的产业链条只能通过漫画周边产品来延伸。而免费数字漫画，从整个生产过程来看，广告等第三方投入的力量尤为显著，但是由于免费数字漫画的发展处于雏形状态，各价值活动与价值环节间还无法顺畅地连接。

免费数字漫画各价值活动与价值环节之间的联系分散。网络运营商是内容开发和发布的重要一环。而内容提供商却是漫画内容由无形的精神文化产品转化为有形的物质商品得以实现的基本保证。网络运营商控制技术风格、技术水平、用户端体验等，而内容提供商只能确保其内容的质量，两者很难达成一致。网络运营商和内容提供商的联系分散，经常会使免费数字漫画的受众得到不好的阅读体验，从而影响免费数字漫画的口碑与评价。

免费数字漫画与付费数字漫画的价值链条存在差距。免费数字漫画的价值链活动和环节主要有：从内容源到内容，再到发布和接收，中间没有金融运营与金融支持平台的参与。付费数字漫画的价值链活动除了基本的环节以外，还需要金融平台的支持，这无疑也是一个重要的盈利入口。

（二）尚未形成一定的规模效应屏障，供方占议价优势

免费数字漫画虽然内容精良优质，但因其内容少、品种稀缺，使得

读者可选性差，在读者数量明显不足的情况下，内容提供者就有权提出议价的要求，这样无疑加大了成本，加大了内容资源整合的难度，导致规模效应屏障更加难以建立。这是一个恶性循环。

免费数字漫画的内容资源整合不全面。首先，免费数字漫画的漫画种类少，无法全面满足读者对免费数字漫画各种类型和数量上的需求。其次，免费数字漫画的版权来源国家单一，多为中国、日本和韩国，还有很大的版权扩张空间可以挖掘。再者，免费数字漫画的自制漫画发展不完善。到目前为止，免费数字漫画中的自制漫画主要集中在特殊假日专辑上，虽然质量高，但是内容受节日局限大，数量少，读者选择空间小。最后，免费数字漫画的网友原创漫画开发未形成规模。在付费数字漫画平台，读者也可以上传自己的作品，但现有的免费数字漫画运营平台尚不支持此服务。

免费数字漫画的经营成本高。主要体现在平台运营成本、版权购置成本、人力资源成本三个方面。最主要的是版权购置成本，由于数字漫画定价免费，那么版权购置是漫画内容资源的重要来源，只有优质的漫画资源才能为免费数字漫画的免费经济模式提供后续的价值支持。

（三）版权效应屏障建设不完善，现有竞争者的竞争激烈

免费数字漫画出版与提供免费漫画的网站的区别是，免费数字漫画出版的版权意识强，漫画内容版权高价购置，但因为定价为"零"，版权成本偏高，所以造成了利润杠杆的倾斜，而同时，付费数字漫画的定价弥补了版权的成本缺口，就会与免费数字漫画争夺市场份额。

免费数字漫画的版权获取渠道单一、内容不足。免费数字漫画获取版权的渠道主要有购置国内漫画版权、购置国外漫画版权、开发自制漫画版权。购置版权价格昂贵，拉高成本。而免费数字漫画缺少自制版权，即平台独家原创版权。同时付费作品版权被付费数字漫画平台垄断，而内容不足容易造成免费数字漫画平台读者的流失。

免费数字漫画缺少自制版权的开发。免费数字漫画为什么不开发自制版权呢？有以下几点原因：资金不足，无法投入开发自制版权；缺少自制漫画制作团队，缺少自制版权开发实力；无旗下签约作者资源，缺

少稳定的人才后备军。

（四）品牌效应屏障建设不合理，被替代和进入风险高

在免费数字漫画的品牌效应屏障建设上，仍以咚漫为例，在咚漫由 webtoon 改名以后，从评论中可见，一部分的读者流失了，原因在于 webtoon 的定位是韩国优秀漫画译作的提供平台，但是咚漫的定位并不明确，既继承了 webtoon 的韩国漫画译作，又添加了许多良莠不齐的漫画数字资源，于是其品牌的影响力反不如前。从整个免费数字漫画产业来看，免费数字漫画出版的品牌效应的不合理表现有：免费数字漫画平台的品牌意识弱、定位不合理、整合营销策略不完善、缺乏自制漫画人才。

三　免费数字漫画利润屏障优化策略

当理解了免费数字漫画的内涵与外延，清楚了免费数字漫画的利润屏障瓶颈以后，最重要的就是找到突破利润屏障瓶颈的办法，旨在为免费数字漫画产业、免费数字漫画出版企业、免费数字漫画内容产品提供指导，使之更好地在数字出版市场上占有一席之地。

（一）调整价值链，形成价值效应屏障

免费数字漫画之所以没有形成价值效应屏障，是因为价值链的各环节松散，联结点摩擦大，所以要想有效地建立价值效应屏障，就要从两方面入手：第一，要对价值活动进行调节，构建畅通的价值通道；第二，要对价值联结点进行分析、磨合。

重组价值活动，构建畅通的价值通道。免费数字漫画价值链上的价值活动有版权引入、内容生产、第三方投入、平台发布、后台维护。这些价值活动连接不合理，内容生产与第三方投入和读者之间的连接不紧密。通过分解、重组这些价值活动，如加强内容生产与读者的连接、加强第三方投入与读者的连接等，就可以构建一条更加畅通的价值通道，从而有效地控制免费数字漫画的价值链屏障。

调整价值联结点，整合价值活动、延长价值链。免费数字漫画价值链上的价值环节有版权、产品、网络、平台、读者。这些环节的价值联结点，出现了僵化的、不恰当的情况，如平台与读者之间，这两个价值联

结点很容易受到破坏，关系到产品能否成功被读者接收。要想有效地整合产业链上的价值活动，就要完善这条关系链，建立自己的发布平台，建立建议反馈机制，充分了解价值链中缺失的环节。这样才能使价值环节联结顺畅，价值活动充分整合，延长产业价值链，更好地控制免费数字漫画的价值链屏障。

（二）整合内容资源，形成规模效应屏障

对免费数字漫画进行规模效应屏障的建设，要从整合内容资源入手，提高免费数字漫画的制作技术，形成技术优势。加强第三方广告投入合作，形成资金优势。对免费数字漫画进行成本控制，形成利润优势。这样才能达到免费数字漫画内容资源整合的目的，形成规模效应屏障。

整合免费数字漫画的内容资源，可以通过以下五种方式得以实现：开拓版权购置渠道，加强与作者之间的联系，培养漫画制作人才，挖掘新生漫画作家，与其他免费数字漫画平台合作。

控制免费数字漫画的成本。通过提高免费数字漫画的制作技术和加强第三方广告投入合作，实现免费数字漫画的成本控制。具体操作可以从四个方面入手：加强人力资源建设，提高漫画的制作技术水平，促进第三方的投入，通过免费思维模式引导读者参与漫画生产与宣传。

（三）强化版权管理，形成版权效应屏障

在版权效应屏障建设过程中，最重要的是节约版权购置和开发的成本。而版权开发的成本属于绿色成本，即可以回收利润的成本，而版权购置的成本属于浪费成本，即利润有限，出版商处于被动位置。要想形成免费数字漫画的版权效应屏障，要从如下几个方面加以努力。

加强版权合作，扩展版权获取渠道。加强与版权所有者的合作，挖掘更多优质作品，扩展版权获取渠道，建立作者社群。不仅可以建立读者社群，还可以建立作者社群，加强作者之间的情感联系和价值认同，对免费数字漫画品牌口碑进行宣传，提升作者的创作参与积极性。引导不同国家的漫画引进合作，寻找尚未开拓的版权领域。关注漫画领域热门人物与热点事件，抢占获得版权合作的先机。

开发自制漫画，进行版权内容开发。制作符合国家历史文化脉络的本土漫画，开发特色版权。组织社群活动，引导读者参与漫画原创作品制作，广泛开发版权。关注社会上的热门人物与热点事件，及时进行漫画创作与发布。吸引优秀的数字漫画作者，加强管理技术的建设，争取独家签约，开发独家版权。

（四）优化品牌管理，形成品牌效应屏障

整合营销策略，建设免费数字漫画品牌。运用社群经济原理，建设社群互动平台，加强读者与作者的情感联结与价值认同，从而建设免费数字漫画品牌。运用传统免费经济原理，采取周边商品营销策略，使数字漫画品牌深入人心。采用广告营销扩大宣传，使免费数字漫画品牌广泛传播。

加强品牌意识、合理定位，提升免费数字漫画品牌价值。加强免费数字漫画出版团队自身的品牌意识。加强社群内读者与作者的品牌意识。首先对社群内读者进行品牌的宣传并提供独特的品牌服务，其次可以吸引更多的优质作者前来参与漫画创作。进行充分的市场调查与分析，找到免费数字漫画品牌的竞争优势与市场定位，进一步完善与发展免费数字漫画的服务与运营，更好地提升品牌价值，构建品牌效应屏障。

重视和培养优秀自制漫画人才，为免费数字漫画品牌建设提供智力支持。从社群活动中读者上传的原创作品中发掘人才，进行签约培训，培养人才。建立读者社群，再定期组织社群活动，一方面是唤醒读者对免费数字品牌的价值认可与情感依托，使他们为免费数字漫画的发展出谋划策、自主进行口碑宣传；另一方面是直接通过活动使读者参与数字漫画的生产，以在平台上发布优秀作品为奖励，使读者在免费数字漫画平台上满足自我实现的需求。对免费数字漫画的出版团队进行教育培训，从技术、管理等方面提升人才素养。当下，免费数字漫画的出版团队更擅长编辑、翻译和选材，但在自主开发数字漫画方面却做得并不理想。可以通过培训更好地提升现有人力资源团队建设，从而为免费数字漫画品牌建设提供智力支持。

第四节　"出版＋短视频"利润屏障研究[①]

短视频已经成为移动视频新的爆发增长点。2017 年短视频凭借生动有趣的内容、短而精的结构和传播便捷等特点，逐渐渗透到人们生活的方方面面，成为自媒体时代大众获取资讯、分享互动的主要载体。面对短视频行业呈现出的井喷式发展，多家出版社已经着手将"出版＋短视频"作为营销新旧读物、树立自身形象和传播知识资源的新方式。如国际性出版机构麦克米兰公司在 2017 年情人节当天，在 YouTube 上投放了一则以图书创意包装为主题的短视频，使得原本不具备浪漫属性的图书变成了情人节创意礼品，总观看量突破 250 万次，其纸质书的销量也大大增加。[②]

目前出版行业投放的短视频准入门槛较低，影响范围太小。在竞争激烈的出版市场，如何运用"出版＋短视频"提高准入门槛，实现持续盈利，成为了出版社急需解决的问题。而数字出版盈利模式中的利润屏障为此提供了研究思路。通过分析"出版＋短视频"的品牌屏障、规模屏障、版权屏障，可以解决"出版＋短视频"究竟应如何构建利润屏障的问题，为探析全新的"出版＋短视频"盈利保障机制提供参考依据。

一　"出版＋短视频"利润屏障概述

"出版＋短视频"组合的最终目的是保障持续盈利的顺利实现，这就需要出版企业以"出版＋短视频"为出发点，围绕其进行一系列的企业投入，提高竞争能力，为企业的动力机制能够长久有效地运转提供保障。

（一）短视频发展现状

短视频（又称微视频、小视频等），是基于移动互联网诞生的新媒介

---

① 参见刘一鸣、杨敏《"出版＋短视频"利润屏障研究》，《出版发行研究》2018 年第 10 期。

② 参见《视频营销怎么做才能真正推动销售》，百道网，http://www.bookdao.com/article/395766/，2017 年 6 月 28 日。

形式，因不同平台的技术限制，短视频长短不一，以 10 秒以内或者几分钟最为常见，最长不超过 20 分钟。① 短视频的"短"迎合了受众的碎片化阅读习惯，"视频"弥补了图文表义的单一性，给用户带来具有视觉冲击力的直观感受。

根据易观智库发布的《2017 年第 3 季度中国短视频市场季度盘点分析》得出，短视频开始由野蛮生长步入稳定发展阶段，日活跃用户规模持续攀升，随着信息碎片化趋势的不断加剧，短视频成为目前的最佳信息载体。② 由此可见，短视频市场发展前景可观，在社交、电商、资讯等领域纷纷采用短视频呈现内容的时候，对于以"内容生产"为核心的出版社来说，短视频无疑更能凸显其内容特色。短视频不仅是出版社内容创新的新尝试，更是出版社探索业态转型的重要契机和发展途径。

（二）"出版 + 短视频"利润屏障解析

针对短视频和出版行业的特点，"出版 + 短视频"利润屏障的解析主要分为三个部分：使内容差异化的品牌屏障、使传播最优化的规模屏障、使权益最大化的版权屏障。

品牌屏障主要依靠出版社拥有的内容资源，将内容与技术相结合，深耕垂直化内容，凸显品牌差异，提高用户忠诚度。规模屏障的形成一是借助影响力大的头部平台吸引受众，进而引流到自身的自媒体平台；二是短视频内容与出版价值链的其他环节相结合，共同创造价值，实现规模经济。版权屏障主要是保护出版社自身内容资源不受侵犯、促进版权获取，通过提高版权意识、进行加密处理、借助交易平台和自建获取渠道四种方式保障版权权益最大化。

二　"出版 + 短视频"利润屏障发展困境

目前，"出版 + 短视频"模式刚起步，利润屏障难以建立和维持，出版企业想要获得持续盈利的保障，还需要从品牌屏障、规模屏障和版权

---

① 参见李修齐《短视频内容引导与版权保护体系》，《中国出版》2017 年第 16 期。

② 参见《2017 年第 3 季度中国短视频市场季度盘点分析》，易观智库，http：//www. 199it. com/archives/661836. html，2017 年 12 月 10 日。

屏障三个方面，找到问题，分析对策。

（一）"出版＋短视频"品牌屏障"大同小异"

2017年短视频行业风起云涌、发展迅猛。随着大批资本陆续涌入、技术门槛不断降低，短视频内容低质化、同质化现象激增，这也直接影响到"出版＋短视频"的内容质量，使其内容品牌难以和竞争对手区别开来。

1. 短视频内容制作低质化，削弱"出版＋短视频"品牌吸引力

随着越来越多的资深媒体人、投资者加入短视频行业，短视频平台数量迅猛增长。但目前各大平台活跃用户上传的内容都是以秀身材、逗宠物、美妆、幽默搞怪等题材为主，画质也存在模糊、抖动等影响视觉观感的情况，真正有价值、能够形成品牌的并不多见。而目前的"出版＋短视频"也千篇一律，普遍缺乏创意思维，无法在有限的时间内表达出高质量的内容。有些出版社发布的短视频内容表达生硬直白、画面拍摄技巧单一、剪辑欠流畅，使得"出版＋短视频"难以在竞争激烈的市场中吸引用户，博得用户好感。

2. 短视频内容创意同质化，降低"出版＋短视频"品牌竞争力

随着短视频市场规模不断扩大、商业运作不断成熟，利用创意短视频迅速蹿红的案例层出不穷。中国传媒大学电视学院副教授付晓光分析，"当一个现象级的短视频作品出现后，基于吸引流量的目的，同类型产品的数量会在一段时间内激增"[1]。"同质化"特征的出现最明显的后果即不利于产品核心竞争力的凸显，进而影响到品牌的生死存亡。而目前的"出版＋短视频"也存在内容同质化现象。例如，青春文学类的书籍在推广期发布的短视频，大多喜欢运用文艺的画面、触人心弦的文字和极具感染力的声音来吸引读者。如作家刘同的《向着光亮那方》、丁丁张的《永无止尽的约会》和大冰新书《我不》都采用了此种宣传方式。出版社跟风宣传固然可以在短期内吸引流量，但长此以往，受众也会审美疲劳，不利于"出版＋短视频"品牌竞争力的凸显。

---

[1] 《短视频式步直播后尘　平台同质化趋势渐显》，品途网，http://mini.eastday.com/a/170831235727264.html，2017年8月31日。

（二）"出版＋短视频"规模屏障"支离破碎"

新媒体时代，优质内容是保障，多元化的传播渠道是基础。随着短视频行业的快速扩张，各种短视频平台如雨后春笋般涌现，但目前出版社还很难对"出版＋短视频"的传播渠道进行准确定位，规模扩大的同时核心受众分散，且内容结合方式单一化使得规模屏障的整体垄断优势没能凸显出来。

1. 短视频平台多而不专，"出版＋短视频"规模扩张变慢

目前，国内知名的短视频平台有十几家，包括快手、秒拍、美拍、火山小视频、抖音等，主要以媒体型、社交型、平台型、实用型等形态为主。媒体型平台主要由 PGC 呈现内容；社交型平台主要以 UGC 创作内容为主，更注重社交互动交流的打造；平台型平台依托平台，对现有内容产生补充作用；实用型短视频平台集拍摄、美化、包装于一体，用户可以在本平台或第三方平台发布。从目前出版社选择的投放渠道来看，主要还是集中在微博、微信和视频门户网站，而规模扩张的关键在于多平台投放。当前形态各异的短视频平台中，少有针对出版业的垂直类短视频平台，对于知名度不够高的出版社来说，难以找到一个快速吸引受众的平台；对于知名度较高的出版社而言，又很难找到符合自身定位的平台。每增加一个投放平台，势必会增加出版社的成本投入。这些都将导致"出版＋短视频"规模扩张变慢。

2. 内容结合方式单一化，"出版＋短视频"规模经济受阻

"出版＋短视频"本身并不能单独创造利润，其规模经济的实现需要"出版＋短视频"与出版价值链上的其他环节紧密结合，共同创造价值，实现 1＋1＞2 的效果。目前"出版＋短视频"的结合方式单一，主要是与线上分发渠道结合，通过大规模的渠道分发聚拢受众，忠实受众一旦增多，价值链上的其他环节，如产品生产、营销、发行等，便能通过"出版＋短视频"创造更多的价值。但受众忠诚度的形成是一个循序渐进、消耗成本的过程，仅通过线上分发渠道，短期内难以实现规模经济。

（三）"出版＋短视频"版权屏障"弱不禁风"

"出版＋短视频"版权屏障的建立和增强离不开短视频行业整体的版权管理，但由于目前短视频还处于发展期，很多平台出现了掐头去尾、随意

转载的侵权现象。短视频内容监管力度和维权、确权体系不够完善，导致这些问题无法妥善解决，这给"出版＋短视频"的版权管理增加了难度。

1. 原创者版权意识薄弱，助长"出版＋短视频"侵权行为

短视频领域侵权普遍，形式多样，大众对于短视频抄袭的认知还停留在时间长短上，认为时间短就不算是抄袭。这种错误认知不仅使原创者降低防范意识，而且使二次创作者也不清楚自己到底是借鉴还是抄袭，助长了这种侥幸心理。加之大众对《中华人民共和国著作权法》不熟悉，往往都是发现被侵权后才去维权，而维权流程多、周期长、成本高等原因，导致原创者不愿打版权官司。对于出版社来说，"出版＋短视频"内容本身富有知识性、系统性和客观性，创作者的个人色彩不明显，容易被整体盗用。出版社在短视频中添加水印，这种简单的保护方式也很容易被破解。原创者版权意识不强，不仅会导致出版社整体利益受损，还会降低原创者的创作激情。

2. 短视频版权交易混乱，阻碍"出版＋短视频"版权获取

出版社在短视频的创作过程中往往需要使用非原创素材，如何寻找素材并获得原创者的授权成为了版权获取的必经之路。虽然短视频数量激增为"出版＋短视频"提供了更多样的内容资源，但短视频版权交易市场混乱，给出版社的版权获取增加了难度。首先，出版业难以从海量的短视频中快速找到素材，找到后又面临视频低质、原创者无从查起的问题，原创者的劳动成果得不到认证，版权交易也就无从谈起。其次，没有获得版权认证的内容产品无法打上商品的烙印在市场流转，版权私下交易现象屡见不鲜，交易的私密性和定价的不透明性扰乱了版权交易市场，出版社通过这种方法购买的素材很难获得法律保护。这些版权交易方面的问题若得不到解决，出版社就难以便捷地获取素材，阻碍了"出版＋短视频"的内容制作。

三　"出版＋短视频"利润屏障的发展策略

虽然"出版＋短视频"目前还处于探索阶段，但在碎片化阅读以及5G时代来临的大背景下，短视频将成为集内容呈现、品牌融合、社交为

一体的主流信息载体。目前大多数出版社还处于观望阶段，不敢深入。但出版社应抓住机遇，在"出版＋短视频"市场竞争白热化之前，解决现有问题，构建利润屏障，为出版业的持续盈利夯实基础。

（一）提高品牌品质，保持"出版＋短视频"内容差异化

互联网信息过剩、碎片化阅读背景下的受众更加吝惜自己的注意力，出版社想要在不计其数的短视频中吸引用户、树立品牌形象，还需要从技术和内容两方面入手。

1. 培养技术型综合人才，提升"出版＋短视频"品牌吸引力

大量的内容资源和知名的作者资源是出版社涉足短视频领域的先天优势。打造一条优质"出版＋短视频"，创意内容加高质画面缺一不可，而高质画面的形成需要从拍摄设备、灯光、构图、拍摄角度等多方面考量，这对拍摄者的能力有一定要求。纵观近年来出版领域的优质短视频，内容逐渐由实景拍摄转为完全的技术制作与合成，凸显了出版社培养技术型综合人才的重要性和迫切性。如2017年2月上海科学技术出版社旗下的期刊《科学画报》发挥自身优势，将数字化技术和科普融为一体，培养组建了一支创作团队，使用3D建模、脚本编写、视频合成等技术，制作出了一系列具有科学性、趣味性、互动性和扩展性的科普3D微视频。[①] 出版社通过培养技术型综合人才，能够更好地发挥出版资源优势，打造优质短视频，吸引受众注意，树立品牌形象。

2. 采用内容垂直化策略，凸显"出版＋短视频"品牌竞争力

由于短视频内容同质化严重，所以优质内容成为了第一生产力，细分且专业的短视频内容备受青睐。目前，市场上充斥着大量励志、青春、情感类的"出版＋短视频"，但财经、武术、科普等知识性垂直领域的"出版＋短视频"寥寥无几。因此，出版社可以结合自身优势，深耕小众知识领域，以此满足核心用户的需求。成功后再进行其他领域的品牌延伸，从而做大做强出版社的整体品牌。例如，湖北科学技术出版社于2016年7月启动了短视频节目制作项目，首批选题锁定园艺版块，陆续

---

① 参见杨晗之《科普3D微视频创制及与传统媒体的融合传播》，《科技与出版》2017年第11期。

投放了三期节目，每期节目综合播放量达到 30 万以上。试水成功后，又于 2017 年初启动了"武术百科讲堂"短视频节目，内容选题源于出版社多年来积累的武术资源。[①] 湖北科学技术出版社持续性地策划、制作和运营短视频节目，最终目的在于打造武术垂直领域最具影响力的品牌。出版社通过内容垂直化深耕，借助短视频传播优势，不断刺激、强化受众记忆，凸显"出版＋短视频"品牌竞争力。

（二）凝聚规模屏障，实现"出版＋短视频"传播最优化

"出版＋短视频"想要短时间内获得大量关注、形成规模经济，需要将平台和内容两者实现最优组合，将"出版＋短视频"的内容价值顺利传达给受众。

1. 准确定位短视频平台，加速"出版＋短视频"规模扩张

出版社拓展传播平台，势必要对其进行定位。平台的选择标准是多样的，可以从平台的核心用户、文化属性、人气和影响力等多个方面进行考量。头部平台的选择对于"出版＋短视频"影响力的扩大十分重要。目前，很多短视频平台都开始设立与文化阅读相关的版块，如梨视频在 2017 年 7 月开辟了"眼镜儿视频"的栏目，为出版机构推荐了不少新书；同时还有一些与文化阅读相关的"大 V"也可以作为"出版＋短视频"的头部平台。出版社的最终目的是由其本身掌握流量分配权，而不是依靠平台的力量累积流量。因此，出版社可以在视频结尾添加自己的标识，将流量引导到自己的微博、微信等自媒体平台，形成联动效应，加速"出版＋短视频"规模扩张。

2. 创建多元化结合方式，实现"出版＋短视频"规模经济

优质内容是"出版＋短视频"规模经济实现的基础，多元化结合方式是手段。出版社可以分别从出版整体价值链的上、中、下游创建结合方式。从产品生产环节看，出版社可以将短视频以扫码观看的形式附加到产品中，通过线上线下优势互补，增加短视频线下曝光率。如《科学画报》在报道"日心说"时，在文末插入二维码，弥补了纸质图文在空

---

① 参见谢俊波《湖北科技社"武术百科讲堂"短视频：针对垂直人群的盈利尝试》，《中国出版传媒商报》2017 年 4 月 10 日第 2 版。

间感、体验感方面存在的缺陷。同时，读者在线上观看短视频后，也可以点击"阅读全文"查看完整报道。从营销环节看，出版社在发布短视频时，通常会用链接将受众引导到电商平台，直接完成产品的购买。从消费者看，出版社可以与广告商或赞助商合作，实现内容的二次售卖。如航空知识杂志社曾受企业委托，制作一些微视频宣传片，直接带来收入。当然，结合方式还需根据"出版＋短视频"的内容而定，只有内容和方式契合，才能实现"出版＋短视频"的规模经济。

（三）优化版权管理，保证"出版＋短视频"权益最大化

版权屏障是出版社保护自身权益、构建内容生态的根本保障。"出版＋短视频"版权屏障的建立除了依靠国家法治力量外，出版社自身还应提高版权意识，优化管理。

1. 提高版权意识，融合加密技术，增强"出版＋短视频"版权保护

版权保护是"出版＋短视频"持续发展的重要保障。目前，视频市场上已经出现了很多视频加密软件，可以逐帧加密视频，完全阻止翻录程序、翻录视频。当然，仅仅做到这一点还不够，还需要借助国家和平台的力量维权。2017 年 2 月，中国版权保护中心联合"MF＋妹夫家"，推出了中国第一家短视频版权线上登记平台，这使得"出版＋短视频"能够获得国家的版权认证。同时，各大平台也在积极加强短视频的版权保护，如阿里巴巴文化娱乐集团推出的鲸观全链路数字版权平台，用户可以通过技术来解决短视频维权问题。这些日臻完善的版权保护机制，为"出版＋短视频"版权保护带来了新的曙光，切实有效地从传播源头上保障了出版业的权益。

2. 借助交易平台，自建获取渠道，促进"出版＋短视频"版权获取

版权获取是出版社吸纳内容资源的方式之一，2016 年 12 月，国内第一家短视频版权交易平台"MF＋妹夫家"上线，集版权认证、保护和交易于一体。出版社通过此平台不仅可以快速检索素材，还可以上传短视频，进行版权交易，实现内容变现。不过该平台上线时间不长，与庞大的短视频产量相比，拥有的短视频数量不多，与出版直接相关的更少。因此，出版社还可以通过自建获取渠道，进一步优化版权获取流程。目

前，短视频领域涌现出了一批又一批优质的内容创作者，如"一条""二更"等，由他们制作的短视频平均点击量过万。出版社可以选择与自身需求相符的内容制作者，与之建立长期的合作关系，通过购买或定制素材，能够大大缩短寻找、审核素材的时间。平台和渠道共同发力，可以促进版权获取，增强"出版＋短视频"的内容实力。

"出版＋短视频"是一种新兴的内容呈现方式，它的兴起将为出版业带来更多的利益。通过对"出版＋短视频"利润屏障的研究，对其品牌、规模、版权进行分析和运用，有助于建立利润屏障，提升出版业的竞争实力，为出版业的持续盈利提供保障。出版业应充分发挥短视频优势，在新的时代找到出路和发展方向。

第五节　基于区块链技术的学术出版版权屏障研究①

学术出版是最新学术资讯的交流平台，也是学术研究成果的主要传播渠道。然而，数字化时代改变了传统学术出版的创作和传播方式，知识产权已成为学术出版界的热点话题，抄袭、篡改现象大量存在，例如重庆维普有限公司侵权事件、百度文库侵权事件等，学术出版商难以防范和彻底解决版权问题。

随着区块链技术的快速发展，众多区块链版权公司在我国不断上线，为版权难题的解决提供了新方向。2017 年 11 月 28 日，全球科技公司 Digital Science 发布了《研究区块链——对学术交流新范式的展望》报告，并投资研究区块链在学术出版中的应用，2018 年 3 月 7 日平台建设宣布完成测试。北京大学计算机研究所副所长汤帜称，他们正积极探索区块链技术在版权保护和数字出版中的应用。可以展望的是，国际国内都在积极推动区块链在学术版权领域的应用。学术出版自身也应科学理性地看待新技术，思考该如何进行跨学科的融合，通过从版权屏障出发，综合现行学术版权制度，从版权获取、开发、保护三个维度分析其不足，

①　参见刘一鸣、蒋欣羽《基于区块链技术的学术出版版权屏障研究》，《编辑之友》2018 年第 8 期。

科学理性地思考"区块链+学术出版"的应用场景，提出应对策略，解决版权痛点，巩固利润屏障。

一 区块链技术与学术版权概述

区块链技术应用于学术出版的最终目的是解决版权问题，实现可持续发展。学术出版商为了防止他人窃取学术成果、巩固现有的版权屏障，应立足于区块链本身，了解其技术特征，思考其与学术版权的关系，促进可持续发展目标的实现。

（一）区块链及其特征

2016 年 10 月 18 日国家工信部发布的《中国区块链技术和应用发展白皮书（2016）》指出，区块链是分布式数据存储、点对点传输、共识机制、加密算法等计算机技术在互联网时代的创新应用模式，[①] 主要分为四个结构层级（见表 5-1）。

表 5-1 　　　　　　　　　　　**区块链的结构层级及其内容**

结构层	主要内容
通用协议层	包括隐私保护协议、职能合约协议等，需要极其深厚的技术功底
数据层	主要包括非对称加密技术、分布式数据库等内容
网络层	相关的底层技术，为使用不同区块链技术的人提供平台
应用层	以分布式网络和分布式账户为基础的各种具体应用

学术出版商以优质的学术内容为经营核心，知识产权是其生命所在。在侵权问题屡禁不止的背景下，区块链的发展为学术版权问题提供了新的解决思路，主要可以归因于区块链技术具备的如下技术特征。

第一，去中心化。区块链技术被看作是一个点对点网络（P2P Network），没有中心节点，所有参与计算的节点是对等的，都保存了区块链的副本，节点之间通过区块头信息保证了区块链副本的一致性。[②] 在互联

---

① 参见《工信部发布〈中国区块链技术和应用发展白皮书（2016）〉》，http：//www.myzaker.com/article/5810796b1bc8e00526000001/，2016 年 10 月 26 日。

② 参见郝琨、信俊昌、黄达、王国仁《去中心化的分布式存储模型》，《计算机工程与应用》2017 年第 24 期。

网中，会有成千上万的用户，每个用户即一个节点，区块链采用的分布式存储技术意味着不存在中心化的数据库，用户共同维护，数据互为备份，能够监督互联网中内容的创造、传递、修改。第二，智能合约。它是密码学家 Nick Szabo 在 1994 年率先提出的以数字形式定义的一系列承诺，以及支撑合约参与方执行这些承诺的协议。[1] 智能合约具体表现为合约的计算机代码形式，交易双方提前编写代码，当设定的前提条件全部满足时合约自动执行，并受各个节点的监督，过程透明、安全高效。第三，"时间戳"。区块链由各区块组成，单个区块包括区块头与区块体两部分。数据存放在区块体，在进行广播前，即时生成的时间标签放置于区块头作为元数据信息。由于区块头中还包含区块体的 Hash 值，具有唯一标识性，因此，时间标签是数据在某个时间点已存在的有效证明。

（二）区块链技术与学术版权的关系

利润屏障是出版企业为了保持持久的竞争优势而建立起来的一道进入壁垒，这道进入壁垒可以通过版权效应、品牌效应、规模效应和价值效应得以实现。[2] 对于学术出版商来说，版权屏障是其利润屏障极其重要的部分。学术出版围绕的主体是学术作品，在取得原作者部分著作权的转让后汇编成册，形成自身的整体版权，进而从事经营活动。因此，版权是学术出版实现经济、社会双重效益的立足点，健全版权屏障是其持续生存和盈利的必要手段。然而，科学技术的飞跃式发展不断冲击版权屏障，著作权纠纷与日俱增（见表 5-2）。

表 5-2　　　　　2012—2016 年中国著作权案件数及同比上升率[3]

类别　　　年份	2012	2013	2014	2015	2016
著作权案件数（件）	53848	51351	59493	66690	86989
同比上升率（%）	53.04	-4.64	15.86	12.1	30.44

---

① 参见韩秋明、王革《区块链技术国外研究述评》，《科技进步与对策》2018 年第 2 期。

② 参见刘一鸣《数字出版盈利模式绩效评价研究初探》，《中国出版》2015 年第 20 期。

③ 整理自国家知识产权局发布的 2012—2016 年的《中国知识产权保护状况》报告，ht-tp：//www.sipo.gov.cn/gk/zscqbps/。

近几年，区块链技术掀起广泛关注，多个行业巨头正积极探索尝试，IBM、微软、苹果等公司纷纷致力于区块链的开发。在我国，除了腾讯、阿里巴巴等互联网公司成立了区块链团队，中国人民银行于 2017 年 2 月宣布，研究区块链技术在货币发行领域的应用。在版权领域，区块链也多有实践，如美国创业公司 Blokur 使用其解决数字音乐的版权问题；澳大利亚的 Veredictum 公司开发其在电影剧本上的应用。作为一种新兴技术，区块链面临币链捆绑、高延时的融合难点，而学术出版由于自身特点，节点的激励能以声望值取代数字货币，实现币链分离；较长的审稿周期也可解决高频交易的算力消耗问题，这为二者的结合提供了可能。面对新技术，学术出版能否探寻可行的组合方式是关键，通过分析区块链的结构层级可以发现，学术出版商孤军奋战往往无法解决其技术、法律问题，只有整个学术供应链与有关科技公司通力合作才能加快"区块链＋学术出版"生态体系的构建，切实保证合理的版权收益不被外界窃取，保持竞争优势、共筑双赢局面。通过综合学术出版的版权机制，从版权的获取、开发、保护三个维度分析现有版权屏障的不足，在应用层面提供可能的解决方案，为"区块链＋学术出版"的结合提供新思路。

二　区块链的产生：学术出版版权屏障的发展困境

学术出版的数字化和市场化是大势所趋，现行的版权管理方式受到很大挑战。出版商想要实现版权盈利和可持续性发展，需巩固版权屏障，从版权获取、开发、保护三个维度分析其不足，防止版权利益被他人所窃。区块链技术是有效解决版权问题的新途径，可弥补现有版权屏障的不足。

（一）学术内容的编辑审查存在局限，阻碍版权获取

信息时代，社会对学术知识的需求日益旺盛，学术资源数量众多，学术不端现象难以察觉，问题逐渐显露，传统的审稿制度已不能适应时代要求，阻碍了版权获取。

1. 数据造假，剽窃隐蔽，学术不端难以遏制

近年来，随着科技的迅猛发展，学术不端的手段更为隐蔽，加之社

会风气功利化的影响，许多作者在侥幸的心理下仍旧决定铤而走险，编造虚假数据、剽窃篡改他人成果等现象层出不穷。如德国科学家舍恩伪造"分子晶体管"数据，欺骗多家权威期刊；北大博士于艳茹剽窃国外论文等。由于表达方式多样、数据覆盖不全、查重算法不一等原因，学术出版商很难利用查重系统找出全部隐藏的学术不端行为。调查显示，65%的院士认为只有少数科学界的越轨事件被揭发了出来。① 在"互联网＋"的时代背景下，量多而范围广的内容使得学术不端行为屡禁不止，不仅不利于作者与出版商的版权利益，更严重败坏了学术风气。

2. 数据众多，主观干预，审稿问题难以解决

在网络普及化的今天，传统学术出版商的三审制度难以适应数字化转型的需要。一方面，编辑审稿有其局限。在读者和作者具有一致性的学术出版中，编辑处于核心地位，需对学术作品的行文规范、价值属性进行全方位的审核。然而随着社会分工越来越细、学科交叉融合越来越多，全方位的审稿方式凸显出专业深度不够、数据众多、应对困难的缺点。另一方面，专家审稿有其不足。我国学术出版商大多实行专家审稿制度，其公开性使审稿结果受到专家主观因素的制约。即便使用双向匿名审稿制度，在免除姓名公开压力和监督的情况下，如果学术出版商支付的费用过低，也可能降低专家审稿的积极性，不利于审稿制度的公正。

（二）学术资源的价值延伸存在障碍，影响版权开发

版权开发主要涉及学术资源的复制权、发行权、汇编权等权利的交易，传统的版权开发多以整体内容的转让为主，版权难以分割，交易效率也较为低下，影响版权的合理开发和价值延伸。

1. 数据分散，贡献模糊，整体版权难以分割

单篇文献由许多内容组成，传统学术出版商的版权转让机制很难解决内容分割的问题。出版商或作者引用所创造的新作品，其版权收益并不能根据引用部分占据新作品的比例与原作品责任者分成。同时，多名作者署名现象时常发生，传统学术出版仅通过先后顺序的方式模糊地表

---

① 参见王平《同行评议活动中的制度性越轨行为》，《自然辩证法通讯》2000 年第 4 期。

明创作者各自贡献的多少，对于随意添加非创作人员的行为，出版商难以及时发现。版权开发会给作者带来较大利益，可产生利益冲突，例如胡计海将自己的学术文章贩卖给刘凯旋后，因后者获得的高额奖金和职位晋升而反悔，进行诉讼。作者与学术出版商是共赢共输的群体，我国法律中，学术出版商需对发表内容尽到合理注意义务，一旦出现纠纷，不仅损害学术出版商的形象，也会引起后续版权开发的重大损失。

2. 时空受限，成本高昂，交易效率难以提升

"互联网＋"时代，我国学术出版的版权关系角色由作者与传统出版商转变为作者、学术出版商、网络数据库。从版权交易的收益来看，与网络数据库的网络传播权交易是出版商版权收入的主要来源。学术出版商确保与数据库交易有效的前提是分别获得各个作品的作者授权。现阶段，我国学术出版商大多通过发布"用稿声明"进行网络传播权的授权。但在法律实践中，用稿声明属格式合同，行为的确认存在争议。学术出版商掌握大量学术作品，与单篇作品的作者各自签订双方自愿的版权合同不仅受时空限制，成本也极其高昂，显然不具备可操作性。另外，很少的学术出版商选择独家出版，大多需与中国知网、重庆维普和龙源期刊网等多个网络数据库进行版权交易，交易对象不同，支付途径与流程不同，从而增加了版权交易的管理成本与时间。

（三）学术信息的法律实践存在不足，制约版权保护

在网络技术快速发展的今天，问题不断升级，学术出版商在权利归属和维权过程中遇到了认定困难、程序烦琐的问题，制约了版权保护。

1. 创作无形，侵权隐蔽，权利归属难以认定

互联网的发展加剧了事物的不确定性，极易产生作品的权利归属问题。版权登记可帮助作品归属认定，对于学术出版商却存在诸多缺陷，经济效益滞后使其难以负担按件计费的高昂费用；较长的登记时间与出版的发行周期难以调和。另外，部分作品即使进行版权登记也难以认定归属。2010 年修订的《中华人民共和国著作权法》第 22 条表明，"使用他人已经发表的作品应当指明作者姓名、作品名称，并且不得侵犯著作

权人依照本法享有的其他权利"①,但在实际操作中,思想和表达二分法成为众多改写原文行为的庇佑,同时,网络传播平台众多,学术作品经多次流转失去来源信息,这种不能追根溯源的漏洞给在线分享平台的侵权创造了机会。据调查,在各分享平台上的论文,存在许多隐匿原作者、删除发表信息的现象,侵犯了作者的著作权和学术出版商由汇编获得的整体版权。②

2. 取证困难,程序烦琐,维权过程难以简化

我国法律实践中,不仅可能产生作品版权归属问题,也存在取证困难、程序烦琐的情况。一方面,网络传播中造假行为屡见不鲜,学术出版商不能仅凭借截图,而需及时收集侵权证据并进行公证以获得较好的法律效力,程序烦琐,且学术出版商拥有大量不同署名的作品,对所有被侵权作品进行复杂的取证,操作难度大。与此同时,数字化学术知识的传播具有快速、易复制、零成本的特点,使得侵权行为反复出现、无法彻底铲除,维权的效果较差。

三 区块链的应用:学术出版版权屏障的发展策略

学术版权屏障突围策略的实质是充分挖掘现有的版权管理在获取、开发、保护三个维度的困境,结合区块链的技术特征加以解决,巩固版权屏障。

(一)利用区块链的"去中心化",完善版权获取

通过应用区块链"去中心化"的技术特征,为版权获取的完善提供新的希望,使学术出版商能遏制学术不端、解决审稿问题。

1. 同步科学研究步骤,遏制学术不端

区块链的去中心化特征,使海量数据可以分布式存储,为写作过程的同步提供了可能。就近几年区块链的发展来说,有些科研实力雄厚的公司在完成区块链的底层技术后,开放 API 接口,使其用户开发新的应

---

① 《中华人民共和国著作权法》,2010 年,第 22 条。
② 参见李广欣《网络文档分享平台中的学术论文数字版权保护》,《科技与出版》2016 年第 12 期。

用功能，比如 BaaS、Counterparty 等。2015 年医疗供应商 Healthnautia 宣布与著名区块链公司 Factom 建立合作，共同保护医疗记录。因技术限制，学术出版可以选择与现有区块链公司合作，在其底层技术上建立学术平台，开发写作流程记录功能。创作者须在此平台上进行写作，平台将记录加密后生成公私钥上传至区块链，个人可借助私钥实现隐私安全，并通过私钥授权学术编辑的方式使其能够查看科学研究步骤（见图 5 - 3）。在此过程中，不同于比特币注重顺序的单链模式，区块链应用中的学术出版更注重内容价值，呈现多链模式，在平台中将作者信息与写作记录分开存储但又相互挂钩，进一步确保作品的原创性。通过流程记录功能，写作过程可公开、学术编辑能监督，保证了创作的透明化；私人篡改的高昂成本也保证了创作的真实性，有助于达到改善学术不端的目的。

2. 开放学术编辑流程，解决审稿问题

学术出版的作者和读者在某种程度上具有一致性，区块链赋予每个节点相同的权利，每一个节点都可以成为审稿人。借鉴比特币的挖矿原理，编辑对于部分稿件进行全网广播交易，最快占据所需审稿名额的节点进行审稿，节点审稿全流程生成的新区块完成共识后分布式存入区块链（见图 5 - 4）。学术出版商可借鉴比特币的挖矿原理，对于部分稿件进行全网广播交易，最快占据所需审稿名额的节点进行审稿，完成后分享给编辑进行筛选。另外，去中心化使用户监督审稿过程成为可能，区块链可提供专家审稿全流程记录，在隐匿双方姓名的同时保证认真度，弥补双向匿名审稿制的不足。同时，学术出版商可在编辑和专家的审稿中增加报酬分级制和惩罚规定，审稿人可以根据相应的影响因素如保质度、专业性等获得相应奖惩，一定程度上确保中间匿名审稿人评价的专业性、公正性和严谨性。南非 Custos Media Technologies 公司通过区块链去中心化的特点，在内用授权文件中实行奖金制，鼓励用户举报电影内容的非法传播。学术出版利用此方法，不仅激励用户充当审稿人，解决编辑和专家的审稿问题，流程公开也能增加作者、读者对出版商的信任和好感度，提高版权收益。

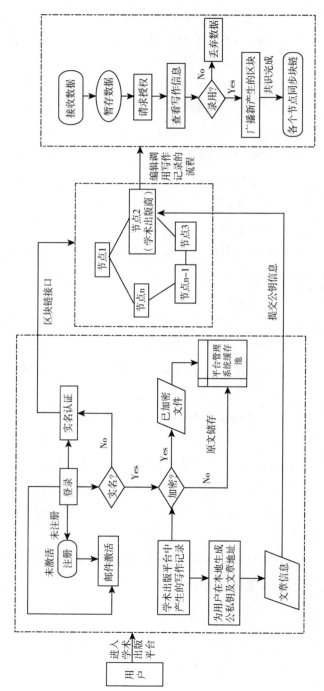

图 5-3　学术平台中写作记录流程

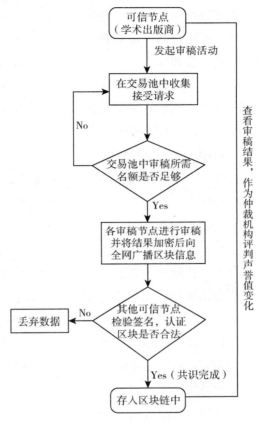

图 5 - 4 开放审稿流程示意

（二）通过区块链的"智能合约"，推动版权开发

版权的经营管理，尤其是合理的开发和利用，一定程度上决定了学术出版商的发展。通过区块链上的"智能合约"，可以实现版权的精准交易，推动版权开发。

1. 分割整体版权内容，灵活改变价格

学术出版商通过区块链的智能合约，对整篇作品进行版权分割，实现版权价值的最大化。出版商可使用代码，与引用并成功发表的新作品订立智能合约，根据引用比例和新作品收益自动付费给出版商和作者；或凭借内容优势，利用自建网站等渠道以单篇下载、合约执行的方式进行交易。随着"互联网＋"带来的付费用户和学术资源供需的大规模增加，改变现阶段学术出版商多处于价值链底端的尴尬地位，发挥长尾内容的价值。与此同时，智能合约可记录署名作者的贡献比例，出版商可直接根据其记录信息进行署名审查，数据透明且不可篡改，杜绝了由作者署名纠纷带来的有形与无形的资产损害。我国基于区块链的工具"亿书"①，对于引用他人成果而制作出来的新文章，可记录下各自版权与贡献比例，利用智能合约自动分配所得利益。

2. 保证支付安全有序，提升交易效率

智能合约执行流程高效（具体过程如图 5 - 5 所示），自动判定合约执行的触发条件，提升效率、保证安全。智能合约可应用于学术出版的全流程（如图 5 - 6 所示），出版商与作者进行交易时，把原本属于格式合同的用稿声明数字化，触发执行的条件为获得作品信息私钥的授权，请求授权的记录会存入区块链中，智能合约会在授权记录中寻找是否得到回应，这种方式不会出现传统用稿声明无法确认的情况。与网络数据库交易时，首先，众多的网络数据分别有各自的交易系统，在记账时数据重复，开发与维护成本高。学术出版商可与网络数据库的系统同步交易记录，5 条原本相同的交易信息仅需记录一次，方便智能合约后续查询触发条件的同时极大减少了双方的对账成本。其次，学术出版供应链各方可把银行账户与区块链关联，商议内容后电子化契约，网络在线判定条件，防范由于未仔细审核而产生的重复签约，例如与某家数据库签订独家授权时，自动状态机会定期检查交易记录，未找到重复记录则符合触发条件，立即执行并通知合约参与人。近几年，这项业务被应用于教育行业，帮助受助者提高学习效果；也应用于数字股权和交易报酬的自动转移。

（三）利用区块链的"时间戳"，优化版权保护

我国学术出版的侵权行为频频发生，区块链技术的"时间戳"技术能够为学术版权提供独一无二的证明，切实解决权属模糊和维权复杂的问题。

---

① "亿书"是一个基于分布式加密货币的去中心化应用软件，可以作为写作工具、博客软件或自出版平台。

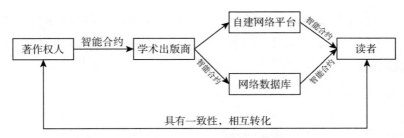

图 5-5　智能合约执行过程示意

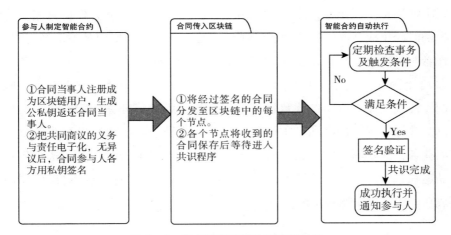

图 5-6　学术版权交易应用智能合约

1. 证明创作存在，认定权利归属

我国虽实行版权自动获取的政策，但因法律实施的局限，人们往往会用版权登记的方法为作品穿上第二防护服。区块链的时间戳机制，真实证明版权产生时间，具有极大优势。学术出版可以尝试在区块链的应用层即学术出版平台中开发另一版权登记的功能；或在我国众多的基于区块链的版权登记平台中选择合作对象，比如原本、纸贵、亿书、赞赏等。但须考虑的核心问题是，区块链所提供的版权证明并不具有直接的法律效力，自建与合作某平台两种抉择仍需要国家的信任背书。2017 年，我国国家版权保护中心考虑到技术优势与法律效力的矛盾，开始实施基于区块链技术的 DCI 体系，由此发放的《数字作品版权登记证书》与传统的版权登记具有同样的法律效力，上线不到一年，已经累计服务 57 万余次。除此之外，现有的 DCI 版权保护体系也解决了传统出版中可能遇到的大多问题，为学术出版的作品登记提供了可行性。选择与权威机构达成直接合作，也在保证公信力的基础上减少了流通环节。

2. 确认证据真实，简化维权过程

基于区块链的时间戳确保版权真实有效。与此同时，在学术出版平台的设计中，用户都需要通过作品的相关授权才可以进行浏览，当部分用户与非付费用户进行作品传递时，也会因只有文章地址而非授权信息而无法浏览。即使版权流转次数很多，新的授权信息也会根据时间戳产生的时间生成新的区块，并链接到对应的主链上。根据记录的流转记录，作者与学术出版商可以清楚地看到哪些节点查看过作品（如图 5 - 7 所示）。区块链下的信息真实可追溯，简便后续的维权过程，它以"事前限制 + 侵权快速查看"的优势代替了现行数字版权管理（DRM）"事后监测，涉嫌侵犯用户隐私"的缺陷。目前，这种利用区块链进行溯源举证的业务，在我国已经应用于多个行业，比如支付宝透明公益、沃尔玛食品追踪、学历真实性验证等，学术出版也可借鉴相关行业区块链应用的成功经验，健全版权屏障。

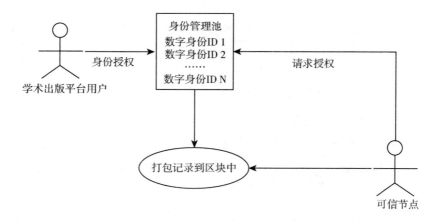

图 5 - 7　作品可溯源示意

区块链是一种新兴的互联网技术，它潜在的颠覆性价值令很多行业纷纷探索研究。随着区块链技术的积极发展，学术出版要切实结合版权管理中遇到的困境，思考"区块链+学术出版"的应用场景，健全版权屏障，避免版权利益的白白流失。

第六节　我国移动阅读产业利润屏障研究

2016 年被称为"知识付费元年"，大批知识付费共享服务平台如雨后春笋般出现，知识服务行业发展如火如荼。知识付费成为互联网行业的一大发展趋势。越来越多的消费者愿意为个性化、专业化、创新型的内容付费，用户的付费意愿明显增强，用户体验成为影响用户消费的重要因素。对于较早发展知识内容付费的移动阅读产业，如何通过资源、平台、用户定位等系列服务提升用户体验，加强用户的品牌忠诚度，增强用户使用黏性，提高用户付费意愿，成为关系着移动阅读企业能否在市场竞争中存活的重要因素。同时，互联网和共享服务的深入发展也对移动阅读产业的发展提出了新的要求，如何在激烈的市场竞争中寻找新的经济增长点，为用户提供更好的服务，搭建企业的利润屏障，对企业发展显得尤为重要。

一　我国移动阅读产业利润屏障概述

市场竞争激烈而残酷，在移动阅读深入发展和知识付费浪潮下，用户体验已成为影响用户选择移动阅读平台的最重要因素。移动阅读产业要在不断优化用户体验的基础上，在保持自己竞争优势的同时实现持续盈利，为企业的发展搭建牢固的利润屏障，推动产业的可持续化发展。

（一）我国移动阅读产业发展现状

在移动互联技术日益成熟的背景下，移动阅读凭借其便利性、及时性和功能集合性等特点愈发成为公众阅读的首要选择。据统计，2017年，国民的数字阅读接触率高达 68.2%，其中手机阅读接触率约 66.1%，较 2015 年上升了 6.1 个百分点，手机阅读的接触率已经十分接近数字阅读接触率，在各种数字阅读产品载体中增幅第一，使用手机阅读成为目前数字阅读方式的主流。① 移动阅读市场发展方兴未艾，在我国仍有巨大的发展空间。

从移动阅读应用的用户量化评估模型来看，内容、功能、交互、界面等因素是影响用户体验量化评估的重要因素②。而功能侧重技术保障方面，界面侧重于平台服务，因此，在移动阅读产业中，影响用户体验的主要因素即内容、平台、技术和交互设计，所以移动阅读应用要重视优质内容资源的挖掘，深化平台技术开发，增强应用的信息交互设计功能，优化应用界面布局，多维度推动移动阅读产业的发展。

（二）移动阅读产业利润屏障解析

基于用户体验的移动阅读产业利润屏障分为四个部分：增强用户黏性的品牌效应屏障、优化用户使用体验的价值效应屏障、刺激用户需求的版权效应屏障、提升用户付费意愿的规模效应屏障。品牌效应屏障通过深度挖掘优质内容资源，与出版企业等平台进行合作，开发系列的服务与产品，为用户提供优质服务，增强用户使用黏性，从而提升品牌知名度。价值效应屏障可加强平台架构建设，通过线上平台的升级优化用户体验，巩固移动阅读平台的服务能力的同时，通过版块优化等拓宽盈利渠道，丰富移动阅读产业。版权效应屏障是从版权获取、版权开发与版权保护入手，通过获取更为丰富的信息版权、开发优质内容版权和建立版权保护系统，为用户提供个性化服务，刺激用户的潜在需求。规模效应屏障致力于企业组织建设、内容资源整合、供应链控制和成本控制，减少不必要的资金投入，通过 IP 转化等多渠道吸引用户，以多样化的服务满足用户需求，以多元化的产品和精准化的产品推荐提高用户满意度，更好地提升用户的付费意愿。

二　我国移动阅读产业利润屏障发展困境

构建基于用户体验的我国移动阅读产业利润屏障是为了降低移动阅

---

① 参见《中国移动阅读市场白皮书 2018》，易观智库，http：//www. jianshu. com/p/11c 802524116. shtml，2018 年 11 月 7 日。

② 参见梁玲琳、徐琛、林思思《移动阅读应用的用户体验量化评估模型构建研究》，《装饰》2015 年第 6 期。

读产业之间的竞争风险，提高企业的核心竞争优势。通过分析移动阅读产业品牌效应屏障、价值效应屏障、版权效应屏障和规模效应屏障建设中存在的问题，有利于移动阅读产业优化用户服务体系，在未来的竞争中抢占先机，更好地为用户提供服务。

（一）优质服务缺乏，用户使用黏性不足，品牌效应屏障单薄

1. 品牌意识缺乏

企业品牌意识缺乏是导致品牌效应单薄的主要因素之一。品牌是顾客心理认知形象的体现，也是移动阅读企业的服务宗旨、服务理念、业务理念、发展目标和用户定位的高度抽象与概括，它代表着企业的文化内涵和形象，是一个企业核心凝聚力和员工认同感、归属感的体现。品牌意识的缺乏，会导致企业在市场定位中无法凸显其特色，不能被特定的用户群体广泛认可和熟知，也无法精准地定位目标用户群体，因而丧失市场竞争的先机。

2. 优质资源稀少

优质内容资源稀少是导致品牌效应单薄的关键因素之一。作为知识服务型平台，内容是其吸引用户、挽留用户、引导用户付费的核心。而目前我国移动阅读产业普遍存在着内容资源同质化、产品质量良莠不齐、优质内容资源短缺、内容种类较少和内容更新速度低等问题，导致产品的可替代性较强，难以使用户对某一品牌形成较高的品牌忠诚度，也难以刺激用户的持续性阅读需求。

3. 人才资源短缺

高端人才资源短缺是导致品牌效应单薄的重要因素之一。高端人才在移动阅读产业的内容开发、技术保障、平台运营与维护、信息反馈分析和市场营销等各个环节都必不可少。我国移动阅读产业在人力资源开发与培养上的投入与其他产业相比处于中低端水平，资金多倾斜于市场营销方面，较少投入到人才资源队伍建设中去，这就使得移动阅读产业无法从根本上得到提升，无法开发新的版块，增强品牌效应屏障。

（二）平台建设滞后，用户整体体验不佳，价值效应屏障松动

互联网时代的商业竞争中，深度识别和充分把握影响网络协同价值

大小的关键因素是制胜前提。[①] 移动阅读产业价值链的整合与延伸（如图
5-8），以及平台建设的好坏直接影响用户的阅读体验，也直接影响移动
阅读产业价值链条的拓展，不利于价值效应屏障的巩固。

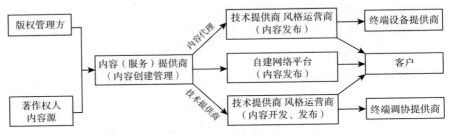

图 5-8　移动阅读产业价值链

1. 平台体系建设不完善

移动阅读产业多以阅读应用为用户提供服务，但我国现有的移动阅
读应用不可避免地出现页面布局失调、内容排版没有统一标准、信息架
构分类不清、界面美学价值较低和界面色彩杂乱等问题，这些问题会影
响用户登录界面时的使用心情，而信息分类不清会导致用户在搜索目标
时难度加大，给用户较差的使用体验，不利于移动阅读应用价值链条的
延伸，一定程度上造成了价值效应屏障的松动。

2. 应用技术更新进程慢

移动阅读应用技术是移动阅读企业获得市场承认的保证，应用技术
贯穿于移动阅读应用的始终。由于资金不足、人才队伍建设落后等因素，
阅读应用仍存在信息查找速率较慢、相关内容推荐不精准、社交功能开
发不全、拓展功能不深入的现象，还存在导航简洁性较低、及时反馈度
不足、操作流畅度低下、输入高效性质量堪忧和阅读连续性（在不同设
备之间持续阅读）较差等急需解决的技术问题。而这些问题的存在，缩
减了用户的规模和数量，致使投入到技术开发的资金更少，形成平台内
部的恶性循环，不利于价值链的再次开发和拓展。

---

① 参见陈端《移动互联时代：O2O 入口布局》，《北大商业评论》2014 年第 6 期。

（三）版权观念薄弱，用户潜在需求不强，版权效应屏障羸弱

1. 版权获取困难

版权获取方面，免费和共享是网络文化最重要的特质，严格的版权授权许可模式对信息流通和优化配置造成了严重的限制。① 不论是国外的版权纠纷还是国内的最严版权令，都规范了资源类平台的版权授权机制，要求平台"先授权、再使用"②。2017 年 10 月 29 日，首届燧石文学奖专门为年度抄袭作品设立"白莲花奖"，以此来支持原创版权，并获得了网友的广泛支持。这反映出部分移动阅读企业版权意识正在逐渐觉醒，同时也反映出了版权获取在构建版权效应屏障中的重要性。

2. 版权开发不严

在版权开发过程中，多存在优秀作品缺乏、商业化过重和同质化过重等问题，这在很大程度上限制了移动阅读平台产品的版权开发力度。同时，在版权开发中，商标版权、游戏版权、作品改编影视版权、周边产品开发等版权问题也较为突出。例如，《何以笙箫默》就在商标注册与版权归属上产生了纠纷，作者顾漫与前合作方乐视影业对簿公堂。这些问题归根结底是版权开发过程严格性、严密性不足的问题，无法从根源上刺激用户对产品和服务的需求，也不利于版权效应屏障的建设。

3. 版权保护不力

随着数字版权时代的到来，互联网版权侵权行为表现出"数量大、类型杂、环节多、易复制、成本低"③ 的特点。随着数字产品的发展，网络文学兴盛，版权保护难度越来越大。作者版权意识淡薄、缺乏维权意识；版权保护技术不健全，仍处于不断发展的阶段；相关法律法规仍待完善，侵权者仍有钻取法律漏洞的机会；版权专业人员缺乏，从业人员质量参差不齐，等等。由于移动阅读产业尚未形成专门的版权保护管理体系，传统的版权保护技术不符合社会发展的潮流，版权保护仍困难重重。

---

① 参见丁一、叶文芳《新媒体语境下资源类平台的版权获取范式与使用边界》，《科技与出版》2016 年第 7 期。

② 肖冬梅：《谷歌数字图书馆计划之版权壁垒透视》，《图书馆论坛》2011 年第 6 期。

③ 同上。

（四）产业链条过短，用户付费意愿不高，规模效应屏障狭小

1. 产业结构不合理，资源整合不全面

移动阅读产业以内容提供服务为主，在产业价值链源头的内容源上并未形成专门的培育基地，优质资源的短缺成为移动阅读产业发展的短板。在下游产品的开发上，移动阅读产业向影视文学、动漫网游、周边产品开发等领域的扩展力度不足，在资金投入上所占的比重过低。在共享经济和免费经济的时代浪潮下，企业之间的竞争在一定程度上取决于对免费资源的整合能力。能整合大数据资源的企业，能够为用户提供更全面、精细的产品与服务，在市场竞争中将占据主动地位。当前国内众多的移动阅读企业并未设置专门化的资源整合机构，在面对众多的免费资源和共享资源时有心无力，无法凭借强大的资源整合能力将用户吸引到平台中来，也无法满足用户的消费需求，导致用户群体的流失，限制了用户规模的扩张。

2. 供应链条不可控，成本控制不精准

移动阅读产业作为知识内容服务型平台，为用户提供所需的服务与内容是其基本职责所在，也是企业生存的根本。当前的内容供应链条主要是先由签约作者提供内容生产，定期进行内容更新，然后由平台发布。这种模式在很大程度上取决于内容源，而一旦签约作者毁约或跳槽，内容生产将陷入僵局，不能再为用户提供内容更新服务。而对用户来说，这是平台信誉的问题，会致使用户对平台的忠诚度降低。因此，打造稳定的、多渠道的产品供应链条对企业长期发展来说是必要的。在"资本推动发展"的时代，如何将有限的资金最大化地利用，是每个企业应该思考的问题。企业生产的成本越高，盈利空间就越小，自然的资金盈余数额也越低，这就导致企业无法提供充足的发展资金用于其他产业链条的开发。内容生产资金的不可控、平台维护资金的重复性投入、市场营销资金的低回报率等问题，都在资金支配上限制了平台的发展。

三　我国移动阅读产业利润屏障发展策略

移动阅读产业在利润屏障的建设上存在很多问题，提出优化措施和

解决策略，为移动阅读企业建立坚固的利润屏障，降低行业的竞争风险，增强为用户提供个性化、多元化服务的能力。

（一）深挖优质内容资源，增强用户使用黏性，丰富品牌效应屏障

1. 加强品牌意识

品牌是企业的形象和代表，也是顾客对企业形象心理认知的直观表达。企业品牌意识的培养可以通过建立完善的企业文化、树立员工的品牌意识、完善管理体系和提高品牌创建水平等措施来实现。通过品牌建设，增加用户对企业的信任度与好感度，进而提升企业的品牌价值。企业品牌意识的培养有利于企业实现规模化、集中化经营，不断实现发展和壮大，实现超越企业实体和产品以外的价值增长。

2. 提升内容品质

坚持"内容为王"战略，内容才是阅读产业的灵魂，优质内容是移动阅读产业的核心竞争力。移动阅读产业应加强与传统出版社的合作，充分利用传统出版社内容储备资源的优势，将其采、编、写优势与产业发展深入结合，整合现有的作者和编辑资源，提高内容质量。同时，加强与专业出版领域的平台的合作，提供具有教育性、专业性、科学性的内容资源，① 增强满足不同群体需求的能力，更大限度地抢占消费市场。

3. 培养优秀人才

移动阅读产业的人才队伍建设，要从整个产业链条的发展建设入手。在内容源方面，要加强专业写作人员的培养，增强其专业素养和深入思考能力；在内容提供商方面，加强平台开发与运营人才的培养力度，突出平台信息检索的便捷性和页面布局的美观度；在终端设备提供商方面，加强核心技术的开发，培养具有创新意识和行业道德的新人才；在版权保护方面，加强版权保护专业人才的开发，培养一批具有专业素质并且有责任心的人才。

---

① 参见王海刚《我国移动阅读面临的问题及对策探析》，《河南大学学报》（社会科学版）2016 年第 3 期。

（二）增强平台架构建设，优化用户整体体验，巩固价值效应屏障

1. 突出阅读应用美学设计

无论是"感觉"还是"能量"，都是很难直接直观表达的概念。[①] 用户在消费或寻求服务时，越来越注重美的感受和舒适体验，所以，突出阅读应用美学设计是必要的。在页面布局和排版上，移动阅读应用应遵循美学价值，力求给人以清新、舒适之感。导航界面应以简洁明了为主，便于用户对相关信息的检索。应用色彩搭配应以明朗为主，但切忌色彩混乱、搭配尴尬等问题。

2. 技术带动需求，增强个性化服务

在个性化服务和私人定制服务的影响下，更多用户倾向于能够提供个性化服务的平台或应用，也更注重信息的交流与自我意识的表达。因此，移动阅读产业应增强大数据收集整理能力，根据用户的兴趣和爱好为其提供精准的推送服务；加强社交功能的开发，便于用户间的交流沟通，提升用户活跃度；增强应用流畅度和便捷性，完善平台基础服务；同时增设可调节阅读背景或颜色、透明度的功能，更好地满足不同用户的需求，增强用户好感度。

（三）大力构建版权体系，刺激用户潜在需求，开发版权效应屏障

1. 开放版权获取渠道

在国内多起侵权案并发的背景下，用户对于内容抄袭、版权侵权等行为具有极强的排斥心理，会影响用户对品牌或平台的信任度。基于此，移动阅读平台所提供的服务都要经过授权或购买版权。开放版权获取渠道，有利于企业建立专门的版权获取路径，建立专一的体系应对版权获取问题，从现有案例中获取经验，更好地与版权管理方建立合作关系，解决版权获取中的难题，减少不必要的麻烦与损失。

2. 加强版权开发力度

版权开发是企业延长产业链、提高附加值、培养用户付费意愿、提升产品知名度的重要举措。移动阅读产业可以通过商标版权开发、游戏

---

① 参见［美］摩霍兹等《应需而变：设计的力量》，吴隽辰译，机械工业出版社2008年版。

版权开发、作品改编影视版权开发和周边产品版权开发等对作品进行深加工，延长产业链条。同时，加强版权开发的管理力度，制定严格的版权开发管理体系，并以制度规定的形式将其确定下来，形成版权开发行业标准，避免版权开发过程中的风险，提高行业生产效率。

3. 扩大版权保护规模

版权保护要从著作权人、法制建设、版权保护技术、版权专业从业人员和专门的版权保护体系的建立等方面入手。著作权人应加强版权保护意识，增加版权保护知识素养；完善版权保护法律法规，加强版权保护法制建设；增强版权保护技术开发，推广现有版权保护技术；版权专业从业人员应增强专业素养，提升社会责任感和使命感；针对移动阅读产业情况的特殊性，建立专门的版权保护体系。

（四）打造产业生态闭环，提升用户付费意愿，扩大规模效应屏障

1. 加强企业内部组织建设，增强内容资源整合能力

移动阅读产业链条中，人才队伍的开发和培育是极其重要的环节，而建立企业组织系统是解决人与人之间关系的重要手段。在上游产品开发建设中，制定必要的原创作者培育计划是解决优质内容缺乏问题的关键。在下游产品的延展上，移动阅读产业应增加向影视文学、动漫网游、周边产品开发的资金投入，并设置专门的管理服务部门负责相应事务的处理。同时，设立产业资源储备库，负责共享资源和免费资源的整理，或将现有文学进行深加工，将其以受众喜闻乐见的形式展现出来。企业部门间应职责分明，建立完善的内控体系，提高部门间的协同能力，提高组织机构的前瞻性。

2. 增加供应链控制节点，提升企业成本控制效率

移动阅读企业在内容供应链上应增加控制节点，提升企业容错率，在供应链出现缺口时能以最小的损失和代价实现平台可持续化运营。在与内容源签订协议时，应明确违约后的系列权责，建立完善的追责体系。在企业生产的价值链条中，减少不必要的生产支出，依赖先进的科学技术手段提高劳动生产效率，避免"管理层级多，管理角色错位"现象，增强企业间的协同性，提高组织效率，通过精简成本和科学预算提高资

金利用率，将精简出来的资金投入人才培养和产业链扩充中，增强企业抵御竞争风险的能力，扩大规模效应屏障。

基于用户体验的移动阅读产业利润屏障的搭建是必然趋势。这为移动阅读产业的转型提供了新的发展方向，也为处于激烈竞争中的企业提升自己的竞争地位找到了新思路。未来移动阅读产业的盈利模式会日益完善，将会推动移动阅读成为国家文化产业的重要组成部分，也将在提升我国国民素质和文化"走出去"中发挥建设性作用。

第七节　"网络游戏 + 知识服务"利润屏障研究

艾瑞咨询 2019 年 7 月 5 日发布《2019 年中国移动游戏行业研究报告》，其中指出，近年来我国游戏市场规模呈持续高速增长趋势，2018 年市场规模 1646.1 亿元，同比增长 10.5%，用户规模 6.21 亿人，同比增长 2.7%；[①] 2017 年成为网络游戏（包括端游、页游、手游等）发展黄金年，游戏产品力不断提升，截至 2017 年 6 月，网络游戏用户规模已达 42200 万人次，市场空间接连被挖掘。一方面，网络游戏商业与文化的二重价值日益得到国家与社会的普遍认可与重视，如 2016 年 11 月国家新闻出版广电总局发出《关于实施"中国原创游戏精品出版工程"的通知》，强调知识内涵的重要性，健全游戏出版工作机制，进一步推进和落实扶持措施；另一方面，随着国人生活水平的不断提高，百姓对精品化、深度化、品质化娱乐的需求日益凸显，融合文化内涵与娱乐特征、发展知识服务成为网络游戏发展新趋向。

一　"网络游戏 + 知识服务"利润屏障概述

"网络游戏 + 知识服务"组合的目的是实现企业良性循环与持久盈利，通过利润屏障的构建，强化利润来源与盈利模式，持续性满足游戏用户多样化、个性化的需求，为价值利益的最大化提供强有力的保护罩，

---

① 参见艾瑞咨询《2019 年中国移动游戏行业研究报告》，http：//report. ireseacch. cn/wx/report. aspx，2019 年 7 月 5 日。

最终实现双赢的目标。

（一）知识服务定义及其发展现状

在知识经济与信息技术的双重推动下，为适应知识共享与创新的需求，"知识服务"概念于 20 世纪 90 年代逐渐兴起，这是一项立足于用户需求，面向信息内容实行有效抓取、采集与处理，并以交互方式返回有效信息与知识内容的服务。截至 2018 年 1 月 7 日，在中国知网以"知识服务"为主题词检索到的结果已达 14121 条。中国新闻出版研究院院长魏玉山在其《数字传媒与知识服务》一文中表明："人们的知识需求正由'大而全'转向'细而精'，数字传媒和文化产业未来的发展方向是知识服务。"① 知识经济时代的到来引发了信息爆炸，知识庞杂无序，价值密度低，个性化、定制化、专业化的知识需求逐渐衍生，并表现为出版业未来的发展潮流与趋向。

（二）"网络游戏 + 知识服务"利润屏障解析

网络游戏以独特的娱乐形式带给人们全新的体验与感受，并以易操作、轻松有趣、互动传播的特征产生着日趋广泛的影响。数字时代与知识经济时代来临，用户期待更深层次的游戏体验与意义，网络游戏的商业与文化二重属性也日益得到认可与重视。政策扶持、市场需求、技术支持引发了寓教于乐式"网络游戏 + 知识服务"的产生，并为其提供了引导与保护机制。结合文化性与娱乐性的双重属性，通过对价值效应的革新、对规模效应的延伸、对版权效应的强化、对品牌效应的保障，构建强有力的"网络游戏 + 知识服务"利润屏障，成为网络游戏发展的主流方向，同时也是企业面对市场发展与壮大所必须具备的经营要素。

二　"网络游戏 + 知识服务"利润屏障发展困境

网络游戏产业近年在规模与产值上都呈现几何级增长的态势，导致行业竞争加剧、国外企业涉足用户与市场资源争夺，然而企业尚未形成以"网络游戏 + 知识服务"为新兴竞争优势的盈利模式与利润屏障，价

---

① 魏玉山：《数字传媒与知识服务》，《上海科技报》2017 年 10 月 13 日第 4 版。

值革新受遏、产业集聚受阻、版权保护欠佳、品牌导向缺位。

（一）"网络游戏＋知识服务"价值网内容革新受阻，制约价值效应

价值是用户认可的意义所在，价值效应是利润屏障保护之基。目前无论是传统 PC 平台还是移动端的网络游戏，都普遍存在内容知识同质化现象，[①] 严重限制价值的开发与拓展。网络游戏作为数字文化产业，是网络技术与文化内容结合的产物，其本质是信息内容的传播与服务。然而在知识服务方面，网络游戏表现出缺乏原创性的特点，诸多网络游戏企业与产品缺乏明确的自身特色定位与核心竞争力构建，对知识内容的价值开发不足、利用率不高。产品市场生命周期短，网络游戏平均半年留存率仅 60%，知识价值有待进一步多元化开发和利用。以腾讯旗下的《脑力达人》为例，这是一款智趣答题社交类手游，2015 年上线后风靡一时，却因为盈利模式单一于 2017 年下线。作为答题类手游，《脑力达人》占有绝对的内容资源优势，但仅仅拥有知识是不够的，互联网已然能够满足人们的一切知识需求，此时，价值的多元化开发与个性化延伸便成了决定产品成败的关键因素。此外，网络游戏推广效果不佳，造成用户无法获取最新信息与推送，用户黏度减弱，导致已有的价值效应扩大受阻。

（二）"网络游戏＋知识服务"产业链融合拓展受遏，阻碍规模效应

产业是"网络游戏＋知识服务"的承载环境，规模效应是利润屏障延伸之源。产业链的融合，应当是一种化学反应式的有机融合，而不是物理式的简易叠加。然而目前网络游戏行业的产业链构成雷同，各环节存在不健全、不成熟、关系疏离的现象，上下游拓展不佳；创作者权益未受到重视，积极性不高，内容生产无法即时有效地满足用户需求；收益分配不合理、不透明，难以形成群体竞争优势与集聚发展的规模效应。"网络游戏＋知识服务"是以创新思维为核心的新型互联网经营模式，然而其对产品创新的意识不强，自主研发能力较弱，缺乏专业人才，严重制约网络游戏产业的规模化扩张与创新发展。在游戏开发上，

---

① 参见华威伟《新经济形势和技术条件下移动网络游戏产业的发展策略》，硕士学位论文，华东师范大学，2009 年，第 127 页。

目前国内研发商大多采取截然相反的两极态度①：一是故步自封，直接选取热门或传统题材，导致千人一面，乏陈可新；二是完全舍弃以往题材，跟风欧美式魔幻风格，画面、场景鸿篇巨制，技术却难以跟进，导致游戏体验感不佳。条块分割与产业壁垒严重阻碍规模效应的高效扩张，亟须打造游戏开发、技术跟进、市场跟踪、后期服务四位一体化的有机产业链。

（三）"网络游戏＋知识服务"知识域技术开发受限，损害版权效应

技术支撑是网络游戏的坚实后盾，版权效应是利润屏障强化之源。互联网版权问题日益突出，网络游戏作为数字化产品，其知识内容侵权鉴定技术欠佳，版权保护严重不足，高隐蔽、高扩散、高技术、多元化的侵权行为导致各类私服、外挂横行，直接对著作权人、拥有合法授权的游戏商以及正版游戏玩家三方造成了严重的权利侵害。网络游戏版权生态羸弱显而易见，缺乏统一实行的侵权鉴定标准与技术手段，版权纠纷难以解决，严重影响了内容提供商、知识开发商、技术提供商的创作积极性与效率，"网络游戏＋知识服务"技术开发遭遇瓶颈，难以推陈出新，这是其一；其二，法律措施不完善、保护不到位，缺乏对技术化内容侵权行为的认定条例，诸多漏洞难以规避，让侵权行为有机可乘；最后，企业对版权的 IP 化后续开发与跟进效果不尽如人意，如王者荣耀作为近年来最为火热的游戏 IP，其影视化节目《王者出击》却由腾讯视频、原子娱乐研发制作。"网络游戏＋知识服务"的 IP 化版权拓展仍停留在周边开发阶段，缺乏强有力的影视化、动漫化延伸。

（四）"网络游戏＋知识服务"综合服务意识缺位，影响品牌效应

综合服务是维系用户的附加因素，品牌效应是利润屏障的外在呈现。目前各大游戏商对品牌的开发现状欠佳，开发意识并不强，市场份额分散，竞争多停留在单一的产品品牌阶段，品牌综合效应相对薄弱，除腾讯外，少有优质的网游企业。网络游戏产品众多，品牌定位与传播方式却相对单一，缺乏统一系统化的分类与导向，"网络游戏＋知识服务"尚

---

① 参见奚声慧《网络游戏产业之经济学分析》，博士学位论文，上海社会科学院，2007年，第 236 页。

未形成深度结合，游戏产品与企业文化内涵如何结合仍待解决。用户在鱼龙混杂的网络游戏市场难以抉择，易受不良网络游戏品牌影响，进而导致行业形象欠佳，产生社会负面影响。网络游戏行业作为大众娱乐行业的一个分支链条，其运作过程中的价值衡量标准无疑是能否为参与网络游戏的用户提供全方位的服务。然而目前网络游戏商家在了解用户需求、提供用户服务、创新用户体验等方面远未满足用户期望，网络游戏客服被玩家投诉办事拖沓、长期搁置的负面消息已在各大网络游戏论坛与贴吧上屡见不鲜，这些将影响用户忠诚度的建立与良好口碑的树立，制约了品牌形象的宣传推广与企业的发展扩张。

三　"网络游戏 + 知识服务"利润屏障优化策略

对"网络游戏 + 知识服务"利润屏障的探析实质是对内容为王、以人为本的盈利模式的革新与强化。面对竞争格局日趋多变的网络游戏市场，构建强有力的利润屏障，突破目前所面临的瓶颈与困境，提高行业准入门槛，强化核心竞争力，是企业保持良性发展与盈利必须重视的战略要素。

（一）内容为王，突破"网络游戏 + 知识服务"价值效应瓶颈

终端为辅，内容为王。需求的产生使企业与用户的交换成为有价值的活动，价值的认同使这种交换最终达成，实现盈利。打破常规，深入市场调研，挖掘受众及其需求，创新"网络游戏 + 知识服务"呈现内容的载体与方式，以多维度、多元化的独特价值，实施差异化核心战略。

1. 自研自发，立足创新，拓展差异化核心价值

知识内容是用户付费的价值所在①，价值链从始至终的延伸过程即价值创造与实现的过程。游戏用户是网络游戏价值的践行者与认可者，企业需要细分目标用户，广泛集纳优质内容，达到知识服务量的提升与质的优化，通过高影响、高质量的知识交流共享机制，打造并提供特色化、

①　参见秦艳华、于翠玲《媒介融合背景下出版业发展创新研究》，华文出版社 2015 年版，第 47 页。

价值化的内容与游戏体验，为所有成员塑造被认可与传承的独特价值。正如腾讯公司董事会主席兼首席执行官马化腾认为："特色化是占领用户、拥有用户注意力最重要的武器。"① 创新永远是老生常谈的话题，从网络游戏用户角度来说，创新是对需求的满足—激发—再满足—再激发的一系列生生不息的循环过程。面对建设创新型综合数字文化企业的契机，网络游戏应立足产业特征，进行多元化、多维度的自研自发，增强创新思维、提升创新能力、强化创新力度。如在运营模式上，探索收费模式与收费接口的转换，创新自主付费呈现方式，为用户提供便捷的一站式、一体化终端。

2. 资源配置，加强推广，维系持续性附加价值

价值网是企业实现盈利的中枢，一方面，对信息资源、用户资源、IP资源、技术资源、人力资源等进行充分整合与梯次开发，力求资源配置的高效合理，真正发挥资源的充分利用，强化价值链，将资源从多而杂转向精而有序，打造平台 + 内容 + 终端 + 应用一体化服务。以盛大游戏公司为例，基于 IP 资源与品牌资源的配置，自 2001 年起《热血传奇》产业迅速拓展，衍生出网络游戏、动漫、影视、周边等一系列产品。在夯实网络游戏行业体系的基础上，提供及时、互动的用户体验与反馈机制，以公序良俗的行业价值氛围影响并带动用户对企业价值、产品价值的认可。另一方面，在市场推广上，要营造消费氛围、培养消费群体，引导付费行为，有需求并产生购买行为才有市场推广的意义。加大对网络游戏产品与活动的宣传推广，如在网吧、网咖进行视频或海报宣传等，塑造并提升企业品牌形象，精准吸引目标玩家的注意力。

（二）生态联盟，助力"网络游戏 + 知识服务"规模效应延伸

构建"开发、合作、共赢"的生态联盟，打造利益共享机制，促进规模效应的延伸。控制产业链（如图 5 - 9）规模、成本，力求提供全流程产业化的服务，以高效、适当的内容提供吸引、满足目标用户需求，协调、连接产业链的融合发展。

---

① 程忠良：《"互联网 +"时代出版业发展路径研究》，中国科学技术大学出版社 2016 年版，第 54 页。

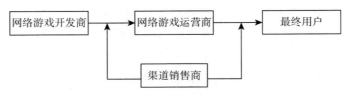

图5-9 网络游戏产业链运行示意

1. 整合资源，集聚产业，开放合作，拓宽动态规模效应

以内容的优势互补为核心，以创意的共同开发为动力，以技术的协调合作为桥梁，打造兼容并包的开放平台与优势互补、协作共赢的生态联盟，进一步拓宽产业链，强化规模效应。一方面，整合资源，建立内容、用户、技术资源库，优势互补，促进产业集聚效应的提高，增强互补意识与协作意识，寻求与内容提供商、数据资源库、技术提供商的多方合作，充分提高内容与数据资源的利用率。如进一步加强与广告商的合作，将广告商品设计成游戏道具或场景，实现广告潜移默化的宣传，同时借助广告品牌加强自身产品定位，强化产业联盟，实现合作共赢。另一方面，网产业链的扩张并不是量的集合，而是整个产业各环节质的提升。在延伸的同时要着眼于整个产业链条构成环节的协作与效率提升，有目的地、层级性地控制与拓展业务范围，以求协同性、成长性的良性发展，支持具有内容生产、技术提供、渠道运营等多方面潜在优势的企业成为市场引领者，推动网络游戏产业发展，加强技术平台建设，为产业集群提供发展平台，实现平台多维化、空间一体化的集约式发展，拓宽动态规模效应。

2. 控制规模与成本，完善组织建设，增强静态规模效应

网络游戏产业链的维度与规模效应呈现S形逻辑回归关系，遵循适当原则，将产业规模控制在一定范围内，达到边际效益收支平衡的临界点，实现资源利用的最大化，强化现行产业链，优化组织结构，稳定规模效应。基于生态化的发展模式整合产业链，寻求规模与成本结合最优化的平衡点，深入市场调研，以数据分析准确打造、稳定产业链，合理配置强有力的资源与服务支持，形成独特规模特色的同时兼顾自身收益。

完善网络游戏运营商在产业链中承接内容生产与用户需求的作用，充分激发中间商的沟通与协调作用。促进各环节的有机协调，改进利益分成模式，打造健全的产业链，切实保障各方利益，重构一种协调、融洽的产业新生态。打造灵活高效、畅通的管理机制，形成较为完善的商业模式，促进各环节信息协作共享、交流沟通，优化组织内部成员与管理体制，以被选型（多中选好、好中选优、优中选精、精中选尖）与进取型（多中争好、好中争优、优中争精、精中争尖）为原则，优化顶层设计，促进交互、分享、融合、协作随时自由发生，引导并发挥整个生态系统各要素的连接性和能动性。

（三）多方联动，夯实"网络游戏＋知识服务"版权效应壁垒

武汉大学信息管理学院方卿教授曾发表论文《数字出版盈利模式设计的五要素——以高等教育出版社为例》，其中指出："数字出版盈利模式实际上是基于权利管理的商业模式。"[①] 以"网络游戏＋知识服务"的版权保护与开发为理念，政策支持、行业联盟、社会监督、人性诉求多方联动，共筑版权壁垒。

1. "内容开发＋技术支持"，拓展版权范围

网络游戏作为文化产业，其内容资源的持续获取、开发、保护与更新是扩大版权效应的源动力。寻求文化资源的引入与开发，推出有民族特色的国产自主知识产权游戏，并进行版权资源的整合延伸，形成 IP 化拓展，实现资源高效灵活的综合利用。如与出版社进行合作，借助出版社已有的内容与人才资源品牌保证游戏内容的权威性。数字化内容的版权保护与开发对技术的高要求日益凸显，与第三方技术提供商合作，一方面可以提供多种新兴技术手段，多元化、多维度开发内容，形成 IP 化的版权效应，为版权开发铺平道路。另一方面，可以为版权保护提供技术支持，如对数据库资源的保护技术以及对私服、外挂的认定技术等，为版权保护拓宽道路（表 5 - 3 是对数字内容与版权保护代表技术的举例）。

---

① 方卿、许洁：《数字出版赢利模式设计的五要素——以高等教育出版社为例》，《出版发行研究》2009 年第 11 期。

表 5 - 3　　　　　　　　数字内容与版权保护技术——功能分解

	功效	运用领域
DRM（数字版权保护技术）	数字水印技术	保护网络数字内容
	数据加密、防拷贝	
DTCP（数字传输内容保护）	DTLA：数字传输许可管理	加密协议，内部传输
	DCTP-IP：数字传输资料保护	

2. "市场驱动 + 政府规制"，提高版权效率

作为社会伦理道德的一部分，市场自律机制是版权保护的坚实后盾。明确网游市场各成员的社会职责与功能，加强对传播主体的思想与道德教育，积极引导主流价值观，达成行业共识，形成联盟，减少行业内耗，从源头扼杀侵权行为。加强行业监管、社会监督，通过及时有效的社会、民众监督渠道与反馈机制，对侵权组织与个人用户予以施压和处罚，营造健康良好的社会环境，以形成及时有效的版权保护。网络游戏作为一种智力产品，客观上要求政府部门加强对知识产权与产品版权的保护。[①]首先，政府部门应当加强立法思维，完善行政管理，进一步健全网络游戏知识产权保护体系，完善行业法律法规；其次是理顺网络游戏业管理体制，制定合理的技术标准，提供有效的申诉渠道，对私服、外挂等侵权行为进行界定并予以追责，强化处罚力度，绝不姑息；最后是做好网络游戏对知识产权的专利申请与备案，对侵权行为的判断重心应从"内容性转换"向"目的性转换"转移，[②] 使对侵权行为的打击更加精准有效。

（四）以人为本，维系"网络游戏 + 知识服务"品牌效应平衡

人本意识的塑造与强化是维系"网络游戏 + 知识服务"品牌效应的有力保障。将用户理念贯穿于游戏设计、体验、服务的全过程，以用户需求、喜好为导向与驱动，构建"知识 + 娱乐"的新型网络游戏品牌，创新用户吸引手段，实现需求与供给的高效匹配，以增加用户黏度。

---

① 参见宋玮《中国网络游戏产业发展研究》，硕士学位论文，首都经济贸易大学，2012年，第58页。

② 参见北京市新闻出版局、北京市版权局编《版权产业创新——图书出版业科学发展的探索与实践》，科学出版社2009年版，第41页。

1. 用户为导，个性化定制，精细化服务，加强品牌塑造

用户是最终效果的检验者，将人本意识落到实处，以顾客需求为导向进行全流程营销，实现顾客满意与企业获利的双赢。一方面，提供动态开发的系统，鼓励并引导用户积极参与到游戏开发与体验的各个环节，将人文精神贯穿于品牌创新发展中，重视口碑，发展与巩固忠诚用户，形成集思广益的众创式发展与服务（如表5-4）。另一方面，建立用户数据库，构筑长内容、长渠道、长品牌服务链，提高对用户数据的挖掘、管理、分析与运用能力，进而提供趣味性、个性化的内容资源与方便、轻松的服务管理。打通技术研发过程中的交互渠道，及时解决游戏漏洞、优化游戏体验，创新终端呈现等关键技术的研发与应用，促进创意设计与高新技术的连接与实现，提供个性化知识内容与人性化服务体验。

表5-4　　　　　　　网络游戏用户对品牌认知的影响因素分析

企业形象	产品形象		服务形象		玩家形象	
产品属性				消费体验		
互动性	丰富性	独特性	画面	操作	内容	硬件	附加	满足	虚拟	投入	交流	公平	竞争	耗时	周边

2. 延伸营销，创新理念，开发教育市场，夯实品牌建设

创新是形成品牌竞争壁垒的强力支撑，创新品牌理念，延伸品牌营销，将品牌定位、塑造、延伸与文化结合，利用各种内外部传播途径，如QQ、微信、微博等，拓展、打造品牌，获取并加强用户对品牌的精神认同，形成一种特有的品牌理念与文化氛围，以文化传承夯实品牌建设。优秀的剧情背景、人物设定、场景设计、动画效果、高质音效等都可以形成独特的游戏文化与品牌特征。开发品牌潜在价值，重视人文理念，以用户价值为导向，兼顾社会效益与经济效益的共同发展。作为数字文化产业的分支，网络游戏具有其特定的文化使命，寓教于乐是人们自古至今孜孜以求的教育方式，以网络游戏娱乐性的特征为基础，强化内容资源的文化内涵与延伸，利用"碎片化"的时间，以轻松娱乐的方式随时为用户提供知识内容，形成特色化、差异化的品牌定位，这将为品牌的口碑与发展注入"新的血液"。

面对数字化时代、知识经济时代双重市场驱动，"网络游戏＋知识服务"方兴未艾。以知识服务为网络游戏作为文化产业的基本属性与功能，寻求娱乐特征与文化内涵的结合点，从价值效应、规模效应、版权效应、品牌效应四方面构建并强化其"网络游戏＋知识服务"利润屏障机制，将在泛娱乐化与信息爆炸的时代下得到可持续的放大与彰显，并实现网络游戏产业良性持久的盈利与发展。

第八节　网络文库利润屏障研究

以互联网为代表的数字技术正在日益改变着我们的生活，并成为我国经济发展的重要推动力量。网络文库作为数字技术下不断发展的数字资源平台，通过开源生产模式得到了迅速壮大。在线阅读和学习日益成为人们生活的重要组成部分，人们开始广泛寻求在线知识服务。网络文库作为在线知识服务平台得到了进一步发展，网络文库正是典型的开源生产的文档分享平台。网络文库虽然是知识服务发展大潮下迅速崛起的内容平台，但各类文库产品如百度文库、豆丁网等的发展模式都极易被竞争者复制，需要其自身架设起区别于同类平台的且能给用户带来核心价值的利润屏障。

一　网络文库利润屏障概述

网络文库设立利润屏障的最终目的是强化自身的核心竞争力，这就需要文库动用一切资源，为目标用户创造最大化效益的同时提升准入门槛，让同类竞争者无法模仿和超越，从而持久地获利。总而言之，利润屏障是网络文库盈利能力的保护层，保证其核心价值不被模仿。

（一）网络文库发展现状

2007 年上线的豆丁网是我国最早的网络文库。2009 年百度文库上线，作为拥有多款明星产品和国内第一中文搜索引擎的百度集团旗下的一款文库产品，迅速抢占了文档分享平台的市场，与豆丁网并驾齐驱，近些年还有后来居上的趋势。此外道客巴巴、新浪爱问资料共享、爱知客等都属于这类平台。

（二）网络文库利润屏障解析

结合网络文库的运营状况和盈利模式，可以把网络文库的利润屏障分为四个方面：维护著作权和信息网络传播权的版权屏障；高知名度和美誉度构建的品牌屏障；海量用户和文档存量形成的规模屏障；向上下游延伸拉长价值链形成的价值屏障。

版权屏障通过挖掘优质内容资源，采用购买版权或者合作经营等方式，获取其作品的传播权和开发权，通过获取、保护和开发大量的版权形成版权壁垒，吸引读者在文库上进行阅读和学习，增强用户对产品的使用黏性，从而最大化地实现版权资源的应用；品牌屏障通过较高知名度、较好的美誉度、合适的市场定位、优质的文档资源、丰富的产品形式等多方面最大化地发挥文库品牌的综合效应，提升用户忠诚度；规模屏障通过延伸产业链，集约化经营，保障版权人利益，促进利益的合理分配，从而最大化地实现产业规模的整合效应，扩大文库平台的影响力；价值屏障通过向上游内容提供商拓展，获取更多版权资源，强化价值集聚效应，优化下游平台体验，增强用户黏性，实现平台价值的进一步提升。

二　网络文库利润屏障发展困境

（一）版权的多方获取、保护、开发不足，版权屏障缺口较大

网络文库在版权资源方面的问题不少，如版权获取渠道单一导致的内容同质化，版权保护意识薄弱导致的侵权现象，版权资源开发不足的问题一直没有得到彻底的解决，版权屏障存在较大的缺口。

1. 版权获取渠道单一，内容同质化现象严重

内容为王的时代，版权获取是关键，网络文库单一的版权获取渠道导致文库内容同质化现象严重。网络文库作为文档分享平台，主要的内容获取方式是单一的开源生产模式，这类大众参与共同编辑的资源获取方式的弊端使得用户群体上传的文档内容存在很高的重复率，且质量参差不齐。百度文库、豆丁网作为行业龙头，在版权获取方面已经走在前

列，增加了机构合作和专业人士合作的获取渠道，但是这两种获取渠道仍然没有成为最主要的版权获取方式，成果有待观望。因为开源生产的资源获取方式，资源来源为用户个人，然而大量个人用户版权意识不强，受限于自身的知识水平，同一内容被多次上传；或是受利益驱使，上传大量无用文档。目前的网络文库对用户上传内容的审查体系不完善，文库的重复率过高会给用户带来不良的用户体验，同时更易使优质的版权资源埋没在雷同的文档里，导致用户流失。

2. 版权保护难度较大，文档侵权现象严重

网络信息的传播特性和网络知识产权保护体系的不健全，导致版权保护的难度极大，文档的侵权现象严重。网络文库与版权人的版权纠纷自平台诞生以来就不曾间断，2011 年百度文库收到 50 名作家的声讨书一事全网皆知，豆丁网、道客巴巴等也屡屡被曝侵权，普通文稿和研究论文的侵权现象更为严重。侵权现象容易导致平台陷入版权纠纷，影响文库的版权资源开发。

3. 版权资源亟须多元开发，多方发展短板明显

眼下各大文库对版权资源的开发不足，多元化发展趋势短板显著，内容产品单一化。道客巴巴、百度文库、豆丁网目前的版权资源大多仅仅呈现文档阅读功能，再无其他。网络文库对版权内容的开发是简单粗暴式的，没有形成全方位、多元化的产业链开发规划。但作为一个平台，仅仅呈现文档阅读是远远不够的，优质资源的多方位开发才能引入更多的流量、资本和人才，释放版权的多元价值。

（二）负面新闻泛滥，用户黏度较低，品牌屏障难以建立

关于网络文库内容版权的负面新闻较多，品牌美誉度受到一定影响；同时文库用户对各文库并无依赖性，大多由搜索引擎检索获取所需文档，用户黏度不足，品牌忠诚度较低。

1. 负面新闻泛滥，影响品牌美誉度

网络文库的负面新闻层出不穷，影响文库的品牌美誉度。针对百度文库、豆丁网、道客巴巴等网络文库平台知识产权侵权案例的负面新闻不断，口碑对服务性质平台的品牌建设极其重要，网络文库却一度陷入

侵权的舆论旋涡，例如"百度文库不死，中国原创文学必亡"①"豆丁等文库被曝侵权，审核漏洞'避而不谈'"② 等负面性极强的报道，在众声讨伐中一度沦为侵权盗版的代名词，滥用版权、趋利避责等负面信息给公众留下的印象不佳，此类新闻大大削弱了文库品牌的美誉度。

2. 用户黏性不足，品牌忠诚度较低

各类网络文库平台的用户黏性不足，文库的用户很难对文库产品形成品牌忠诚。中国知网、万方数据库这类专业文献的网络出版平台，其用户的高忠诚度来自其内容资源的丰富性、价值性、独有性和专业的分类、搜索服务。但是网络文库的内容同质化现象严重，价值较低，专业性不足，并且独有的版权资源较少，用户难以对网络文库产生依赖。网络文库分类机制不健全，主要依靠用户上传文档时的自助分类，差错率较大。根据凯文·凯利的"一千个铁杆粉丝"理论，任何产品只需拥有 1000 名铁杆"粉丝"，意味着无论文库平台提供什么样的文档都拥有愿意付费购买的"粉丝"便能长久生存下去。拥有高度品牌忠诚度的追崇者就是平台的"粉丝"，培养用户的品牌忠诚度是平台长久盈利的基础。

（三）产业粗放式扩张，流量红利耗尽，规模屏障问题频出

网络文库的规模仍在发展期，目前产业链条发展方式过于粗放，同时前期的用户流量红利耗尽，用户数量增速变缓，规模屏障的建立问题频出，尚未形成自身的强大规模屏障。

1. 产业链条粗放发展，产业规模屏障尚未筑成

网络文库产业仍处在粗放发展的阶段，产业链的粗放性主要表现在两个方面。其一，产业链三方利益分配的矛盾。网络文库的产业链三方就是文库平台、用户群体和版权方。版权方看似是最大的受益者，但是数字文档以较少的消费额或是免费方式就可以阅读，平台由此获得巨大

---

① 《侯小强：百度文库不死，中国原创文学必亡》，网易科技，http：//tech. 163. com/10/1129/03/6MKKH4QS000915BF. html，2010 年 11 月 3 日。

② 王祚义：《豆丁等文库被曝侵权　审核漏洞"避而不谈"》，速途网，http：//www. sootoo. com/content/374264. shtml，2012 年 12 月 13 日。

的流量和广告收入，读者是最直接的受益者。三方的利润分配矛盾不可调和，难以实现共赢。其二，产业链的延伸不足。网络文库未申请网络出版许可，不得对版权资源进行任何的编辑加工，这就限制了网络文库对海量文档的充分挖掘和整合利用，影响产业链的完善。网络文库的产业链发展仍在探索阶段，粗放的发展方式限制了产业规模屏障的筑成，需要不断地延伸细化。

2. 流量增长速度放缓，用户规模效应逐步减弱

文学作品下架后，网络文库的人口红利耗尽，用户的规模效应大大减弱。"看手机小说"，数字化阅读方式接触率连续八年上升，且有26.0%的网民将"阅读网络书籍、报刊"作为主要网上活动之一①。网络文库自身的知识服务产品定位不明确，用户自主上传的模式下，平台上聚集了大量的文学作品，数字阅读量水涨船高。由于版权问题，网络文库重新洗牌，明确知识服务的定位，下架文学作品。由此失去了这批在网络文库上阅读文学作品的用户，流量的增长速度也随着文学作品的下架而放缓，用户形成的规模效应减弱。

（四）上游内容根基不稳，下游平台建设简易，价值屏障亟待优化

网络文库上游与内容提供方的合作较少，主要内容生产方式仍是UGC模式，平台的内容基础不够牢固；下游自身的平台建设不够，仍需不断创新完善，文库平台的价值屏障建设亟待优化。

1. 上游内容提供方合作较少，平台价值增加缓慢

作为知识服务平台，其上游的内容提供方发展滞后，导致网络文库缺乏发展基础，平台价值难以发挥。网络文库主要的 UGC 生产模式导致上传的大量文档内容质量较低，缺乏优质的内容版权；其次是 BGC（Business Generated Content），即机构合作的上传模式，与网络文库合作的权威机构上传文档数量占比较小，除百度文库之外，大多缺乏权威机构的内容支持。反观文库本身，大多缺乏自有内容，巧妇难为无米之炊，平台缺乏优质的内容基石，难以实现平台价值的集聚效应。

---

① 《第十四次全国国民阅读调查报告出炉：2016 年人均阅读 7.86 小时》，http：//book. si-na. com. cn/news/whxw//doc-ifyeimqy2574493. shtml，2017 年 4 月 18 日。

2. 下游自身平台优化欠缺，平台价值难以体现

平台是网络文库的下游体现，技术优化不足，难以更好地展现内容资源，平台价值难以体现。网络文库动辄数亿份文档，内容繁多，且质量参差不齐，散布于纷乱的目录分类中，缺乏简单明了的寻找路径，使得用户如同进入数字迷宫，无法从中找出所需的内容，上亿份的资源优势无法体现。同时，在整个数字阅读行业由 PC 端向移动端转移的大趋势下，以百度文库、豆丁网、道客巴巴为首的国内网络文库平台的 App 建设十分落后，其中下载量最高的百度文库（Android App 应用市场）也仅有 1191 万次。下游平台提供给用户使用文库的直观体验，平台优化技术不精，会损害内容资源的展示状态，使平台价值难以推进。

三　网络文库利润屏障发展策略

目前网络文库的发展已经进入一个瓶颈期，很多网络文库仍处于迷茫中，不知该如何进一步发掘自身潜力、强化优势地位，因此构建利润屏障显得尤为迫切，只有解决好这一问题，才能为文库的长远发展做好保障。

（一）解决版权难题，加强版权开发，补足版权屏障缺口

网络文库首先要解决版权获取和保护的难题，应从拓宽版权获取渠道、提高版权保护技术做起，其次要加强版权的多元开发，从以下三个方面补足版权屏障的缺口。

1. 拓宽版权获取渠道，提升版权资源质量

网络文库首先要准确定位"知识服务"这一平台理念，将争取更高质量的内容资源作为发力重点。再者，升级 UCG 上传模式的内容审查机制和审查技术，对于用户上传的内容资源进行智能筛选，降低文档重复率。改革用户自主分类模式，设置全面完善的分类体系，增设专门的分类纠错体系和纠错人员，在页面标注明显的分类引导方法。此外，将版权获取重点转移为 PGC（Personal Generated Content）模式，即与在专业领域有所擅长及建树的个人进行合作。给予这部分人群相应的名誉及利益吸引，达成双赢局面。主动出击，拉取各领域专业人士进行签约

合作，进行百度文库实名认证，为其制作宣传页面、开办宣传讲座等，给予一定签约费用，并支持其以收费方式分享上传文档。同时，提高BGC 模式资源贡献量。加强与专业机构的战略合作，创新竞争与激励机制，让机构之间相互竞争，通过竞争获取更优质的推广资源、展现权重和收益数额，调动机构用户积极性。通过提高版权资源质量，吸引更多用户。

2. 坚守版权获取底线，创新版权保护技术

网络文库要守住版权获取的底线，首先要通过技术从根源彻底解决侵权问题。以百度文库为例，百度文库在"侵权门"事件后，开发了DNA 反盗版系统，进行侵权盗版文档的筛查。DNA 反盗版系统是一种通过提取版权文档的诸多特征，建立其 DNA 特征数据库，对用户上传的文档进行反盗版扫描的技术。通过技术的不断升级，识别抓取率不断提高。其次，开展各类反盗版、反侵权主题活动，并在上传页面显著标明禁止上传侵权文档，对文库用户实施引导教育，提高用户的版权保护意识。此外，防止自身侵权的同时也要防止被侵权，数字版权加密保护技术的创新升级必不可少。数字版权加密技术又称数字权限管理技术（Digital Right Management，DRM），通俗来说，就是不能随意复制和编辑，对防盗版起着重要作用。对网络文库而言，必须意识到自身版权保护的重要性，才能保证版权资源不轻易被他人盗版而遭受损失。

3. 加强版权多方开发，补齐多极发展短板

网络文库要实现版权的多元开发，就要拓宽版权开发渠道，坚持"内容为主，技术为用"的发展方法，打造"一次制作，多元发布"的设计思想，学习新闻门户网站的发布方式。当一条热门新闻内容爆出，新闻门户网站将会在其用户端、网页平台、微信公众号以及智能手机或电脑弹窗等多种渠道进行发布。完成多元发布的前提是技术支持，实现稿件内容的自动化排版，提高工作效率，降低人工成本。通过平台累积的标准化 XML 数据库，为文库平台快速同步生成多种数据格式产品（EPUB、HTML、CEBX 等），做到一次生产，多元发布。同时要升级 HT-ML5 技术，美化阅读页面；升级 CDN 缓冲加速技术，加速内容加载速

度，优化阅读体验，真正意义上实现版权全面开发，资源全面发展。

（二）塑造品牌形象，强化品牌标识，提高品牌屏障价值

一个良好品牌形象的塑造是一个服务型知识平台运营的重中之重，不断强化品牌标识，使"知识教育"的品牌标识深入人心，能够有效地提高品牌屏障的价值性。

1. 实施整合营销策略，助推品牌形象塑造

网络文库在品牌形象的塑造方面理应实施品牌的整合营销传播策略，提高网络文库的品牌美誉度。首先要从文库用户的需求出发，与用户进行双向沟通，构建多种沟通渠道，听取用户的意见与建议，建立品牌、企业与用户之间的深层关系。把广告、新闻报道、公关、促销等各种形式的传播方式协调整合，达到 1 + 1 > 2 的效果，同时以统一的形象、一致的内容产品信息来吸引广大用户的注意。其次，在智能营销时代，更要从技术方面实施整合营销传播策略。以消费者为中心，以提升平台技术为核心进行思考和传播，通过大数据技术、AI 技术、VR 技术、AR 技术等多种新技术在文库平台的创新和应用，有力地助推网络文库的品牌营销和形象塑造。

2. 强化知识教育标志，提高品牌忠诚度

强化"知识教育"的品牌标志，是提高品牌忠诚度的重要方法。网络文库是知识类文档分享平台，知识文档跟教育有着直接的关联。文库必须加速搭上这趟潮流快车，迎合当下流行的雅思、托福英语学习和执证资格考试等热门在线教育专题，加快发展课件专区、视频教育、百度题库、学术专区等在线教育的规模，提高各类产品质量，打出"知识教育"的招牌，将"知识教育"的烙印刻在网络文库的品牌形象上，久而久之，使公众形成对网络文库品牌的心理定势，提高用户对知识文库的使用首选率，通过内容质量的不断升级，提升用户的使用黏性，提高网络文库的品牌忠诚度。

（三）助力产业扩张，扩大用户规模，解决规模屏障弊端

网络文库的规模屏障要从自身产业的扩张和用户规模的扩大着手，通过延长细化产业链助力产业的扩张，通过构建大数据平台来提高用户

营销精准度，增加用户量。

1. 延伸细化产业链，助力文库产业扩张

网络文库的产业扩张要从延伸产业链、细化产业链分工做起。产业链的延伸细化发展应该分为两个部分。其一，保障版权人利益，加强多方合作。网络文库是内容为王的平台，版权人本该是贡献最大、收益最大的一方，但在这场利益角逐中，版权人的利益难以得到保障。应该采取更加完善的内容提供奖励机制，根据上传内容的评级进行奖励。此外，根据内容页面引入的流量标准，再进行广告利润分成。保障版权人的权益，加强版权人、平台、广告商、用户之间的多方合作，达成共赢。其二，延伸产业链，集约化经营。粗放的产业链必将走弯路，文库需要完成集约化经营的转变，对产业链有长远详细的规划。首先，在发展过程中，要找准定位，突出自身特色和优势，如百度文库的教育类文档资源和豆丁网的商业文档资源。其次，产业链不断延伸，对优势资源进行深度开发，挖掘资源的深层价值，如豆丁网的"商业工具"栏目，将一些碎片化的信息在获得授权后加以整合，形成完整文档。通过产业链的不断延伸细化，扩大产业规模，逐步形成全方位、专业化的产业发展模式，形成产业规模屏障。

2. 构建大数据平台，提高用户营销精度

网络文库应搭上大数据时代的班车，构建大数据文库平台，将传统的"用户自选"变为"智能推送"。同时，通过建立精准算法，直接匹配网络文库平台和互联网用户两方的需求，在大数据时代，每个互联网用户都会在互联网中留下自己的数据轨迹，通过记录和分析这些数据，文库平台可以整合用户在文库网页或其他网页的检索数据，清晰地定位、区分、划定出用户群体的阅读内容分区，继而根据不同的用户群体制定不同的文档分区、内容推荐等。以百度文库为例，百度文库与教育部于2017 年 1 月发布的《2016 中国互联网学习白皮书》①，内容即是通过大数据的整合，多维度和多视角地解读当前不同教育领域的用户群体的互联

---

① 参见《2016 年中国互联网学习白皮书》，中文互联网数据资讯中心，http：//www.199it. com/archives/554044. html，2017 年 1 月 6 日。

网学习行为和状态。百度是国内最大的搜索引擎，百度搜索就是典型的大数据应用。作为百度旗下的文库产品，百度文库的大数据技术资源无疑是各文库平台的领头羊，应将数据与实际运用相结合，根据数据重新规划和调整平台的内容获取区块和内容分类布局，升级检索窗口的用户智能匹配准确度。借助大数据分析能够更好地了解用户的使用规律，只有构建文库大数据平台，才能不断地提高用户营销精度，从而吸引更多的用户，增加用户的使用黏性。

（四）拓宽上游路径，优化下游平台，优化价值屏障

网络文库要增加平台的价值性，优化自身的价值屏障，需要"上下求索"，不断拓宽上游的内容获取路径，逐步优化下游自身平台的建设和平台间的合作方式。

1. 拓宽内容获取路径，加速文库内容增值

网络文库要优化上游内容价值链，必须拓宽上游内容获取路径，与内容提供商广泛合作。在内容获取方面，向上游内容提供商做相应的延伸，通过版权转让和内容代理，向上延长产业链，逐步形成以网络文库为强势主导的价值链。在内容的价值性提升上，积极主动与权威机构和专业人士合作，获取更多高质量稀缺文档，为文库高质量版权资源的引入开源。近年来百度文库在机构合作和专家合作方面进步显著。平台以版权保护、搜索优先、权威标志和权威品牌打造团队吸引机构进行合作，目前已有 8376 家机构与百度文库签约，上传文档 10825568 篇，其中还有维普网、易观智库、《三联生活周刊》、新疆青少年出版社等不同类型和领域的权威机构在列。而专家合作方面主要以收益吸引专家作者进行认证，目前已有 15 万人进行认证。同时，对于 UGC 模式下上传的文档，要提升内容审核识别能力，提高内容智能检测技术，删除垃圾文档、侵权文档，进一步完善库存整体质量。目前各大网络文库平台虽都有上传文档内容审核环节，对一些侵权盗版或乱码、广告等有明显问题的文档进行拦截，但是由于上传数量较大，仍然无法做到百分之百地保证文档内容的原创性和价值性。网络文库是提供内容阅读的平台，内容才是实质性产品，内容价值的提升是价值屏障树立的基石，也是最基

本的保障。

2. 推进文库平台优化，促进各类平台合作

网络文库的下游即是内容展现的平台，提升平台的价值性，不仅要优化自身文库平台，更要促进与同类平台或其他类型平台的合作。其一，从自身文库平台而言，要从内容分类、个性化服务、丰富终端出口三方面入手。就内容分类板块而言，需优化目录分类，简化寻找路径。就个性化服务而言，需建立起用户的个人信息库，利用大数据对用户进行多元描摹，进行智能推荐和智能检索。就丰富终端出口而言，网络文库不能仅仅局限于文库自身平台的网页端，需部署文库多终端入口，争取多渠道发布，提高平台转换价值；同时，迎合移动互联的时代需求，创新建设文库 App，逐步垄断占领移动端入口。豆丁网开发的豆丁书房 App 是第一个也是目前唯一一个以"听书"功能为主打的文库 App，迎合了时下火爆的"听书热"，是一个创新性较强的文库类 App。自身平台和 App 的建设要立足于丰富阅读功能，多方位开发用户的使用环境，提高用户的使用率。其二，分散的平台发展模式不利于网络文库的整体发展，所以应促进文库平台间的合作，也应促进文库平台和音乐类、听书类、视频类等其他类型平台的战略合作。首先，多个文库平台共同发展具有更大优势，共享内容、人才、技术等，有利于自身平台成长乃至整个文库行业的共同发展。其次，互联时代的用户需求更加多样化，与其他多类型的平台进行战略合作，获取版权方同意后，将优质的文库内容资源深加工为音频、视频、HTML5 页面等，能够满足用户的多样化使用需求，从而增强平台终端的价值性多极化。网络文库始终要做到用终端占领入口，以云服务产生增值，终端和云服务相辅相成，形成文库平台的全生态模式。

一个互联网平台要始终保持领先优势，必须依靠各方面不断的创新升级，沿袭同类产品的优势，发掘行业发展盲区，弥补自身不足，进而提高自身的核心竞争力，抬高竞争门槛，筑高利润屏障，保证企业的持久盈利优势。对"网络文库"利润屏障的研究，就是对其版权、品牌、规模、价值进行分析和综合运用，发挥各方面最优水平，促成各方面效

应的最大化。在线学习正在不断兴起，作为以知识教育为主要服务目标的网络文库平台，在未来有很大的发展潜力。网络文库要建立好自身的利润屏障，在网络时代中完成知识经济的盈利变现，实现利润的最大化和可持续性，成为移动互联时代下最佳的知识服务平台，担负起在线知识教育的重任，推动我国出版产业数字文化建设进程。

第六章　基于利润组织的数字出版盈利模式

第一节　利润组织是数字出版盈利模式构建的资本来源

利润组织是企业业务活动和商务管理的组织形式和实体，特定的组织形式能够固化企业有价值的业务结构和商务结构，利润的形成与组织内部的各种管理与形式密不可分，利润组织是企业盈利模式构建的资本来源和有效保证①。

一　利润组织形式

（一）利润组织管理系统

1. 出版物生产机构

出版社是我国出版业的基本单位，也是出版产品的主要生产机构，其准入实行的是审批制，即出版社的成立需要经过相关出版管理机构审批。在我国出版社的种类繁多，有着不同的分类标准。按照出版物的专业领域，可以分为综合类、社会科学类、科学技术类、少年儿童类、教育类、美术类、文学文艺类等多种类型的出版社。按照出版物的产品介质形态，可以分为图书出版社、电子音像出版社、特种出版物出版社等。按行政隶属关系，可以分为国家级出版社，即由国家部委或相当于部委

---

① 参见安欣《我国出版企业核心竞争力评价及提升策略研究》，博士学位论文，武汉大学，2011 年，第 125 页。

一级的机关、团体主办的出版社，又可以进一步分为新闻出版署直属出版社和其他国家部委主管的出版社；地方出版社，即由各地新闻出版局主管，由省（市、自治区）内厅、局级单位主办的出版社；高校出版社，即由各高等院校主办的出版社；其他类出版社，即主要大型报刊的出版社以及大型企业主办的出版社。

2. 出版物流通机构

一是新华书店。一直以来，新华书店都是我国图书发行机构的主体，是全民所有制的专营图书发行的企业。按照职能可以将新华书店分为管理店、发行店和销售店。管理店不直接承担图书销售任务，仅承担对下级书店的业务、财务、人事等管理职能；发行店独立进行核算，承担图书进发、调剂、储运工作；销售店也独立进行经济核算，承担图书销售任务。二是社会发行网点，包括国有商业售书店、集体书店、个体书店等类型。三是出版社自办发行机构，指各出版社自己建立的出版物批发部门、邮购部门以及出版社自设的图书门市等。四是各类图书发行公司，这是近几年来出现的新型发行机构。图书发行公司有的由多家出版社联合筹建，有的由书店与出版社联合建立，有的由若干国有书店横向联合建立，有的由学术团体主办。图书发行公司经营上较为灵活，多数采用股份制。

（二）利润组织的数量与类型

近年来，我国出版社的数量变化不大，一直保持在 500 多家。新闻出版总署计划财务司在《中国出版年鉴 2018》中公布的"2017 年全国新闻出版业基本情况"表明，2017 年全国共有出版社 585 家（包括副牌社 33 家），全国出版新版图书 255106 种，总印数 22.74 亿册，定价总金额 690.39 亿元；与上年相比，品牌降低 2.79%，总印数降低 5.58%，定价总金额增长 1.32%。重印图书 257381 种，总印数 53.87 亿册，定价总金额 918.55 亿元；与上年相比，品种增长 8.39%，总印数增长 5.25%，585 家出版社的出版范围涵盖 22 个分类 445 个子类。22 个分类分别是马克思主义、列宁主义、毛泽东思想类，哲学类，社会科学总论类，政治、法律类，军事类，经济类，文化、科学、教育、体育类，语言类，文学类，艺术类，历史、地理类，自然科学总论类，数理科学、化学类，天文学、地球科学类，生物科学类，医药卫生类，农业科学类，工业技术类，交通运输类，航空、航天类，环境科学类和综合类。

为了方便研究，笔者对全国 585 家出版企业的主要出版范围进行了分类整理，归纳出六类出版企业：社会科学类、教育类、科技类、少儿类、文艺类和综合类，以此分类作为后续样本企业分析的基础。我国出版企业及其出版范围分类如表 6 - 1 所示。

表 6 - 1　　　　　　　　　我国出版企业及其出版范围分类

序号	出版企业分类	出版范围
1	社会科学类	马克思主义、列宁主义、毛泽东思想类，哲学类，社会科学总论类，政治、法律类，经济类，文化、科学、教育、体育类，语言类，历史、地理类
2	教育类	从学前教育到研究生教育
3	科技类	军事类，自然科学总论类，数理科学、化学类，天文学、地球科学类，生物科学类，医药卫生类，农业科学类，工业技术类，交通运输类，航空、航天类，环境科学类
4	少儿类	各类少年儿童读物
5	文艺类	文学类、艺术类
6	综合类	综合类（包括丛书、百科全书、类书、辞典、论文集、全集、选集、杂著、年鉴、年刊、期刊、连续性出版物、图书目录、文摘、索引）

二　利润组织结构

利润组织结构是指出版企业为了实现组织目标，对组织内部各个部门、各个层次之间进行的一种结构体系的排列与规划。出版企业可以根据利润组织结构分为三种类型：U 型出版企业、M 型出版企业和混合型（UM 混合）出版企业。

（一）U 型出版企业

U 型出版企业是指按职能划分设立组织层级结构的出版企业。与出版企业基本价值链的价值活动相匹配，出版企业内部按职能划分为若干个部门，如总编办公室、编辑部、出版部、市场营销部等。出版企业完整的运营体系由这些职能部门构成，这些职能部门开展的价值活动构成了出版企业的价值链。在 U 型组织结构下，各部门独立性很小，均由企业高层领导集中控制和统一进行管理。U 型组织结构最大的优势在于分工专业化，职责明确，出版企业在某个业务范围内能保持高效率。U 型组织结构的劣势表现在：出版企业最高领导层既要负责企业战略规划，又要负责企业的日常经营管理，容易顾此失彼；出版企业过分强调专业化分工运作，不利于资源优化配置，内部调控工作受到限制。

（二）M 型出版企业

M 型出版企业又称事业部门型企业，是指依照分权的原则，将日常经营决策职能和战略决策职能相分离的出版企业。其典型模式就是，一个出版企业（集团）由决策总部和下属半自主性地负责业务运营的出版分社、分公司组成。一般而言，总部主要职能部门有财务部、审计部、人力资源部、出版部、发行部、市场经营部（产业运营部）、新技术部、综合部等；分社、分公司有总编办公室、编辑部、出版部、市场营销部、财务部、人力资源部等核心职能部分。M 型出版企业在治理方面比 U 型出版企业具有优势，适合现代出版企业经营发展的要求。M 型结构将企业的长期战略规划和日常运营相分离，既有利于总部决策层为了发展战略规划迅速扩张经营规模，又有利于运营部门之间出版资源的共享和优化配置，极大提高了运营部门的经营效率。但 M 型组织结构一般要求出版企业具备一定的经营规模、拥有优势出版资源，且具有巨大发展潜力和强大的经营管理能力，否则将难以调控各分社、分公司的经营决策，以致整个企业陷于困境。

（三）混合型（UM 混合）出版企业

混合型出版企业是指综合了 M 型和 U 型组织结构特征而设置职能部门的企业。混合型出版企业灵活性较强，有利于企业根据特殊需求和业务重点，选择不同的组织结构，而且可以根据外部环境和业务活动的变化进行及时调整。然而，混合型出版企业因组织结构上难以规范，容易造成管理上的混乱，不利于协调与合作。混合型出版企业可视为出版企业发展进程中由 U 型组织结构向 M 型组织结构过渡的一种组织结构。

三　利润组织能力

（一）利润组织能力的含义

利润组织能力是指出版企业在生产经营中组织各职能部门，将产品和服务的生产要素和生产能力发挥到最大化。具有以下特征。

因为利润组织能力是一种结构资源，所以具有不可模仿性和不可替代性。利润组织能力是出版企业对资源进行整合、重构、获取和释放的结构性改造，是根据动态环境变化的临时性的或瞬间的或权变的资源重新组合，所以具有不可模仿性。其次，利润组织能力是出版企业经过长期生产经营管理固化下来的一系列企业内部的组织结构和流程所反映出来的一种特定能力，是出版企业求得可持续发展的不可复制的独特优势。

利润组织能力贯穿在生产经营的战略性组织流程中，所以利润组织能力具有系统性。组织流程也应运而生，组织流程并非专指企业经营运作过程中的某一环节、职能或者单个的要素，而是多种内生要素相互综合的结果。

利润组织能力是一种动态能力，所以具有动态性。利润组织能力是出版企业在生产经营中以高效率或高质量完成价值转换、获取竞争优势所需要具备的能力，出版企业要针对环境的快速变化，重新整合、建构资源或获取新资源，所以利润组织能力是一个开放的、动态的系统。此外，在出版企业的整个作业流程中，不同的发展阶段，能力要求存在差异和变动。

（二）利润组织能力的体现

协调能力。利润组织的协调能力主要体现在两个方面：一是协调企业组织与外部环境的关系，在动态变化和复杂的外部环境中，抓住市场机遇，获得竞争优势；二是企业的内部协调，由组织、指挥、计划、控制等构成的出版企业协调系统，是出版企业优化资源配置的基本保证。利润组织的协调能力是对企业资源配置系统的动态整合，既包括对出版企业原有资源配置系统的组织协调，也包括对出版企业新的资源配置系统的组织协调。

执行能力。利润组织的执行能力是一个系统工程，涉及企业的各个层面。它通过企业可执行的战略、执行的流程、执行工具和执行人员共同作用来打造优秀的执行团队。

学习能力。利润组织的学习能力是指出版企业在实现经营管理目标的过程中，企业与外部环境之间、企业内部各个部门之间、各个部门不同工作岗位之间汲取、转化、应用和创新知识的能力。这种企业成员共同的知识体系是一种有价值的、稀缺的和难以模仿的资源，是出版企业核心竞争力的重要组成部分，对企业的可持续性发展具有决定性意义。

创新能力。利润组织的创新主要指组织结构的调整和优化，以及在此基础上对资源进行的新的组合。通过组织创新能调整组织结构、重整组织流程，整合各种资源，实现资源配置的优化，从而提高出版企业效益，使之获得竞争优势。

第二节　数字出版利润组织的特点

一　大型数字出版集团的利润组织特点

新经济形势下，出版企业面临出版市场的激烈竞争和数字化转型。很多规模有限的小型出版企业不能承受竞争的压力、无法适应变化的市场，于是在出版单位思想的转变下和政府政策的推动下，开始了出版业的集团化进程。我国的出版集团具有以下的特点。

（一）市场化和企业化

我国出版业于 2003 年 6 月受中央文化体制改革试点的政策要求进入集团化进程的新阶段。国家政策要求出版单位必须完成从事业单位转变为企业的改制工作。改制以后的集团总资产增加了 60% 以上，利润总额增长了 25% 以上，① 而那些从未改制的出版集团则出现负增长局面。可见，转企改制的有效实施不仅能增强企业竞争力，还能推动行业的发展。

（二）经营范围扩大化

改制后集团化的我国出版企业具有灵活的运作策略和较强的经济实

---

① 参见陈昕《解码中国出版业集团化建设》，《中国图书商报》2008 年第 11 期。

力。一些出版集团采取了兼并、重组资源和上市融资的运作模式。譬如2008 年，安徽出版集团借壳科大创新上市，进入资本市场；① 2009 年，中南出版传媒集团与其他几家战略投资者签署了融资协议，进行股改上市；② 再如中华工商联合出版社有限责任公司就是吉林出版集团与属于中华全国工商业联合会的中华工商联合出版社进行跨区域战略重组的结果。③ 在庞大机构和雄厚资本的基础上，大大扩展了出版集团的经营范围，一些出版集团除了主营业务外还兼营其他业务，如报业、发行甚至一些与出版传媒毫不相关的业务。如安徽出版集团不仅经营图书出版，还经营旅游、外贸等业务。这种业务多元化现象虽然只是个案，但是足以说明出版业集团化的进程让其经营范围扩大了不少，朝着"泛主页化"方向发展。

（三）分支机构地区化

我国的各个出版集团在集团化的进程中为了出版资源的整合，出版业务的开拓，都开始把势力延伸向省外，跨地区设立分支机构。譬如上海世纪出版集团在北京设立了北京世纪文景文化传播有限公司，经过努力发展业务，该分支机构已经成为一支业务成功的品牌。④ 各出版集团目前纷纷在异地——特别是文化发展的优势地区——设立分支机构，这已经成为出版集团谋求发展、扩展业务的重要方式。

（四）出版机构合资化

目前，为了提高图书整体质量，压缩低质平庸图书品种，国家开始调控出版业的刊号和书号，民营出版机构受到一定影响。它们必须依赖相应的出版单位才能策划和出版图书。出版业集团化进程加快后，一些出版集团开始收购那些效益较好的民营出版机构。譬如湖北海豚卡通有限公司与长江出版传媒集团合资成立湖北海豚传媒有限责任公司，湖北

---

①　参见吉颖新《安徽出版集团的疯狂成长》，《中国企业家》2010 年第 12 期。

②　参见李新龙《中南出版传媒打造出版传媒航母》，《湖北日报》2011 年 6 月 20 日第 5 版。

③　参见王小野《中华工商联合出版社有限责任公司成立》，《新文化报》2009 年 4 月 18 日第 2 版。

④　参见王晓光《文艺类畅销书的"文景式"运作——专访北京世纪文景文化传播有限公司文学编辑部主任王蕾》，《出版广角》2007 年第 5 期。

海豚卡通有限公司成为长江出版传媒集团的二级公司，成为我国出版集团收购民营企业第一案；① 辽宁出版传媒股份有限公司与出版人路金波成立了辽宁万榕书业发展有限责任公司，② 又与出版人李克成立了智品书业（北京）有限公司③。在合资方面以上两家公司也比较特殊，李克与路金波利用出版资源进行合资运作。这几年，我国的出版集团还在不断收购民营机构，这种合资运作的模式不仅使得民营机构可以在体制内运作，也扩充了出版集团的综合实力，可谓一举两得。

（五）数字化发展目标

新时代我国出版业的集团化进程是迎合数字浪潮的必要举措。新兴的数字媒体，如手机出版、网络游戏、数字化动漫、在线音乐、数字期刊、电子书，等等，都是需要重点发展的项目。出版集团作为大规模的出版企业可以更好地在数字化转型中发展数字化产品和服务。譬如中国出版集团数字传媒有限公司就是中国出版集团投资千万为促进出版企业的数字化发展而组建的。广东省出版集团新媒体出版中心的成立也有利于拓展数字化业务。

二 中小型数字出版社的利润组织特点

我国出版企业中的中小型出版社数量较多，在传统模式的惯性作用下，大多数中小型出版社按部就班地运作。在数字化浪潮下，中小型出版社也集中精力面对着自身的转型，呈现以下特点。

（一）选题策划精细化

由于中小型出版社的资源和规模有限，其出版物生产和选题数量也有限。相对于出版集团和大型出版社的大规模化和全面化，少而精的产品定位层次比较适合中小型出版社。所以在这个基础上，在选题策划的过程中，中小型出版社控制得比较严谨和精细，一丝不苟地严格把关。"市

① 参见陈香《"海豚"进"长江"》，《中华读书报》2006 年 1 月 6 日第 4 版。
② 参见李静颖《万榕书业：延伸传统出版的触角》，《第一财经日报》2010 年 3 月 17 日第 C03 版。
③ 参见烈日《李克的书业人生》，《出版参考》2009 年第 25 期。

场决定选题"是其定位的标准。相关负责人的选题策划工作必须经过选题委员会多次论证,而且要在策划过程中调研和反复论证才能决定具体的出版形式。这种方式普遍适用于许多中小型出版社目前的选题策划过程。

(二) 积极自觉地维护出版资源

鉴于自身条件的限制,中小型出版社一般对出版资源的维护比较自觉和积极。这种资源包括用户资源和作者资源。在日益激烈的出版市场竞争中,中小型出版社处于不稳定的劣势状态,为了扭转劣势局面,他们期望稳固用户群体和作者群体。因此,他们非常细致地跟踪维护其用户和作者资源。例如北京邮电大学出版社,定期派专门人员深入课堂进行指导,对学生和教师的出版物使用情况作出详细调研。根据调研结果,修订和补充出版教材,而且为后面的选题策划提供参考依据。

(三) 数字化转型的态度模糊

中小型出版社的人力物力资源和资金条件都有限,面对数字化浪潮的猛烈汹涌,很多企业力不从心,不是对出版市场的新形势保持观望态度,就是对市场的新变化视而不见,还有一些单位纹丝不动。总而言之,中小型出版社在整体上表现出较为模糊的数字化转型态度。还有一些中小型出版社由于思想模糊、意识不积极,在数字化转型的探索中停滞不前、缺少动力。

(四) 缺少个性、势单力薄

我国的中小型出版社具有基础薄弱、规模小和数量多的特点。年生产码洋不足1亿元的出版单位占到中小型出版社的70%,年生产出版产品不足500种的出版单位占到中小型出版社的80%。规模小导致其品牌效应难以形成,出版资源积累的力不从心又导致出版产品的产量不高,造成恶性循环。在产品的特色方面,中小型出版社受自身条件的限制,难以形成个性和规模效应,无法生产与出版具有特色风格的产品。目前,很多中小型出版社的生存途径和利润都来自教辅类和教材类图书的出版,尤其是严重依赖教辅产品;也有一些单位不针对读者需求积极开发出版产品,生存有赖于买卖自身的书号资源,变成空壳出版社。这些现象都说明很多中小型出版社还没有摆脱计划经济的经营思路,不适应市场经济的竞争环境。势单力薄的中小型出版社很难投入大量的人力物力进行数字化的出版转型工作，个性不鲜明使其难以脱颖于数字化的出版浪潮。这些障碍都不利于中小型出版社的数字化转型。我国的传统出版企业在数字化转型过程中最突出的问题就是盈利模式不成熟，出版企业很难找到一条适合自己的清晰而稳定的盈利模式，这也成为现阶段我国数字出版转型过程中最迫切需要解决的研究课题。

目前，国内的出版企业在数字出版方面的起步与进度都不相同，之前的积累和背景，资金储备与人力资源等都各不相同。所以在数字化转型的过程中对各自的定位也不一样。例如，中小型出版社把自己定位为内容提供商；大型出版社把自己定位为生产或服务提供商；出版集团往往把自己定位成平台运营商，等等。但是，在实际的数字化转型中，很多出版单位都无法准确地分析自身情况、分辨市场行情，为自己的数字化转型进行合理的定位，导致其盈利模式与自身发展不匹配，无法实现数字化运营。数字出版具有复杂的产业链，具有各不相同的产品种类和服务模式。传统出版企业如果不能看清市场和自己在行业中的位置，只注重眼前利益，就很难找到真正适合自己的盈利模式，很难保持企业的核心竞争力。所以出版企业的数字化转型是一个迫在眉睫的问题。

第三节　数字出版利润组织的盈利模式

一　大型数字出版集团的盈利模式

（一）我国大型数字出版集团的盈利路径

我国出版集团由于产业基础扎实，规模大，资金雄厚，所以有能力在数字化的转型过程中投入巨大的资本，进行数字化出版产品的大量生产，进行出版模式的根本性变革。这是出版集团相对于其他中小型出版企业的优势所在。在数字化转型的过程中，我国大型出版集团的盈利模式主要包括以下内容。

1. 数字化内容平台的搭建

在数字化转型发展的道路中，数字化内容平台的搭建是一种有效的路径和方式。但是搭建平台的风险大、成本高，盈利的效果不容易显现，所以一般的中小型出版单位不会选择这一模式，只有大规模集团化的出版企业才能接受。目前，在数字内容平台的搭建过程中，出版集团的运营模式和互联网的运营模式比较接近。像中国出版集团这样的大型出版企业，以网站的海量用户为运营基础，其网站分为社区、商务、平台和门户，以在线付费下载和广告盈利。浙江出版联合集团的电子书销售平台也是以其开发的博库网为基础搭建起来的。

2. 加强与其他企业的战略合作

在数字化转型发展的进程中，我国的出版集团虽然规模庞大，但是还保留着传统模式在业务内容上的单一性，无法满足数字化转型的综合性条件。所以，与其他企业进行战略合作成为数字化转型的一条有效路径，能够使内容和业务上的不足得到弥补，资源和基础条件也可以得到完善。"天闻数媒就是中南出版集团旗下的数字出版企业，其战略合作伙伴包括中广传播公司、华为、中国联通等。天闻数媒与湖南联通合作，作为中国联通阅读基地扎根湖南；与华为公司合作，为上亿台的华为终端设备植入数字化内容，还通过华为的海外平台传输数字化内容；与中广传播公司合作，利用 CMMB 数字通道传播教育资源。又如浙江出版联合集团数字化媒体公司则与中国移动进行战略合作。"①

3. 特色资源数据库建设

目前，很多出版集团的利润来源于特色资源库建设获得的稳定收入。以此为基础打造的浙江文化数据库就是传统出版物资源数字转化的典型。"浙江出版联合集团的特色文化数据库获得了浙江省委宣传部的资金支持，并且其数据库中的内容在浙江全省境内进行复制传播，还取得了良好的社会效益。"②

4. 数字教育出版业务的开发

教育出版在我国的传统出版业中占有相当大的比例。我国的出版集

---

① 任晓宁：《出版集团数字化转型如何"获利"?》，《中国新闻出版报》2011 年 7 月 21 日第 5 版。

② 同上。

团因为其资源丰富、资金雄厚、规模大等特点把数字化转型的着眼点放在教育出版的方向上。这种涉足模式的常见表现就是向有相关需要的学校和图书馆出售本单位的数字化教育内容资源。广东省出版集团是我国具有发行优势的一家出版企业，其数字传媒公司为当地的相关院校提供电子教材信息化服务和电子书包等取得了良好的效果。凤凰出版传媒集团一直以来的数字化转型战略重点也是教育出版。其凤凰学习网和凤凰教育网专门为学生用户提供教育辅导；同时，通过网络和在线平台把优秀的数字化教育教材和教育资源服务提供给全国的中小学校；除此以外，凤凰出版传媒集团与汉王科技股份有限公司等终端设备制造商合作，共同研究数字化的教学终端设备，目前已投入市场并取得可观的经济效益。但是，因为教育出版成为现阶段各大出版集团数字转型的关键战略，所以当大家都想挤占独木桥的时候就容易出现一系列问题。比如，出版产品内容的同质化现象、出版资源的恶性争夺现象、出版资本的严重浪费现象，等等。这些都成为转型进程中出现的问题，应该密切关注和及时解决。

（二）我国大型数字出版集团盈利模式的缺陷与修复

1. 出版集团的组织机构内部架构不利于数字化转型

从内部架构和经营管理机制上看，我国的出版集团尚不具备有效的激励、制约和监督机制，不符合现代企业制度的要求，不适于出版集团的数字化转型。第一，出版集团的经营权和所有权难以分开；第二，出版集团的数字化战略目标与自身的运营管理机制存在矛盾；第三，出版集团在数字化业务的推进上没有清晰的绩效考评和激励机制，不适于数字化转型的推进。

针对这些问题，首先应该借助政府的政策干预，合理划分出版集团的经营权和所有权，杜绝权利不对称和责任不明确的问题；其次要借助市场化的自由契约适当改善企业内部的经营机制，强化执行力，促进数字化市场目标的实现；最后要明确制定与薪酬挂钩和与业务绩效相关的奖惩机制，加速数字化业务的实现进程。

2. 出版集团行政区划的明显垄断有碍于数字化转型

出版领域中的行业性和区域性有碍于集团的数字化发展，也影响了数字业务的顺利开展。扩大整体的经营规模以获得更大的市场份额是出版集团的发展目标，佢是在实际操作的时候，地方财政分权使得出版集团的市场和业务范围被限定在一定的行政区划之内，很难实现真正的规模效益。

相较于国外的出版模式，我国出版集团内部资源的共生性、关联性和互补性不足，为数字业务的发展造成阻碍。所以，我们应该积极借鉴和吸取国外的经验，在挖掘自身发展潜力的同时开发自发性资源，克服行政区划导致的发展阻碍。

3. 出版集团的产品规模不能满足市场需求

导致我国出版集团产品规模效益差的原因主要在两个方面：第一是出版集团没有充分的资源储备；第二是作者控制了大部分出版产品的数字版权。出版集团的产品规模跟不上市场的需求，市场集中度降低。这不仅影响了出版业数字化转型的发展速度，更降低了出版集团的整体竞争力。

面对这样的难题，首先，出版集团应该加大力度开发优秀的数字出版资源，为数字化转型做好充足储备；其次，要积极落实传统优秀资源的数字版权问题，为今后的发展补充血液。在产品规模提升的基础上，借助资源优势发展数字出版业务，为促进整个出版业的数字资源合理流动贡献力量。

二　中小型数字出版社的盈利模式

（一）我国中小型数字出版社的盈利路径

对于中小型出版社来说，数字出版给其带来了新的市场竞争压力，也给其业务经营带来了新的冲击。但是从另一方面来看，数字出版也给中小型出版社带来了新的机遇和挑战。与我国的出版集团相比，中小型出版社的数字化转型走的是另一条截然不同的路。它们无法像出版集团那样进行大刀阔斧的改革，只能通过生产特色化的数字出版产品或者采取合纵连横的战略在数字化的转型中找到出路。

在互联网技术的支持下，提高反馈速度和销售速度能够多样化、多元化地销售数字出版产品，这是数字出版的最大特点。这种既灵活又快速的特点恰好契合中小型出版社的发展战略，符合中小型出版社自身发展数字出版的特点和需要。数字出版的无纸化特征，缓解了中小型出版社的印制成本压力。中小型出版社的盈利模式通常是通过纸质出版物的数字化升级来实现纸质书与电子书的同步发行，或者是只发行数字形式的出版物。对于中小型出版社的资金短缺问题，前期投入较少可以缓解后期营销环节上的资金压力，使得出版单位在资本运作上可以灵活自如。

互联网信息技术的飞速发展使得中小型出版社可以通过互联网实现销售规模的增长，这也是中小型出版社实现数字化转型的另一条路径。利用其他门户网站和专业的图书网站，不仅可以销售传统的纸质图书，也可以销售数字出版物。读者用户可以免费在线阅读、在线购买或者下载，这样可以较大程度地突破以往实体书店的限制。也有一些中小型出版企业拥有自己的网络书店、开发了自己的网站，或者通过在线社区与作者或读者进行交流互动。这使得中小型出版企业在了解数字产品反馈信息的同时及时掌握市场情况。所以，通过数字化的网络技术与平台服务，中小型出版企业又一次焕发出新的活力。

当然，数字化转型并不仅限于经营业务，内部管理也是非常重要的。例如北京理工大学出版社，在编辑流程的管理上有一套云因编务系统，在处理日常各方面的行政事务上有 OA 系统，在发行与销售业务管理方面也有云因发行系统。因此，数字化的内部管理也可以促进企业的数字化转型，加快业务发展的进程和速度。

（二）我国中小型数字出版社盈利模式的缺陷与修复

1. 数字技术人才缺乏

出版行业属于人才密集型和资源密集型产业。数字化的改革浪潮使得中小型出版社的编辑和发行等业务发展速度加快。尤其是进行转企改制的时候，中小型出版社片面追求利润，往往忽视了人才的培养。而人才储备是数字化转型中不可缺少的要素，社会招聘和内部培养都是获得人才的有效路径，既可以通过人才引进的方式，也可以积极培养自己的优秀人才。这样才能顺应数字化转型的浪潮，从而更加顺利地实现数字化转型。

2. 数字出版物的生产与经营能力有待提高

与我国大型的出版集团相比，中小型出版社的资源和规模有限，生产和经营都处于劣势，容易在数字化转型过程中出现一系列问题。比如，作者的实力不强，导致出版物同质化或者质量不高；选题与市场结合不紧密，不能吸引读者的眼球；没有特色产品或者特色产品与普通产品界限不明晰，难以形成数字产品的品牌，等等。要解决上述问题，中小型出版社首先要优化业务流程，把握数字出版物的选题方向；其次是结合自身优势，开发特色产品，形成品牌效应；最后要创新营销方式，与媒体联合打造全方位营销。

3. 利润组织的企业文化有待加强

中小型出版社的数字化业务还不能与市场实现良好接轨，企业经营活动也需要融入相关的管理理念。那么，企业的文化定位是制定数字化转型战略的前提和基础，也是使其融入市场的先导条件。很多中小型出版企业还没有明确的数字出版文化定位，这也是改制后的出版单位亟待解决的重要问题。

4. 利润组织的储备较少

数字出版的转型是需要大量的资源储备为基础的，但是中小型出版社在这方面大多难以形成规模。每年，我国的大部分中小型出版社出版的图书品种不足500种，多则不过千种。而老出版物的版权过期使得续签费用提高成为中小型出版社资金上不可避免的压力。所以，要解决这些问题，就要在今后的业务发展中不断开发具有个性特色和品牌效应的数字产品，增加与丰富出版品种，建立雄厚的出版储备以适应数字化转型的要求。

第七章　数字出版盈利模式绩效评价模型的构建与实证

以上从利润要素的五个维度分析了数字出版企业盈利模式的形成机理及构成要素，若要对出版企业盈利模式进行评价，必须要建立数字出版盈利模式绩效评价模型。本章根据前文所归纳的出版企业盈利模式，运用归纳分析法确立数字出版盈利模式绩效评价的指标体系，构建数字出版盈利模式的绩效评价模型。

第一节　数字出版盈利模式绩效评价指标体系

数字出版企业盈利模式的形成并非一朝一夕，由于长期缺少科学、有效的指导和监督，数字出版企业的盈利模式总体上处于一种不成熟的状态。尽管政府和行政主管部门明确提出了数字出版发展的目标，并且为推动数字出版建设制定了很多发展规划，但对于出版企业而言，如何将这些目标和规划分解、细化到实际的数字出版工作当中，使之成为一个可操作、可衡量、可控制的行动指南，始终是一个没有解决的问题。确立数字出版盈利模式绩效评价指标体系的作用，即对数字出版盈利模式的构建进行稳定性和持久性的考评，在数字出版建设宏观性战略目标和微观性操作规范之间，建立一个沟通的桥梁。①

---

① 参见安欣《我国出版企业核心竞争力评价及提升策略研究》，博士学位论文，武汉大学，2011 年，第 135 页。

一　数字出版盈利模式绩效评价指标体系研究方法

(一) 文献调查法

本文运用文献调查法，对国内外盈利模式的理论，包括概念、判断标准、流派、评价指标体系等进行了整体调查分析。同时，也对现有的出版企业盈利模式理论，包括概念、判断标准及构成要素，以及评价指标体系进行了系统调查分析，在此基础上对出版企业盈利模式绩效评价指标集进行完善。

(二) 调查统计法

本文的访谈调查法采用半结构化问卷，设计了单选题、多选题、填空题和问答题，使得访谈能够更加客观、准确、全面地反映样本企业的实际情况。访谈调查法的目的是更全面地获取关于样本企业更多的实际信息，弥补问卷调查法存在的问卷对象在信息不完整情况下产生的判断准确性和客观性方面的不足。同时，本文还采用了典型性调查法，对样本企业进行典型调研，以期更权威、更公平地反映研究对象的情况。

(三) 德尔菲法

本文向55位出版业界研究专家和出版社高层管理者发放了调查问卷，进行了多轮次的访谈，让专家进行初始指标集的筛选，作为评价指标确立的依据；同时，根据每一位专家或研究人员给出的权重比较意见，计算出指标权重结果，最后对多位专家给出的权重结果取均值，以尽可能地消除个人主观因素对指标权重的影响，提高评价指标体系的科学性。

(四) 层次分析法

本文通过层次分析法 (AHP)，对出版企业盈利模式绩效评价指标体系中的一级指标和二级指标建立层次结构模型、构造权重判断矩阵、进行层次排序及一致性检验，最后确定各评价指标的相对权重。

(五) 模糊综合评判法

本文邀请行业专家根据出版企业的盈利模式绩效评价指标体系进行评判，并通过模糊综合评判的方法进行计算，消除专家在评判过程中的主观因素，使评判结果尽量客观公正。

二　数字出版盈利模式绩效评价指标体系构建原则与思路

为了使出版企业盈利模式绩效评价指标体系的定量和定性分析更加完善，本文有必要深入分析其盈利模式绩效评价各指标的机理和基本规律，为出版企业盈利模式的完善指明方向。表 7-1 所建立的出版企业盈利模式绩效评价指标只是通过前文的逻辑推导得出，其构建必须遵循以下原则。

（一）系统性和全面性原则①

即要求所构建的数字出版盈利模式绩效评价指标体系能按照系统论的原则，成为一个评价系统，可以从多个层面、多个视角、多个维度对数字出版盈利模式的状况进行立体评判。这一指标体系应能够非常完整地、全方位地反映出版企业的运营情况，能够准确勾勒数字出版盈利模式的图景。因此，不论以何种方式、依据何种规则构建指标体系，必须要考虑到指标体系的完备性和全面性，要能够从显性及潜在方面考虑到影响数字出版盈利模式的因素。与此同时，指标体系要能考虑到定性与定量相结合的影响，既要关注"软"指标，也要考虑"硬"指标。

（二）兼顾静态与动态的原则

由前文分析，数字出版的盈利模式应该具有一定的动态性，不仅要从一个侧面来反映出版企业的竞争优势现状，同时还必须从变化的角度来考量出版企业在变化的市场环境中动态的应变能力，在内外部因素相互作用的过程中，揭示数字出版盈利模式的发展规律。因此，数字出版盈利模式绩效评价指标体系的设计必须兼顾静态性和动态性，实现两者的结合。

（三）目标相融性原则

数字出版盈利模式绩效评价指标体系必须反映社会环境对出版企业的历史诉求，反映评价的目标。实际上，评判数字出版盈利模式有两个目标：其一是从宏观的角度讲，能够提升我国出版产业整体的竞争优势，

---

① 参见霍国庆、景万、杜智涛《我国建筑企业核心竞争力评价体系研究》，《数学的实践与认识》2011 年第 7 期。

使我国出版企业在国际日益激烈的出版竞争环境中异军突起，立于不败之地；其二是从微观的角度讲，能够反映每一个出版企业的竞争优势，提升单个出版企业的核心竞争力，为出版企业的发展提供决策依据。

（四）简化性原则①

数字出版盈利模式绩效评价指标体系应该避免冗繁，尽量简化，使出版企业盈利模式的绩效评价便于操作。

基于这些原则，可设计数字出版盈利模式绩效评价的初始指标集，基本设计思路如下：一是基于数字出版盈利模式绩效评价体系，将出版企业的盈利模式绩效评价作为一级指标，利润要素作为二级指标，并考虑其他文献资料的研究成果，形成三级指标，最终构成数字出版盈利模式绩效评价指标体系。二是对数字出版盈利模式绩效评价的三级指标进行定性和定量分解，确定数据获取方法（如表7-2），形成数字出版盈利模式绩效评价指标体系。之所以进行定性和定量结合的方法，是因为盈利模式是一个抽象的、不确定的概念，通过定量与定性结合的方式，可以提高评价指标数据的科学性和可信度。定量的评价指标要明确数据的获取渠道和来源，给出明确的计算方法，并确立不同量纲数据的归一化方法；三是数据获取方法，主要包括企业年报，对出版企业员工和高管、相关行业协会和政府部门的问卷调查及访谈。根据这一思路确立数字出版盈利模式绩效评价指标集（如表7-1所示）。

三 数字出版盈利模式绩效评价的流程

我国数字出版盈利模式绩效评价的通用评价流程如是：首先，通过逻辑推导和归纳演绎，确立评价指标集；其次，通过问卷调查，运用层次分析法（AHP）确立指标权重；再次，运用模糊综合评判的方法建立评价模型；最后，根据评价模型，发放问卷，依据调查结果，对各出版企业的数字出版盈利模式进行综合评价。

---

① 参见安欣《我国出版企业核心竞争力评价及提升策略研究》，博士学位论文，武汉大学，2011年，第156页。

表 7 - 1　　　　　数字出版盈利模式绩效评价指标集

目标层	准则层	指标层
数字出版盈利模式绩效评价 U	利润点 U_1	数字产品 U_{11}
		增值服务 U_{12}
	利润组织 U_2	组织结构 U_{21}
		组织特点 U_{22}
		组织形式 U_{23}
		组织能力 U_{24}
	利润源 U_3	客户关系 U_{31}
		客户需求 U_{32}
		客户信息 U_{33}
	利润杠杆 U_4	技术杠杆 U_{41}
		渠道杠杆 U_{42}
		营销杠杆 U_{43}
	利润屏障 U_5	版权效应 U_{51}
		品牌效应 U_{52}
		规模效应 U_{53}
		价值效应 U_{54}

表 7 - 2　　出版企业盈利模式绩效评价指标的测量及数据获取方法

指标	变量测度及数据获取方法
数字产品	实地调查、数据统计、模型计算
增值服务	实地调查、数据统计、模型计算
组织结构	问卷测量、实地调查、专家考评
组织特点	问卷测量、实地调查、专家考评
组织形式	问卷测量、实地调查、专家考评
组织能力	问卷测量、实地调查、专家考评
客户关系	数据统计、模型计算、调查分析
客户需求	数据统计、模型计算、调查分析
客户信息	数据统计、模型计算、调查分析
技术杠杆	实地调查、数据统计、模型计算
渠道杠杆	实地调查、数据统计、模型计算
营销杠杆	实地调查、数据统计、模型计算
版权效应	实地调查、数据统计、专家考评

续表

指标	变量测度及数据获取方法
品牌效应	实地调查、数据统计、专家考评
规模效应	实地调查、数据统计、专家考评
价值效应	实地调查、数据统计、专家考评

　　根据数字出版盈利模式绩效评价指标集，实地调查这些评价指标权重，构造出具有一定可操作性和合理性的评价指标。采用典型调查方式，通过邮寄及电子邮件两种方式，向出版行业的相关专家进行问卷调查，主要调查数字出版盈利模式绩效评价指标集中各指标的权重。①

　　问卷基本结构采用封面注意事项、正文问题、封底指导语。封面注意事项用于说明调查的目的、原因、范围、答题方式等。封底指导语是对正文问题的一些定义、解释和说明。问卷问题的调查内容用五分量表法进行各指标等级的评价，其中 1 表示很差，5 表示最好。由于各专家的背景不同，因此，对评价指标等级的认可度也有较大差异，本调查在选择专家时，兼顾了行业、年龄、性别、专业、学历、地域、体制内和体制外等各方面，尽量做到覆盖面较为广泛。共发放问卷调查表 55 份，收回 35 份，其中有效问卷 33 份。

第二节　数字出版盈利模式绩效评价模型

　　模型的构建分为两步：首先，运用层次分析法（AHP）对上文建立的数字出版盈利模式绩效评价指标进行赋权，这个过程需要发放第二次问卷；然后，再运用模糊综合评判法（FCE）建立评价模型并发放第三次问卷，运用该模型对出版企业数字出版盈利模式进行评价。

---

　　①　参见安欣《我国出版企业核心竞争力评价及提升策略研究》，博士学位论文，武汉大学，2011 年，第 168 页。

一　数字出版盈利模式绩效评价指标权重评估

（一）关于层次分析法

层次分析法（Analytical Hierarchy Process，AHP）是美国匹兹堡大学教授 A. L. Saaty 提出的一种系统分析方法，其基本观点是构造出一个层次结构模型，将复杂问题分解为若干个元素，将这些元素按其属性分成若干组，形成不同层次。[①] 通过向专家咨询同一层次中各组成元素两两之间的相对重要性，获得两两比较判断矩阵，矩阵的最大特征根对应的特征向量即为同一层次中各个指标的权重，通过这种方法实现定性分析和定量分析相结合。将上节筛选出的指标模型化，建立评价指标集：

第一层权重集 $W = (w_1, w_2, \cdots, w_m)$，其中，$w_i$ $(i = 1, \cdots, m)$ 是第一层中第 i 个元素 ui 的权数；

第二层权重集 $W_i = (w_{i1}, w_{i2}, \cdots, w_{in})$，其中，$w_{ij}$ $(i = 1, 2, \cdots, m; j = 1, 2, \cdots, n)$ 是第二层中决定指标 ui 的第 j 个因素 uij 的权数；

第三层权重集 $W_{ij} = (w_{ij1}, w_{ij2}, \cdots, w_{ijp})$，其中，$w_{ijk}$ $(i = 1, 2, \cdots, m; j = 1, 2, \cdots, n; k = 1, 2, \cdots, p)$ 是第三层中决定因素 uij 的第 k 个因素 $uijk$ 的权数。

（二）层次分析法确定主观权重

涉及社会、经济等因素的决策问题经常面临的一个困难在于被评价的因素是不易定量和测量的。因此人们只能凭自己的经验进行判断，但是当因素有很多时，给出的结果便会是不准确的。Saaty 等提出了一种解决方案，就是不把所有的因素放在一起进行比较，而是两两相互对比，来提高评估的准确度。层次分析法采用成对比较的方式计算指标权重。

对于同一层次下的不同指标，首先依照不同指标之间的重要性程度建立起判断矩阵，矩阵中第 i 行第 j 列的数值代表第 i 个指标与第 j 个指标

---

① 参见赵焕臣《层次分析法》，科学出版社 1986 年版，第 15—22 页。

对构建上一层指标的重要性程度之比（一般为 9 种尺度），如在有 n 个指标的情形下，判断矩阵为：

$$A = \begin{bmatrix} \omega_{11} & \cdots & \omega_{1n} \\ \vdots & \vdots & \vdots \\ \omega_{n1} & \cdots & \omega_{nn} \end{bmatrix}$$

其中 ω_{ij} 代表第 i 个指标与第 j 个指标对构建上一层指标的重要性程度之比。毫无疑问的是，由于重要性之比是随主观而赋的，因此可能出现的一种情形是：$U_1 : U_2 = 2 : 1$，$U_1 : U_3 = 1 : 3$，理论上 $U_2 : U_3 = 1 : 6$，而实际可能主观赋为 $1 : 7$，因此导致矩阵不一致的情形。在这种情况下，Saaty 提出用 A 的最大特征根的归一化后的特征向量（记为 λ）作为权重向量 ω，这叫作由成对比较阵求权向量的特征根法，即满足：

$$A\omega = \lambda\omega$$

其中特征向量计算为：任取初始向量 $\omega^{(0)}$，$k = 0$，设置精度 ε，然后计算 $\tilde{w}^{(k+1)} = Aw^{(k)}$，其后进行归一化处理：

$$w^{(k+1)} = \tilde{w}^{(k+1)} / \sum_{i=1}^{n} \tilde{w}_i^{(k+1)}$$

如果满足 $\max_i |w_i^{(k+1)} - w_i^{(k)}| < \varepsilon$，则停止运算，否则继续迭代，得到特征向量：

$$\lambda = \frac{1}{n} \sum_{i=1}^{n} \frac{\tilde{w}_i^{(k+1)}}{w_i^{(k)}}$$

值得注意的是，成对比较矩阵通常不是一致性矩阵，但为了能用它的最大特征根的特征向量作为权重向量，其不一致程度应该满足一定的范围。定理表明，n 阶正反矩阵 A 的最大特征根 $\lambda \geq n$，而当 $\lambda = n$ 时，A 是一致阵。根据这个定理和 λ 连续地依赖于 a_{ij} 的事实可知，λ 比 n 大得越多，A 的不一致程度越严重，用特征向量作为权向量引起的判断误差则越大，因而可以用 $\lambda - n$ 的大小来衡量 A 的不一致程度，定义一致性指标为：

$$CI = \frac{\lambda - n}{n - 1}$$

为了确定 A 的不一致程度的允许范围，需要找出衡量 A 的一致性指

标 CI 的标准。Saaty 等引入了随机一致性指标 RI：对于固定的 n，随机地构造正负反阵 A'（它的元素从 $1-9$ 和 $1/9-1$ 中随机取值），然后计算 A' 的一致性指标 CI。如此构造相当多的 A'，用它们的 CI 的平均值作为随机一致性指标。Saaty 用 $100—500$ 个样本，算出的随机一致性指标 RI 的数值如下（表 $7-3$）：

表 7 – 3　　　　　　　　　　随机一致性指标 RI 的数值

n	1	2	3	4	5	6	7	8	9	10	11
RI	0	0	0.58	0.90	1.12	1.24	1.32	1.41	1.45	1.49	1.51

我们将一致性指标 CI 与随机一致性指标 RI 的比值称为一致性比率 CR，若

$$CR = \frac{CI}{RI} < 0.1$$

则意味着通过了一致性检验，此时最大特征根的特征向量即可以作为权重向量，否则要重新赋权，直到通过一致性检验。

对于 3 个层次的决策问题，若第 i 层只有 1 个因素，第 2、3 层分别有 n、m 个因素，即第 2、3 层对第 1、2 层的权向量分别为：

$$\omega^{(2)} = \left[\omega_1^{(2)}, \cdots, \omega_n^{(2)} \right]^T$$

$$\omega_k^{(3)} = \left[\omega_{k1}^{(3)}, \cdots, \omega_{kn}^{(3)} \right]^T, k = 1, 2, \cdots, n$$

以 $\omega_k^{(3)}$ 为列向量，构成矩阵

$$W^{(3)} = \left[\omega_1^{(3)}, \cdots, \omega_n^{(3)} \right]$$

则最底层（第三层）对最上层的组合权向量为：

$$\omega^{(3)} = W^{(3)} \omega^{(2)}$$

数字出版盈利模式绩效评价指标体系分为三个层次，为确定各层次指标值对上一层次指标的作用大小，首先需确定各指标对上层指标的相对重要性，即判断矩阵。记二级指标对盈利模式绩效评价的判断矩阵为 U_{S-A}，记三级指标对于二级指标 A_1，A_2，A_3，A_4，A_5 的判断矩阵分别为 U_{A_1-B}，U_{A_2-B}，U_{A_3-B}，U_{A_4-B}，U_{A_5-B}。通过电话访谈，获得专家对指标的判断矩阵如下所示：

$$U_{S-A} = \begin{bmatrix} 1 & 3 & 5 & 2 & 4 \\ \dfrac{1}{3} & 1 & 3 & \dfrac{1}{2} & 2 \\ \dfrac{1}{5} & \dfrac{1}{3} & 1 & \dfrac{1}{5} & \dfrac{1}{3} \\ \dfrac{1}{2} & 2 & 5 & 1 & 3 \\ \dfrac{1}{4} & \dfrac{1}{2} & 3 & \dfrac{1}{3} & 1 \end{bmatrix}, \quad U_{A_1-B} = \begin{bmatrix} 1 & 2 \\ \dfrac{1}{2} & 1 \end{bmatrix}$$

$$U_{A_2-B} = \begin{bmatrix} 1 & \dfrac{1}{2} & 2 & \dfrac{1}{3} \\ 2 & 1 & 2 & \dfrac{1}{2} \\ \dfrac{1}{2} & \dfrac{1}{2} & 1 & \dfrac{1}{2} \\ 3 & 2 & 2 & 1 \end{bmatrix}, \quad U_{A_3-B} = \begin{bmatrix} 1 & \dfrac{1}{3} & 3 \\ 3 & 1 & \dfrac{1}{2} \\ \dfrac{1}{3} & 2 & 1 \end{bmatrix},$$

$$U_{A_4-B} = \begin{bmatrix} 1 & \dfrac{1}{4} & 3 \\ 4 & 1 & 3 \\ \dfrac{1}{3} & \dfrac{1}{3} & 1 \end{bmatrix}, \quad U_{A_5-B} = \begin{bmatrix} 1 & 2 & \dfrac{1}{3} & 3 \\ \dfrac{1}{2} & 1 & \dfrac{1}{2} & 2 \\ 3 & 2 & 1 & 2 \\ \dfrac{1}{3} & \dfrac{1}{2} & \dfrac{1}{2} & 1 \end{bmatrix}$$

可以求得上述判断矩阵对应最大特征值及其特征向量：

$\lambda_{S-A} = 5.209$，$w_{S-A} = (0.410815, 0.157261, 0.055407, 0.268809,$
$0.107709)$，$RI_{S-A} = 0.047 < 0.1$，U_{S-A} 完全一致；

$\lambda_{A_1-B} = 2$，$w_{A_1-B} = (0.667, 0.333)$，$CI_{A_1-B} = 0$，$U_{A_1-B}$ 完全一致；

$\lambda_{A_2-B} = 4.0373$，$w_{A_2-B} = (0.176851, 0.264424, 0.139767, 0.418958)$，
$RI_{A_2-B} = 0.013815 < 0.1$，$U_{A_2-B}$ 完全一致；

$\lambda_{A_3-B} = 3.0109$，$w_{A_3-B} = (0.332455, 0.367834, 0.299711)$，
$RI_{A_3-B} = 0.0094 < 0.1$，$U_{A_3-B}$ 完全一致；

$\lambda_{A_4-B} = 3.0513$，$w_{A_4-B} = (0.258004, 0.603443, 0.138553)$，

$RI_{A_4-B} = 0.0442 < 0.1$，$U_{A_4-B}$ 完全一致；

$\lambda_{A_5-B} = 4.0872$，$w_{A_5-B} = (0.27207, 0.187397, 0.41575, 0.124782)$，

$RI_{A_5-B} = 0.0323 < 0.1$，$U_{A_5-B}$ 完全一致。

$$W_B = \begin{bmatrix} w_{A_1-B} & 0 & 0 & 0 & 0 \\ 0 & w_{A_2-B} & 0 & 0 & 0 \\ 0 & 0 & w_{A_3-B} & 0 & 0 \\ 0 & 0 & 0 & w_{A_4-B} & 0 \\ 0 & 0 & 0 & 0 & w_{A_5-B} \end{bmatrix}_{5 \times 16}$$

则

$$W = w_{S-A} \cdot W_B$$
$$= (0.2740 \quad 0.1368 \quad 0.0278 \quad 0.0416 \quad 0.0220 \quad 0.0659$$
$$0.0184 \quad 0.0204 \quad 0.0166 \quad 0.0694 \quad 0.1622 \quad 0.0372$$
$$0.0293 \quad 0.0202 \quad 0.0448 \quad 0.0134)$$

指标权重如表 7 - 4：

表 7 - 4　　　　　　数字出版盈利模式绩效评价指标权重

U	U_1（$w_1 = 0.410815$）	U_{11}（$w_{11} = 0.2740$）
		U_{12}（$w_{12} = 0.1368$）
	U_2（$w_2 = 0.157261$）	U_{21}（$w_{21} = 0.0278$）
		U_{22}（$w_{22} = 0.0416$）
		U_{23}（$w_{23} = 0.0220$）
		U_{24}（$w_{24} = 0.0659$）
	U_3（$w_3 = 0.055407$）	U_{31}（$w_{31} = 0.0184$）
		U_{32}（$w_{32} = 0.0204$）
		U_{33}（$w_{33} = 0.0166$）
	U_4（$w_4 = 0.268809$）	U_{41}（$w_{41} = 0.0694$）
		U_{42}（$w_{42} = 0.1622$）
		U_{43}（$w_{43} = 0.0372$）
	U_5（$w_5 = 0.107709$）	U_{51}（$w_{51} = 0.0293$）
		U_{52}（$w_{52} = 0.0202$）
		U_{53}（$w_{53} = 0.0448$）
		U_{54}（$w_{54} = 0.0134$）

二　构建数字出版盈利模式绩效评价模型

评价指标的权重确立后，即构建成了一个完整的评价指标体系，下面需要依据这一评价指标体系建立出版企业数字出版盈利模式绩效评价模型。本研究运用模糊综合评判（FCE）的方法建立评价模型。所谓模糊综合评价法就是运用模糊数学和模糊统计方法，通过对影响事物的各个因素的综合考虑，对该事物的优劣做出科学评价的方法。模糊综合评价是模糊数学中应用比较广泛的一种方法，是对受多种因素影响的事物作出全面评价的一种十分有效的评判方法。模糊综合评判方法根据评判标准，将评判对象中各个单因素模糊化。同时根据模糊综合评判理论，确定各个单因素相对于参考因素的重要程度，并将其模糊化，通过模糊变换得到评判结果。模糊综合评判主要分为两步，首先按每个因素单独评判，然后按所有因素综合评判。

首先，确立对出版企业数字出版盈利模式绩效评价的备择集。备择集是评判者对评判对象可能作出的各种总的评判结果所组成的集合。本文将备择集定义为 5 项，用 C 表示，$C = \{c_1, c_2, c_3, c_4, c_5\}$，分别依次表示盈利模式的好与差，$c_1$ 表示出版企业的盈利模式最差，c_5 表示出版企业的盈利模式最好。其次，建立评判模型的判断矩阵。邀请专家按照备择集对各项评价指标进行评价，并对评价结果进行隶属度计算（隶属度 = 判断某指标属于备择集中某一项的专家数/专家总数），建立模糊判断矩阵。由于各层次的评判都是由比其低一层的因素所决定，因此每一单因素评判应从低一层的多因素综合评判开始。具体评判过程如下：

（一）第三层单因素评判矩阵

$$R_{ij} = \begin{bmatrix} r_{ij11} & r_{ij12} & \cdots & r_{ij1q} \\ r_{ij21} & r_{ij22} & \cdots & r_{ij2q} \\ \vdots & \vdots & \vdots & \vdots \\ r_{ijp1} & r_{ijp2} & \cdots & r_{ijpq} \end{bmatrix} = (r_{ijkl})_{p \times q}$$

$(i = 1, 2, \cdots, m; j = 1, 2, \cdots, n; k = 1, 2, \cdots, p; l = 1, 2, \cdots, q)$

式中，矩阵第 k 行表示第三层次中对第 k 个指标 u_{ijk} 评判的结果。评判采用加权平均型算子。第 u_{ij} 指标的模糊综合评判集如下：

$$B_{ij} = A_{ij} \circ R_{ij} = (a_{ij1}, a_{ij2}, \cdots, a_{ijp}) \circ \begin{bmatrix} r_{ij11} & r_{ij12} & \cdots & r_{ij1q} \\ r_{ij21} & r_{ij22} & \cdots & r_{ij2q} \\ \vdots & \vdots & \vdots & \vdots \\ r_{ijp1} & r_{ijp2} & \cdots & r_{ijpq} \end{bmatrix}$$

$$= (b_{ij1}, b_{ij2}, \cdots, b_{ijq})$$

式中，$b_{ijl} = \sum\limits_{k=1}^{p} a_{ijk} \cdot r_{ijkl} (i = 1, 2, \cdots, m; j = 1, 2, \cdots, n; l = 1, 2, \cdots, q)$

（二）第二层次的单因素评判矩阵

$$R_i = \begin{bmatrix} B_{i1} \\ B_{i2} \\ \vdots \\ B_{in} \end{bmatrix} = \begin{bmatrix} A_{i1} & \circ & R_{i1} \\ A_{i2} & \circ & R_{i2} \\ & \vdots & \\ A_{in} & \circ & R_{in} \end{bmatrix} = \begin{bmatrix} r_{i11} & r_{i12} & \cdots & r_{i1q} \\ r_{i21} & r_{i22} & \cdots & r_{i2q} \\ \vdots & \vdots & \vdots & \vdots \\ r_{in1} & r_{in2} & \cdots & r_{inq} \end{bmatrix} = (r_{ijk})_{n \times q}$$

$(i = 1, 2, \cdots, m; j = 1, 2, \cdots, n; k = 1, 2, \cdots, p; l = 1, 2, \cdots, q)$

矩阵第 j 行表示对第二层次第 j 个指标 u_{ij} 评判的结果。第 i 类指标的模糊综合评判集为：

$$B_i = A_i \circ R_i = (a_{i1}, a_{i2}, \cdots, a_{in}) \circ \begin{bmatrix} r_{i11} & r_{i12} & \cdots & r_{i1q} \\ r_{i21} & r_{i22} & \cdots & r_{i2q} \\ \vdots & \vdots & \vdots & \vdots \\ r_{in1} & r_{in2} & \cdots & r_{inq} \end{bmatrix} = (b_{i1}, b_{i2}, \cdots, b_{iq})$$

式中，$b_{il} = \sum\limits_{j=1}^{p} a_{ij} \cdot r_{ijl} \ (i = 1, 2, \cdots, m; l = 1, 2, \cdots, q)$

（三）第一层次的单因素评判矩阵

$$R = \begin{bmatrix} B_1 \\ B_2 \\ \vdots \\ B_m \end{bmatrix} = \begin{bmatrix} A_1 & \circ \\ A_2 & \circ \\ & \vdots \\ A_m & \circ \end{bmatrix} = (r_{il})_{m \times q} (i = 1, 2, \cdots, m; l = 1, 2, \cdots, q)$$

于是总的模糊综合评判集为：

$$B = A \circ = A \circ \begin{bmatrix} A_1 & \circ & R_1 \\ A_2 & \circ & R_2 \\ & \vdots & \\ A_m & \circ & R_m \end{bmatrix} = (b_1, b_2, \cdots, b_q)$$

式中，$b_l = \sum_{i=1}^{m} a_i \cdot r_{il}$ （$l = 1, 2, \cdots, q$）

b_l 表示评判对象按第一层次中所有指标评判时，对备择集中第 l 个元素的隶属度，根据最大隶属度原则，在 b_l 中选择最大值作为出版企业盈利绩效的评价值。

第三节 数字出版盈利模式绩效评价的实证

一 样本调研与数据处理

（一）样本选择情况

研究样本选择的关键是确保所选样本的代表性和数据的可获得性。就代表性而言，被选的出版企业首先要具备较好的盈利模式，或起码要具有盈利的潜力，还要覆盖出版行业的广泛领域；就数据可获得性而言，被选的出版企业应能从公开途径获得更多的数据。基于近几年的文化品牌蓝皮书以及依据"经济体量、年度业绩、业界声誉、社会影响、品牌价值"的原则，每年发布的文化品牌，本研究最终选取中南出版传媒集团股份有限公司和湖南教育报刊社这两家首批示范入围单位作为研究样本。

（二）调研与数据处理方法

根据出版企业数字出版盈利模式绩效评价指标体系的不同要求，主要从以下四种渠道获得样本出版企业盈利模式绩效评价指标信息：

企业内部调研：包括企业内部问卷调查（出版社员工和出版社高管）和企业内部访谈（出版社高管）；

企业外部调研：包括企业外部问卷调查（作者、读者、书店店员）、企业外部访谈（书店高管）和业界专家（获取 AHP 基础数据）；

企业历史资料：企业内部留存资料；

企业公开信息：企业对外公开资料，包括公司网站信息、媒体宣传报道信息以及出版权威机构公布的资料。[①]

本文主要通过新闻出版总署公布的《中国出版年鉴2019》，出版企业官方网站公布的相关信息，以及新闻媒体对出版企业的宣传信息，获取企业历史资料和企业公开信息。信息的主要来源：公司官方网站信息、相关专业书籍、相关研究论文、相关报道分析等。为保证数据和信息的真实性，避免错误，本文在调研和评价计算过程中对于相关数据进行多次核实。因此，本文涉及对样本出版企业的多种维度的调查和分析，下面对本文调查数据获取方法的设计和实施过程进行说明。

1. 调查问卷的代表性设计

出版企业盈利模式绩效评价指标体系中的部分指标，需要通过对读者和书店店员的问卷调查获得。为了使样本读者和书店店员具有代表性，读者和书店店员的问卷发放不能只集中在本文作者所在地，而需要对全国具有代表性的新华书店店员和全国代表性出版省市和地区的读者进行问卷调查。

本文对国内部分代表性出版省市和地区的读者，以及国内一级新华书店的店员进行了问卷调查，读者和书店店员主要来自北京、上海、武汉、无锡、长沙、常州、福州、厦门、深圳9个城市，还有个别问卷源于河南省南阳市、江西省九江市、浙江省杭州市、黑龙江省绥化市、河北省宣化区和辽宁省朝阳市。

2. 调查问卷的对比性设计

针对读者和书店店员进行问卷调查时，这两类问卷中存在多个需对出版企业进行对比分析的内容，为了加强出版企业间数据的对比性，本文采用差额问卷调查法，将其调查样本进行有效放大，以获得更准确、更全面的对比数据。

3. 调查问卷的保密性设计

调查问卷的填写均采取保密措施，即所有调查问卷均直接发给当事

---

① 参见安欣《我国出版企业核心竞争力评价及提升策略研究》，博士学位论文，武汉大学，2011年，第188页。

人，调查问卷直接回馈到论文的专用邮箱，不通过任何人中转。

4. 调查问卷的对象设计

为了使针对某个出版企业发布的调查问卷获得更全面准确的信息，本文充分考虑出版企业员工、出版企业高管和作者的代表性。本文通过选择某个出版企业多个部门和多种职务的人员填写问卷，选择出版企业中对该社情况非常熟悉、主管出版企业发展战略的社领导作为发放高管调查问卷的对象，同时选择与某个出版企业长期合作的作者进行问卷调查，从而保证了问卷调查的可信度和代表性。

5. 调查问卷分值设计

本文调查问卷采用 5 分制，根据变量定义和度量的方法，把原始调研数据转化为变量取值，形成统计分析的原始数据表，再进行无量纲化处理，最终形成各级指标的评价得分。

6. 调查问卷的发放与回收

本次研究共发放问卷 369 份，回收问卷 296 份。通过对所有回收的问卷进行有效性甄别，对所有通过有效性检验的问卷进行编号和统计，并针对存在疑问的问卷，与调查对象直接沟通确认，最终形成有效问卷 258 份。

7. 样本出版企业高管访谈

样本出版企业的内部访谈是调研过程中的重要环节。为了更准确、全面地了解样本出版企业的相关情况，本文选择访谈的出版企业高管均为副社长以上的企业领导，他们是主管出版企业战略发展的社领导，同时对出版企业过去十年的发展状况非常熟悉。在访谈过程中，访谈对象对本研究的研究思路和评价指标体系给予了中肯的建议。并且，本文作者凭借对出版行业的了解，与每个样本出版企业的访谈对象进行了深入细致的沟通，获得了支持和理解，进而取得了很多有价值的内部资料。此外，本研究也对一些典型企业的高管进行了访谈。

8. 数据处理方式

由于评价指标变量数据的量纲不一样，因此必须对评价指标的数据进行归一化处理。处理方法如下：

设有 n 个样本，p 项指标，可得数据矩阵 $U = (U_{aijk})_{nxp}$，$a = 1$，2，…，n，表示有 n 个样本，$k = 1$，2，…，p，表示有 p 个指标值，对于本文建立的出版企业盈利模式绩效评价指标体系而言，共有 5 个二级指标 16 个三级指标。

通过分析得出，本文建立的出版企业数字出版盈利模式绩效评价指标体系中，三级指标实际上即指标的测算变量、各项能力、模式、细分等等，这些指标越大越好，本评价体系中的指标绝大多数属于这一类，要维持在一定的水平，过高和过低都不能达到最优状态。[①]

二 样本企业数字出版盈利模式绩效评价

根据调查设计，本文完成了调查研究阶段的工作，调查数据包括样本出版企业内部的调查结果（包括出版企业员工、高管问卷调查和企业内部高管的访谈），出版企业外部的调查结果（包括出版企业作者、读者、书店店员和书店高管的访谈），历史资料分析结果，以及数据统计结果。具体的数据统计与调查过程省略。

以下是根据前面章节建立的出版企业数字出版盈利模式模糊综合评判（FCE）模型来计算的各出版企业的数字出版盈利模式绩效评价结果（见表 7 – 5、表 7 – 6）。

表 7 – 5　　　　　　　　湖南教育报刊社盈利模式绩效评价结果

指标层	权重	差	较差	中	较好	好
数字产品 U_{11}	0.2740	0.0000	0.0303	0.2121	0.3030	0.4545
增值服务 U_{12}	0.1368	0.0000	0.1212	0.1212	0.3333	0.4242
组织结构 U_{21}	0.0278	0.3030	0.1515	0.4849	0.2727	0.0606
组织特点 U_{22}	0.0416	0.0606	0.1212	0.4242	0.3333	0.0606
组织形式 U_{23}	0.0220	0.0303	0.1515	0.4848	0.3030	0.0303
组织能力 U_{24}	0.0659	0.0606	0.1212	0.5152	0.2121	0.0909
客户关系 U_{31}	0.0184	0.0303	0.2424	0.3030	0.3636	0.0606

[①] 参见安欣《我国出版企业核心竞争力评价及提升策略研究》，博士学位论文，武汉大学，2011 年，第 190 页。

续表

指标层	权重	差	较差	中	较好	好
客户需求 U_{32}	0.0204	0.0606	0.1212	0.3333	0.4242	0.0606
客户信息 U_{33}	0.0166	0.0909	0.0909	0.3333	0.3939	0.0909
技术杠杆 U_{41}	0.0697	0.0000	0.0909	0.1212	0.4242	0.3636
渠道杠杆 U_{42}	0.1622	0.0000	0.0606	0.1515	0.3636	0.4242
营销杠杆 U_{43}	0.0372	0.0606	0.0606	0.3636	0.3939	0.1212
版权效应 U_{51}	0.0293	0.0303	0.0606	0.1212	0.4242	0.3636
品牌效应 U_{52}	0.0202	0.0606	0.0303	0.2424	0.3939	0.3030
规模效应 U_{53}	0.0448	0.0909	0.0606	0.1818	0.3333	0.3030
价值效应 U_{54}	0.0134	0.0606	0.0303	0.1515	0.4242	0.3333
盈利模式绩效评价 U		0.0282	0.0778	0.2335	0.3368	0.3308

　　由表 7 - 5 可见，利用 FCE 方法对湖南教育报刊社的盈利模式进行绩效评价，判断矩阵 U 中与"较好"相对应的值为 0.3368，相对较大。因此可以判定湖南教育报刊社的盈利模式属于"较好"的一类。其中，利润点"好"、利润组织"中"、利润源"较好"、利润杠杆"好"、利润屏障"较好"。可见，湖南教育报刊社盈利模式中利润点和利润杠杆表现尤为突出。

表 7 - 6　　中南出版传媒集团股份有限公司盈利模式绩效评价结果

指标层	权重	差	较差	中	较好	好
数字产品 U_{11}	0.2740	0.0303	0.0606	0.1515	0.3636	0.3939
增值服务 U_{12}	0.1368	0.0000	0.0606	0.1818	0.3333	0.4242
组织结构 U_{21}	0.0278	0.0606	0.1212	0.1818	0.1515	0.4849
组织特点 U_{22}	0.0416	0.0000	0.0303	0.2121	0.5151	0.2424
组织形式 U_{23}	0.0220	0.0303	0.0000	0.1515	0.3939	0.4242
组织能力 U_{24}	0.0659	0.0303	0.0606	0.1515	0.3636	0.3939
客户关系 U_{31}	0.0184	0.0909	0.1212	0.2121	0.2727	0.3030
客户需求 U_{32}	0.0204	0.0606	0.0909	0.1818	0.3636	0.3030
客户信息 U_{33}	0.0166	0.0606	0.1212	0.1515	0.3636	0.3030
技术杠杆 U_{41}	0.0697	0.0000	0.0303	0.0909	0.3333	0.5455
渠道杠杆 U_{42}	0.1622	0.0303	0.0000	0.0606	0.3333	0.5758
营销杠杆 U_{43}	0.0372	0.0303	0.0606	0.0909	0.3636	0.4545
版权效应 U_{51}	0.0293	0.0606	0.0909	0.1515	0.3030	0.3939

续表

指标层	权重	差	较差	中	较好	好
品牌效应 U_{52}	0.0202	0.0303	0.0606	0.1212	0.3333	0.4545
规模效应 U_{53}	0.0448	0.0000	0.0606	0.1212	0.3030	0.6061
价值效应 U_{54}	0.0134	0.1212	0.0606	0.1212	0.3333	0.4242
盈利模式绩效评价 U		0.0266	0.0514	0.1372	0.3351	0.4397

由表 7 – 6 可见，利用 FCE 方法对中南出版传媒集团股份有限公司的盈利模式进行绩效评价，判断矩阵 U 中与"好"相对应的值为 0.4397，相对较大。因此可以判定中南出版传媒集团股份有限公司的盈利模式属于"好"的一类。其中，利润点"好"、利润组织"好"、利润源"较好"、利润杠杆"好"、利润屏障"好"。可见，中南出版传媒集团股份有限公司盈利模式中除了利润源表现稍差以外，其他指标都表现得非常突出。

三　模型检验与结论

将上述各出版企业盈利模式绩效评价结果进行归纳，并把评判矩阵用级差数列表示，即 C = $\{c_1，c_2，c_3，c_4，c_5\}$ = $\{$差，较差，中，较好，好$\}$ = $\{1，2，3，4，5\}$，如表 7 – 7 和表 7 – 8 所示。

表 7 – 7　　　　样本出版企业盈利模式三级指标评价结果比较

三级指标	湖南教育报刊社	中南出版传媒集团股份有限公司
数字产品 U_{11}	4	5
增值服务 U_{12}	4	5
组织结构 U_{21}	3	5
组织特点 U_{22}	3	4
组织形式 U_{23}	3	5
组织能力 U_{24}	3	5
客户关系 U_{31}	4	4
客户需求 U_{32}	4	4
客户信息 U_{33}	4	4
技术杠杆 U_{41}	4	5
渠道杠杆 U_{42}	5	5

续表

三级指标	湖南教育报刊社	中南出版传媒集团股份有限公司
营销杠杆 U_{43}	4	5
版权效应 U_{51}	4	5
品牌效应 U_{52}	4	5
规模效应 U_{53}	4	5
价值效应 U_{54}	4	5
盈利模式综合评价 U	4	5

表7-8　　　　　样本出版企业盈利模式二级指标评价结果比较

二级指标	湖南教育报刊社	中南出版传媒集团股份有限公司
利润点 U_1	5	5
利润组织 U_2	3	5
利润源 U_3	4	4
利润杠杆 U_4	5	5
利润屏障 U_5	4	5
盈利能力综合评价 U	4	5

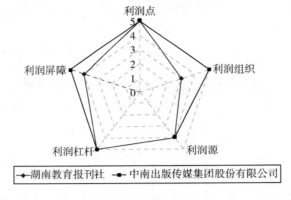

图7-1　样本出版企业盈利模式二级指标评价结果

由图7-1可以看到,样本出版企业中,湖南教育报刊社在利润点和利润源方面稍逊一筹,而中南出版传媒集团股份有限公司在利润组织、利润杠杆和利润屏障方面较为突出。所以国家级大型综合出版社具有更优越和成熟的盈利模式。

第八章　数字出版盈利模式应用研究

第一节　"出版＋直播"盈利模式研究

直播凭借场景化带来的现场感与沉浸感成为全新的内容生产方式，引发了新一轮商业革命，催生了诸多营销新模式。各行业纷纷加入直播行列中，重构营销策略。"无直播不营销"成为营销的新共识。出版业也开始将直播纳入营销体系，联合社交媒体构建新的盈利体系。互联网时代的信息产品过剩导致用户注意力不足，直播市场的争夺，其本质是注意力资源的争夺，而如今注意力资源的竞争已进入白热化阶段。作为拥有丰富内容资源和强大注意力吸引资本的出版企业，如何借力直播，实现注意力资源的变现，并通过注意力资源的经营实现传统盈利模式的转型升级，已成为当下出版企业亟须解决的问题。

一　"出版＋直播"与注意力资源概述

现代社会表面上以信息为资源，而信息背后注意力的流动才是本质逻辑，在以注意力为资源的现代社会，互联网发展背景下的"出版＋直播"的经营本质是注意力资源的经营。

（一）"出版＋直播"概述

在出版市场竞争加剧、用户注意力被新兴媒体分流的背景下，出版企业一直沿用的书展、读书会、作者见面会、读书节目等营销方式的效果日渐减弱。与此同时，网络直播等视听新渠道的快速崛起为出版企业争夺用户注意力提供了更为有效的手段和渠道。出版企业通过与各大媒介合作举办直播活动，或设计一定的主题通过各种平台进行直播，多渠道、跨平台、跨终端传播，能够轻易实现垂直化、细分化，集中满足用户群体的需要。直播能在短时间内汇集大量用户，聚集大量注意力资源，通过图书或作者或直播平台的粉丝基础形成强大的凝聚力和号召力。而这种人数优势在直播前的各种宣传活动的进一步发酵中以去中心化的方式病毒式地快速增长，迅速有效地将相关信息带给用户，可以让作者、作品、出版企业与读者垂直对接。用户可在观看直播时或者直播后通过购买渠道直接购买书籍，或通过付费观看、打赏等方式进行内容消费，直接带动消费。出版业独立开辟直播渠道的成本是高昂的。据调查，建设一个可供百万用户同时观看网络直播的平台，每月维系的费用达 3000 万元人民币，大多出版企业无力承担如此高额的费用，无法独自完成整个"出版 + 直播"的商业运作。因此出版企业通常与直播平台或媒体以合作和介入模式开启直播。

目前，"出版 + 直播"可分为四种模式：一是出版社直接与直播平台合作，平台方策划一场专业性的"出版 + 直播"活动；二是出版社在直播类 App 或平台注册账号，将经过策划宣传后的出版活动或营销专题进行直播；三是出版企业举办图书品牌活动、新书发布会、读书沙龙等活动，由举办方邀请媒体，在相关活动中引入直播环节；四是出版集团与线下书店合作，由出版集团专设直播间，通过电台直播等方式延伸实体书店的功能和作用。如图 8 - 1 所示，以出版企业为上游，以直播平台为中游，以传播渠道为下游，形成了"出版 + 直播"产业链。

产业链上游为内容平台方（以出版企业为主），产业链中游为各直播平台，出版企业通过直播平台开启直播，利用内容呈现，包装信息产品，拓宽市场。直播平台的形式主要有四类：一是独立直播 App，二是独立电视台专业直播团队，三是独立内嵌直播功能的平台，四是出版社自建的内嵌直播功能的平台。

直播 App 主要有泛娱乐直播（一直播、斗鱼等）和教育类直播（人人讲、荔枝微课等）两类，出版企业可自行注册账号在该平台自发开启直播，或通过与直播平台合作，由多个直播平台同时直播。独立电视台专业直播团队的直播形式有两种：一是与出版企业合作录制并将直播内

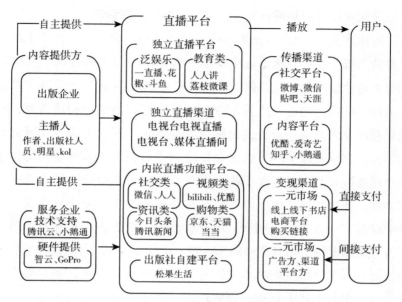

图 8 - 1　"出版 + 直播" 完整产业链

容通过电视台频道播出；二是借出版企业专业直播间为其提供录制场所，由出版企业自寻传播渠道播出。内嵌直播功能的平台又主要分为四类：社交类平台，视频类平台，资讯类平台，购物类平台。出版企业通过使用平台内嵌的直播功能进行直播，在不同的平台对接不同的用户群体，打造不同的产品属性。社交类平台（微信、人人等）用户覆盖面广，用户资源注重社交需求，分享积极性高，强调知识资源属性；视频类平台（哔哩哔哩、优酷等）用户群体分化，注重观看体验，强调视频产品属性；资讯类平台（今日头条、腾讯新闻等）用户信息需求明确，强调信息产品属性；购物类平台（京东、天猫、当当等）直通购买渠道，直达消费群体，强调商品属性或图书商品的附加信息、营销方式。出版企业建立专业的直播平台成本较高，目前往往通过自建平台的内嵌直播功能进行直播，《三联生活周刊》的生活平台松果生活 App 等 。

　　产业链下游为传播渠道，包括社交平台和内容平台。社交平台将"出版 + 直播"作为一种可共享资源、信息，通过社群传播形成裂变式传播效果。内容平台（优酷、网易新闻等）将"出版 + 直播"作为视频产品或新闻资讯对用户进行推送，通过精准传播到达用户。

整体来说，"出版＋直播"产业链还不够成熟稳定，作为上游内容提供方的出版企业在直播市场的资质不够雄厚，而中游直播平台以知名度和行业地位较高的一线品牌为主，在"出版＋直播"产业链中掌握着强大的用户数据，削弱了出版企业在产业运作中的地位和话语权，并作为主要利润分成方进一步分流出版业盈利收入。下游传播平台通常是在与内容提供方或直播平台方达成合作之后才会正式进入产业链运作中，在整个产业链环节中参与度不高。用户普遍对直播带货的形式持有一定的接受度，通过直播在线上以产品购买或服务消费的形式直接支付，出版企业获得"一次售卖"利润。用户通过观看广告方、平台方等第三方的广告等附加或衍生信息产品间接支付，出版企业获得"二次售卖"利润。而目前，可实现出版企业"二次售卖"的第三方企业，如广告商，在整个产业链中处于缺失状态，导致产业链不完整，价值链断裂，进一步压缩了出版企业的盈利空间，导致出版企业盈利状态不佳。

（二）注意力资源概述

"信息需要消耗什么是非常显而易见的，它会消耗信息接受者的注意力。"[①] 注意力是一个心理学的概念，心理学家桑盖特最早提出注意力经济的概念："相对于个体信息过载导致注意力的经济化。"[②] 我国学者张雷提出："所谓注意力经济就是注意力资源的生产、加工、分配、交换和消费的人类活动方式。"[③] 注意力资源是现代信息社会的"通用货币"，承载着价值交换的功能和"二次售卖"价值尺度的职能。传媒行业相较于其他行业的特殊性体现在许多方面，但其共性在于传媒或者资源的交换，传媒经济学的研究焦点是如何在竞争性用途中实现资源的最优化配置。内容产品供给过剩和用户注意力稀缺成为主要矛盾，谁解决了这个矛盾，谁就能在市场上占据高地。注意力资源已成为传媒业的主要驱动力。

①　《注意力经济学总括》，百度文库，https://wenku.baidu.com/view/65300ab665ce050876 32134f.html，2020 年 5 月 4 日。

②　同上。

③　张雷：《媒介革命：西方注意力经济学派研究》，中国社会科学出版社 2009 年版，第 111 页。

二 "出版+直播"盈利模式发展现状

在信息产品过剩、用户需求不断更新、市场环境瞬息万变的生态下，如果没有清晰的盈利要素，没有稳定的盈利模式，企业无法保持盈利能力。"出版+直播"商业竞争就是一场受众注意力资源的竞争，对注意力资源的占据是其盈利的出发点和落脚点。从注意力资源的角度分析"出版+直播"的盈利情况，厘清"出版+直播"的盈利要素与注意力资源的联系，构建注意力资源盈利法则，是出版企业首先要解决的问题。

（一）"出版+直播"盈利模式概述

目前，"出版+直播"中一部分出版企业积极与相关单位或组织合作，自觉经营市场。2017年，各出版单位纷纷搭上直播"高速列车"，举办了一系列规模较大的直播活动（如表8-1所示）。经过一定时间的探索发展，大型出版企业充分将读者转变为直播用户，直播活动参与度高，热议度高，受众市场规模大，抢占了大量的注意力资源，刺激了用户对图书的购买欲，直接拉动了图书的销售。一部分中大型直播活动虽然取得了良好的传播效果，但其直接带来的盈利效果并不乐观，只是通过吸引用户注意力，获得了特定形式的盈利，不足以构成稳定的盈利模式。

表8-1　　　　　　　　　2017年出版业中大型直播活动一览

时间	主办方	直播内容/主题	直播平台	直播场所	直播时长	传播效果
2017年2月	东方出版社、"今日头条"	余永定带您探讨人民币逆袭之路	头条直播	—	—	—
2017年3月	东方出版社	新书《圆明园三百年祭》"春风十里，走进圆明园"营销推广	新浪微博	圆明园	2小时	16.5万人参与
2017年5月	人民文学出版社、《出版商务周报》	人民文学出版社与"哈利·波特系列"等图书营销秘诀	当当直播	—	—	—
2017年6月	机械工业出版社华章公司子品牌华章书院	北京大学陈春花教授付费直播课："90分钟掌握激活团队的必备能力"	小鹅通、荔枝微课	讲堂	1.5小时	上线当天订阅用户超1万，直播当晚共计5万人同步收听

续表

时间	主办方	直播内容/主题	直播平台	直播场所	直播时长	传播效果
2017年8月	国家图书馆、人民文学出版社	董卿《朗读者》同名图书读者见面会——通过朗读爱上阅读	腾讯新闻直播	国家图书馆艺术中心	2小时	最高参与人数70.4万
2017年8月	当当阅读会、腾讯文化	上海国际文学周上海文学地图朗读接龙——听作家们用朗读致敬经典，用阅读丈量世界	腾讯直播	上海十大著名地标	10小时	9.2万人观看
2017年11月	北京大学出版社	"双十一"购书指南	一直播	—	—	18万人观看
2017年12月	法律出版社、法天使	"2017中国合同大会"直播——混搭开大会，跨界聊合同	智和直播	北京东方梅地亚M剧场	—	—
2017年12月	"罗辑思维"、广西师范大学出版社旗下新民说（iHuman）	罗振宇"事件的朋友"跨年演讲，新民说（iHuman）《枢纽：3000年的中国》发布	深圳卫视、优酷视频	上海梅赛德斯奔驰文化中心	2小时	图书上线不到48小时，销售逾5万册

如表8-2所示，相较于2017年大中型直播承办主体多方分权、直播活动传播效果不明等情况，2018年短短5个月的直播活动昭示着出版企业经营"出版+直播"的新景象。出版企业不再只作为承办方之一，而是作为唯一发起者或主办方。出版企业开始以更积极主动的姿态进入直播市场，直播活动的主题不再局限于传统的见面会、推介会等图书营销活动，突破了将线下出版活动"复制"搬运到直播平台的形式，开始根据直播市场重新制定"出版+直播"的主题内容，并取得了直观良好的传播效果。

表8-2　　　　2018年1—5月出版业大型直播活动一览

时间	主办方	直播内容/主题	直播平台	直播时长	传播效果
2018年1月	中华书局	中华书局成立106周年"优秀百年老店"品牌活动	京东	—	活动页面浏览量近10万次，销售额同比增长77%

续表

时间	主办方	直播内容/主题	直播平台	直播时长	传播效果
2018年1月	人民出版社	读书会——探寻黑格尔哲学	一直播	—	20.3万次观看
2018年3月	浙江少年儿童出版社	35周年社庆"名家荐读"	京东	连续一周	—
2018年3月	人民文学出版社	新书推介解读	京东	—	粉丝增长三倍
2018年3月	湖南科技出版社	美食作家教我做烘焙	一直播	1.5小时	8.8万次播放
2018年4月	上海译文出版社	北京大学陈春花教授付费直播课："90分钟掌握激活团队的必备能力"	小鹅通、荔枝微课	1.5小时	获赞16.62万
2018年4月	清华大学出版社、邮架轩阅读体验书店	《清华荐读书目》讲解、《我在清华等你来》——高考状元故事分享	一直播	—	99.8万次播放、76.5万次播放
2018年4月	中信出版社	吴晓波《激荡十年》新书分享会	一直播	—	35.7万次播放
2018年4月	樊登读书会、一起学堂	樊登读书会读书月千群直播活动	微信	—	超万个微信群共同直播，超138万人同时在线听

　　然而，无论2017年还是2018年，出版企业取得良好传播效果的直播活动所邀请的嘉宾多为明星、大咖，或借助特殊时间点发挥了名人效应和热点效益，嘉宾知名度和热点事件的影响力成为决定"出版＋直播"传播效果成败的关键。从长远来看，仅依靠名人效应和热点效应吸引注意力资源、博取人气和流量不能成为"出版＋直播"的长久之计。目前，"出版＋直播"的效益更多地体现在传播效果上，其带来的盈利作用并不直观。

　　而"出版＋直播"更为广泛的市场是一些小型直播活动，多数出版企业的"出版＋直播"形式并不是通过一定的策划，合作举办直播活动，而是在直播App上注册为用户，借助直播的形式，关联账号、发布直播，展现出版活动或开展图书营销。其直播活动规模小、传播力弱、用户覆盖面窄，带来的效益更是微乎其微。如机械工业出版社，自 2017 年 3 月在一直播平台开启直播以来，共开启 24 场直播，每场观看人数最低仅为 76 人，最高为 4122 人，多数场次只有几百人。更有诸多出版企业是误打误撞进入直播领域，在直播平台注册账号后并无直播内容，或者发布无关信息。如斗鱼直播，蓝天出版社、中国地图出版社、江苏人民出版社、山西科学技术出版社等均在该平台注册账号却未曾发布直播内容。大多数出版企业直播活动参与度低，用户群体分散且黏性较低，注意力资源占有不足，难以带动产品销售，更无清晰的盈利渠道。

目前"出版 + 直播"中的出版企业尚未有效掌握注意力资源，未能通过直播这一载体有效盈利，或未能将占据的注意力资源转化为购买力和"二次售卖"的变现能力。注意力资源的占据和开发利用不充足，导致出版企业难以持续盈利；而出版企业未构建清晰的盈利模式，则进一步影响注意力资源的占据，在企业盈利问题上形成恶性循环。

（二）"出版 + 直播"盈利要素与注意力资源的关系

构建"出版 + 直播"盈利模式，须首先明晰利润要素，解决"卖什么、卖给谁、谁在卖、怎么卖、怎样让别人卖不了"的问题。而企业管理理论中的利润要素恰好为这些问题提供了解决方案，利润因子恰好一一对应地回答了这五个问题。在"出版 + 直播"盈利模式的构成要素中，利润点是出版企业为满足用户的需求，向受众提供的产品和服务；利润源是出版企业盈利的来源，是企业的目标用户群体；利润组织是经营和管理的组织形式和实体；利润杠杆是企业以盈利为目的，争取自身和用户获得最大化价值的一系列活动方式；利润屏障是企业为保持市场地位而建立起的一道进入壁垒。

注意力资源则与各个利润因子有着本质的联系。如图 8 - 2 所示，"出版 + 直播"产业链运作的过程、出版企业价值链实现的过程也是注意力资源运作、注意力资源价值实现的过程。" + 直播"拓展了出版的形态外延，提升了出版企业对注意力资源的吸引能力，出版企业将传统的出版内容提供给直播平台，生成"出版 + 直播"新产品形态，资源优势转化为注意力资源吸引能力优势，形成新的利润点。传播渠道再将信息产

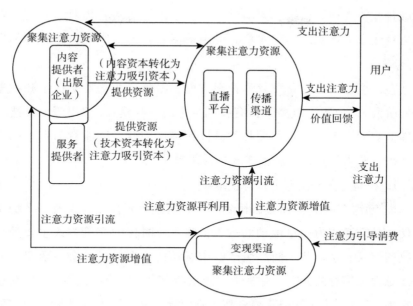

图 8 - 2　"出版 + 直播"注意力资源与产业链运作关系

品进一步向用户传播，从出版企业到直播平台再到传播渠道层层传播，不断吸引用户关注，不断聚集注意力资源，形成利润源。注意力资源的变现是产业链中最后也是最重要的一环，是出版企业的利润杠杆，是撬动更多利润点、利润源的核心环节。其本质是用户支出注意力以换取内容、获得价值回馈的注意力消费环节。对出版企业而言，首先，出版企业通过注意力引导消费，从而将注意力资源转化为对出版物的购买力，出版企业从而直接获利。其次，出版企业所凝聚的注意力资源可通过广告等变现渠道将注意力资源分流给第三方，用户的注意力间接支付给第三方，第三方以一定经济成本换取注意力资源，出版企业因注意力资源增值而间接获利。直播通过传播平台或广告、打赏等获取利润，其本质也是注意力资源的变现。而出版企业通过"+直播"为直播平台增加了注意力资源，增加了更多可变现利润资本，可通过注意力资源的引流换得平台方注意力资源变现的利润分成。对大量注意力资源的占有是出版企业将"出版+直播"的"蛋糕"做成做大的基础，如何增强自身占据注意力资源的黏性，形成排他性竞争力，是构建利润屏障的核心。因此出版企业作为利润组织，其本质也是注意力资源的管理者，如何管理分配自身注意力资源，实现注意力资源价值效益的最大化，是其必须思考的问题。

在注意力资源的开发运营管理方面，出版企业仍处于探索和积累经验的阶段，"出版+直播"没有找到稳定的盈利模式，"出版+直播"收益惨淡成为当下出版企业面临的共同困境。因此，以注意力资源的视角构建盈利要素是重构盈利模式的必备课题。

1. 利润点——注意力资源获取

麦克卢汉指出："从金属币到纸币，从纸币到信用卡，有一个稳步走向使商品交换成为信息运动的过程，前工业时代的交易方式主要是金钱与物的交换，这是基于商品生产的市场经济，在信息社会主要交易方式是注意力与信息的交换，是基于'意义生产'的注意力经济。"[①] 高德哈巴指出，"注意力之所以重要就在于它引导行动"。[②] 传播学效果研究的三个层面：认知—态度—行动，三者存在着递进关系，而注意力支撑了"出版+直播"传播效果产生的整个环节。这种效果的三个层面可以形成一个循环，消费者注意力投入情况直接影响到自己的品牌认知、忠诚度、购买决策。注意力效果的循环将极大地刺激消费，拉动销售。

注意力效果的产生、注意力资源的价值交换都是一个相互的、循环往复的过程。因而可持续地占据注意力资源是"出版+直播"获得利润的来源，获取注意力资源即为"出版+直播"的利润点。企业越是能够吸引并占据、凝聚社会注意力资源，越能够促进购买力提升和形成品牌影响力，出版企业以凝聚社会注意力为目标，通过"出版+直播"不断提供其他单一出版模式无法提供的内容服务，聚集其他出版模式下稀缺的注意力资源，继而吸引更多的广告商、平台合作伙伴等利益主体的注意力资源，从而形成更多的利润点。

---

① 参见张雷《新媒体引发的通货革命——注意力货币化与媒体职能的银行化》，《新闻与传播研究》2013 年第 4 期。

② 参见周圆《注意力经济视野下的湖南卫视发展研究》，硕士学位论文，湖南大学，2010年，第 38 页。

2. 利润源——注意力资源投入

传统出版模式下，利润源涉及各方利益主体，其中读者是重要的盈利来源，是出版企业获取利益的直接推动者。而在"出版＋直播"的模式下，利益主体更为多元，包括直播平台用户、主播、主持人的粉丝等。利润源可划分为目标消费者、次要目标消费者以及潜在消费者。而在直播平台覆盖用户如此庞大的市场下，在信息更迭的网络时代，任何用户都可以既是目标消费者又是潜在消费者，或随时在两者间转换。用户群划分的界限不明，因此传统的划分模式无法厘清利润源。而注意力资源的投入质量则为厘清利润源、找准利润源策略提供了出路。

不同的用户特征，通过注意力资源的投入情况得到反映。注意力资源投入与否是判定用户和潜在用户的直观指标，根据注意力资源的投入情况，如粉丝数、点击率、观看时长、发送弹幕数、分享频次、点赞数、回看程度等，可判断用户聚集情况，划分组织型、松散型用户；根据用户的黏性，可划分临时性、周期性、稳定性用户；根据用户态度，可划分顺意、中立用户；根据注意力投入情况的不同指标，可划分多维度的用户群，精准划分利润源；根据注意力投入的方向、特点，可分析用户注意力需求，描绘用户"注意力 DNA"，更好切中用户注意力需求，从而有的放矢地规划扩大利润源战略。

注意力资源的量即用户数量，通过注意力资源的投入规模反映。注意力资源的投入规模不仅体现出企业用户的覆盖率，也体现出某一直播主题的市场覆盖率、市场潜力、直播内容的到达率、传播渠道的有效性。根据这些信息找出利润源扩张失策的原因，进行调整，便于真正有效地扩大利润源。

3. 利润杠杆——注意力资源变现

"出版＋直播"的利润杠杆主要包括如下几个方面：首先是直播媒体，如电视台直播间、报道类媒体合作方等；然后是 App 类直播平台，如在线视频直播类 App、听书类 App、电台类 App 等；其次是合作商户，如实体书店、网上书店、卖场等；最后是广告平台，出版企业通过内容吸引广告商。按传统利润杠杆划分模式，App 类直播平台是在线教育企业的主要利润杠杆，合作商铺和广告平台是辅助利润杠杆。

出版企业利润杠杆的明确性，即企业开展经营活动的针对性，是企业营销的关键。而在新媒体时代，媒体生态圈更加庞大复杂，出版企业面临众多的关系，企业自身、渠道、商业生态系统诸力量等，出版企业面临更灵活多元的价值创造模式。传统的利润杠杆划分模式无法囊括企业涵盖的利润杠杆，因而无法有效牵动各方通过经营活动为目标用户群体创造最大化价值，无法达到利润的最大化。出版企业在传统的营销模式中，往往隐身于幕后，向社会推出作者及其作品，"为他人做嫁衣"，除了产品销售收入外，很难获得附加价值。而在"出版＋直播"模式下，出版企业现身台前，凝聚社会注意力，拥有强大的变现资本。

利润杠杆的本质在于注意力资源的变现，也就是用户注意力资源再利用和价值再创造。如何最大限度地开发注意力资源，通过第三方将注意力资本转化为经济资本从而获得收益，是"出版＋直播"盈利模式利润杠杆的核心，是盈利模式的引擎。

4. 利润屏障——注意力资源占有

"出版＋直播"的产业链包括上游出版业的内容制作，中游媒体的产品包装，下游平台的产品推送。各个环节都涉及内容的再创造和服务形式的再开发，上中下游三类企业都可再通过自身的资源和能力建立自身利润屏障，如此难以凝聚"出版＋直播"产品的核心竞争力，使产品不具有强排他性的市场地位。此外，以构建差异化内容和服务作为目的的利润屏障，无法量化为相应的数据，无法衡量其屏障的排他性与有效性。在信息过剩、内容服务过剩的环境下，用户注意力资源十分稀缺，用户市场正在无限细分，流于形式的创新难以真正吸引受众注意，形成排他性竞争力。因此，只有牢牢占据稀缺的用户注意力资源，避免用户注意力资源向其他竞争方流失，才能真正拥有排他性。以注意力资源占有为目的的利润屏障，可构建一系列指标，引导用户注意力导向，监控用户注意力流向，分析注意力占有情况，从而制定利润屏障战略控制手段，保护利润流免受竞争对手和用户势力的侵蚀，巩固企业的利润屏障。

5. 利润组织——注意力资源管理者

利润组织是企业业务活动和商务管理的组织形式和实体，它与组织的结构、特点、形式以及组织能力密不可分。[①]

传统模式下，出版业管理包括销售管理、物流管理、成本管理、人力资源管理等管理活动。但在新形势下，注意力资源管理才是利润组织管理的核心。注意力的竞争始于媒体，注意力的交换基本是由媒体实现的，媒体是注意力消费的推动者、注意力财富的创造者、注意力不平等的扩大者、注意力价值的交换者。[②] 一方面，出版企业作为商业组织，为了实现经济效益，需要以注意力资源为核心进行资本化管理。另一方面，出版活动作为文化产业是社会公器，承担着相应的社会责任。占据着大量注意力资源，占据着社会稀缺资源，也就应该对这些注意力资源负责，也只有通过注意力资源管理实现社会效益才能长远发展，更好地实现经济效益。

三　"出版＋直播"盈利模式发展瓶颈

现今一些出版企业对注意力资源与盈利模式的构建之关系认知不够，仅将直播这种争取注意力资源的方式作为企业经营的附加战略，经营管理注意力资源的意识停留在企业内容生产或营销战略层面，尚未构建系统的盈利模式。甚至一些出版企业对注意力经济的认知有偏差，将注意力经营等同于博取眼球，导致直播产品低质，传播效果不尽如人意。出版企业在新形势下构建盈利模式，需要从注意力经济的角度出发，研究各个盈利因子的本质，重新审视盈利要素与注意力资源的关系。

（一）利润点——"注意力资源效应"与"眼球效应"的本质区分

在新媒体环境下，点击率和播放量成为衡量注意力资源的重要手段。传统出版、直播行业无论是以内容或是以渠道，只要能争夺到受众的注意力，就能创造经济价值。因此某些企业将注意力经济错误地等同于"眼球经济"，以纯点击率驱动，变身"标题党"欺骗用户观看，或过分

---

① 参见刘一鸣《数字出版盈利模式绩效评价研究初探》，《中国出版》2015 年第 20 期。

② 参见张雷《媒体在注意力经济中扮演的角色》，《公关世界》2000 年第 9 期。

看重注意力的经济回报。

1. 利润点商品化，忽视社会属性

一味追求"边看边买"的转化率，单纯将出版物商品化，忽视其社会属性和文化属性。如中国轻工业出版社 2017 年 11 月以"大师教您葡萄酒应该这样喝"为题直播，并配上国外大师品酒的封面图。在不到一小时的直播中，几乎半小时的直播内容为一名不知身份的女性带领观众参观一家名为"葡萄酒艺术空间"的店铺，而真正"教您喝酒"的主题内容不到五分钟。又如，知名商人罗振宇在多个直播平台进行图书拍卖时，数次以各平台数据鼓动用户，直呼"映客很厉害，已经超过 20 万了"，"优酷你要加油了"，并对打赏、"送出礼物"的粉丝作揖，频频互动。这种直奔盈利主题的功利化行为遭众网友诟病。一方面，"标题党"等行为，只拿并非用户本意的东西，诱使其注意力分散到本意之外，本末倒置。这种单纯注重点击量、忽视用户意向的行为所带来的垃圾式观看或毒瘾式吸睛体验是对注意力的欺骗，不仅不会真正吸引注意力，还会损害用户关系，影响企业形象口碑。另一方面，单纯注重注意力利润转化率，将出版物过度商品化，催促用户消费的行为，忽视了出版物文化属性，会导致文化产品的功利化和媚俗化，是对稀缺注意力资源不计成本的掠夺性开发。即使短期内对特定出版物销量增长带动明显，但长期来看，伤害的是整个出版企业的声誉，因此这类直播不可能持续地发展。

2. 追逐短期注意力，直播效果不佳

从直播活动的效果看，出版业一部分直播活动达到了预期传播或营销目标，但大多数直播活动并没有引起广泛的用户关注。直播活动没有利用好出版企业现有的内容资源，在内容策划、场景选择、摄影主持安排、时间及流程把控、语言及互动设置上没有做到出版业应有的专业水准和工作效率，难以提供个性化、知识性的优质内容，难以带来良好的观看体验。因此"出版＋直播"活动轻则不能真正吸引用户注意力，默默无闻，或者只能在短期内吸引用户的注意力，随着直播活动热度消失或直播借助的事件逐渐淡出人们的视线，企业也随之退离用户的注意力范围，所占据的关注度立即降到活动之前的水平；重则因为过度追求直播的营销功能，叫卖炒作遭到用户诟病，使用户注意力变为逆意，使不良品牌口碑借注意力效应"丑名远播"。即使过于商业化的炒作在短期内给出版企业带来了收益，也是以透支用户注意力消费为前提的，随着炒作结束，用户回归理性，企业随即将陷入低迷。

追逐短期的注意力投入和注意力变现并不应该成为出版企业开展直播活动的目标，出版企业应该注重注意力资源吸引利用的可持续性。注意力效益绝不等于眼球效应，也不等于单纯的商业化。眼球效应和商业化的特征就在于其传播的单向性，是把点击率和购买行为当成终点，而非以注意力获取本身为终点。注意力获取不是传播者向受传者的单向传播过程，注意力的背后是用户意向。注意是人类在长期的进化中发展起来的一种对外界信息的选择机制，它的存在说明人对外界信息不是被动地接受，而是主动地有选择地加工其中最重要、最有意义的信息。注意力是用户意向的流露，用户对于信息付出注意力，是为了进行选择。注意力不是到眼球、点击率、购买行为为止，而是要进入并引导决策的意义领域。注意力是双向的，只有一边不断切中用户注意力意向，一边向用户反馈"中意"的信息，注意力的一个循环才算完成。怎样通过深层次的挖掘接近用户，切中注意力意向，使用户将注意力真正集中在自己的需求上，完成注意力资源的循环，才是利润点成败的关键。

（二）利润源——注意力资源付出与回报的权衡考量

注意力不是一种被动的信息接受，而是一种主动的信息选择，用户根据自身框架所依据的意义进行信息选择，本质上体现着消费者主权，不再是一种被动的感觉。"最省力原理，总希望以最小的成本或付出获得最大的回报。"[①] 信息过剩的时代，注意力成本是比经济成本更重要的因素，选择就等于注意力流向，受众在选择大众传播节目时如此，选择直播内容时亦是如此。而目前"出版＋直播"产品注意力成本和注意力回报并不成正比。

---

① ［美］威尔伯·施拉姆、威廉·波特：《传播学概论》，陈亮、周立芳、李启译，新华出版社1984年版，第147页。

1. "出版＋直播"产品注意力回报不足

在各大直播平台上，各类直播视频数以万计，平庸无奇的视频并不能引起受众的关注。与 2016 年零散的直播活动相比，2017 年、2018 年直播栏目品牌渐显，部分出版企业认识到直播的价值所在，组织专门的视频拍摄人员，但限于制作理念和技术水准，内容依然没有脱离传统的出版营销模式，直播形式多为新书发布会、作家讲座、编辑荐书等内容，直播话题、场景缺乏故事性和趣味性。直播内容往往是领导讲话、图书简介、作者背景、价格优势的杂烩综述，停留在静态的"解说加画面"的较低水准上，缺乏创新，在形式和内容上没有震撼感。大多数尚未形成栏目的直播活动则依然散漫。多数通过直播 App 进行直播的活动未经过精密的事前规划，自发而无序，直播内容缺乏连贯性和系统性，设备缺乏专业性。且此类直播并不常邀请知名作者、编辑等嘉宾，而是邀请一些不具有知名度的人士，对于一些专业性的内容，如烹饪教学、鉴表活动，不能邀请该领域的专业或知名人士则显得缺乏专业性和说服力。整体而言，"出版＋直播"产品不能很好体现内容价值、趣味，无法满足用户的需求。

2. "出版＋直播"产品注意力成本高昂

直播市场产品丰富，用户对"出版＋直播"内容的注意力付出则意味着丧失获取其他直播内容产品的机会，意味着机会成本的损失；而"出版＋直播"产品只占据整个直播市场的一隅，用户无法在直播平台主页收到相关推荐，只能在海量信息中通过自主搜索获得"出版＋直播"产品，意味着注意力付出程度高。因此，如何切中用户注意力意向，最大限度地满足用户需求，同时最大限度地降低用户获取产品、使用传播途径的时间和精力，最大限度地提升该产品在同类产品中的"注意力消费性价比"，让消费者注意力的付出降低成本，获得最大的收益，是利润源设计必须考虑的问题。

（三）利润杠杆——注意力资源价值转移与价值增值的双重追求

出版企业的直播活动大多单纯追求注意力，以求增加出版企业、图书品牌的曝光率，对直播播放量和相关图书产品的销售量，有一种茫然的心态，并不注重挖掘注意力资源的变现渠道，注意力资源的价值还未得到充分利用。

1. 注意力资源价值转移

一些出版社的直播活动不是"推销图书"，而是借直播做大"品牌声量"。如北京大学出版社 2017 年 11 月以"双十一，如何优雅地剁手"为图书导购主题进行直播，并插入 16 件图书商品购买链接。直播内容却是出版社出版图书的过程和编辑心得分享，似乎对商品销量毫不在意，而有意塑造图书品牌形象。此类主题模糊的直播较多，导致不少出版企业在直播平台的活动播放量仅为两位数。"出版 + 直播"的定位好像是"能带动销售则带动，若不能带动销售，收获了一定的注意力也是价值"，似乎只要有播放量，注意力资源就会转移为品牌认知。这种粗放的注意力获取方式并不能真正吸引注意力资源，更不能增加品牌价值，无法将注意力资源转换为购买力。甚至多数出版企业的直播活动至今没有提供图书购买链接或开通打赏功能，没有收取用户任何费用，没有得到用户送出的可换取收益的礼物、道具。直播的营销作用、利润杠杆作用无从体现。可以说大多数出版企业至今仍未打开用户的利润金矿。

2. 利润杠杆尚未撬动

一些出版企业虽然成功地通过用户注意力吸引带动了图书的销售，但其余的盈利渠道尚未打开，注意力资源变现模式主要依靠用户的购买行为，没有充分利用、开发其注意力资源，未能充分利用产业链中的电商平台、社交平台、内容平台等可引流注意力资源、共享经济效应的第三方平台。而直播秀场的本质是注意力资源变现或流量变现，出版企业通过上游主播、企业自身的影响力和下游社交平台把注意力资源拉到直播平台能够变现成什么、如何变现？在现在这个阶段并没有清晰的答案。

与微信和微博不同，直播内容制作成本较为高昂。多数成功带动销售的出版企业直播规模和造势非常强大，其直播带来的图书营业额上升并不意味着真正获利。如生活·读书·新知三联书店联合腾讯视频，直播高人气作者魏小河、木卫二、田螺姑娘的"独立日"系列新书分享会，通过直播贴链接卖出最新出版的《独立日 3：日出之食》共计仅 500 本。

其图书销售额增加的利润与直播所花费的成本并不相匹配。图书销量上升并不等于盈利，并不意味着注意力成功变现。出版企业在借直播规模扩大注意力资源的同时，若成本管理没有与之匹配、没有进行利润测算，则容易导致利润流失。如何将注意力资源转换为购买力、转换为品牌价值，进而撬动更多利润源，实现注意力资源价值再增值，是出版企业设计利润杠杆的核心问题。

（四）利润屏障——注意力资源竞争与合作的对立统一

传统模式中，出版企业要不断地建立自身的利润屏障，通过利润屏障增加注意力资源的黏性，防止注意力资源被其他同类企业抢走，从而获得持久稳定的收益。

1. 忽视产品开发与创新

目前"出版＋直播"市场并不成熟，多数出版企业只是将直播作为品牌宣传或图书营销的附加方式，并没有结合企业发展战略制定系统的规划，一些企业忽视直播产品的开发和创新，开拓直播完全是为了占据市场份额。直播内容同质化，直播宣传跟风，竞争较为无序。多数出版企业只在直播平台注册了账号，将直播活动搬到该平台，没有与直播平台进行深度的合作，也没有开拓产业链中与其他直播媒介的合作，合作较为单薄。整体而言，"出版＋直播"市场中出版企业原有的品牌形象并没有得到很好的展现，原有的出版资源并没有得到很好的利用。而"出版＋直播"模式下缺乏有序竞争、多元合作的出版企业则在产业运作中处于劣势，市场地位弱，难以形成强大的利润屏障，盈利能力较差。

2. 无法占据注意力资源

互联网时代，用户即核心资源，掌握注意力资源就掌握了市场话语权。眼下，直播用户也是网络直播平台或媒体的用户，注意力资源聚集在直播平台上，用户资源牢牢控制在直播平台手中，出版企业很难将资源平移复制，难以获得整体用户的有关信息和数据。这势必使得出版企业在和直播平台合作时始终处于弱势地位。而平台商占有的注意力资源可获取用户注意力 DNA，拥有着出版企业共同垂涎的用户信息和强大的注意力资源变现能力，因此在"出版＋直播"模式中占据主导地位，成为盈利主体，出版企业更多地处于被动地位。这不仅阻碍了产业链有效顺畅的运转，而且难以形成完善的盈利模式。因此，出版企业构建利润屏障，必须通过积极主动的竞争与合作，充分调动自身资源，塑造品牌形象，扩大市场规模，从而占据市场高地，夺回产业链主导地位。

（五）利润组织——注意力资源管理内容与形式的明确界定

"出版＋直播"各方是注意力资源的管理者，社会注意力资源的资本化管理是利润组织的核心，有效注意力的分配以及注意力资源优化配置是利润组织的焦点。而管理内容，管理形式是必须明确的问题。

1. 管理思维陈旧

在"出版＋直播"全新模式下，有些出版企业在组织结构和部门管理上却依然保留原有的基本设置，工作机制僵化。它们缺少专门的直播管理运作部门和岗位，没有打通直播营销需要的设计、管控、运营、推广、销售、售后等几个必要的中间环节，也没有很好地将不同传播平台融会贯通打造立体高效的信息传播系统。出版企业没有适应基于互联网思维的管理营销方式的转变，这给"出版＋直播"的营销管理与突破带来直接困难。因此出版企业需要对互联网时代的组织管理思维进行改造。

2. 管理危机四伏

作为商业组织，就对内管理而言，组织内凝聚的注意力资本也是人力资本。在"出版＋直播"模式下，传统出版和新兴出版双重工作模式并行，出版商与平台商等多方对接，工作信息过剩导致劳动者和学习者的员工注意力短缺。信息干扰带来工作出错率的提高，给组织埋下潜在危机。同时，由于管理信息的过剩、管理者注意力的短缺，管理部门很难对"出版＋直播"相关信息进行监控，导致管理危机。如何将注意力资本作为人力资本管理，在企业管理中引导员工注意力，如何分配管理者注意力，使其共同服务于、专注于出版组织的工作和目标，是内部管理的核心。

就对外管理而言，注意力的聚集带来的是知名度和影响力，注意力资本也是信誉资本，"出版＋直播"给用户带来的印象会通过凝聚的注意力产生强大的晕轮效应。某一方面的形象由点及面迅速扩散开来，美化或丑化的效果将被放大数倍，给企业形象带来巨大影响。如何将"出版+直播"模式聚集的注意力资本作为信誉资本管理，进一步塑造良好的企业品牌形象，避免负面影响，是外部管理的核心。

四　"出版+直播"盈利模式发展策略

（一）利润点——确保注意力资源获取的可持续

作为商业组织，不论是直播营销模式还是传统出版营销模式，产品的服务始终是获取社会稀缺注意力资源、实现经济价值的根本。优质的产品服务没有优秀的传播力做支撑无法吸引社会稀缺注意力；而单纯吸引注意力的直播内容，无法维系用户注意力。因此出版企业必须提升"出版+直播"的产品质量，提升直播活动的传播力，吸引并维持社会注意力资源，建立可不断扩张的利润点，实现经济价值。另一方面，作为文化产业，在兼顾经济效益的同时，要始终保证社会效益。不是简单地迎合作为消费者的大众，而是将社会注意力资源更多地分配到广阔的公众领域。不仅要提供满足社会注意力需求的优质内容，更要通过内容的把关和价值的倡导体现文化价值倾向，通过社会注意力引导实现文化效应。

1. 提升产品质量，凝聚注意力资源，实现经济效益

在注意力经济时代，精良的内容产品才能真正吸引并留住用户，才是吸引并不断凝聚社会稀缺闲散注意力资源的根本之策。提升"出版+直播"的质量，可围绕"出版+直播"的活动话题、直播内容、直播画面、直播互动的各个层面展开，强化出版企业注意力资源吸引凝聚力。

（1）体现直播内容的接近性

随着社交媒体的发展，UGC（用户自生成内容）得到快速的发展，这种非专业用户生产内容在题材和表现手法上往往更贴近普通用户，易于对接用户需求。出版企业可利用 UGC，结合 PGC（专业生成内容）开创新的内容生产体系。一方面，是 UGC 提供丰富的内容源，PGC 对其进一步优化与包装。出版企业可利用自己的渠道资源收集整理这些优质内容，寻找直播内容的趣味、营养、亮点、触动点所在并投入下一环节

的内容生产中。用户内容与出版企业专业制作团队相结合的方式，既有贴近用户需求的内容来源，又有专业人士的指导、专业主播的主持、专业组织的加工，有助于使生产出来的内容既接地气，又有质量，吸引更多的注意力资源。另一方面，使 PGC 诸多的生产环节加入用户参与，并由用户主动传播。出版企业可通过问题征集、投票等形式鼓励用户参与设计直播流程互动环节等具体内容；号召用户自己来决定内容的走向，并建立直播内容反馈体系和用户反馈处理机制；积极主动地与用户交流，及时集中处理用户反馈，根据用户反馈迅速调整直播和传播方案策略。使用户在直播平台获取内容服务的同时，也体会到创作、参与和分享的乐趣，可极大地提高内容对用户的吸引力，进而增强注意力资源的黏性。以浙江大学出版社《我要当个好爸爸》图书微信群直播为例，出版社在第一轮直播预告的基础上向广大预定直播的用户征集亲子教育难题，收到广泛回复后又将问题进行公布与投票，最后将挑选出的问题在直播中交由作者解答，直播吸引了上万人在线观看，影响力非常大。这种由社群成员参与制作的内容不仅使出版社了解到用户最关注的问题，而且为直播活动带来了新的内容，并进一步强化了图书和活动的宣传效果。

（2）展现直播画面的艺术性

直播封面、宣传海报、直播场景风格等一切形式层面因素的水平高低关系到直播内容的传播效果，因而要进行创新设计，突出审美价值。如浙江大学出版社出版的《我要当个好爸爸》的图书微信直播，出版社在推送宣传的同时制作了相关图文、海报，因其艺术性及其审美价值而迅速在众多微信群、朋友圈广泛传播。反观清华大学出版社在一直播平台发布的直播内容，多个直播场次的封面图同为一张"佛系"表情包，弱化甚至违背了直播主题，大大降低了观众的观看欲望。

（3）选择直播人员的科学性

直播现场至少需要以下的工作人员：专业主持人，负责串词的编写，把握节奏，调动氛围；专业摄像，负责节目现场拍摄；直播记录员，负责记录、整合观众的问题；编辑，负责后期剪辑、合成、节目包装等系列工作。直播嘉宾的选择：针对不同的直播主题领域，选择最具有发言权、具有说服力的嘉宾；根据用户特殊性选择最具有贴近感的嘉宾。其他考量因素：嘉宾亲和力、交流感、直播经验、颜值、镜头表现力、学术水平、粉丝数量。直播人员的管理：主播谈论的话题，内容的规定；现场工作人员及现场观众人选。

（4）实现直播互动的价值性

主播通过视频语音与用户群体进行实时在线互动，用户则通过弹幕、点赞、留言、送礼等方式吸引主播的关注。直播演变成一种社交方式，直播间变身为社区，社交互动的过程也是创造直播内容的过程，是内容生产的重要来源，甚至生成比原内容更大的感染力和传播力。互动与社交是直播成功的关键因素，通过创造情境，为用户带来场景化交流体验，实现人、声、画实时互动。用户注意力很容易沉浸在其中，更能真实地感受直播场景，从而产生共鸣，强化虚拟现实空间的认同感与亲密感，带来社会交往体验。

2. 注入精神内涵，引导社会注意力，永葆社会效益

是否勇于承担社会责任，是检验媒体社会效益的重要指标。直播领域的种种违法事件为直播市场敲响了警钟，只有提升媒介法律素养，完善直播内容，净化市场环境，才能真正做到注意力资源获取的可持续和发展的可持续。

（1）立场正确，价值引导

首先，出版企业要确保"出版＋直播"的产品服务满足国家、社会的基本要求，避免牵扯敏感话题内容，避免直播活动版权纠纷，确保内容合法、来源可查、立场正确、责任可究。其次，出版企业要确保"出版＋直播"的价值导向与国家社会价值方向并行不悖，商业化运作要适度，传媒的娱乐功能也必须适度运用，把"自己的注意力"集中在对社会道德的宣传、监督和引导上。好的文化产品可以逐渐通过用户注意力引导，影响并改变用户的需求结构，内化新的用户人格。

（2）扮演"把关人"，铭记社会责任

诚如伯纳德·科恩所说，在多数场合，媒介也许不能控制人们去想

什么，但在引导人们怎么想时却效果惊人。[①]"出版＋直播"传播的内容虽然具有无穷性，但其内容的把关、议程设置功能依然有很强的操作性。"出版＋直播"模式下出版企业虽不能直接决定用户对某一事件的看法，但可以通过信息和话题的编排有效地左右用户关注某些议题和意见，间接影响人们想什么。直播主题的定位，直播话题的选择，出版物内容的选择，直播流程的编排，直播的叙事逻辑等环节，都可引导用户的注意力。用户会因为这些安排将注意力集中于某个信息领域或某个议题、某种语境，并进行关注评价和再传播。出版企业必须扮演好"把关人"的角色，同时要铭记自身的社会责任，拒绝传播虚假、猎奇、耸动信息，避免大众注意力向八卦娱乐类信息层面的倾斜，认真选择进入直播渠道的信息，不仅要"选择加工信息"，更要"选择强调重点信息"：追踪精选社会热点话题，策划制造议题，选题上注重贴近性，尤其注重"公共议程"，借力"意见领袖"引领用户注意力。积极引导大众注意力向社会民生、个人发展信息层面倾斜，促进社会主流价值观和社会共识形成，更好地实现社会效益。

（二）利润源——促进注意力资源效益的最大化

从产品经济、服务经济到注意力经济，用户决策重点发生变化，是注意力经济问题凸显出来的背景。在产品经济中，用户决策重点在功能；在服务经济中，用户决策重点在体验；在注意力经济中，用户决策重点在价值，是所付出注意力资源投入的功能体验等的综合满意度。[②] 因此如何最大限度地提升注意力投入的价值回馈，减少用户注意力支出成本，实现用户注意力投入的最优体验、最佳效应，是稳定并扩大利润源的核心。

1. 提升注意力价值回报

争取稳定并不断扩大的利润源，其出发点是用户的注意力支出。因此需首先确保用户注意力投入的价值回馈。充分塑造、展现产品的价值

---

①　参见王志立《网络舆论场域中新闻反转现象的传播与反思》，《新闻爱好者》2018 年第 4 期。

②　参见姜奇平《基于意义的注意力经济——注意力经济的 2.0 版》，《互联网周刊》2005 年第 20 期。

点，提升用户注意力投入的满意度，在同类产品中突出注意力回报的"获得感"，达到注意力付出的最优体验。

（1）切中用户注意力诉求，突出直播活动的"卖点"

传播的竞争实质上就是受众注意力的竞争，传媒参与竞争的过程，从某种意义上说，就是传媒向受众展示自己"卖点"的过程。① 在出版同质化趋势日益严重的背景下，要想使"出版＋直播"吸引用户的注意力，就要抓住用户注意力意向，创新内容，从类似的出版、直播资源中发掘出不同于其他同类产品的独特"卖点"。

首先，要挖掘用户注意力支出背后的需求，以大数据技术为基础，做好用户注意力"跟、随、办"。结合认知心理学、符号学、阐释学等方面的理论，用信息加工的观点来看待注意力流向过程，用编码、解码的方法，进行语形、语义和语用之间的转换，发掘用户潜意识领域、情感领域等的深层意义。② 通过对话的方式、符号的运用，实现意义的传播交换，切中用户注意力流向背后真正的心理需求。其次，根据前期用户注意力诉求调研，定位服务对象，明确用户对于直播活动的倾向和用户会一致关注的主题，找准"出版＋直播"活动的卖点，针对不同的用户需求划分不同用户群体，据此设计直播主题，策划直播内容，制定传播目标。最后，以设计好的"卖点"对"出版＋直播"进行判别，评价该产品有无特色，避免跟风和重复，强化差异性，确保"卖点"的可操作性，并使内容服务围绕这一核心进行展开，使产品在同类产品中脱颖而出。

（2）营造直播体验的沉浸感，提升注意力投入的"性价比"

一方面，"出版＋直播"最大的功能就是代替用户的眼睛去看，用户的"第一视角"是其最大特征。为用户打造注意力"超值"满意度的关键在于强化用户的沉浸感，从而弱化用户注意力投入的时间、精力流逝感。首先，需创新直播场景，针对当前出版直播活动主要以静态展示为主的现状，今后出版直播应更多地向动态展示转变，将直播间设置在人流可控的零售书店、图书超市、书市书展等公共活动场所，打破常规的

①　参见张新华《数字出版产业运作基本特点探析》，《现代出版》2011 年第 2 期。

②　参见喻国明《受众注意力的吸纳模式：施拉姆公式的启示》，《青年记者》2016 年第 6 期。

室内直播间的刻板印象，把图书商品置于生活的场景中，实现"场景营销"；其次是创新拍摄方式，拍摄画面不能一直停留在固定的位置，要通过远景和近景的切换产生变化，必要时还需要采取多机位拍摄，打造画面的立体感；最后，增强技术硬实力，"现场感"是直播的核心体验之一，这与 VR 技术所追求的现实感、沉浸感体验有着天然的共生土壤，出版企业可与提供 VR 技术的技术企业、直播平台合作，提供"直播＋VR"的用户新体验。

另一方面，需要提升用户的注意力投入的时间成本效益。优化精简直播内容，科学规划设计直播时长，避免不相关、垃圾信息的干扰，加强对直播中大量出现的弹幕内容的管理。弹幕有遮挡直播内容的弊病，一些不合时宜的弹幕也会降低用户对内容的注意力，使原本作为互动内容的评论成为主角，而内容本身反而成为配角，注意力对象本末倒置，将大大降低用户内容获取的质量。因此要从时长、信息量等方面全面管控直播内容，确保用户在最短的时间内获取大量的实质性内容。

（3）提炼注意力评估指标，达成注意力沉浸的"心流体验"

匈牙利心理学家 Mihaly Csikszentmihalyi 提出"心流体验"理论。是一种对正在进行的活动和所在状态的注意力的完全投入和集中，是注意力沉浸的表现。该理论认为，这种体验会产生一系列结果，增加学习、探索和参与行为，并满足用户潜在的控制感。以用户注意力沉浸为目标，提升"出版＋直播"的营养价值，即本身是否能给读者带来有益的体验；提升"出版＋直播"的社会价值，包括提供社交、群体认同等方面的价值。实现用户"心流体验"的达成是产品价值最大化的体现。因此，出版企业需以此为指标和检验标准设计直播活动，建立评估模型，对直播活动的注意力效果进行判别，并不断调整直播内容，反复检验标准的科学性，不断完善优化评价标准，确保用户"心流体验"的达成。

2. 降低用户注意力成本

互联网时代，用户挑选、购买出版物，选择、观看直播场次越来越便利，但对用户来说，信息产品过剩而用户注意力不足，查找有效信息犹如大海捞针。能够在广袤的信息中获取有效且优质的信息就显得十分重要。对企业来说，在直播市场进一步扩大、传播影响力越来越大的当下，不采取主动传播攻略，主体的信息将很快被各个社交平台、直播平台海量的信息流所淹没。因此，出版企业必须降低用户抵达目标内容的代价和费力程度。

（1）建立传播矩阵，拉近用户与信息的距离

出版企业在直播宣传的过程中一定要抛弃门户之见，灵活而具体地将直播和其他渠道、媒介联合起来，团结协作，尽可能调动各种传播平台，最大限度地推广直播活动以及相应的衍生产品，以便最大限度地覆盖、贴近用户。首先，利用好出版企业自身的官方网站、微博、微信公众号进行传播。自身平台的受众与"出版＋直播"目标用户会非常接近，甚至重合。用户本人就是出版企业的粉丝，对其直播栏目接受度也会更高。其次，依托于作者、嘉宾等重要人士的资源，通过微博、微信公众号进一步扩大传播面。再者，通过与直播、购物平台合作，联合各大媒介，在各大平台，如腾讯文化、优酷土豆、天猫、京东等平台同步直播或首页推荐，提高被用户关注的概率，争取使用户在尽可能短的时间内，尽可能广泛密集地接触到直播信息。同时需要注重相关细节，在直播前期，如前一周做重点宣传，以及对已关注直播的粉丝进行提醒。直播活动结束后，可将直播内容进行二次创作，剪辑视频，总结文字，附加花絮等，对活动进行包装，如"启真童书"将直播的语音内容汇总整理制作成音频，在微信群以及公众号等渠道重播，进一步扩大直播的传播覆盖面。争取通过各层级的传播渠道进行二次推广，可最大限度地拉近信息与目标用户的距离。

（2）完善推荐机制，减少用户内容选择的难度

出版企业要结合直播用户的特点，将散乱的直播活动、内容加以分类，整理形成主题、板块，并设置相应的标签和关键词，便于用户查找。此外要通过大数据分析，建立各直播活动的联系，将相同和相似主题的直播内容建立连接，便于用户注意力在相关产品的平行扩散，由点及面获得更多的内容产品。其次，一方面出版企业可利用所积累的读者信息与直播平台、购物平台打通对接，更新信息推送模式，将适合目标用户的

有效信息精准推送至平台用户的个人页面上。最后，出版企业需加强与用户的关联。针对特殊日期或热点事件建立与出版物和直播活动的关联，通过短信或邮件等方式对用户进行提醒服务，随信息将出版物或直播活动推荐给用户，并告知用户图书购买渠道或直播参与、观看方式。降低用户选择与获取内容产品的时间和精力成本。

（三）利润杠杆——追求注意力资源变现的再循环

出版企业在传统营销模式中，往往隐身于幕后，向社会推出作者及其作品，"为他人做嫁衣"，除了产品销售收入外，很难获得附加价值。而在"出版＋直播"模式下，出版企业现身台前，凝聚社会注意力，拥有了相应的变现资本。

1. 提升注意力购买转化率

传统出版发行模式下，出版物需要经过经销商和零售商或特定活动到达读者，"出版＋直播"使得出版企业直接面对用户，能够通过直播直接影响用户的认知、行为，实现"边看边买"的高转化率。但追求注意力购买转化率不等于直奔盈利主题，注意力资源的变现不仅希望用户完成单一的购买行为，而且希望用户可以对出版企业及其直播活动持续地关注。出版企业需要淡化"图书兜售者"的角色，塑造"知识传播者""知识链接者"角色，激活用户为知识付费的意愿。

（1）打通用户购买渠道，开启直播间导购模式

将相关出版物建立关联，组合打包，在直播时推广相关图书。为直播用户创造一种极致而无缝的购书体验，并根据实时的订单数据和用户进行互动，及时调整导购模式。一直播等直播平台可以添加商品链接，出版企业只需要绑定微博账号，并且开通加 V 状态，用橱窗展示功能即可实现"直播＋购物"。此外，淘宝、支付宝、阿里旅行 App 的直播功能都可以实现在不离开直播界面的同时无缝购物。出版企业需扩大与购物平台的合作，利用天猫、京东、当当等电商平台举办购物活动的时机，或结合出版社社庆、读书日等时机与购物平台策划相关直播活动，激发用户的在线关注和兴趣，进而促使用户在观看直播内容或浏览购物页面的同时下单购买。

（2）拓宽用户消费途径，开发优质付费直播

免费泛滥的时候，付费就会成为一种必然。知识型信息、内容产品的付费使用、分享正成为一种新的注意力消费模式，"出版＋直播"在付费领域开拓的潜力尚待开发。2016 年 4 月 25 日，罗辑思维发起人罗振宇与罗永浩、吴晓波等 11 位大咖以直播的形式开启互联网读书会，直播和回放皆为付费模式，10 元的直播"门票"并不影响用户的热情，零点过后，在线观看直播的还有 3 万多人。截止到 5 月 1 日晚上 11 点，罗永浩回看点击量 1.6 万，罗振宇回看点击量 1.5 万。可见只要内容足够优质，用户仍愿意为之付费观看，付费直播模式可行性高。另外，可设计会员增值服务，联合直播平台，为会员提供"出版＋直播间"专属特权，为付费会员开放更多功能权限。如功能特权有：个性点赞、特权礼物、隐身入场等；身份特权有：头像装饰、进场特效、会员标识等；内容特权有：观看指定（付费）内容、权限内容分享等。

（3）激活用户消费欲望，让注意力转化为购买力

不断发布新书，制造畅销书，扩大影响力，给消费者不断传递新、奇、特的信号。不断拓宽图书产品线，打破边界，给用户多样性选择，让用户愿意从直播活动中购买其他商品；设计有诱惑力的抵价券或优惠活动；在直播过程中，适时提醒观众关注出版社相关社交账号或加入相关社群，分享购买链接、优惠福利，以及后续新书出版直播场次的预告。同时，开通直播打赏功能，并利用良好的直播场景和互动模式，为用户提供良好的观看体验，激活用户的打赏意愿。

2. 提升注意力资源变现力

相较于其他行业，"出版"行业的特殊性体现在许多方面，但共性就在于所交换的稀缺资源——注意力。"出版＋直播"需要研究如何实现注意力资源的最优化配置。注意力资源因为稀缺所以昂贵，企业为获得用户注意力需要投入巨资，以广告等形式购买注意力资源。因而，占据大量注意力资源等于拥有大量的经济资本。在注意力资源上的花费成为了现代企业经营成本的重要组成部分。而如何利用所占据的注意力资源吸引第三方为之消费，便成为企业利润杠杆的核心。

（1）开发原生广告

广告合作在目前的"出版 + 直播"模式中仍处于空白阶段，而这正是出版企业强有力的变现渠道，将注意力资源作为广告商的用户资源，寻求与广告商的合作，在直播室中或直播流程、直播礼物中植入广告。出版企业应利用好注意力资源，主动寻求与第三方的合作，结合互联网技术对广告进行内容化处理，以受众注意力沉浸体验为追求，结合受众对直播场景的需求，开发移动媒介、直播内容、形式深度融合的原生广告。此外，还应尽可能地淡化商业气息，让用户意识不到广告属性。2017 年 11 月谦玛互动为雀巢打造原生广告，在深度洞察"双十一"期间用户的兴趣和行为的基础上，联合时尚母婴大咖 Ella、借助京东双十一的促销节点，打造了一场雀巢《劲宝妈妈 Ella 带你嗨购 11.11》直播整合营销。整体活动期间，Ella 直播观看量 32 万，点赞量 77.34 万，外围传播阅读量 173 万，品牌传播效果得到了极大的提升；同时，直播期间 4 个 SK - Ⅱ直接卖断货，预估总销售额在 400 万元以上，最终实现了"品销合一"的双赢结果，可见原生广告的巨大市场潜力。利用注意力资源吸引广告商合作，结合注意力数据开发原生广告，将是撬动利润杠杆的关键。

（2）利用 IP 资源

IP（Intellectual Property）即知识产权，在新媒体时代，意指媒介组织用资本购买或创造小说、动画、游戏等知识产权，进行跨媒体、跨平台的衍生和内容开发，本质是一种跨媒体、跨平台的营销活动。对内容价值的二次挖掘过程正是注意力资源价值的二次开发、变现过程。2016 年 5 月即神团队推出在线互动直播喜剧《即神来了》，重新解读历史名著《金瓶梅》，通过人物角色现代化将其变为老少咸宜的互动直播喜剧，并在美拍、映客、花椒、斗鱼四大平台同步直播，开创了国内利用直播平台打造故事 IP 的模式。出版企业可充分利用内容资源，围绕原有的版权内容、供应商资源，创造衍生新的内容、产品，直接对 IP 进行开发，并提升 IP 管理与运营能力，凭借大数据对注意力资源进行匹配，挑选更合适的合作企业，打造更具影响力的图书 IP，开发衍生产品，开发更多

"出版＋直播" IP 模式，撬动更多利润源。①

（四）利润屏障——维持注意力资源占有的排他性

出版企业建立利润屏障，关键在于能否最大限度地占据并扩张注意力资源，防止注意力资源被其他同类企业抢走。出版企业原有的在出版市场所积累的内容资源、规模基础、品牌形象是在"出版＋直播"市场中扩张注意力资源，从而有效构建利润屏障的资本。在竞争越来越激烈，产品越来越雷同的当下，规模和品牌是不容易被竞争对手模仿和突破的两大优势。因此，出版企业必须借助现有资源，积极扩大市场规模，促进品牌能力建设，构建有效的利润屏障。

1. 打造规模屏障——发挥"出版＋直播"资源价值实现注意力垄断

由于"出版＋直播"市场较为广阔，出版作为直播领域的新兴产业，后进入市场的企业将面临更多的市场风险，同时还要增加用户研究、新设备、技术投入、直播活动的宣传等众多成本。显然，具有一定规模的企业，将在抵抗风险、引导用户注意力、降低成本等方面具有更多优势。对于出版企业来说，如何利用已有的资源，打造"出版＋直播"市场优势，形成并扩大市场规模，是占据该市场的关键。

（1）深度挖掘注意力资源价值

注意力资源已成为内容企业兵家必争之地。注意力资源在直播市场主要体现在直播的总点击量、点赞量、粉丝量等具体数据上，这些数据对深度挖掘注意力资源具有重要的参考依据。由于互联网技术的发展，出版企业可将注意力资源纳入大数据统计与云计算之中，注意力资源的各项数据可帮助企业更好地完成对直播内容的评测与估算，同时精准把握用户需求。因此出版企业需要最大限度地收集相关数据，除了在直播平台上收集用户信息外，出版企业还可与其他媒体进行合作，例如直播活动的传播媒介微博、微信等，或是与直播对接的购物平台进行合作，例如当当、天猫、京东等，利用它们巨大的信息浏览量与强大的数据分析能力为出版机构收集信息。尽可能多地获取新的用户资料，争取相关

---

① 参见 iResearch《2018 年中国原生视频广告投放策略白皮书》，《艾瑞咨询系列研究报告》2018 年，第 69 页。

数据的开发利用权。同时出版企业应当注重后续统计分析工作，组织专业技术人员专门负责数据分析整理，并构建系统完整的数据模型，保证杂乱无序的信息真正变成可利用的资源，从而精准刻画用户"注意力DNA"，吸引更多注意力资源。

在充分挖掘注意力资源价值后，出版企业应将其作为竞争与合作的砝码，从而提升企业在市场上的话语权，以更积极的姿态进入合作，主动提出合作要求，如盈利分成、用户资料享有权等。掌握直播内容形式设计、直播活动管理的主导权等。争取最大的权益，争取盈利主体的地位。

（2）综合开发版权资源价值

版权本身就是一个带有垄断性质的名词，垄断能够带来经济效益，提供价值创造和增加的可能。通过版权资源扩张市场，占据注意力资源，是利润屏障的有力武器。

首先，版权具有较强的流通性，通过版权资源的流通可以不断吸引注意力资源。一方面，版权可作为物权流通，版权所有人可将版权及其衍生权利授权给他人或组织进行开发；另一方面，是版权的内容流通性，即被授权人可进行版权内容的调整，使之能够在各行业中流通，经过具体开发运作实现内容和产业的不断变化，不断催生衍生品。版权价值既体现为不同产业之间用户相互转化的流通价值，也体现为版权在不断流通中的无限开发价值。因此，出版企业要不断加强和作者、版权方、各种出版产品、服务提供商的合作，争取更多的版权资源，同时加强对已有版权资源的有效整合、有效配置和合理使用，不断扩大版权资源优势。此外，出版企业可通过直播活动的宣传展现版权资源，展现版权流通开发的可能性，不断吸引第三方合作，争取版权的多元开发，从而实现跨产业链流通，实现版权价值的扩散式增长，实现注意力资源的对外扩张。

其次，通过版权资源的影响力传播不断聚集注意力资源。版权的"自带流量"体质带来的传播影响力非常强大，主要表现为原IP粉丝利用社交网络自发进行的多样化宣传，其带来的注意力资源集聚效应可作为对某一特定IP和话题的营销价值进行评估的依据。如在新浪微博中，

《扶摇皇后》的话题阅读量为 7.8 亿，这个数据背后暗含着巨大的受众市场，暗藏巨大的经济价值。借助话题性强的 IP 开展直播活动、进行相关宣传，将极大程度地占据用户注意力，形成排他性竞争力。

最后，通过对版权资源的保护不断占据注意力资源。网络直播平台中涉及的主体众多。版权涉及面就突破了平台与主播，利益涉及直播主办方、直播主持人等主体。因直播获得收益的主体都可因版权分一杯羹。法律在直播领域的规定还不健全，没有完善的版权保护制度，导致直播市场的侵权现象非常容易发生。但从版权法角度来看，若直播平台、主播在没有获得出版企业版权授权的情况下，使用图书的版权资源或转播直播内容，且实际获利，那么原出版企业的信息网络传播权和相关版权实际上已经被这种行为侵犯了。因此出版企业必须强化版权保护意识，对相关侵权行为进行举报，杜绝自身版权被侵犯，净化竞争环境，保证版权资源的独有性。

2. 打造品牌屏障——根据"出版 + 直播"生命周期制定注意力战略

虽然从直播活动本身来看，它属于出版企业的战术行为，但长远来看，它属于出版企业品牌塑造链上的一环，是一种战略行为。直播活动务必做到维持、强化出版企业的品牌形象。如图 8 - 3 所示，出版企业在直播市场的生命阶段可按照企业积累的注意力资源效应分为五个阶段：观望期，导入期，成长期，成熟期，衰退期。在出版企业还未进入"出版 + 直播"市场，还未在目标市场积累起注意力资源的阶段，需要有一个短期的观望阶段。在正式进入目标市场后，经过一段时间的发展，注意力资源会逐渐积累为企业知名度。品牌进入导入期之后，注意力资源会快速积累发酵，带来美化效果，使品牌进入成长期，或带来丑化效果，直接步入品牌衰退期。品牌顺利将注意力资源转化为美誉度后将进入成熟期，此时注意力资源相对稳定并长期保持较小幅度的增长，达到最高点后开始出现下降趋势。经过长时间的品牌成熟期，注意力资源不再增长而缓慢减少，但保持在一定数量，品牌进入衰退期。每个企业经历的生命阶段到来时间并不固定，需要企业根据相应注意力资源评估体系判定自身所处阶段并不断调整。

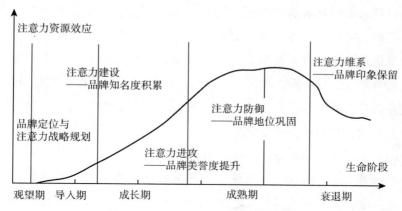

图 8 – 3 品牌周期下注意力战略选择

（1）观望期——品牌定位与注意力战略规划

出版企业步入直播市场，正式进入生命周期之前，必须对"出版 +
直播"品牌形象进行整体定位设计，使"出版 + 直播"的品牌形象区别
于同类别品牌，且与出版企业整体定位相符合，并在整个"出版 + 直播"
生命周期加以贯彻。分析出版市场、直播市场、政策环境、现状前景，
根据深入的研究分析预计生命周期，并根据不同周期制定相应的注意力
经营目标，制定相应的评估判断机制，确保能根据市场变化和自身发展
状况作出及时的战略调整。

（2）导入期——注意力建设型战略

在出版企业刚进入直播市场或新直播活动面世之际，为了能产生良
好的"第一印象效应"，应采取"注意力建设型战略"，积极主办和参与
各种直播活动，结合社会热点推出一系列事件营销活动，并采取强大的
宣传攻势，广泛建立社会联系，争取在短期内获得足够的注意力，让社
会关注、了解组织，使其了解出版企业的经营性质和经营范围、产品和
服务的特色、图书价格等信息。反观"出版 + 直播"市场，除了人民出
版社、中信出版社等知名企业，多数企业直播活动的"开张"显得过于
"默默无闻"了。

（3）成长期——注意力进攻型战略

出版企业的"出版 + 直播"步入成长期后，被用户"注意"是形成

品牌口碑的必要而不充分条件，只有在用户"注意"并对品牌产生"偏好"之后，才可能产生品牌满意度。这一时期可以说是生死攸关，需要对大量积累的注意力资源采取进一步进攻，采取主动出击的态度提升用户注意力投入的满意度，加强用户已有的记忆和印象，扩大注意力效益。稳定并提升直播内容质量、营造品牌内涵、提升直播投入等。只有切实提升美誉度，品牌才能逐步提高影响。

（4）成熟期——注意力防御型战略

伴随着注意力的集聚、强化，出版企业品牌知名度、美誉度共同达到一定高度，品牌逐渐进入成熟期。出版企业需实时注意"出版＋直播"市场情况，及时、准确地了解企业自身和竞争对手的注意力资源占有情况和品牌形象，及时采取对策，尽快消除隐患。当企业与用户、企业与竞争对手出现摩擦的时候，及时调整直播活动的策略，积极调整各传播要素，减少或消除消极因素，保持良性的竞争关系和用户关系，树立和维护良好形象，防止用户注意力资源被竞争对手侵占。

（5）衰退期——注意力维系型战略

"出版＋直播"市场发展尚未成熟，出版企业品牌发展前景广阔，谈论衰退期似乎为之尚早，但市场终有一天趋于饱和，品牌终将进入衰退期，提前规划有利于出版企业洞悉品牌危机，防患于未然。经过前期注意力资源的积累，用户已经对出版企业产生了品牌忠诚。出版企业需用尽策略维持用户的注意力而不至于使其淡化乃至消失。在充分的竞争对手调查和研究以及全方位考虑市场各种影响因素的基础之上，在直播活动的策划及实施过程中不断地改进方法手段。通过各种渠道向目标用户传递品牌信息，如通过图书优惠活动和直播场次预告等对接用户，以感情联络、人际交往的方式维系用户注意力，维系良好品牌形象，加深用户对出版企业的印象，使品牌知名度始终保留在用户的记忆中。

（五）利润组织——提高注意力资源管理的科学性

出版业开展直播营销，通过直播凝聚注意力，增加出版企业和产品的知名度、美誉度，提高用户的认知度和忠诚度，最终使出版文化产品实现商业价值和文化价值，创造更多利润，实现价值和利益的最大化。

必须对企业内外聚集的注意力资源进行高效管理，提高注意力资源分配、导向的科学性。

1. 内部注意力资源人力管理

直播在出版业若常态化，则容易出现与其他业务工作交叉和权责不清的情况，导致员工注意力分散，难以有效完成工作任务。因此，出版企业需要对原有的组织结构进行新的改造，对现有的人、财、物、信息资源进行必要的重组，培养熟悉出版业务的直播营销人才，成立负责直播业务的部门，并与其他部门相协调，形成开放式的组织结构。管理者需要确保内部注意力集中于整体目标，并促成"出版 + 直播"各环节内部注意力资源分配的平衡。同时要建立内部的信息资源共享平台和高效的信息传播渠道，部门领导要跟上级领导协同制定战略目标和管理细则，管理者需要准确划分员工的权责，避免注意力分配的不清和错位，使员工注意力准确集中于手中任务，并根据任务划分检验员工注意力集中状态，引导其将注意力集中于战略目标的达成。

2. 外部注意力资源公关管理

获得社会注意力资源是赢得社会理解、建立社会声誉的基础，出版企业要对名声、信誉、社会关系进行经营，需安排专业的公共关系管理人员对直播活动进行管理。

一方面，注意力支出与直播是同步的，直播途中若出现事故，很难逃过用户的眼睛，带来公共关系危机。因此需要对"出版 + 直播"进行危机管理，要最大限度地降低直播时面临的风险。针对"出版 + 直播"主体的性质、直播活动的形式，分析发生过和可能出现的危机，以及这些危机的损害。如直播画面是否延迟、中断等。公关部需拟出直播的风险评估模型，设置相应的处理预案。如不良用户的删选屏蔽，恶意弹幕等不良信息的过滤、举报机制等。设定危机发生的补救措施后上报组织决策层审批，以保证应急措施的可行性和高效性。出版企业在开启直播前需精心策划直播活动流程，按照危机评估考虑并避免一切可能引发混乱的安排；注重场地、设备、嘉宾等在场人群的选择；同时与直播的嘉宾和拍摄人员事先沟通；在确定活动方案后，出版企业应首先根据活动安排检验相关场地、设备，保证直播活动的可操作性和流畅性，并在直播开始前与技术支持方和媒体方进行多次排练，确保工作人员熟悉技术操作和活动流程，并邀请主播、直播嘉宾等进行彩排，排除可能的障碍；调动相关部门，按照经审批的活动预案检查应急处理机制，确保能在第一时间处理突发状况。

另一方面，企业的形象会通过集聚的注意力资源无限放大扩散，产生正面或负面效应。因此，需要对"出版＋直播"形象声誉进行管理。要构建注意力分析模型和注意力凝聚扩散的传播渠道。通过大数据实时分析用户注意力反响，检测用户口碑。评价良好的直播场次，进一步凝聚注意力，追求正面效应的最大化；评价不良的直播场次，内容大面积迅速撤下，尽可能减少负面消息来源；用网络搜索引擎等压制分流负面消息，并通过正面内容的传播分散用户注意力，达到负面效果的最小化。

注意力资源已成为直播市场的商家必争之地，出版企业进军直播行业成为大势所趋，全新而有效的盈利模式是出版企业的内在要求。作为具有商业和文化双重属性的出版企业，以注意力资源为基础，重新审视盈利模式的构成，不仅要考虑注意力资源的经济效益，也要考虑注意力资源的文化效益，结合出版企业的注意力资源优势资本，科学开发、经营、管理注意力资源，发挥注意力资源双重价值，才能构建真正稳定的盈利模式，实现持续盈利。

第二节　"学术期刊＋社交"盈利模式研究

随着互联网时代的发展，传统学术期刊为了生存和发展纷纷谋求数字化转型，但我国传统学术期刊在进行数字化转型过程中存在着内容生产分散化与内容传播集约化的矛盾。分散经营不能满足用户精准检索数据的要求，网上投稿平台匹配效率和透明度低、移动平台内容过度媚俗化与娱乐化等问题都制约着传统学术期刊的数字化发展。在这种背景下，"学术期刊＋社交"的新盈利模式应运而生，依托传统学术期刊海量学术资源，打造学术社交平台，建造学术社区，帮助学者实现交流的便捷性，提高学者个人学术影响力，并通过提供知识服务来实现盈利。人大数媒科技（北京）有限公司自主研发、运营的专注人文社会科学研究垂直领域的学术科研一站式移动服务平台——"壹学者"是运行"学术期刊＋社交"盈利模式的"先驱者"。从 2014 年 9 月上线运营至今，"壹学者"吸引了 75 万学者、科研工作者用户。以"壹学者"移动学术科研服务平台为例，研究"学术期刊＋社交"的整体盈利模式及其在发展过程中遇到的问题，并针对问题提出解决措施，给传统学术期刊的数字化转型提供新思路。

一　"学术期刊＋社交"盈利模式概述

（一）"学术期刊＋社交"盈利模式发展现状

"学术期刊＋社交"盈利模式是一种新兴的数字出版盈利模式。它以传统学术期刊为基础，结合社交媒体发展，依托微信公众平台、手机 App 等终端，为用户提供学术信息、学术资源的同时，构建学术社交圈，通过提供内容资源和学术服务进行盈利，不断推动学术生态系统的创新，是学术社交与学术期刊结合发展的一种新的发展形式。"学术期刊＋社交"盈利模式的应用并不多见，我国比较知名的平台是"壹学者"移动学术科研服务平台，它是由人大数媒科技（北京）有限公司自主研发的专注人文社会科学研究垂直领域的学术科研一站式移动服务平台，其"前身"是"人大复印报刊资料"数据库。"壹学者"形成了前端以会员收入为主，后端以佣金收入为主的盈利模式，其每日的 PV 流量位列微信公众号学术类新媒体排行榜第一，短时间内已聚集大量高质量学者，并实现可观的利润转化。国际知名度高的 Science Open 互动式研究交流平台也在今年来到中国，它是一个完全开放的集科学研究、出版和社交为一体的网络平台，通过为出版商提供增强语境的上下文服务收取费用，获得盈利。中国知网主办的"全球学术快报"也是电子期刊数据库在提供学术交流服务领域的一大尝试，但它尚未建立完善的"学术期刊＋社交"盈利模式，而是单纯通过提供学术内容资源来获取利润。总的来说，"学术期刊＋社交"盈利模式的发展依然处于起步阶段，但随着时代的发展，学术期刊从知识资源提供者向知识资源服务者转型已成为大势所趋，依托互联网开发网络平台开展学术社交，可更好地服务于受众、满足受众群需求，"学术期刊＋社交"盈利模式为传统学术期刊实现数字化转型和盈利提供了新的思路。

（二）"学术期刊＋社交"盈利模式解析

"学术期刊＋社交"盈利模式的最终目的是获得利益，这需要企业以"学术期刊＋社交"为基点开展一系列经营活动，根据用户需求为用户提供服务，从而获得收益。企业通过合理运用盈利模式的基本五要素创造价值，实现盈利。

1. 利润点——多点支撑，发力不均

"壹学者学术生态系统"通过对"人大复印报刊资料"数据库资源的进一步优化整合，结合移动互联网时代的信息技术优势，开发出微信端、安卓用户端、苹果用户端以及 PC 端等多终端产品形态，提供"学术论文库、学术社交平台、科研工具服务"三类核心功能，全方位满足学者、学术机构多场景的数字阅读及科研服务需求。[①]"学术期刊＋社交"盈利模式的基础利润点和其他数字产品相似，依然是内容产品的售卖。"壹学者"依托"人大复印报刊资料"数据库资源，将海量学术资源传到网络平台，使用户可以使用多个终端随时随地对学术资源进行检索使用，大大提高其便利性，并通过单篇收费的方式获得利润。"学术期刊＋社交"盈利模式的期望利润点是通过向用户提供学术服务获得的利润来源。在科研工具提供方面，"壹学者"充分发挥了移动互联网便捷、即时、定向、精准等特点，为用户定制了课题立项助手、会议服务、著作出版、随手笔记等工具，学者可以方便地查看本专业的学术科研趋势，发起各种数据调研，与不同学科的学者进行跨界合作，查看周边会议、沙龙，进行论文发表、著作出版、成果传播，等等。在学者社交服务方面，"壹学者"依托其丰厚的学术资源积累，开发了"学术名片"功能，帮助用户扩大个人影响力，用户还能在"实名学者圈"与学者、老师、同行、同学进行各种交

---

① 参见赵慧明、武宝瑞《从"人大复印"到"壹学者"，守望学术理想》，http：//www. book dao. com/article/405612/，2018 年 4 月 4 日。

流互动，包括热点评论、学术话题争鸣、科研难题探讨、调研投票等。但这些服务并不是完全免费向用户提供的，"壹学者"将人脉特权、学术影响力传播及学术科研服务划定为会员资格，并通过售卖会员资格来获取利润。①"学术期刊＋社交"盈利模式的附加利润点主要表现在广告收入方面，"壹学者"依托大量的用户吸引广告投放，通过在"学者社区"版块发布学者新书售卖的广告获得利润，但整体广告投放量并不大。虽然"壹学者"已经构建起"内容＋服务＋广告"的多点支撑盈利模式，但是这三个利润点对整体盈利模式的贡献率分配并不均衡，一般依然是基础利润点——内容资源的售卖占主导地位，这也是目前许多发展学术社交服务的学术期刊或数据库的"通病"。

2. 利润源概述——多元市场，主次清晰

"学术期刊＋社交"盈利模式的三大利润源构成即：核心利润源是使用数字产品的各领域专家学者，此类用户是"学术期刊＋社交"盈利模式的主要盈利来源，是盈利模式构建的关键点；辅助利润源是第三方投入商，如在平台投放学术相关广告的广告商，该类用户需求的满足是盈利的关键补充；潜在利润源是尚未被挖掘的所有可能性利润，即使用学术科研服务平台的周边需求用户或潜在用户，如其他以内容服务提供为主的学术类公众号，它们可以通过学术社交平台上话题讨论的热点，在自己的平台上推出更能符合受众需求的学术内容，学术科研服务平台也可以通过向学术类公众号提供热度话题信息来获取利润。但它们并不构成主体利润，却是对既有利润的有益补充。相比许多建立公众号后，随着时间的推移纷纷"掉粉"或出现大量"僵尸粉"的学术期刊，"壹学者"通过构建学术生态圈，通过提高交互性保留住了大部分核心利润源和用户黏度。在传统的学术研究中，学者与学者都是独立的个体，学者之间的社交一般是通过熟人引荐或学术研讨会，这种形式的社交效率低下且受身份桎梏明显。普通青年学者很难通过自己的人脉圈结交到业界大腕学者，更不用说就学术问题与其交流探讨。但"壹学者"通过打造

---

① 参见王卉、张文飞、唐沛《基于移动端的知识服务产品运营策略探讨——以人大数媒"壹学者"学术科研移动服务平台为例》，《出版发行研究》2015 年第 11 期。

"实名学者圈"和"互动社区",让每个有志于学术的普通青年学者可以和业界大腕学者产生在线互动,打破了身份桎梏的壁垒。通过线下的沙龙活动、学术会议信息等"人文社科学术联盟"的多样化渠道,大大提升了用户黏度,① 这对于核心利润源的经营来说是非常重要的。由于"壹学者"的广告一般投放在"学者社区"版块,打破了传统数字广告单向传播的模式,用户可以通过互动取得对产品的深入理解,提高用户的购买兴趣,同时也能满足广告商的需求,强化辅助利润源。通过多样互动来制造用户的融入感,建立持续关注、交互联结的关系,"壹学者"真正做到了"吸引用户、留住用户、转化用户"的微信传播目标。

3. 利润杠杆——内容为主,服务助力

"学术期刊 + 社交"盈利模式的利润杠杆为内容营销和信息增值服务相结合的形式。"壹学者"并没有采用单纯的资源售卖的盈利方式进行运营,而是通过探索形成了"学术服务—学者—学术运营增值服务"的营销模式。"壹学者"的用户因为资讯观点、期刊论文、图书、课题立项助手等而聚合,通过"实名学者圈""互动社区"等社交关系沉淀,最后由菜单式的增值服务产生交易,实现商业价值。② 前端主要服务于学者,通过切中学者需求提供系列学术服务,包括以学术资源、学术社交、学术科研等来团结学者用户;后端则主要以学者为中心展开系列学术运营增值服务,以充分实现学者的社会价值为目标,提供包括基于学术出版和学术评价的学术出版服务,以人(学者)为中心的学术分析服务,面向政府和社会提供的专业智库服务,面向专业知识领域的专业培训服务等。③ 概括起来说,就是"提供特定服务,聚集特定用户,进而运营用户价值"。目前,"壹学者"一方面以收取年费的形式打造独特的会员体系,另一方面以学术国际传播和智库服务模式放大学者价值。这与许多依然

---

① 参见徐小敏《资源　工具　社交——从"壹学者"看学术期刊微信平台构建的三个维度》,《传媒》2016 年第 18 期。

② 参见王卉、张文飞、唐沛《基于移动端的知识服务产品运营策略探讨——以人大数媒"壹学者"学术科研移动服务平台为例》,《出版发行研究》2015 年第 11 期。

③ 参见张文飞、胡娟、唐沛《用户运营构筑强大传播力,纸网互动共建学术出版生态——以"壹学者"移动学术科研服务平台为例》,《传媒》2016 年第 19 期。

单纯通过内容营销杠杆发力实现盈利的移动学术科研服务平台相比无疑具有重大突破，"学术期刊＋社交"盈利模式的成功关键在于如何撬动提供信息增值服务的社交利润杠杆。

4. 利润屏障——专注品牌，革新技术

利润屏障是指移动学术科研服务平台为防止竞争者掠夺而采取的防范措施，如平台保持竞争优势、持续盈利的方式等。"壹学者"移动学术科研服务平台的利润屏障包括树立品牌意识、对平台进行合理定位。"壹学者"从发展之初便高扬"传播知识价值，弘扬中华学术"的旗帜，致力于树立良好学术品牌。在读者定位上，"壹学者"开创性地提出为阅读个体提供科研、社交、传播一站式、全方位服务。在内容定位上，清晰明确地指向人文社科领域。[1] 通过内容品质的提升和合理的定位，"壹学者"建立起品牌屏障。此外，"壹学者"不断革新技术，推出贴近用户需求的科研工具，使服务更加智能化和个性化，建立起技术屏障。

5. 利润组织——转变角色，培养人才

利润组织是企业业务活动和商务管理的组织形式和实体，是企业盈利模式构建的资本来源和重要基础。"人大复印报刊资料"数据库依托中国人民大学雄厚的人文社科背景和人大书报资料中心 60 年的成果积淀，有着专业编辑队伍和专家顾问团队，[2] 在人才队伍方面有着得天独厚的优势。为了实现企业的高效运营，适应数字出版时代数字产品运营从精细分工到模糊发展的挑战，"壹学者"运营团队努力实现从"内容"的组织提供者向"服务"的组织提供者的转型。除了编辑团队需不断提高专业学术素养和职业素质之外，运营团队还需要有敏锐的信息感应度，密切关注学术动态，掌握学者学术兴趣点，不断推出更能贴近读者需求的内容和服务，促进移动学术科研服务平台的可持续发展。

---

① 参见徐小敏《资源　工具　社交——从"壹学者"看学术期刊微信平台构建的三个维度》，《传媒》2016 年第 18 期。

② 参见赵慧明、武宝瑞《从"人大复印"到"壹学者"，守望学术理想》，http：//www.bookdao.com/article/405612/，2018 年 4 月 4 日。

二 "学术期刊 + 社交"盈利模式发展困境

由于"学术期刊 + 社交"盈利模式在中国发展的时间并不长，还处于不断摸索阶段，存在着利润点支撑不足、利润源开发受限、利润屏障相对脆弱、利润组织不完善等方面的问题。

（一）社交功能弱化，内容质量下降，利润点支撑不足

"壹学者"移动学术科研服务平台虽然建立了"学者社区"，方便学者在平台上进行讨论研究，但通过实际观察发现，平台上话题更新较慢且讨论度不高，社交功能弱化。截至 2020 年 5 月 22 日，在"壹学者"微信公众号平台上，"学术社区"的"最热话题"点赞量只有个位数，转发和评论数皆为 0。出现这种"最热话题"不"热"现象的原因是平台缺乏编辑的号召力。学术社交有别于普通社交，参与者是从事专业学术性研究的小众群体，而要在小圈子点燃"热"话题，不能完全寄希望于用户自身，需要科研能力、话题敏感度强的编辑进行号召。如果不能聚集编辑部力量及时运用焦点思维遴选精华内容、引导成员积极地多角色参与讨论，将很容易出现内容情绪化、形式凌乱化、时间零碎化的弊端，成员们在短时间内便会丧失参与热情，纷纷潜水或退出学术社交平台。[①]此外，受新媒体社交方式的影响，学术社交内容趋于表层化、娱乐化，学术性不断削弱。在"壹学者"微信公众号平台"学者社区"的精选内容里，排在榜首前四的为内容完全一样的广告推广帖，虽然这种增值服务可以为企业带来盈利，但不可否认的是，广告帖的增多冲淡了学术社交平台的学术性。此外，其他以学术讨论为题的帖子下方的评论质量良莠不齐，且大多数是没有理论或事实支撑的"无营养"发言，很难看到有理有据的高质量发言。这样的学术探讨氛围违背了平台建立的初衷，如不改善，不仅会导致用户的流失，而且会助长学术界的浮躁风气。

（二）推广方式单一，宣传力度不足，限制利润源的开发

虽然"壹学者"官方称其平台覆盖 75 万学者，但实际学者质量却良

---

① 参见陈曙娟《情感在左岸 理性在右岸——学术期刊"第五媒体"社交的两难》，《江苏经贸职业技术学院学报》2016 年第 6 期。

莠不齐。平台用户虽然包括学术成果极其丰富的高校学者，但学术成果为零的学者也不在少数。当我们在平台上使用"搜学者"的功能通过输入姓名的方式进行学者搜索时，在所搜学者同名较多的情况下，平台并不能准确地提供所有同名学者资料，只有平台已注册学者资料。对比中国知网，当我们通过输入姓名进行学者检索时，中国知网能提供的学者范围明显广于"壹学者"。造成这种现象的原因首先是平台推广力度不够，优质学者注册量明显较少，不能很好地满足用户与优秀学者交流互动的要求。其次，新媒体社交方式也是影响其学者覆盖范围的原因之一，比如那些著作等身的老者一般不会使用新媒体社交软件，如果平台将推广模式集中于线上的话，很难吸引对新媒体社交方式接受度不高的高龄学者，因此学术社交群体里基本为年轻学者，局限了核心利润源的覆盖范围。

（三）内容售卖主导，服务盈利不强，利润杠杆支点偏移

虽然"壹学者"形成了"学术服务—学者—学术运营增值服务"的商业模式，不再以单纯的资源售卖为主，但通过调查发现，资源售卖依然是"壹学者"盈利模式的重要组成部分，相比之下"学术期刊＋社交"的社交部分没有体现出应有的盈利能力，营销杠杆支点向内容资源售卖倾斜。"壹学者"平台收费内容有两种形式：单篇论文售卖和会员资格售卖。在高级会员专享特权售卖介绍里，"学术论文库"的特权依然被放到了首位，说明资源售卖依然在"壹学者"的利润来源里占重要部分，学术社交的盈利能力依然处于弱势地位。正如"壹学者"的开发运营团队所说："'壹学者'成立迄今，只是短短的时间，还需要市场的检验，其用户价值导向的社群商业模式是否能良性有序地运营下去值得期待，前端以会员收入为主，后端以增值服务收入为主的清晰盈利模式是否适用于其他学术期刊的微信公众平台也有待商榷。"[①]

（四）相关法律缺失，版权内容受损，利润屏障相对脆弱

在互联网传播环境中，优质内容可以为传播者积攒人气，带来流量，

---

① 徐小敏：《资源　工具　社交——从"壹学者"看学术期刊微信平台构建的三个维度》，《传媒》2016年第18期。

创造利益，但优质原创内容的产生要耗费大量时间精力，随之而来的是抄袭或无授权转载的侵权现象。学术社交平台上的"学者社区"上有着大量原创优质内容，主要表现形式为学者的问题和回答内容。虽然我国在 2001 年修订的《中华人民共和国著作权法》已明确了"信息网络传播权"，承认了在网络环境中，新的数字化作品和作品的数字化形式均受到法律保护。然而，网络媒体与传统媒体相比，摆脱了对有形载体的依赖，媒介形态、传播方式急剧变化，相对稳定的法律法规无法及时跟进。[①] 学术社交平台每天都有大量的版权内容产生，这些优质内容无疑会成为侵权者的侵犯目标。但对于受害者而言，由于侵权证据具有分散性特点，收集证据以及维权成本较高，没有明确的法律条文作为支撑，导致原创者维权意识淡薄，使侵犯版权的行为更加猖獗，"学术期刊＋出版"盈利模式的版权屏障相对脆弱。

（五）管理模式滞后，缺乏社交情商，利润组织尚不完善

由于"学术期刊＋社交"盈利模式在我国发展时间短暂，处于起步阶段，管理模式无迹可寻，大多数学术期刊在进行"学术期刊＋社交"盈利模式探索时依然沿用了传统的管理模式，或者参考了普通移动公共平台的管理模式。但"学术期刊＋社交"盈利模式有别于一般移动公共平台，社交属性的增强要求运营团队不仅要有丰富的学术知识、敏锐的信息捕捉意识，还要具有话题号召力和高情商的学术社交技巧，而这方面的建设不尽如人意，利润组织管理有待完善。

三　"学术期刊＋社交"盈利模式发展策略

虽然"学术期刊＋社交"盈利模式还处于起步阶段，但其发展壮大是一种必然趋势。因此合理解决"学术期刊＋社交"盈利模式在发展中遇到的问题显得尤为迫切，只有解决好这些问题才能促进"学术期刊＋社交"的健康发展。

（一）"学术期刊＋社交"利润点发展策略

基于利润点的"学术期刊＋社交"盈利模式就是基于产品和服务的

---

① 参见魏萌《以知乎为例浅析网络问答社区版权保护》，《中国报业》2017 年第 18 期。

盈利模式。利润点的设计是盈利模式构建的首要任务，只有解决好利润点的问题才能为"学术期刊＋社交"的发展开辟一条新的出路。[①]

1. 利用高质学术资源，推送优质内容，巩固基础利润点

虽然学术期刊的移动服务平台建设依然处于起步阶段，但优质的内容和丰富的资源依然是学术期刊数字化转型过程中实现盈利的关键点。高质量的学术资源是学术期刊固有的优势条件，实现资源变现离不开对市场的分析以及对用户需求的把握。提高内容盈利能力，推送用户喜闻乐见的内容不代表无原则地迎合市场，通过挖掘自身内容优势，结合市场需求，尽可能为用户提供多种多样的高质量学术内容。比如"壹学者"依托人大复印学术中心高质高量的资源开发了学术数字图书馆，增加了颇有影响力的资讯观点，如5000部社科经典图书，最大限度地提升了微信公众平台学术内容的丰富性。[②] 最大限度地满足用户的阅读需求，吸引其对优质内容资源进行付费阅读，是巩固基础利润点的关键所在。

2. 培养新型编辑人才，优化用户体验，提升期望利润点

时代的发展和新型盈利模式的出现预示着市场上不再只需要会编稿校稿的传统编辑，而需要既有较高学术水平，又对新鲜话题具有较高敏锐度的新型编辑人才。首先，提高学术期刊编辑的整体科研水平是前提。只有具备了一定的科研水平，才能在与作者和读者的交流中形成一定的影响力和号召力，才能有效维持正常的交流秩序、成功组织各种主题讨论会，进而发展壮大"新部落"。其次，针对理性号召力弱的问题，普通编辑应扬长避短，发挥年轻优势，利用"第五媒体"的分析能力，记录读者、作者的行为模式，"私人订制"特色栏目。在作者和读者中，既要关注"50后""60后"等学术研究界中坚力量，也要关注"70后""80后"等学术研究界新生力量，同时也不能忽略"90后""网生代"学术研究界后备力量的存在。最后，提高交流的有效性。同行之间的有效交流有助于促进读者和作者的自我认识、反省和提升，编辑有效地参与科研交流，有利于追踪读

①　参见刘一鸣、郭斌《视频网站利润点创新研究》，《中国出版》2016年第18期。

②　参见徐小敏《资源　工具　社交——从"壹学者"看学术期刊微信平台构建的三个维度》，《传媒》2016年第18期。

者、作者的新需求，必须注意到其前提条件是交流的有效性。① 通过提高编辑的能力，挖掘用户感兴趣且有学术价值的热点话题，带动话题讨论，营造积极的学术研讨气氛，优化用户体验，进而提升期望利润点。

3. 运营形式多元发展，争取第三方投入，实现附加利润点

很早之前，许多微信公众号就已开通文章打赏功能，读者可以对自己喜欢的文章进行现金打赏，文章发布者由此获得收益，这也促使作者创作出更多优质文章。同理，移动学术科研服务平台也可以采用类似的方式，引导读者给优质文章作者或者优质问题、答案提供者进行打赏，这样既调动了学者社区话题讨论的积极性，又通过实际效益鼓励了优质内容的产生，既节约了平台的运营成本，又可以获取多渠道收益，增加了第三方利润来源。②

再者，现在许多学习类微信小程序推出学习"打卡"功能，具体操作为先收取用户押金，用户需按照规定完成打卡任务，若能在规定时间完成，平台返还押金，反之，押金归平台所有。移动学术科研服务平台也可以借鉴这种盈利模式，利用学术社交平台开展"打卡"服务，如"论文阅读计划"或"早起打卡"等。由于移动学术科研服务平台的用户以学者为主，对学习的热爱使用户对此类打卡接受度高，这样不仅可以提高用户黏度，还能通过押金收入实现附加利润价值。

（二）"学术期刊＋社交"利润源发展策略

对"学术期刊＋社交"盈利模式利润源分析的实质是充分定位用户、挖掘受众。利润源的拓展实质是用户与受众的拓展，找到吸引受众的方法，才能为"学术期刊＋社交"的盈利找到出路。③

1. 积极开展线下活动，加大推广力度，拓展核心利润源

新媒体社交方式虽然具有高效、便捷的特点，但隔着屏幕的交流毕竟有距离感。传统的社交方式虽然在便利程度方面不如新媒体，但依然

---

① 参见陈曙娟《情感在左岸　理性在右岸——学术期刊"第五媒体"社交的两难》，《江苏经贸职业技术学院学报》2016 年第 6 期。

② 参见刘一鸣、郭斌《视频网站利润点创新研究》，《中国出版》2016 年第 18 期。

③ 参见刘一鸣《数字出版盈利模式绩效评价研究初探》，《中国出版》2015 年第 20 期。

具有其不可替代性。企业可以通过开展线下活动的方式进一步提高用户黏度，并可以通过邀请非注册学者的方式进一步扩大学者覆盖范围，拓展核心利润源。借助线下活动还可以将流量变现，实现商业价值。例如中国激光杂志社，通过优秀内容建立稳定的用户群，并举办了高水平的学术会议与继教班，不仅有效增加了杂志社与知名专家的关系黏性，激发专家自主投稿，同时邀请他们在培训班授课，在为专家与读者提供交流机会的同时，实现了流量变现。学术期刊可以借鉴中国激光杂志社的模式，寻找适合自己的社交产品，比如利用社群积攒的人气开办写作培训、收集专家的课件制作精品课程、深入科研一线或走进学校指导学生写作等，实现期刊社会效益和经济效益的统一，同时将这些线下人群吸引至线上平台，参与出版，形成良性循环。[①]

2. 丰富广告植入形式，实现精准投放，吸引辅助利润源

平台内广告投放形式的单一也是"学术期刊＋出版"盈利模式期望利润点支撑不足的原因之一。为了争取到更多的广告商投入，平台应丰富广告形式。如可以借鉴目前移动社交平台广告收入多样的"新浪微博"，PC 用户端和移动用户端同时投放，在 PC 用户端按投放广告位置的不同分为页面两侧悬浮广告、登录页面广告，按广告投放形式的不同分为 AP 植入式广告、话题和关键词广告等；移动用户端主要有话题置顶广告、登录广告和顶端广告等。[②] 但移动学术科研服务平台不同于普通社交平台，该类平台的广告业务应注意符合学者用户的需求，各类平台可以通过大数据分析用户对不同广告的浏览量，根据用户需求投放相应的广告，并将广告投放量控制在合理区间，做到既能吸引辅助利润源，又不让用户反感。

3. 紧随时代变化潮流，开展多方合作，挖掘潜在利润源

潜在利润源的挖掘应充分利用"学术期刊＋社交"盈利模式的社交功能，对比其他数字化学术期刊形式，"学术期刊＋社交"模式的互动性

---

① 参见彭芳、董燕萍《社交出版对学术期刊出版的启示》，《出版发行研究》2015 年第 11 期。

② 参见朱燕萍《新浪微博盈利模式分析及优化建议》，硕士学位论文，兰州财经大学，2018 年，第 38 页。

更强，并通过不断提高用户黏性聚集了大量学者，有着广泛的学者受众资源。针对这个特点，该类平台可以参考 Science Open 的盈利模式，即通过为出版商提供增强语境的上下文服务，进行单篇收费，再将这些信息和内容在 Science Open 的平台上发布给科学界和更多的研究人员，[①] 以此来拓展潜在利润源的开发。

除此之外，该类平台还可以采取和学术公众号合作的方式，学术公众号虽然也依托社交媒体发展，但由于学术内容的严肃性和枯燥性，该类公众号的交互能力并不强，故而编辑不能很好把握受众需求和关注点，发布的内容往往不能引起受众兴趣。而移动学术科研服务平台的学者社区却是学者话题讨论的集中地，该类平台可以通过收集整理学者社区的话题热点，通过大数据分析出不同阶段不同领域的学术热潮，并向对应领域的学术公众号有偿提供信息资源，以此获得盈利。

（三）"学术期刊＋社交"利润杠杆发展策略

1. 建立等级会员制度，发展社交盈利，扶正营销杠杆

平台的盈利能力主要体现在会员的售卖上，现在市场上存在的移动学术科研服务平台对会员的划分太过单一，不能准确贴合不同学术背景的用户，比如"壹学者"的年费会员特权包括四个方面：学术论文库、人脉特权、学术影响力传播、学术科研服务。这四项特权除了学术论文库比较通用之外，学术影响力传播和学术科研服务比较适合有一定学术成就的资深学者，而对初入学者圈的年轻学者并无太多可用之处。但人脉特权和学术科研服务中的个性化定制学术笔记特权更适合处于初学阶段的年轻学者。针对这种现象，平台可以借鉴知名移动社交平台腾讯 QQ 的会员发展模式，根据不同的特权内容将会员细分为"红钻""黄钻""绿钻"等，用户可以根据自己不同的需求开通不同的会员服务。再者，对会员功能的不了解也可能成为阻碍用户购买会员的原因之一。其他社交平台如新浪微博，经常会赠送用户短期会员资格，让用户切身体验会员特权带来的优质服务，从而激发用户对会员的长期购买欲，增强社

---

① 参见《Science Open 能为期刊做什么?》，https：//mp. weixin. qq. com/s/q-AJRb1DAd4KkXChl0nn2w，2018 年 12 月 27 日。

功能的盈利能力。

2. 优化投稿荐稿通道，依托技术分析，打通产业链杠杆

平台应充分利用二次文献转载的优势，辐射期刊来源，优化学术期刊投稿荐稿的通道。例如"壹学者"针对来源期刊，通过提供对应的学者学术名片，以及学者在学术领域中的研究成果和相关学术活动，用网络化的计量给予相应的参考意见。针对学者用户，提供个性化分析和投稿建议，减少信息的不透明度，提高投稿命中率。[①] 以此来打通学术出版的产业链，开拓应用市场。

此外，平台还可以借助互联网传播机制，利用好学者资源和行业优势，调动平台内专家、作者、读者、科研管理者等共同参与建立使社会公众也可以参与其中的新型学术成果传播机制，使平台上的每一篇文章从生产、录用、转载到浏览量、下载量、点赞量、评论量、转发量等都可以追本溯源。

3. 提高平台技术支撑，丰富内容形式，筑就技术杠杆

虽然学术期刊具有严肃性的特点，但无论从学术期刊数字化平台建立，还是从社交功能的引进，都可以看出学术期刊已渐渐脱去晦涩枯燥的"外衣"，向更能让读者或用户接受的良好方向发展。为了吸引更多用户，实现"学术期刊＋社交"盈利模式的良性发展，移动学术科研服务平台应开展内容的全媒体创新，除了文字图片以外，应适当引用音频技术和视频技术，对于难度大、不易被大多用户理解的学术话题或新兴事物，可以借鉴百度百科"秒懂百科"的视频讲解模式，提高用户对话题的接受度。同样，用户也可以采用上传音频或视频的方式传达自己对话题的理解和看法，甚至采取直播的方式，与平台上其他用户开展实时交流，增加学术社交的趣味性，使用户能更好地表达自己的观点，拉近用户之间的距离。这需要平台推进技术创新，为全媒体内容创新提供技术支持。

---

① 参见赵慧明、武宝瑞《从"人大复印"到"壹学者"，守望学术理想》，http：//www.book dao.com/article/405612/，2018年4月4日。

（四）"学术期刊+社交"利润屏障发展策略

1. 建立便捷授权机制，提供版权服务，增强版权效应屏障

增强网络版权的保护力度不仅需要国家进一步完善网络版权相关法律，也需要平台增强对原创内容的保护意识。平台可以通过增强与其他平台的合作，为本平台原创用户打造更加便利的授权机制，培养用户的原创保护意识，并通过与其他平台的版权合作创造利润。

平台之间的合作只能降低侵权行为的发生率，但不能根本杜绝侵权行为。因此，平台还需和第三方版权服务商展开合作，通过技术手段监测侵权行为，并在侵权行为发生后为用户提供专业法律援助，降低用户维权成本，提高对侵权行为的反应速度和应对能力，更加灵活高效地维护平台原创者的版权，增强版权效应屏障。①

2. 展开相关平台合作，实现强强联合，建立规模效应屏障

学术期刊自主建设学术社交平台的方式虽然取得一定成效，但依然不是主流。比如"壹学者"学术社交平台的搭建虽然获得了初步成效，但跟许多知名学术社交平台相比依然存在用户基数小、用户活跃度低的问题。知名学术社交平台拥有较强的用户资源优势，首先是基数大、活跃度高，其次是用户质量高，学术社交平台的用户以博士在读及以上学历为主，从而保障了平台话题讨论内容的质量。学术期刊有学术社交平台所没有的品牌优势和内容资源优势，两者可利用优势互补进行强强联合，学术社交平台通过学术资源的补充和编辑功能的强化提高内容的丰富性和信息的真实性，而学术期刊则可以依托学术社交平台的用户规模效应打造利润屏障，抢占市场份额。

3. 坚持内容为王战略，做差异化内容，打造品牌效应屏障

"学术期刊+社交"模式虽然刚刚起步，内容同质化现象尚不明显，但业内具有社交功能的学术服务平台大多偏向人文社科领域，在理工类领域的开发力度明显不足。该类平台应利用原有学术资源，将人文社科领域内容不断优化、深化的同时，通过向作者直接约稿、与其他出版机

---

① 参见魏萌《以知乎为例浅析网络问答社区版权保护》，《中国报业》2017年第18期。

构合作、引进其他学术领域专业人才等渠道寻求其他空白领域内容的开发，向更专业、更全面的方向发展，建立品牌效应屏障，打造各领域学术内容一站式服务。

（五）"学术期刊＋社交"利润组织发展策略

1. 改进传统管理模式，利用数字技术，提高组织协调能力

在数字信息时代，学术行业实现了学术资源的数字化和学术生产流程的信息化，科研主体、内容服务商以及技术提供商的分工不再界限分明，发展"学术期刊＋社交"盈利模式不能再单纯沿用传统管理模式，而要充分利用数字技术，创新管理手段。在大数据知识服务的背景下，将"用户需求导向"渗透到团队管理层面，使企业准确定位目标学者，追踪学术成果，梳理学习和研究历程，基于数据挖掘和数据分析，提供满足学者多元应用场景的学术服务，增强新时代学术服务的核心竞争力，[①] 进而提高组织的协调能力，促进企业"学术期刊＋社交"盈利模式的完善。

2. 建立学习激励机制，引导自我超越，培养组织学习能力

组织的学习能力为出版企业盈利模式提供智力支持，对于"学术期刊＋社交"这种处于起步阶段、以提供知识服务为核心的盈利模式来说，建立学习型组织是至关重要的。首先企业要将员工的学习与提高企业盈利能力、实现自身发展目标以及自身利益结合起来，推动员工学习意识与中心工作的深度融合。建立学习激励机制，除了激励员工不断提高学术素养和互联网思维能力，还要向国内外优秀学术社交平台学习先进经验，提高媒介素养，使编辑突破传统思维模式，增强话题号召力，提高社交情商，实现自我超越，为企业盈利提供源源不断的智力支持。

3. 深入挖掘用户痛点，开发新型服务，增强组织创新能力

"学术期刊＋社交"是一种以"用户价值导向"为核心的盈利模式，不断满足用户的需求永远是实现盈利的关键所在。但用户的需求不是固

---

① 参见赵慧明、武宝瑞《从"人大复印"到"壹学者"，守望学术理想》，http://www.book dao.com/article/405612/，2018 年 4 月 4 日。

态的，而是随着时间的推移不断变化的。企业若想在该领域实现长期盈利，必须在充分了解自身以及竞争者产品和服务的基础上，在生理需求、安全需求、爱和归属感、尊重和自我五个层面分析用户心理，深入挖掘用户痛点，了解用户的真正需求，突出满足用户需求的新型服务，提高组织的创新能力，为出版企业盈利模式创新提供不竭源泉。

"学术期刊＋社交"是一种基于社交网络的发展，以用户价值为导向，提供知识内容与服务的新兴盈利模式，它的兴起将会为传统学术期刊的数字化转型提供新的思路，并带来更多的经济利益。通过对"学术期刊＋社交"盈利模式的整体研究，对其利润点、利润源、利润杠杆、利润屏障、利润组织进行深入解读和问题剖析，为该模式的发展提出针对性建议，可以实现"学术期刊＋社交"盈利模式的良性发展。学术期刊要充分利用学术社交功能为学者提供知识服务，在数字化转型过程中实现从知识内容提供者向知识服务提供者的转变。

第三节　亚马逊数字出版盈利模式研究

近年来数字出版行业发展愈加深入，成熟的盈利模式尚未完全建立。亚马逊作为目前数字出版行业中发展规模最大、盈利最多的企业，从创立至今经历了巨大的发展和转变，成功经验值得行业中的跟随者思考借鉴。要想建立良性发展的盈利模式，应在理论的基础上结合成功企业亚马逊的实际发展经验，利用数字出版盈利模式的五要素模型，实现对数字出版持续盈利经验的归纳和总结。

一　亚马逊数字出版发展现状

（一）亚马逊数字出版概况

1995 年，亚马逊以网络书店为起点，目标从成为"最大的网络书店"到成为"最大的综合电商网站"，再到"努力成为以用户为中心的企业"，在经历了三次巨大的定位转变后，如今亚马逊已成为全球最大的综合电商。2007 年电子书阅读器 Kindle 面世，成为亚马逊发展数字出版物的开端。亚马逊在 2010 至 2011 年间又陆续推出了 KDP 服务和 Kindle Fire 平板电脑，从处于出版产业链末端且单一的图书销售，逐渐向出版产业链上游握有主动权的内容商发展。

截至 2011 年底，与亚马逊建立合作关系的出版社有如下 5 家（如表 8－3 所示），分别负责亚马逊不同文学领域的作品出版。通过与这些出版机构建立良好的合作关系，亚马逊获得了大量书籍的版权资源，成功向出版产业的上游发展，建立了自己的发展优势。2010 年 1 月亚马逊面向大众发布自助出版服务平台 Digital Text Platform（2011 年 1 月改名为"Kindle Direct Publishing"，DXT 为 KDP 自助出版平台的前身），对数字出版行业产生了巨大影响，个人出版者可以绕开出版社直接上传出版作品，改变了传统的出版模式。截至 2011 年 12 月，在亚马逊 Kindle 百万俱乐部中，有超过 10 位成员在 Kindle 商店中售出 100 万本电子书。

2001—2011 年亚马逊不同品类的营收占比数据显示（如图 8－4 所示），媒体产品（包括书籍、音像等制品）在 11 年间总体虽呈下降趋势，但实际上其绝对营收仍在不断增长。并且相比 2001 年的占比数据而言，2011 年的媒体产品营收占比已经是过去的 7 倍。随着电子及一般产品的营收扩大化，加上 KDP 等数字出版业务良好的发展趋势，媒体产品在亚马逊整体营收中的占比会有一定的增加，亚马逊数字出版未来的发展态势也将十分可观。

表 8－3　　　　　　　亚马逊旗下的主要出版机构[①]

时间	名称	描述
2009 年 5 月	Amazon Encore	出版绝版书籍和其他图书
2010 年 5 月	Amazon Crossing	把国外优秀作品翻译成英文
2011 年 5 月	Montlake Romance	主要出版浪漫爱情小说
2011 年 5 月	Thomas & Mercer	主要出版探秘和恐怖小说
2011 年 10 月	47 North	主要出版科幻、神话类书籍

① 参见《2012 年海外电商企业案例研究报告 – Amazon》，艾瑞网 – 互联网数据资讯聚合平台，http：//report. iresearch. cn/report/201210/1815. shtml，2017 年 4 月 14 日。

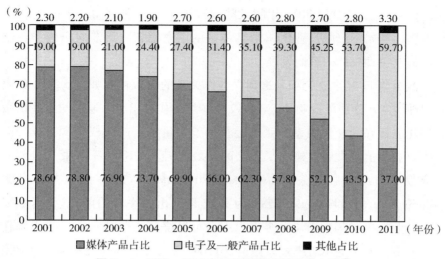

图 8 - 4　2001—2011 年亚马逊营收的品类占比①

　　根据亚马逊发布的 2020 年第一季度财报显示，截至 2020 年 5 月 2 日，第一季度亚马逊净利润为 25 亿美元。同时，亚马逊在订阅服务方面的净销售额为 55. 56 亿美元，相较于上年同期数据增长了 28%。从总的发展趋势来看，亚马逊在未来市场的主导地位将不断巩固。

　　（二）亚马逊数字出版服务平台建设情况

　　亚马逊成立初期以在网上卖书起家，虽与各大出版社保持着良好的关系，与主要的两家经销商 Ingram 和 Baker & Taylor 也不断开展合作，但在出版产业链中，亚马逊仍处于下游的销售环节，并且在对书籍销售的价格方面也处于被动状态，不能自主地通过折扣等低价策略吸引招徕用户。因此，亚马逊一直谋求能掌握出版的上游环节，占据主导地位。随着出版版图的扩大，亚马逊逐渐绕开作为书籍货源的经销商，转而与出版社建立主要合作关系，获得出版环节中至关重要的内容资源。而后推出 KDP（Kindle Direct Publishing）自助数字出版平台，出版社或任何出版个体都能够通过该平台上传自己的作品出版，满足了个体出版者自主出版的需求，真正实现了数字出版完整产业链的上下游整合。

---

　　①　参见《2012 年海外电商企业案例研究报告 - Amazon》，艾瑞网 - 互联网数据资讯聚合平台，http：//report. iresearch. cn/report/201210/1815. shtml，2017 年 4 月 14 日。

亚马逊在打通自身产业链后，加强了数字出版平台建设。整合海量的数字内容资源，由亚马逊强有力的内容资源平台作依托，为读者提供新的服务，也为数字出版产业提供新鲜的内容资源。事实上，Kindle 电子阅读器也正是基于亚马逊如此强大的内容资源平台的支撑，才获得今天的成功。通过亚马逊建设的数字出版服务平台，读者不仅可以在 Kindle 上获取亚马逊电子书库的内容资源，在平板电脑或手机等其他设备上，同样可以进入亚马逊电子书库获得阅读体验。

二　亚马逊数字出版盈利模式

（一）亚马逊数字出版盈利模式的利润点

亚马逊的主要利润点包括：Kindle 电子书、Kindle 系列阅读器、Kindle Fire 平板电脑、智能语音联网设备 Echo、Kindle Unlimited 电子书包月服务、AWS 云计算服务、音乐流媒体订阅服务、Game Circle 游戏服务、Android App Store 应用商店服务。

1. 以电子书、阅读器、版权资源为基础利润点

在内容方面，电子书作为数字出版最重要的核心利润点，其收入在数字出版总收入中占主体部分。通过合适的销售渠道和营销手段满足用户的需求，内容产品才能真正成为盈利的利润点，企业也能获得资金投入再生产中。亚马逊作为目前全球最大的网络书店，拥有海量的内容资源，对图书的销售主要以网络在线销售为主。2012 年据第三方数据分析，售出的电子书数量在 7.5 亿本左右，与售出的 2600 万台 Kindle 阅读器合计创造的营收约为 61 亿美元，在亚马逊年度总收入中占比约为 10%。

在产品方面，亚马逊推出了 Kindle 阅读器、Kindle Fire 平板电脑以及智能语音联网设备 Echo 等，通过线上销售这些终端产品赚取中间利润，也是亚马逊数字出版盈利模式的利润点之一。如 Kindle 阅读器，作为电子书的主要阅读终端，提供无线上网和浏览图像等功能，使用电子墨水屏提供更接近纸质图书的良好阅读体验。从 2007 年起，亚马逊共推出了 5 代 Kindle 产品，这些 Kindle 阅读器每年为亚马逊带来丰厚的利润。据第三方数据统计，2011 年亚马逊 Kindle 阅读器销量达 3240 万台，在美国市

场占有90%的比重。① Kindle 产品不仅是亚马逊加速数字出版发展的重要力量，也是亚马逊营收增速的重要原因之一。截至 2018 年，Kindle 中国电子书店的书籍总量近 70 万册，较 2013 年增长近 10 倍。中国已成为亚马逊全球 Kindle 设备第一大销售市场。

在版权方面，亚马逊不仅和出版社建立合作关系，获得版权资源，还发动了 Amazon Encore 项目与作者签约获得作品版权，直接出版图书，将作品推向市场，打破了传统的产业链，直接构造"作者—亚马逊—读者"的最快通道。亚马逊面向大众的 KDP 自助出版平台，也是企业自建版权交易平台的典型之一，将原本可能流向出版社的内容资源，拢回至亚马逊自己手中，也简化了传统的出版模式，使"作者—自主出版平台—读者"这种模式为读者和出版行业带来更多便利。

2. 以按需出版、KDP 自助出版为期望利润点

期望利润点通常包含按需出版、印刷。基于增值服务的盈利模式主要探讨的是数字出版企业围绕自身优势资源面向顾客开展的有偿服务，以增加企业收益的商业运营模式。② 亚马逊为用户提供了许多额外的增值服务：Kindle Unlimited 电子书包月服务、亚马逊 Prime 会员服务、Game Circle 游戏服务、音乐流媒体订阅服务、亚马逊云计算服务 AWS（Amazon Web Services）和 Android App Store 应用商店等，这些增值服务构成并强化了亚马逊数字出版生态圈的发展。如 Kindle Unlimited 电子书包月服务，用户可选择 12 元/月或 118 元/年的付费方式，获得数万本中英文电子书免费借阅的阅读体验。

（1）按需出版。2005 年亚马逊自助出版走向实践的举措，是向用户提供绝版书籍的即需即印服务，即 POD（Print-On-Demand）服务。而后在 2009 年，推出 Create Space 亚马逊国际文库，专门向用户提供各种绝版书籍、音乐和电影的按需出版服务。

（2）KDP 自助出版。即 Kindle Direct Publishing，不仅支持多种语言文

---

① 参见王斌《亚马逊绘就的数字出版蓝图》，http：//www. cmmocn/article-112404-1. html，2017 年 9 月 29 日。

② 参见刘一鸣《基于利润点的我国数字出版盈利模式研究》，《科技与出版》2015 年第 8 期。

字，个人出版者只要在该平台根据要求上传作品并对作品定价，就能快速出版自己的作品并在 Kindle Store 中销售，同时作者能够获得 70% 的、更为丰厚的零售价版权使用费，远超于一般出版商给出的 17.5% 的版税。

3. 以第三方广告、书籍特惠广告为附加利润点

附加利润点包含广告和资助。尤其在数字出版行业中，广告已成为主要的收入来源之一。在亚马逊的广告平台中，允许产品供应商、第三方买家和其他品牌商在亚马逊网站中，通过展示、搜索和高端定制这三种方式来投放广告，并且能具有针对性地对广告数据进行分析，做到对用户的精准定位，从而增加点击的转化率。在亚马逊自家的产品 Kindle 阅读器中，其锁屏界面和主页底部，通过呈现折扣活动或热点书籍的特惠信息实现投放，也是亚马逊广告投放的独特形式之一。

（二）亚马逊数字出版盈利模式的利润源

企业不仅要想办法提供最好的产品服务，也要对产品服务提供的对象——利润源有清晰的认识和了解。分析亚马逊利润源群体主要从核心要素、核心理念、核心内容三个方面入手。

1. 以用户需求、特点、关系和信息为核心要素

（1）用户需求。亚马逊同其他电商网站一样，根据用户的购买行为和浏览记录，以发送邮件或在网站页面展示的方式为用户个人推送满足其需要的产品。此外亚马逊的 KDP 自助出版平台也是满足用户个性化需求的表现，用户可以根据其自身需求，在 KDP 平台上传发布自己的作品并获得一定的收益。

（2）用户特点。亚马逊针对不同消费群体的消费特点，推出不同类型、不同价位的 Kindle 阅读器，以满足不同消费水平的用户需求。随着 Kindle 阅读器销量的不断扩大，当亚马逊售出 5000 万台 Kindle 阅读器时，也就意味着亚马逊拥有了 5000 万的稳定用户。

（3）用户关系。亚马逊通过向用户推出 30 天免费试享其 Amazon Prime 服务，并对首次加入的会员给予会员费的优惠，吸引用户加入亚马逊会员，创造更多的利润空间。亚马逊发挥自身信息平台建设的优势，利用掌握的数字出版资源，组织开展线下活动，如"穿越亚马逊"、"单

本"计划和写作竞赛等，吸引用户参与其中，培养潜在用户向实际用户转变。此外，亚马逊还建立 KDP Select 项目基金，帮助出版者发布作品，进一步拉近与用户的关系。

（4）用户信息。亚马逊拥有业界最好的用户跟踪能力，从用户每次登录网站时，亚马逊便收集用户的相关数据信息，甚至是从未访问过亚马逊网站的用户，亚马逊也能根据"赠礼推荐"这一举措收集用户购买礼物赠送给亲朋好友的相关数据信息。这些信息都存储在亚马逊的用户信息数据库中，使亚马逊能进一步成为"最以用户为中心的企业"。

2. 以"最以用户为中心的企业"为核心理念

在对利润源的分析中，主要以"个性化"为主，以满足用户的不同个性化需求为最终目标，提供富有个性的产品和服务。充分挖掘管理与用户的关系，使数字出版资源的配置更加有效。

从 2001 年的第三次定位转变至今，亚马逊一直奉行"最以用户为中心的企业"理念。为坚持并实现满足用户个性化需求的最终目标，亚马逊面向用户推出了 AWS 服务，AWS 服务是以用户为中心提供创新的云服务，包括"亚马逊弹性计算网云（Amazon EC2）、亚马逊简单储存服务（Amazon S3）、亚马逊简单队列服务（Amazon Simple Queue Service）以及 Amazon Cloud Front 等"。[①] 2013 年 AWS 面向用户提供了 280 项新的服务和功能，2014 年提供了 425 项新的服务和功能，并能根据用户的反馈意见不断改进。在 CRM 用户关系管理方面，通过网络即可与用户 24 小时保持紧密联系，当用户登录亚马逊网站时，不仅能享受个性化推荐服务，也能选择自己喜欢的方式与亚马逊客服取得联系，获得更优质的服务。此外，针对每位注册用户，亚马逊都会对其行为进行跟踪、挖掘，并且针对部分用户适当地展开个体化营销。从实际表现看，亚马逊中国在十大 B2C 品牌中的负面报道明显低于绝大多数品牌[②]，该数据一定程度上说

[①] 参见《亚马逊 AWS 服务》，http：//baike. so. com/doc/7367042 - 7634203. html，2018 年 4 月 25 日。

[②] 参见《亚马逊中国以用户为中心全方位提升用户满意度》，http：//news. 163. com/13/0929/15/99UUNO1800014AEE. html，2017 年 4 月 19 日。

明亚马逊在为用户提供个性化服务和售后环节中表现出色，获得了用户的信赖和认可。

3. 以需求挖掘、品牌乘数和二八定律为核心内容

为了向用户提供个性化服务，最根本的是要不断挖掘用户的需求。因此，亚马逊不仅能满足已经存在的用户需求，还善于发掘潜在用户的需求，尤其是当潜在用户在可挖掘市场中所占比例较大时，更应提供他们需要的产品和服务，甚至为他们创造需求，将潜在用户的潜在需求转变成对产品和服务的真实需求。尽管目前很多电商通过大数据分析用户的消费行为，为他们推送潜在的商品需求，而在挖掘需求方面亚马逊更为成熟的地方在于，美国亚马逊在商品下单页面为用户提供包装服务（视不同情况收费），坚持对 Kindle 阅读器做减法的设计理念，使用户回归到最简单原始的阅读习惯，从而使其对产品的体验上升到极致。

将亚马逊本身的品牌价值做乘数，与各种经营手段相乘获得最大化利润。亚马逊从每一本书的售出获得第一轮收入；发布电子版本的书籍是第二轮；改变用户阅读习惯，让用户购买并使用 Kindle 阅读器来阅读电子书是第三轮；接着以特许经营的方式销售亚马逊自己的品牌产品，此为第四轮经营，实现各种经营手段相乘获得最大化利润。

根据二八定律，在任何事物中，最重要的、起决定性作用的因素只占一小部分，约20%，其余80%的尽管是多数，却是次要的、非决定性的。[①] 换言之，亚马逊80%的利润来源于20%的重要用户，而20%的利润来源于80%的普通用户。利用这一定律，在挖掘用户需求方面，针对用户群体中的关键人群，分析并抓住这一人群的需求，渗透入用户关系的重要层面，也能不断优化数字出版的资源配置。亚马逊发挥自身超强的用户跟踪能力，能够筛选出一批热点用户，并针对这小部分群体，单独进行个体化营销，从而获得80%的大部分盈利。

（三）亚马逊数字出版盈利模式的利润组织

分析利润点和利润源，可以明确向外发展的主要方向，最大程度地

---

① 参见巴莱多《二八定律》，http://baike.so.com/doc/4416385 - 4623713.html，2017 年 4 月 25 日。

提供更有效的服务。反之从向内发展的角度，作为利润组织，即产品服务的提供方，也要对自身的发展特点、结构和能力有清晰的认识，才能制定与之匹配的盈利模式。从亚马逊的组织特征、组织结构、组织能力和盈利模式的关系三方面入手，进一步深化对亚马逊作为数字出版行业规模最大、发展最成功的企业的认识。

1. 全球化的组织特征

由于互联网的发展，要求这些电商企业的组织结构更具柔性，才能适应网络瞬息万变的环境。亚马逊主要的组织特征有：组织的边界虚拟化、组织的环境全球化。① 基于互联网的背景，亚马逊在全球不同地方建立的书店或书展中，需要使自身的组织更具柔性才能与世界各地的合作伙伴建立积极的合作关系，共享相关资源。当与不同企业组织合作建立伙伴关系时，相互间的边界也更虚拟化了。随着亚马逊发展理念的深入，其全球扩张的进程也随之加快，到目前为止，在国际上亚马逊已有包括英国、德国、日本、加拿大、西班牙等八个国际站点，成为全球最大的连锁"网上书店"，这也是企业组织在发展规模上全球化的表现。

2. 扁平化的组织结构

亚马逊在组织结构上呈现扁平化。区别于传统的自上而下的组织结构，更具扁平化的组织结构能够使企业在信息时代对信息的传播效率提高，能够更灵活机动地应对瞬息万变的互联网环境形势。亚马逊实现组织结构扁平化主要通过"授权"的形式，员工具备较高的个人能力和素质，能够在得到授权后独立地处理工作。亚马逊在组织结构的制度方面采取"小组制"，每个小组都有组长和组长助理，减少了管理的层次，使企业更具灵活性，在内外部资源的利用整合上也更具效率，从而实现亚马逊企业利润的最大化。

3. 价值匹配的组织能力

组织能力表现为一家企业能否顺利开展组织工作，具体体现在企业于产品的开发、营销、售后过程中能有效配置资源，这也是区别于其他

---

① 参见道客巴巴《亚马逊》，http://www.doc88.com/p-735459197573.html，2017 年 4 月 19 日。

企业的核心竞争力之一。每一家企业的组织能力都是相对独特的，并且是企业内部生长出来的。亚马逊组织能力的独到之处在于以用户为中心的理念，要组建如此强有力的组织能力，需要调整激发内部的发展动力，充分调动员工的积极性，培养员工的个人能力，从而使用户获得专业出色的服务体验。

企业的组织能力和盈利模式应当是相匹配的。[①] 组织能力是企业构建盈利模式、获得竞争优势的基础，如果企业拥有各种宝贵资源却不能利用组织能力将资源转化盈利，便很难在严峻的竞争形势中立足。企业组织能力的价值通过盈利模式体现出来，而组织能力使盈利模式能够稳定和长久，二者是相互依存的。亚马逊通过扁平化的组织结构，对员工进行有效治理，取消过去不合理的"Stack Ranking"制度，重点关注员工的实力，塑造员工与亚马逊一体的理念模式，发现并培养亚马逊所需的人才，进而使亚马逊的组织能力与盈利模式相互匹配，相互促进。

（四）亚马逊数字出版盈利模式的利润杠杆

利润杠杆是指企业生产产品或服务以及吸引用户购买和使用企业产品或服务的一系列业务活动，利润杠杆反映的是企业的一部分投入。[②] 像杠杆一样撬动公司不断盈利的过程，即不断发挥利润杠杆作用的过程。亚马逊从营销、渠道、技术三个方面，吸引更多用户购买使用亚马逊的产品服务，加快其盈利速度。

1. 多样化的营销手段配合

事实上，亚马逊为吸引用户，设计了众多营销方案，配合亚马逊硬件产品的使用，形成一个完整的数字出版生态圈，有效提升用户黏度。为促进内容营销，亚马逊通过 Kindle Unlimited 电子书包月服务吸引用户，增加付费用户数量；为促进电子商务营销，亚马逊通过 Prime 会员服务，为用户提供国内外购买商品包邮或无门槛免邮的服务；为促进信息增值

---

① 参见朱慧《基于商业模式创新的企业组织能力构建研究》，硕士学位论文，江南大学，2013 年，第 34 页。

② 参见 360 百科《利润杠杆》，http：//baike. so. com/doc/1836406 - 1942004. html，2018 年 6 月 15 日。

服务营销，亚马逊通过 AWS 云计算服务，根据业务的发展情况帮助企业用户扩展较低的可变成本来替代前期资本基础设施费用。

2. 多元化的销售渠道挖掘

数字出版实现盈利的渠道主要有电子书、网络文库、手机出版和数字图书馆，通过这些渠道实现盈利是大多数字出版企业的选择。在亚马逊电子书商城中，通过 Kindle 阅读器、苹果或安卓手机、平板电脑等，都能访问亚马逊的网络文库，免费阅读书籍的样章，带动实体书的销售；在 KDP 自助出版平台上，任何人只要上传发布自己的作品，都能够对自己的作品定价并销售，如此一来，自助出版成为亚马逊"自产自销"的良好渠道；2011 年，亚马逊面向金牌用户推出了数字图书馆业务，通过缴纳年费，金牌用户可以在亚马逊数字图书馆中免费观看电影和节目，甚至免费使用 Kindle 电子书阅读器。如此多渠道、多元化的发展，为亚马逊成为数字出版业巨头贡献了不少力量。

3. 专业化的数字技术支撑

亚马逊数字出版生态链的形成和稳固，不能脱离背后技术的支撑。亚马逊在成立初期对技术方面的投入尚且不多，但随着 2007 年开始发展数字出版物以后，在技术方面的投入大幅提升，从创建初期的 0.5 亿美元到 2011 年已增加至 29.1 亿美元。[①] 在此期间，亚马逊不仅招募了大批优秀的技术人员，并且收购了许多技术公司，如数据挖掘公司 Junglee、数据检测公司 Alexa，还包括后来亚马逊旗下成立的技术公司 A9 等，在发展数字出版的进程中起到了至关重要的作用。可以肯定的是，亚马逊 AWS 服务、KDP 平台、Kindle 阅读器等，这些对亚马逊具有重大战略意义的产品和服务，离不开背后强大的技术支持，也足以显示亚马逊对技术内容的重视程度。

（五）亚马逊数字出版盈利模式的利润屏障

利润屏障即通过一系列有效途径，建立企业自己的盈利优势，而使其他企业无法入侵。亚马逊在形成自身数字出版利润屏障时主要通过以

---

① 参见《2012 年海外电商企业案例研究报告 – Amazon》，艾瑞网 – 互联网数据资讯聚合平台，http：//report. iresearch. cn/report/201210/1815. shtml，2017 年 4 月 14 日。

下几方面，建立起区别于其他企业的利润屏障：形成数字出版规模效应、控制数字出版价值链、获得数字出版物版权、打造数字出版品牌、建立市场准入门槛、降低技术和内容成本。

1. 形成数字出版规模效应

亚马逊初期与众多出版社合作获得内容资源，而后向出版产业链上游竞争，与作者直接签约或借助 KDP 平台优势获得版权资源，不仅将所有的内容资源整合起来，也加强了对版权资源的管理，消除了过去处于出版产业链下游时的高成本困境。配合 Kindle 产品的销售、KDP 平台的支撑，亚马逊打通了产业链，在建立自己的数字出版生态圈的同时，也形成了属于亚马逊企业的规模效应。

2. 控制数字出版价值链

控制数字出版价值链，首要的是内容产品的质量问题，亚马逊严格把控纸质图书转换为电子图书的质量环节，保证电子书的完整性，并在售后环节给予所有用户高质量的售后方案。如用户在 Kindle 阅读器的使用过程中发现质量问题，亚马逊售后免费为用户退换新的 Kindle 阅读器，通过质量把控和优质的售后服务，亚马逊建立并把控了数字出版价值链条，凸显其优势，建立起天然的利润屏障。

3. 获得数字出版物版权

不论在传统的出版领域，还是如今风头正盛的数字出版领域，版权都是企业发展的关键武器。亚马逊发展初期，出版物的版权主要来源于和图书代理商合作而获得代理销售权的版权，后期亚马逊一方面与各出版社建立良好的合作关系，从出版社环节获得进一步的版权控制权；一方面与作者签约获得直接版权，进而控制数字出版物在市场中的售价；此外亚马逊搭建自助出版平台 KDP，为个体出版者提供简便易行的出版渠道的同时，获得他们的版权。通过这些手段，全方位地获得出版过程中的版权来源，亚马逊建立起了其他出版企业所不能企及的利润屏障。

4. 打造数字出版品牌

对于企业而言，品牌是一种无形之中的资产和财富，它通过区别于其他公司的产品名称、标志、符号、风格等展现出来，多方位打造一个完整的企业品牌形象。从亚马逊的"Kindle 电子书"出发，形成一个完整品牌链的产品服务还有"Kindle 电子书阅读器""Kindle Fire 平板电脑""Kindle Unlimited 包月服务""KDP 自助出版平台（Kindle Direct Publishing）"等，使"Kindle"成为用户心中耳熟能详的亚马逊品牌。此外亚马逊在提供高质量电子书、提供完善的 Kindle 阅读器售后服务的同时，不断完善并促进品牌发展的过程，深化亚马逊数字出版在受众心中的品牌形象，使亚马逊专属品牌也成为市场盈利中的一道有利屏障。

5. 建立市场准入门槛

通常市场准入是指，为控制某一市场的饱和程度，货物、劳务、资金达到一定程度或标准时才能够进入市场当中。在用户市场中，为避免出现用户流失的情况，亚马逊在电子书和阅读器方面采取优质低价策略，不断地吸引和绑定用户，进而扩大用户市场份额，在产品售后服务方面，通过为用户提供迅速的满足感增加用户黏度，如提供免费的阅读器退换服务等基本标准，不仅能极大程度地迅速满足用户需求，也成为其他企业无法达到的行业标杆。如此一来，市场中其他企业能够占有的用户市场份额不断减少，失去发展的优势。

6. 降低技术和内容成本

一般而言，企业要想获得最大利润，就必须最小化成本。亚马逊从1999 年后，在各项成本支出的费用率上呈现大幅减少的趋势，技术和内容费用率在这 7 年间从最高的 9.8% 下降到了 6.1%，① 尽管相较而言其减小的幅度并没有大过其他成本费用率，但从数值变化的绝对意义上，技术和内容的成本费用率仍有降低的明显转变。从另一角度来看，虽然在发展过程中降低成本、增加收益是实现最大盈利的快捷途径，但在数字出版产业中，技术的支持和内容的掌控意义重大，保持对二者的投入意味着能够极大程度减少其他方面不必要的支出，真正实现盈利最大化。从时间线和总成本费用率来看，亚马逊做到了在盈利过程中的成本最小化。

综上所述，亚马逊在盈利模式的五个不同利润要素方面，完全打通

① 参见《2012 年海外电商企业案例研究报告 – Amazon》，艾瑞网 – 互联网数据资讯聚合平台，http：//report. iresearch. cn/report/201210/1815. shtml，2017 年 4 月 14 日。

了自身的产业链，实现了一整套完善的盈利模式，也成为了全世界数字出版行业最大的内容提供商、平台渠道商和设备制造商。尽管过去人们对渠道和内容二者谁更占据主要地位的问题讨论不休，但数字出版发展至今，不可否认，利润点、利润源、利润组织、利润杠杆和利润屏障这些利润要素对发展数字出版具有十分重要的意义。

值得国内数字出版企业借鉴的经验是，应当将整合内容资源的渠道多元化，从出版社、代理商、作者甚至图书馆等不同主体处争取内容版权资源，当没有内容资源时，创造条件培养潜在的优秀作家，不断创造更多的作品。对于已经存在的或尚未出版的内容资源要加以掌握。此外，通过构建并完善内容资源平台、自助出版平台以及强大的销售平台等，才能从不同角度向用户包围，提供完整的服务和体验。努力搭建平台建设的意义更在于规范统一行业的标准，使产业链的分工更完善，提高资源的利用效率，直接推动出版企业为用户提供更好的产品和服务。

总的来看，亚马逊的成功不仅仅在于简单的产品成功，更是盈利模式的成功。数字出版企业要在完善自身盈利模式的基础上，为用户提供更丰富的内容、更完善的平台、更优质的服务、更廉价的终端。随着数字出版发展的不断推进，当企业为用户提供更优质、高效的产品和服务时，数字出版产业也将以更强劲的势头不断前进！

参考文献

一 著作类

（一）中文著作

包国强：《媒介营销：理论·方法·案例》，清华大学出版社 2005 年版。

曹芳华：《聚合营销：网络整合营销传播》，人民邮电出版社 2010 年版。

陈崇山、姜秀玲：《中国传播效果透视》，沈阳出版社 1989 年版。

陈凌云：《利润点—优化企业盈利模式的黄金指引》，地震出版社 2004 年版。

陈昕：《中国出版产业论稿》，复旦大学出版社 2007 年版。

陈昕：《中国图书出版产业增长方式转变研究》，广西师范大学出版社 2008 年版。

程书林：《最有效的赢利模式》，中国纺织出版社 2006 年版。

崔毅：《盈利模式》，清华大学出版社 2007 年版。

杜骏飞：《中国网络传播研究》，浙江大学出版社 2009 年版。

范以锦：《数字化时代的传媒产业》，暨南大学出版社 2008 年版。

高宣扬：《流行文化社会学》，中国人民大学出版社 2006 年版。

龚铂洋：《直播营销的场景革命》，清华大学出版社 2017 年版。

顾江：《文化产业经济学》，南京大学出版社 2007 年版。

郝振省：《2007—2008 中国数字出版产业年度报告》，中国书籍出版社 2008 年版。

黄先蓉、罗紫初：《数字时代出版产业发展研究》，高等教育出版社 2007 年版。

简新华、李雪：《新编产业经济学》，高等教育出版社 2009 年版。

匡文波：《电子与网络出版教程》，中国人民大学出版社 2008 年版。

李明德、许超：《著作权法（第 2 版）》，法律出版社 2009 年版。

马健：《产业融合论》，南京大学出版社 2006 年版。

马为公：《新媒体传播》，中国传媒大学出版社 2011 年版。

闵大洪：《数字传媒概要》，复旦大学出版社 2003 年版。

欧阳友权、禹建湘：《长沙文化产业》，中国广播电视出版社 2010 年版。

欧阳友权：《数字媒介下的文艺转型》，中国社会科学出版社 2011 年版。

乔为国：《盈利模式创新》，上海远东出版社 2009 年版。

石磊：《新媒体概述》，中国传媒大学出版社 2011 年版。

童佟、蔡京通等：《网络整合营销的道与术》，机械工业出版社 2010 年版。

王方华、徐飞：《盈利圣经》，上海交通大学出版社 2005 年版。

王方华、徐飞：《盈利模式新突破》，上海交通大学出版社 2007 年版。

韦康伯：《移动互联网盈利模式：重构互联网下的生存法则》，现代出版
　　社 2016 年版。

魏炜、朱武祥：《发现盈利模式》，机械工业出版社 2008 年版。

吴汉洪：《产业组织理论》，中国人民大学出版社 2007 年版。

吴修铭：《注意力经济如何把大众的注意力变成生意》，中信出版社 2018
　　年版。

谢新洲：《数字出版技术》，北京大学出版社 2002 年版。

谢新洲、宋安莉、张永宏：《网络出版及其经营管理》，辽海出版社 2003
　　年版。

谢新洲：《电子出版技术》，北京大学出版社 2006 年版。

谢新洲：《媒介经营管理案例分析》，北京大学出版社 2010 年版。

熊光政：《企业盈利论》，四川科学技术出版社 1989 年版。

徐洪才：《中国资本运营经典案例》，清华大学出版社 2005 年版。

徐建华：《现代出版业资本运营》，中国传媒大学出版社 2006 年版。

徐天铎：《创意赢利新模式》，中国纺织出版社 2007 年版。

杨飞：《流量池"急功近利"的流量布局、营销转化》，中信出版社 2018

年版。

喻国明、张小争：《传媒竞争力——产业价值链案例与模式》，华夏出版
　　社 2005 年版。

张国良：《全球化背景下的新媒体传播》，上海人民出版社 2008 年版。

张文俊：《数字新媒体概论》，复旦大学出版社 2009 年版。

郑明高：《产业融合：产业经济发展的新趋势》，中国经济出版社 2011 年版。

周鸿铎等：《媒介经营与管理丛书（三辑共 12 册)》，经济管理出版社 2005
　　年版。

周荣庭：《网络出版》，科学出版社 2004 年版。

周蔚华：《出版产业研究》，中国人民大学出版社 2005 年版。

周新生：《产业分析与产业策划》，经济管理出版社 2005 年版。

　　（二）　中译著作

［美］艾露斯·库佩：《数字时代的商务活动》，时启亮、杨立钒译，上海
　　人民出版社 2006 年版。

［以］奥兹·谢伊：《网络产业经济学》，张磊译，上海财经大学出版社 2002
　　年版。

［美］巴拉巴西：《链接：网络新科学》，徐彬译，湖南科技出版社 2007
　　年版。

［德］彼特·莫拉斯：《盈利模式》，冯雷译，社会科学文献出版社 2003
　　年版。

［美］伯克茨：《读书的挽歌——从纸质书到电子书》，吕世生等译，中国
　　对外翻译出版社 2001 年版。

［日］大前研一等：《数字化盈利模式》，王小燕译，中信出版社 2006 年版。

［美］大卫·柯克帕特里克：《FACEBOOK 效应》，沈路等译，华文出版
　　社 2010 年版。

［英］丹尼斯·麦奎尔：《受众分析》，刘燕南等译，中国人民大学出版社
　　2006 年版。

［美］贾森·爱泼斯坦：《图书业》，杨贵山译，中国人民大学出版社 2006
　　年版。

［美］凯瑟琳·米勒：《组织传播》，袁军等译，华夏出版社 2008 年版。

［美］克里斯·安德森等：《免费：商业的未来》，蒋旭峰、冯斌等译，中信出版社 2009 年版。

［美］拉尔森（Larsen, J. B.）：《利润源自细节》，宋晖译，清华大学出版社 2006 年版。

［英］理查德·林奇：《公司战略》，文红、刘涛、杨晶晶译，中国市场出版社 2007 年版。

［美］罗宾斯：《管理学》，孙健敏等译，中国人民大学出版社 2004 年版。

［美］罗伯特·C. 盖尔：《经济学：基本原理与热点问题》，邹薇主译，武汉大学出版社 2007 年版。

［英］迈克·费泽斯通：《消费文化与后现代主义》，刘精明译，译林出版社 2000 年版。

［美］迈克尔·波特：《竞争优势》，夏忠华主译，中国财政经济出版社 1988 年版。

［美］迈克尔·波特：《竞争优势》，陈小悦译，华夏出版社 1995 年版。

［美］曼纽尔·卡斯特：《网络社会的崛起》，社会科学文献出版社 2006 年版。

［美］莫里斯·罗森塔尔（Rosenthal. M.）：《按需出版》，陶晓鹏译，清华大学出版社 2009 年版。

［美］尼尔·波兹曼：《技术垄断：文化向技术投降》，何道宽译，北京大学出版社 2007 年版。

［美］尼葛洛庞帝：《数字化生存》，胡泳、范海燕译，海南出版社 1997 年版。

［美］P. T. 巴纳姆：《利润》，陈广编译，机械工业出版社 2004 年版。

［美］乔治·J. 施蒂格勒：《产业组织》，王永钦、薛锋译，上海人民出版社 2006 年版。

［澳］斯蒂芬·奎因、［美］文森特·菲拉克：《媒介融合》，任锦鸾译，人民邮电出版社 2009 年版。

［加］唐·泰普斯科特、［英］安东尼·D. 威廉姆斯：《维基经济学》，何

帆、林季红译，中国青年出版社 2007 年版。

[美] 韦伯、赵睿涛：《社交网络营销——构建您的专有数字化营销网络》，张婷婷、赵睿涛译，人民邮电出版社 2010 年版。

[美] 威廉·E. 卡斯多夫：《哥伦比亚数字出版导论》，徐丽芳、刘萍译，苏州大学出版社 2007 年版。

[日] 小林一博：《出版大崩溃》，甄西译，上海三联书店 2004 年版。

[美] 亚德里安·J. 斯莱沃斯基：《利润模式》，王志伟等译，中信出版社 2002 年版。

[美] 亚德里安·J. 斯莱沃斯基：《发现利润区》，王志伟等译，中信出版社 2004 年版。

[美] 约翰·弗劳尔：《网络经济：数字化商业时代的来临》，梁维娜译，内蒙古人民出版社 1997 年版。

[美] 约瑟夫·熊彼特：《财富增长论》，李默译，陕西师范大学出版社 2007 年版。

（三）外文著作

Afuah, A. and Tucci, C., *Internet business models and strategies: Text and cases*, Boston: Mc Graw-Hill/Irwin, 2001.

Chris Anderson, *The Long Tail*, New York: Hachette Book Group, 2006.

Craig, A., *Understanding Augmented Reality*, Amsterdam: Elsevier, 2013.

Hayles, N. Katherine, *Electronic Literature: New Horizons for the Literary*, Indiana: University of Notre Dame Press, 2008.

Heinz Steinert, *Culture Industry*, Cambridge: Polity Press, 2003.

Kahin, B. and Varian, H. R., *Inernet Publishing and Byond: The Economics of Digital Information and Intellectual Property*, Cambridge, M. A.: MIT Press, 2000.

KMLab Inc., *The role of the business model in capturing value from innovation: Evidence from Xerox corporation's technology spin-off companies*, Boston: Harvard Business School, 2000.

Osterwalde, A., *The business model ontology-A proposition in a design science approach*，Lausanne：Université de Lausanne，2004.

Scott Lash & Celia Lury，*Global Culture Industry*：*the Mediation of Things*，Cambridge：Polity Press，2007.

Thomas，L. Friedman，*The World Is Flat 3rd*，New York：Picador，2007.

V. Govindarajan，*Management Control Systems*，Boston：M. A.：Mc GrawHill/Irwin，2004.

二　论文类

（一）中文期刊

北伐军、Amy：《书生之家：我们要做最大的中文数字信息供应商——访北京书生数字技术有限公司董事长王东临》，《中国电子与出版》2001年第 Z1 期。

毕秋敏、曾志勇：《基于增强现实技术的纸质出版立体化》，《出版发行研究》2014 年第 2 期。

曹建敏：《传统出版的新媒体融合与创新实践研究——以时代出版"时光流影"项目为例》，《编辑之友》2015 年第 7 期。

曹胜利、谭学余：《专业出版社数字出版的盈利模式与路径选择》，《科技与出版》2010 年第 4 期。

昌利国：《品牌乘数利润无数——迪斯尼盈利模式介绍及其应用》，《经营管理者》2011 年第 2 期。

陈丹：《我国出版社数字出版发展策略及盈利模式探析》，《出版发行研究》2009 年第 11 期。

陈洁：《数字出版盈利模式报告》，《求索》2009 年第 7 期。

陈矩弘、舒仕斌：《"互联网＋"时代出版业网络直播营销模式研究》，《科技与出版》2018 年第 3 期。

陈力丹、李唯嘉、万紫千：《原生广告及对传统广告的挑战》，《新闻记者》2016 年第 12 期。

陈若萱：《增强现实技术在美国出版业的应用及思考——基于产业融合的视角》，《中国出版》2017 年第 9 期。

陈曙娟：《情感在左岸　理性在右岸——学术期刊"第五媒体"社交的两难》，《江苏经贸职业技术学院学报》2016年第6期。

陈文彬：《企业的"优势链"与国际市场营销》，《清远职业技术学院学报》2009年第1期。

陈香：《"海豚"进"长江"》，《中华读书报》2006年1月6日第3版。

陈昕：《解码中国出版业集团化建设》，《中国图书商报》2008年第11期。

陈燕：《中文在线中小学图书馆成品牌》，《出版参考》2006年第11期。

陈元：《发展出版产业，关键是提升阅读风气》，《出版参考》2002年第15期。

程晓龙：《〈新闻出版总署关于发展电子书产业的意见〉正式下发——多项举措推动电子书产业良性发展》，《中国新闻出版报》2010年10月11日第2版。

丛立：《超星E-Book探析》，《现代情报》2006年第5期。

丛挺、陈晔：《我国出版企业知识服务创新发展困境与出路探析》，《出版广角》2017年第14期。

崔保国：《地市报如何思考战略定位》，《中国新闻出版报》2009年4月14日第8版。

崔明、段琳琳：《心智消费时代中小型出版社图伟品类战略研究》，《科技与出版》2009年第6期。

崔明、段琳琳：《云计算时代中小型出版社数字出版盈利模式研究》，《科技管理研究》2010年第12期。

崔晓露：《从平台经济视角展望无人书店商业模式》，《出版广角》2017年第17期。

崔元和：《出版革命的第三次浪潮》，《中国图书商报》2008年1月4日第16版。

代宝、刘业政：《基于期望确认模型、社会临场感和心流体验的微信用户持续使用意愿研究》，《现代情报》2015年第3期。

代杨：《新技术环境下出版企业的数字转型》，《出版科学》2008年第5期。

邓寒峰：《教育出版社应对数字出版浪潮的方法探讨》，《社科纵横》2007

年第 11 期。

邓路:《产业价值链的企业竞争优势来源》,《经济导刊》2008 年第 1 期。

邓琦:《从儿童阅读方式的变化看童书出版风向》,《出版广角》2016 年第 21 期。

丁菲菲:《数字音乐商业模式逐渐明朗,新浪联合五大唱片公司共同挖宝》,《IT 时代周刊》2007 年第 7 期。

丁宏、梁洪基:《互联网平台企业的竞争发展战略——基于双边市场理论》,《世界经济与政治论坛》2014 年第 4 期。

董铁鹰:《对专业出版社向数字出版转型的思考》,《科技与出版》2007 年第 7 期。

窦林卿:《数字出版盈利模式不是没有,而是太多》,《出版参考》2009 年第 10 期。

杜世强:《浅谈高师院校立体化教材建设》,《吉林师范大学学报》2009 年第 5 期。

段弘、吴琳:《"出版 + AR":以出版主体为中心的增强现实技术应用研究》,《出版广角》2017 年第 24 期。

段宽:《网络综艺发展现状研究》,《西部广播电视》2017 年第 2 期。

方菲、任慧英:《出版第一股的示范效应》,《中国图书商报》2007 年 12 月 7 日第 1 版。

方卿、许洁:《数字出版盈利模式设计的五要素——以高等教育出版社为例》,《出版发行研究》2009 年第 11 期。

冯帆:《PUGC 模式下的互联网电台内容生产——以喜马拉雅 FM 为例》,《青年记者》2017 年第 17 期。

傅苄:《数字出版的主要盈利模式及实现渠道》,《科技智囊》2007 年第 10 期。

付英男:《用好 QQ-AR,数字化教学可以很简单——腾讯 QQ 与人教数字率先推出可 AR 识别课本》,《中小学数字化教学》2018 年第 1 期。

付煜冬、杨健:《"网综时代"的电视思考》,《当代电视》2017 年第 5 期。

耿斌、孙建军:《在线学术社交平台的用户行为研究——以 ResearchGate

平台南京大学用户为例》，《图书与情报》2017 年第 5 期。

郭林红：《求新求变，增强用户黏度——网络直播答题突围之道》，《视听》2018 年第 5 期。

郭亚军：《个性化数字信息服务模式研究》，《情报理论与实践》2011 年第 7 期。

郭玉洁、龙振宇、张新新：《AR 出版的现状及趋势分析》，《科技与出版》2017 年第 8 期。

郭智芳：《腾讯 QQ 的盈利模式分析与思考》，《内江科技》2009 年第 2 期。

何格夫：《数字出版盈利模式探究》，《科技与出版》2008 年第 7 期。

何华琳：《"纯网综艺热"背景下的网络文化现状分析》，《新媒体研究》2016 年第 5 期。

贺圣遂、李华：《复旦大学出版社数字出版经营策略》，《科技与出版》2007 年第 8 期。

何同亮、周荣庭等：《增强现实图书用户购买意愿的影响因素研究》，《科技管理研究》2017 年第 22 期。

贺耀敏：《金融危机背景下的中国出版产业分析》，《中国出版》2010 年第 5 期。

何颖媛、何铮：《基于功能视角的新型农村金融机构脆弱性测度研究》，《中南大学学报》（社会科学版）2012 年第 1 期。

何昱：《我国数字出版的盈利模式研究综述》，《视听》2016 年第 6 期。

洪文琴：《新形势下企业组织学习能力建设的思考》，《江苏商论》2018 年第 2 期。

侯琰霖、陈娇娜：《小议百度文库侵权的法律责任》，《出版发行研究》2011 年第 6 期。

化冰：《反盗版，中文"在线反盗版联盟"来了》，《出版参考》2005 年第 7 期。

黄清芬：《用户信息需求探析》，《情报杂志》2004 年第 7 期。

黄先蓉、程梦瑶：《传承与突破：2017 年出版传媒业政策法规盘点》，《出版广角》2018 年第 2 期。

霍国庆、景万、杜智涛：《我国建筑企业核心竞争力评价体系研究》，《数学的实践与认识》2011 年第 7 期。

吉颖新：《安徽出版集团的疯狂成长》，《中国企业家》2010 年第 12 期。

蒋成贵、李春华：《网络意见领袖的现状及培养》，《思想教育研究》2016 年第 7 期。

蒋劼：《对当代数字音乐受众的观察与思考》，《音乐传播》2013 年第 1 期。

金聪昊：《中国网络直播平台盈利模式分析》，《经贸实践》2017 年第 15 期。

金更达：《关于电子阅读产业价值链的思考》，《出版参考》2010 年第 1 期。

金雪涛、唐娟：《数字出版产业价值链与盈利模式探究》，《中国出版》2011 年第 3 期。

井辉、席酉民：《组织协调理论研究回顾与展望》，《管理评论》2006 年第 2 期。

康微：《解析"Google 图书搜索"的目标》，《江苏教育学院学报》2007 年第 5 期。

匡文波：《手机出版，21 世纪出版业的新机遇》，《出版工作》2005 年第 5 期。

匡文波：《手机广告发展状况分析》，《传媒》2007 年第 1 期。

匡文波：《论手机媒体的盈利模式》，《国际新闻界》2007 年第 6 期。

匡文波、孙燕清：《数字出版盈利模式的国际经验及其启示》，《重庆社会科学》2010 年第 6 期。

兰红：《童之磊的数字出版梦想》，《上海信息化》2007 年第 3 期。

兰孝慈、王江：《图书馆受众注意力资源同质化背景下差异化突围的路径选择》，《情报资料工作》2013 年第 4 期。

雷思雨：《基于移动直播时代的传统媒体的发展途径探析》，《新西部旬刊》2017 年第 1 期。

李丹、乔冬梅：《国外电子出版物研究与发展综述》，《中国图书馆学报》2005 年第 4 期。

李枫林、贾君枝：《用户关系管理中的客户信息分析》，《图书情报工作》2002 年第 12 期。

李红强：《数字出版盈利模式探析》，《编辑之友》2009 年第 3 期。

李静颖：《数字出版：新盈利模式探索》，《观察》2009 年第 4 期。

李静颖：《数字出版新盈利模式探索：建立产业链是关键》，《第一财经日报》2009 年 7 月 29 日第 C03 版。

李静颖：《万榕书业：延伸传统出版的触角》，《第一财经日报》2010 年 3 月 17 日第 C03 版。

李玲：《数字资源整合与个性化服务分析》，《情报探索》2008 年第 12 期。

李儒俊、刘阳：《微信公众号的运营现状及对策研究》，《视听》2016 年第 9 期。

李新龙：《中南出版传媒打造出版传媒航母》，《湖北日报》2011 年 6 月 20 日第 5 版。

李旭芬：《"VR 技术"对数字图书馆的影响极其发展策略研究》，《农业图书情报学刊》2014 年第 10 期。

栗学思：《如何规划企业的盈利模式》，《通信企业管理》2003 年第 6 期。

李允尧、刘海运、黄少坚：《平台经济理论研究动态》，《经济学动态》2013 年第 7 期。

李振华：《增强现实儿童电子书出版策略与应用发展》，《中国出版》2017 年第 23 期。

练小川：《数字时代的阅读》，《出版科学》2009 年第 2 期。

梁毅：《少儿出版与 AR 技术应用》，《新媒体研究》2016 年第 3 期。

烈日：《李克的书业人生》，《出版参考》2009 年第 9 期。

聂婷：《从"5W 模式"探析薄荷阅读朋友圈的阅读打卡实践》，《新闻研究导刊》2018 年第 17 期。

刘灿姣、黄立雄：《论数字出版产业链的整合》，《中国出版》2009 年第 1 期。

刘超：《传统印刷出版社拓展在线工具书》，《出版商务周报》2006 年 11 月 29 日第 6 版。

刘超：《"眼球经济"与注意力的谱系》，《书城》2017 年第 12 期。

刘成勇：《数字出版的盈利模式形成了吗》，《出版参考》2009 年第 3 期。

刘慧：《无线音乐拯救唱片公司》，《中国新通信》2008 年第 2 期。

刘美华：《我国出版企业数字出版盈利模式研究评析》，《出版科学》2011年第 2 期。

刘美忆：《弹幕文化的注意力经济学解析》，《视听》2017 年第 7 期。

刘仁：《AR 童书：技术为内容锦上添花》，《中国知识产权报》2017 年 5 月 19 日第 9 版。

刘晓慧：《网络直播浪潮下出版业的营销模式创新》，《出版广角》2017年第 15 期。

刘晓晔、孙璐：《增强现实技术应用于科普童书的优势与挑战》，《科普研究》2016 年第 6 期。

刘一鸣、黄细英、罗雪英：《我国电子书盈利模式研究》，《科技与出版》2013 年第 8 期。

刘一鸣、任诗然：《网络文库商业模式探究》，《中国出版》2013 年第 18 期。

刘一鸣：《基于利润点的数字出版盈利模式创新研究》，《科技与出版》2015年第 8 期。

刘一鸣：《数字出版盈利模式绩效评价研究初探》，《中国出版》2015 年第 20 期。

刘一鸣、郭斌：《视频网站利润点创新研究》，《中国出版》2016 年第 18 期。

刘一鸣、胡伯俊：《基于增强现实技术的儿童出版物利润源研究》，《出版发行研究》2017 年第 5 期。

刘一鸣、朱美滟：《"出版 + 直播"利润杠杆研究》，《出版科学》2017 年第 5 期。

刘一鸣、谢泽杭：《出版生态视域下我国有声书产业利润杠杆研究》，《出版发行研究》2018 年第 2 期。

刘一鸣、谢凤麟：《专业出版知识服务盈利模式探究》，《科技与出版》2018年第 6 期。

刘一鸣、蒋欣羽：《基于区块链技术的学术出版版权屏障研究》，《编辑之友》2018 年第 8 期。

刘一鸣、谢泽杭：《基于用户体验的移动阅读付费意愿研究》，《中国传媒报告》2018 年第 10 期。

刘一鸣、杨敏：《"出版＋短视频"利润屏障研究》，《出版发行研究》2018
　　年第 10 期。

刘一鸣、张银虎：《基于 O2O 模式的数字图书馆利润屏障研究》，《图书
　　馆学研究》2018 年第 12 期。

刘一鸣、李颖颖：《"出版＋小程序"利润杠杆研究》，《东南传播》2019
　　年第 7 期。

刘一鸣、周梦婷、郭斌：《基于利润杠杆的"出版＋小程序"业态研究》，
　　《科技与出版》2019 年第 7 期。

刘一鸣、陈文楷：《"出版＋纪录片"发展模式刍探》，《出版发行研究》
　　2019 年第 8 期。

刘一鸣、蒋欣羽：《区块链技术在学术版权中的应用研究》，《出版广角》
　　2019 年第 9 期。

刘英华：《关于同方、维普、万方三种全文数据库的比较分析》，《图书馆
　　学研究》2003 年第 5 期。

刘英姿、吴昊：《客户细分方法研究综述》，《管理工程学报》2006 年第 1 期。

龙娟娟：《基于体验的 AR 形态学龄前童书交互设计探析》，《中国出版》
　　2017 年第 16 期。

龙思思：《自媒体营销价值与盈利模式分析——以微信公众号为例》，《当
　　代传播》2017 年第 2 期。

马静怡：《虚拟现实、增强现实、混合现实与数字出版》，《新闻研究导
　　刊》2016 年第 7 期。

马玉洁：《增强现实技术在少儿出版领域应用的探究》，《商》2016 年第 6 期。

满艺：《出版社微信公众平台盈利模式探析》，《出版参考》2017 年第 9 期。

穆青：《数字出版全新商业模式的创建》，《出版参考》2009 年第 3 期。

欧阳文风：《长沙文化产业的战略定位及其发展路径》，《中南林业科技大
　　学学报》（社会科学版）2011 年第 3 期。

欧阳友权、欧阳文风：《物联网的形上之思——物联网给我国思想文化传
　　播带来的机遇、挑战和对策》，《求索》2010 年第 9 期。

潘秀燕：《ERP—出版业市场化的基石》，《科技与出版》2011 年第 9 期。

彭芳、董燕萍：《社交出版对学术期刊出版的启示》，《出版发行研究》2015
　　年第 11 期。

彭梦盈：《网络综艺"污力全开"的原因及影响》，《东南传播》2017 年
　　第 3 期。

祁庭林：《传统出版该如何应对数字出版的挑战》，《编辑之友》2007 年
　　第 4 期。

戚中良：《"小打卡"中的大格局——微信"小打卡"小程序在生活德育
　　实践中的应用》，《中小学德育》2018 年第 5 期。

乔丽：《传统出版社数字出版盈利模式探析》，《科技与出版》2009 年第 9 期。

屈辰晨：《搜索引擎：助数字出版驶入快车道》，《出版参考》2007 年第 7 期。

却咏梅：《数字出版：路在何方？》，《中国教育报》2005 年 5 月 16 日第 8 版。

任殿顺：《图书搜索或将引发书业地震》，《中国图书商报》2007 年 5 月
　　15 日第 1 版。

任殿顺：《八大趋势引领数字出版》，《中国图书商报》2007 年 7 月 20 日
　　第 1 版。

任晓宁：《出版集团数字化转型如何"获利"？》，《中国新闻出版报》2011
　　年 7 月 21 日第 5 版。

单胜辉、胡吉琴：《基于虚拟价值链的企业竞争力分析》，《北方经济》2007
　　年第 9 期。

史海娜：《国外出版产业价值链转型模式分析》，《编辑之友》2008 年第 3 期。

石华灵：《图书微信直播营销探析——以《我要当个好爸爸》图书预售为
　　例》，《出版广角》2017 年第 7 期。

史健勇：《优化产业结构的新经济形态——平台经济的微观运营机制研
　　究》，《上海经济研究》2013 年第 8 期。

石晶晶：《AR 技术与出版业融合的得与失》，《编辑学刊》2016 年第 6 期。

舒仕斌、陈矩弘：《出版业网络直播营销的思索与展望》，《科技与出版》
　　2017 年第 6 期。

宋垣：《从注意力经济到影响力经济——传媒产业本质的再思考》，《新闻
　　研究导刊》2015 年第 17 期。

唐英、尚冰靓：《大数据背景下网络自制综艺节目的及趋势探析——以
〈奇葩说〉为例》，《新媒体研究》2016 年第 5 期。

陶峰磊：《AR 技术：让虚拟走进现实——传统媒体如何利用增强现实技
创新信息传播模式》，《中国传媒科技》2014 年第 9 期。

陶然：《增强现实技术在儿童出版领域的应用》，《中国印刷与包装研究》
2016 年第 9 期。

仝慧敏：《空中网：快手掘金移动互联网》，《经营者》2008 年第 3 期。

王海林：《价值链内部控制模型研究》，《会计研究》2006 年第 2 期。

王慧：《增强现实技术在出版中的应用研究》，《出版与印刷》2017 年第 3 期。

王卉、李金城：《增强现实技术在图书出版领域的应用研究》，《中国出版》
2015 年第 17 期。

王卉、张文飞、唐沛：《基于移动端的知识服务产品运营策略探讨——以
人大数媒"壹学者"学术科研移动服务平台为例》，《出版发行研究》
2015 年第 11 期。

王婷：《出版如何借直播利器变现内容》，《出版视野》2016 年第 6 期。

王晓光：《文艺类畅销书的"文景式"运作——专访北京世纪文景文化传
播限公司文学编辑部主任王蕾》，《出版广角》2007 年第 5 期。

王晓光、晁琳、刘涛：《以用户为中心的图书馆——图书馆服务模式研究
信息时代》，《科技情报研究学术论文集》（第三辑），2008 年。

王小野：《中华工商联合出版社有限责任公司成立》，《新文化报》2009
年 4 月 18 日第 2 版。

王秀丽、胡玉康：《AR 技术关照下的儿童书籍设计新形态》，《出版发行
研究》2016 年第 5 期。

王绪文：《关于中国数字出版产业发展的几点思考》，《中国新闻出版报》
2010 年 5 月 27 日第 4 版。

王彦霞、陈美若：《商业价值与"眼球经济"的实现》，《商业经济研究》
2017 年第 16 期。

王扬：《"出版 + AR/VR"出版行业的新机遇——AR/VR 技术在出版业中
的运用综述》，《出版广角》2018 年第 2 期。

王旖旎、莫梅锋：《增强现实技术在手机出版中的应用》，《现代出版》2012年第3期。

王莹：《内容是数字出版竞争力之本》，《中国新闻出版报》2007年7月18日第4版。

魏江江：《出版＋直播，是机会还是鸡肋？》，《出版广角》2017年第3期。

魏萌：《以知乎为例浅析网络问答社区版权保护》，《中国报业》2017年第18期。

魏玉山：《2015—2016中国数字出版产业年度报告》，《印刷杂志》2016年第8期。

温雅：《Google阅读"搜"主意》，《当代图书馆》2007年第4期。

吴琳琳：《试水ERP，高教社尽显英雄本色》，《电子商务》2003年第11期。

吴雯、周荣庭：《出版业网络直播的"场域"营销研究》，《编辑之友》2017年第9期。

夏建华、邓红：《注意力经济时代的出版创新策略分析》，《出版广角》2015年第8期。

谢丽容：《炮灰还是精英：模式定乾坤——电子杂志的盈利模式制高点》，《互联网天地》200年第4期。

谢鹏：《中文在线：从"延安"出发》，《商务周刊》2007年第11期。

谢寿光：《数字出版盈利的关键是让内容增值》，《出版参考》2009年第10期。

谢新洲、杜智涛：《网络意见领袖舆论引导能力的评判体系研究——基于灰色统计与层次分析法的模型构建》，《图书情报工作》2013年第15期。

邢那、康宇坤、雷牡丹：《浅谈网络传播视阈下中国流行音乐如何加强与受众的互动性》，《西部广播电视》2014年第8期。

熊励、季佳亮、陈朋：《基于平台经济的数字内容产业协同创新动力机制研究》，《科技管理研究》2016年第2期。

熊瑞、王伟军：《我国综合型门户网站的发展及盈利比较分析》，《科技创业月刊》2007年第5期。

徐晋、张祥建：《平台经济学初探》，《中国工业经济》2006年第5期。

徐金铸：《图书馆用户信息需求解析》，《中国管理信息化》2012 年第 4 期。

徐丽芳：《数字出版：概念与形态》，《出版发行研究》2005 年第 7 期。

徐丽芳、冯洺：《Layar：AR 技术让纸质出版物实现互动》，《出版参考》
　　2017 年第 4 期。

徐明月、谢逸秋、孙鑫、刘喜：《社群经济角度下的内容付费盈利模式研
　　究》，《现代经济信息》2018 年第 19 期。

徐小敏：《资源　工具　社交——从"壹学者"看学术期刊微信平台构建
　　的三个维度》，《传媒》2016 年第 18 期。

许远：《迈向数字时代的知识服务展望》，《科技与出版》2015 年第 2 期。

薛琪、王亮：《新新媒介下出版物营销策略研究》，《科技与出版》2017
　　年第 7 期。

薛云建：《价值链与国际市场营销策略》，《企业研究》2001 年第 4 期。

严大香：《超星、书生之家及方正 Apabi 比较分析》，《晋图学刊》2004 年
　　第 4 期。

严定友、段维：《论数字时代的内容出版》，《出版发行研究》2009 年第
　　12 期。

阎峰：《传媒赢利模式：概念、特点与战略层次》，《新闻界》2006 年第 3 期。

阎真：《首届"网络文学与数字文化"全国研讨会综述》，《理论与创作》
　　2004 年第 5 期。

杨思远：《基于 SWOT 分析的我国公共资源交易大数据应用发展策略研究》，
　　《招标采购管理》2018 年第 7 期。

杨文轩：《数字出版七大盈利模式》，《出版商务周报》2010 年 9 月 5 日
　　第 1 版。

杨晓刚：《基于增强现实技术的纸媒商业新模式探讨》，《中国传媒科技》
　　2016 年第 1 期。

叶璐：《AR 童书的市场需求分析与持续发展策略研究》，《编辑之友》2017
　　年第 2 期。

殷建芳、邓迎、王晓琰、史敏、杨蕾：《社交媒体与学术出版深度融合的
　　应用研究——以中国激光杂志社社交媒体服务架构为例》，《科技与

出版》2014 年第 9 期。

于春莉：《高校图书馆为地区产业提供信息服务的现状分析与对策》，《现代情报》2005 年第 1 期。

喻国明、吴文汐：《数字报业：从网络版的经营做起》，《新闻与写作》2007年第 2 期。

禹建湘：《以国际视野谋划湖南文化产业》，《湖南日报》2012 年 1 月 13日第 12 版。

禹建湘：《产业化背景下的文学网站景观》，《中南大学学报》（社会科学版）2012 年第 2 期。

余人、何丽琼：《微信出版的盈利模式与潜在危机——基于微信公众号的分析》，《出版广角》2017 年第 3 期。

袁小群：《基于 AR 技术的儿童出版营销策略研究》，《出版广角》2018 年第 4 期。

袁毅：《增强现实技术在数字出版业中应用的 6 个问题探讨》，《科技与出版》2017 年第 8 期。

岳景艳：《图书馆用户信息需求探析》，《科技信息》2011 年第 28 期。

乐梦融：《给中国的出版业插上"数字翅膀"——上海世纪出版集团自主创新纪实》，《新民晚报》2010 年 4 月 10 日第 A10 版。

曾伟明：《构建健康合理的数字出版产业链》，《科技与出版》2011 年第 3 期。

张凡：《探索知识服务商业模式》，《出版参考》2016 年第 6 期。

张雷：《新媒体引发的通货革命——注意力货币化与媒体职能的银行化》，《新闻与传播研究》2013 年第 4 期。

张立：《解读数字出版》，《出版参考》2007 年第 19 期。

张丽波、马海群、周丽霞：《避风港原则适用性研究及立法建议——由百度文库侵权案件说起》，《图书情报知识》2013 年第 1 期。

张曼曼：《泛娱乐直播平台的赢利模式探析》，《科技传播》2018 年第 15 期。

张其友：《出版企业内部组织结构的类型及分析》，《出版发行研究》2008年第 6 期。

张文飞、胡娟、唐沛：《用户运营构筑强大传播力，纸网互动共建学术出版生态——以"壹学者"移动学术科研服务平台为例》，《传媒》2016 年第 19 期。

张文豪：《数字出版盈利呼唤产业链的专业化分工》，《出版发行研究》2009 年第 11 期。

张新新：《出版机构知识服务转型的思考与构想》，《中国出版》2015 年第 24 期。

张玉珍：《在竞争中共同发展——论电子文献与纸质文献的关系》，《中国图书馆学报》2003 年第 1 期。

张征：《手机出版，让数字图书大众化——访中文在线总裁童之磊》，《出版参考》2007 年第 10 期。

张志强、邢鹏：《电子书的盗版与反盗版状况分析》，《中国图书馆学报》2004 年第 2 期。

赵保卿：《基于价值链理论的目标控制》，《北京工商大学学报》（社会科学版）2004 年第 2 期。

赵冰：《构建全流程数字出版平台》，《出版参考》2009 年第 31 期。

赵丹：《试论增强现实出版物开发瓶颈与出路》，《中国出版》2016 年第 16 期。

赵延芹：《AR 与 VR 技术在儿童出版业中的应用》，《新闻传播》2016 年第 23 期。

郑建辉：《微信公众号 O2O 商业模式发展研究》，《电子商务》2017 年第 6 期。

郑伟：《电子书领航数字出版》，《软件世界》2007 年第 7 期。

中国出版科学研究所《2007—2008 中国数字出版产业年度报告》课题组：《传统出版涉足数字出版的三大模式》，《出版参考》2009 年第 4 期。

张若男、赵嘉玉等：《当下"区块链 + 数字版权"盈利模式分析》，《企业研究》2018 年第 12 期。

钟智锦：《美国两大网络出版商赢利模式探寻》，《出版发行研究》2002 年第 7 期。

周登平：《教育类出版社更具备从事数字出版的潜力》，《中国图书商报》

2007 年 7 月 3 日第 7 版。

周利荣：《我国数字出版产业链整合模式分析》，《出版发行研究》2010
年第 10 期。

周敏、侯颖：《直播热潮下出版行业新走向探析——基于文化分析的路
径》，《科技与出版》2017 年第 2 期。

周荣庭：《网络出版的收费模式》，《出版发行研究》2000 年第 1 期。

周懿瑾、陈嘉卉：《社会化媒体时代的内容营销：概念初探与研究展望》，
《外国经济与管理》2013 年第 6 期。

朱松林、吴琼：《增强现实在纸媒出版中的应用与发展障碍分析》，《科技
与出版》2014 年第 6 期。

祝兴平：《我国数字出版跨越式发展的瓶颈与短板》，《中国出版》2011
年第 4 期。

庄红权、温韫辉：《以内容为体，以技术创新和体制创新为翼——清华大
学出版社出版融合初探》，《出版广角》2018 年第 1 期。

紫枫：《电视产业价值链：理论与个案》，《中国广播电视学刊》2006 年
第 10 期。

邹欣：《形态创新：网络综艺节目特性与发展趋势——以〈明星大侦探〉
为例》，《电视研究》2017 年第 8 期。

中国新闻出版研究院：《2017—2018 中国数字出版产业年度报告》，《中
国传媒科技》2018 年第 11 期。

（二）学位论文

安欣：《我国出版企业核心竞争力评价及提升策略研究》，博士学位论文，
武汉大学，2011 年。

陈洁：《网络文学版权价值研究》，硕士学位论文，山东大学，2017 年。

杜安平：《数字图书馆的个性化信息服务》，硕士学位论文，湘潭大学，
2003 年。

范茵：《数字阅读时代"多看阅读"电子书内容平台探究》，硕士学位论
文，陕西师范大学，2015 年。

高敏：《农业产业投资基金的投资风险评估研究》，硕士学位论文，中南

大学，2012 年。

关祥勇：《基于价值链的创意企业赢利模式研究》，硕士学位论文，西北
　　大学，2008 年。

郭亚军：《基于用户信息需求的数字出版模式研究》，博士学位论文，中
　　国人民大学，2009 年。

郭妍：《网络文学全媒体版权运营发展模式研究——以盛大文学为例》，
　　硕士学位论文，复旦大学，2014 年，

韩蕾：《中国电子游戏产业链及赢利模式研究》，硕士学位论文，北京工
　　商大学，2007 年。

何明：《中国大陆手机报纸研究》，硕士学位论文，西北大学，2006 年。

侯璐：《科研类微信公众号学术信息交流机制研究》，硕士学位论文，东
　　北师范大学，2018 年。

黄文宣：《我国当前网络音乐传播现状与分析——关于"一听音乐网"的
　　调查研究》，硕士学位论文，南京艺术学院，2012 年。

李春刚：《数字图书馆个性化信息推送服务研究》，硕士学位论文，东北
　　师范大学，2007 年。

李娟：《连锁便利店赢利模式研究》，硕士学位论文，山东大学，2011 年。

黎敏霞：《我国数字出版赢利模式研究》，硕士学位论文，湖南大学，2009 年。

李苏彬：《小众化时代数字阅读平台运营模式研究》，硕士学位论文，安
　　徽大学，2014 年。

李威：《盈利模式的理论及实证研究》，硕士学位论文，武汉大学，2003 年。

李霄：《出版行业自律管理研究》，博士学位论文，武汉大学，2010 年。

李潇堃：《新媒体出版研究》，硕士学位论文，中国人民大学，2007 年。

梁丽：《基于个性化服务的用户需求信息的深层挖掘》，硕士学位论文，
　　辽宁师范大学，2008 年。

林蔚：《基于互联网的个性化信息服务优化研究》，硕士学位论文，吉林
　　大学，2008 年。

刘美华：《基于竞争优势的我国出版企业价值链管理研究》，博士学位论
　　文，武汉大学，2011 年。

倪霞：《"数字报业"的盈利模式探寻》，硕士学位论文，西南政法大学，2010 年。

牛伟：《家庭网络产业价值链及其盈利模式分析》，硕士学位论文，北京邮电大学，2009 年。

彭柯：《数字阅读平台用户体验影响因素研究》，硕士学位论文，南京大学，2015 年。

钱太宝：《我国网络公司的盈利模式与盈利战略研究》，硕士学位论文，吉林大学，2006 年。

邱楚芝：《媒介融合背景下数字出版产业价值链治理研究》，硕士学位论文，暨南大学，2011 年。

邱猛：《清华同方知网盈利模式研究》，硕士学位论文，西北工业大学，2007 年。

仁殿顺：《中国出版业数字转型的困境与出路》，硕士学位论文，苏州大学，2008 年。

尚莹莹：《数字出版盈利模式研究》，硕士学位论文，中国人民大学，2008 年。

沈洪杰：《MyLibrary@ JLUhp 的用户研究》，硕士学位论文，东北师范大学，2006 年。

史现利：《数字出版商业模式探究》，博士学位论文，武汉大学，2011 年。

滕跃：《基于 ISO9000 标准的政府科学技术奖励质量管理体系研究》，博士学位论文，武汉大学，2010 年。

王汉斌：《基于价值增值的食品加工业国际竞争力形成机理研究》，博士学位论文，哈尔滨工业大学，2007 年。

王志刚：《出版企业版权管理研究》，博士学位论文，武汉大学，2011 年。

肖洋：《我国数字出版产业发展战略研究》，博士学位论文，南京大学，2013 年。

许山杉：《增强现实电子书的开发》，硕士学位论文，华东师范大学，2011 年。

杨小丽：《中国信用卡赢利模式的探讨》，硕士学位论文，南京理工大学，2007 年。

杨正义：《电子商务盈利模式研究》，硕士学位论文，西南财经大学，2006 年。

姚娟:《中美数字出版商业模式比较研究》,硕士学位论文,湘潭大学,2011年。

尹云岚:《中美数字出版比较研究》,硕士学位论文,中国人民大学,2003年。

原文艳:《我国网络视频行业盈利模式研究》,硕士学位论文,河南大学,2017年。

曾珍:《资源与制度视角下企业组织文化对企业创新能力的影响研究》,博士学位论文,华中科技大学,2017年。

张亚男:《我国出版集团竞争战略研究》,硕士学位论文,北京印刷学院,2005年。

张艺:《基于泛娱乐战略的奥飞娱乐盈利模式研究》,硕士学位论文,河北经贸大学,2018年。

赵学军:《中国人保实施 CRM 战略的研究》,硕士学位论文,对外经济贸易大学,2005年。

钟博:《我国出版业数字化转型路径研究》,硕士学位论文,武汉大学,2012年。

朱慧:《基于商业模式创新的企业组织能力构建研究》,硕士学位论文,江南大学,2013年。

（三）外文论文

Alessandro Bessi, Antonio Scala, Luca Rossi, Qian Zhang and Walter Quattrociocchi, "The Economy of Attention in the Age of (mis) Information", *Journal of Trust Management*, Vol. 1, No. 1, 2014.

Alex Newton, *Kindle e-Book Supply Hits 5 Million Mark*, Dec 2016. (http://www.kboards.com/index.php/topic, 245335.msg3417972.html.msg3417972).

Amit, R. and C. Zott, "Value Creation in e-Business", *Strategic Management Journal*, Vol. 22, No. 6/7, 2001.

Carolyn, L. and Kane, "GIFs that Glitch: Eyeball Aesthetics for the Attention Economy", *Communication Design*, Vol. 4, No. 1 - 2, 2016.

Dryburgh, A., "There is no Such Thing as a Product", *Learned publishing*,

Vol. 15, No. 2, 2002.

Dryburgh, A., "A New Framework for Digital Publishing Decisions", *Learned Publishing*, Vol. 16, No. 2, 2003.

Dubosson-Torbay, M., Osterwalder, A., and Pigneur, Y., "E-business Model Design, Classification and Measurements", *Thunderbird International Business Review*, Vol. 44, No. 1, 2002.

eBooks: 1st, Jan. 2018 (https://www. ebooks. com/l = logo).

Farhi, P., "Build that Pay Wall High", *American Journalism Review*, Vol. 209, No. 4, 2009.

Fedewa, C. S, "Business Model for 'Internetpreneurs' Internet Entrepreneurs Support Service" (http://www. gen. com/iess/articles/art4. html).

Halliday, L., "Oppenheim C. Economic Models of Digital-Only Journals", *Serials*, Vol. 13, No. 2, 2000.

Hane and Paula, J., "Adobe Introduces Network Publishing with Strategic Partners", *Information Today*, Vol. 12, No. 17, 2000.

Houghton, J. W., "The Crisis in Schoarly Communication: an Economic Analysisi", July 2006 (http://www. vala. org. au/vala/aspecis/20010042. pdf).

Jagdish Arora, Electronic Publishing: An Overview, United States Educational Foundation in India, DRTC/Indian Statistical Instiute, *DLIS/University of Mysore Joint Workshop on Digital Libraries*, 12th – 16th March 2001, http:// drtc. isibang. ac. in/ retrieve/175/aroral. pdf.

Jean-Charles Rochet and Jean Tirole, "Platform Competition in Two-sided Markets", *Journal of the European Economic Association*, Vol. 1, No. 4, 2003.

Karen S. Wiesner, "An Electronic Publishing Timeline", *Discover the World's Research*, Vol. 8, No. 1, 2001.

Mccabe, M., "Information Goods and Endogenous Pricing Strategies: The Case of Academic Journals", *Economics Bulletin*, Vol. 12, No. 10, 2004.

Mccabe, M. J. , Snyder, C. M. , "Open Access Journal and Academic Journal Quality", *American Economic Review Papers and Proceedings*, Vol. 95, No. 2, 2005.

Mccabe, M. J. , Snyder, C. M. , "Open Access as a Crude Solution to a Hold-up Problem in the Two-Sided Market for Academic Journals", July 2008 (http：//ssrn. com/abstract = 914525）.

Michael Morris, Minet Schindehutte and Jeffrey Allen, "The Entrepreneur's Business Model：Toward a unified perspective", *Journal of Business Research* , Vol. 58, No. 1, 2003.

Sharp, S. , Thompson, S. , " 'Just in case' vs. 'Just in time'：e-Book Purchasing Models", Serials：*The Journal for the Serials Community*, Vol. 23, No. 3, 2010.

Osterwalder, A. , Yves Pigneur and Chir stopher Ltucci, "Clarifying business models：Origins, present, and future of the concept", *Communications of the Information Systems*, Vol. 15, No. 5, 2005.

Walton, E. W. , "From the ACRL 13th National Conference：e-book use versus users' perspective", *College & Undergraduate Libraries*, Vol. 14, No. 4, 2008.

后　记

本书是 2015 年度批准立项，由刘一鸣主持的国家社科基金课题——"基于绩效评价的我国数字出版盈利模式研究"（项目批准号：15CXW008）的最终成果，成果完成后国家社科规划办组织专家对其进行鉴定，并予以结题（证书号：20193751）。

记得 2010 年 9 月，我踏入中南大学欧阳友权教授门下攻读博士，把自己的学术触角切入文化产业和数字出版领域。武汉大学方卿教授发表在《出版发行研究》杂志上的一篇论文《数字出版盈利模式设计的五要素——以高等教育出版社为例》给了我无限的启发和思考，使我有了创作的灵感与冲动。结合大量的国内外研究文献和多年从事的教学实践，形成了我的博士论文选题。读博期间我对此选题的理论部分进行了深入的探究，毕业之后顺利获得了国家社科规划办青年项目基金的资助，完成国家社科项目的四年又在实践方面对此选题进行了广度与深度的拓展与挖掘。从绩效评价的视角探索数字出版盈利模式的具体路径，深入到数字出版的每一个领域进行实地走访和调研论证，通过大量的实证研究探讨数字出版盈利模式构建的具体方法和对策，试图拓展数字出版盈利模式的研究视野，把数字出版作为一个整体系统分析，首次大胆地提出构建数字出版绩效评价模型。从初涉此领域到本书出版，我从事数字出版盈利模式领域的研究与教学已逾十年，十年关注，十年耕耘，十年磨一剑，该项目的阶段性成果共发表科研论文 17 篇，其中 15 篇发表于 CSSCI 来源期刊，2 篇被中国人民大学复印报刊资料全文转载，被各大高校和科研机构以及出版企业的广大学者下载与引用，大部分收录在本书中。这些成果给了我更多的学术信心，为我坚守这一新的领域提供了动力和推力。

　　本书的调研和撰写曾邀约相关学者参与：汪全莉教授、刘一峰副教授、谢泽杭、陈瑞祥、谢凤麟、蒋欣羽、杨敏、张银虎、胡伯俊、朱美滟、王璐妍、周梦婷、郭斌同学参与了部分章节的初稿讨论和撰写；马健斐、徐童、宋宁宁、乔良、夏佳源、胡啥萌、张雨恬、严慧聪、苏诗婷、石婉雯、闵礼涛、胡诗怡、唐敏、刘丹杨、刘叶萍、潘舒凡同学协助我完成了大量的资料收集和统计工作；饶全、扶芳、段驿智、龚羽茜、苏雅婷等同学在我的课堂教学中参与了相关问题的探讨；邹焕民、唐静霖、刘燕慧同学协助我完成了本书的审稿和校订；中国社会科学出版社郭晓鸿主任和王小溪编辑以及整个编辑团队也为本书的出版付出了辛劳，在此一并致谢！特别要感谢我国著名的文化产业研究专家、国家网络文学研究基地主任、我的博士导师欧阳友权教授十年来的引领、关注与提携，付梓之际又拨冗作序，给了我莫大的肯定与鼓励；我的硕士导师、国家教学名师季水河教授在提纲酝酿之初和课题申报上给予我高屋建瓴的指导和帮助；湘潭大学公共管理学院图书情报与档案管理一级学科这支学术团队团结合作和蓬勃向上的精神给了我完成本书的动力；师友覃岚、李薇、季念、陈娜、李玥、郝胜兰、吴钊、贺予飞的学术断想带给我无尽的启发与思考；还有李红阳先生、李松皓同学给了我很多构思和创意的灵感；密友石灵、曾茜、彭湘、江宁、杨蕙、李益格给了我精神上的鼓励；更重要的是我的父母在背后默默支持和无私奉献……同时，通过大量的实地走访和调查问卷，我得到了很多企业家、专家、同仁和数千名素不相识的受调查者贡献的理念、建议、数据和智慧，最后的衷心谢意献给他们！当然，由于本人才疏学浅，书中的失当失准或错讹疏漏之处，敬请读者指瑕批评。

　　人生有限而学无止境，才有不逮却似无穷期，这本专著的问世就当是自己一个学术周期的小结吧。

　　谨此为记。

刘一鸣

庚子年盛夏于陌上书屋